HAYDN ET MOZART

Du même auteur

Joseph Haydn, Seghers, 1964.
Jean Sibelius, Seghers, 1965.
Gustav Mahler, Le Seuil, 1966.
Joseph Haydn, Fayard, 1988.
Les fils Bach, Fayard, 1997.
Joseph Haydn : Autobiographie et premières biographies, Flammarion, 1997.

À PARAÎTRE

Jean Sibelius, Fayard.

Marc Vignal

Haydn et Mozart

Fayard / Mirare

Pour Irène

Préface

« Ce n'est qu'entre égaux que l'amitié peut durer » : rien n'illustre mieux que cette maxime de Curtius Rufus Quintus, auteur latin du Iᵉʳ siècle de notre ère, les relations exemplaires entretenues en leur temps par Haydn et Mozart. On sait relativement peu de choses de leurs rapports personnels : seules quelques rencontres sont véritablement documentées. Leur admiration réciproque en tant que compositeurs ne fait quant à elle aucun doute. Parmi leurs contemporains, chacun des deux ne se reconnut qu'un égal : l'autre. Pour expliquer cette entente et cette estime dépourvues de toute jalousie et de toute arrière-pensée, ils auraient pu reprendre à leur compte la fameuse phrase de Montaigne, d'une clarté lapidaire : « Parce que c'était lui, parce que était moi. » Et accessoirement ajouter : « Parce que nous étions et sommes restés si proches, et pourtant si différents. » Leur musique, celle de Haydn de façon plus nette encore que celle de Mozart, marqua une rupture avec l'époque précédente, mais eux-mêmes furent assez avisés pour ne pas en faire un enjeu. Les années 1780, celles qui les virent « habiter la même ville », ne s'y prêtaient de toute façon pas : les querelles antérieures s'estompaient, et l'on ne pouvait soupçonner ni la nature ni l'étendue de celles à venir. Bien qu'étant pour l'essentiel non les dépositaires, mais les fondateurs d'une tradition, Haydn et

Mozart n'eurent de compte à régler ni avec le passé, ni avec le présent, ni l'un avec l'autre. Ils ne ressentirent pas au même degré que leurs successeurs le poids de l'histoire.

Si l'on appelle en musique le dernier tiers du XVIIIe siècle la « période Haydn-Mozart », et les années 1780-1815 la « période Haydn-Mozart-Beethoven », c'est moins en raison des contacts individuels entre ces compositeurs – Haydn est le seul à avoir fréquenté les deux autres – que de ce qui les unit au plan artistique. L'orientation poursuivie par Haydn et Mozart à partir de 1780 environ, alors qu'ils pouvaient déjà se prévaloir d'un nombre impressionnant de chefs-d'œuvre, fut déterminante pour l'évolution ultérieure de la musique occidentale. C'est ce qui aujourd'hui autorise à voir en eux des « classiques ». Ils continuèrent à développer, avec une complexité accrue, un style à la fois plaisant et sérieux, expressif et élégant, aux effets dramatiques surprenants mais jamais gratuits, intégrant les détails, aussi saillants fussent-ils, dans une conception d'ensemble et réussissant un équilibre extraordinaire entre l'humain individuel et l'humain universel. Sans traits moralisateurs, leur art fut le reflet des idéaux universalistes, émancipateurs et humanitaires du moment. Sans rien perdre ni de leur identité, ni de leurs richesses, ni de leur mystère, au contraire en s'affirmant fortement jusque dans leurs antagonismes potentiels, le savant et le populaire, l'aristocratique et le plébéien, l'apparemment simple et le recherché, ne se mêlèrent jamais de façon aussi indissoluble que dans ce qu'à tort ou à raison on appelle le « classicisme viennois ».

Les trente-cinq années de l'existence de Mozart (1756-1791) s'inscrivent entièrement dans les soixante-dix-sept ans de celle de Haydn (1732-1809). Leurs personnalités respectives s'expliquent par leur différence d'âge, mais aussi d'origine. Les premières impressions musicales de Haydn furent uniquement viennoises, et Vienne, lorsqu'il y arriva à l'âge de huit ans, baignait encore dans le baroque tardif. De ses racines baroques viennoises, la musique de Haydn devait toujours plus ou moins porter les traces. Pour Mozart, qui grandit dans un univers d'*Empfindsamkeit* (de « sensibilité ») et de galanterie, le baroque fut moins une expérience vécue qu'une partie de l'héritage transmis d'abord par son père et par Salzbourg, puis à Vienne par un de ses principaux mécènes, le baron Gottfried van Swieten. Il faut ajouter que Mozart venait d'un milieu bourgeois, et Haydn – qui sa vie durant, comme musicien, se soucia beaucoup moins des convenances et des bonnes manières – d'un milieu villageois ; que Haydn naquit aux confins de l'Autriche et de la Hongrie, aux limites du monde slave et magyar, et Mozart bien plus à l'ouest, presque en Bavière, dans une ville qui alors ne faisait pas partie de l'Autriche ; enfin, que Haydn ne quitta pour la première fois les alentours de Vienne qu'à la fin de 1790, à l'âge de cinquante-huit ans, pour se rendre à Londres, alors que c'est dès 1763, à l'âge de sept ans, que Mozart commença à sillonner l'Europe. Ils eurent l'un et l'autre une enfance très laborieuse, mais à l'encontre de Mozart, Haydn fut très tôt presque entièrement livré à lui-même, tant pour se former que pour élargir son horizon.

Haydn et Mozart, puis Beethoven, fondèrent le prestige international de Vienne en tant que cité musicale. Historiquement, ces compositeurs sont les premiers qui n'eurent jamais besoin d'être redécouverts. Cela ne signifie pas que Bach et d'autres sombrèrent dans un oubli total avant de « renaître » au xixᵉ ou au xxᵉ siècle, ni qu'au xixᵉ Haydn et Mozart étaient aussi joués, connus et appréciés qu'actuellement, mais que Haydn et Mozart ont eu, de leur époque jusqu'à la nôtre et dans pratiquement tous les pays, leur place assurée au répertoire des concerts et dans la conscience du public. Ils écrivirent leurs plus grands ouvrages pour des types de concerts qui naquirent ou se développèrent irrésistiblement de leur vivant et qui forment toujours la base de notre vie musicale. Dans ce contexte, ils créèrent l'orchestre symphonique, donnèrent (Haydn surtout) leurs lettres de noblesse aux genres nouveaux du quatuor à cordes et de la symphonie, sans oublier la sonate pour piano, et firent radicalement évoluer (Mozart surtout) le concerto et l'opéra. Ils opérèrent la distinction, fondamentale malgré les liens que ces deux domaines devaient conserver, entre musique symphonique (ou d'orchestre) et musique de chambre, et firent de la musique instrumentale l'égale en dignité de la musique vocale, ce qui devait s'accentuer avec Beethoven. Grâce à la dialectique thématique et tonale de ce que plus tard on allait appeler la forme sonate, ils dynamisèrent le discours sonore, abandonnant le principe baroque de l'unité de climat et de sentiment au sein d'un même mouvement, et firent de la musique un art de la transformation et du devenir, des contrastes en tous genres et de l'imprévu. Ils assurèrent pour plus d'un siècle à la musique germanique une prédominance de fait qui força les compositeurs des autres pays, y compris les plus grands, à se définir par rapport à elle, voire par opposition à elle. Émanation des idées des Lumières, leur production illustre les décennies au cours desquelles l'Europe vécut intensément les prémisses, le déroulement et les suites immédiates de la Révolution française. Tout alors se mit à bouger, et tout parut possible.

Longue, bien remplie, aussi intéressante que celle de Mozart, la vie de Haydn offre à première vue peu de prise aux biographies romancées, à sensation ou – malgré la tragique inaction dont il fut victime dans ses dernières années – à « faire pleurer », comme en ont suscité les artistes « maudits » du type Mozart, Beethoven ou Tchaïkovski. Sa production en offre encore moins aux exégèses fondées sur des livrets ou des personnages d'opéra, comme il en existe à propos de Mozart, Verdi ou Wagner, sur la littérature, comme pour Schumann, sur la poésie, comme pour Schubert, ou sur les Écritures, comme pour Bach. Bien qu'ayant écrit des œuvres religieuses d'une immense portée, et plus généralement de splendides pages vocales, Haydn apparaît surtout comme un maître sans pareil des grandes formes instrumentales. Ces formes, dont beaucoup furent inventées par lui-même, il les mania en artisan de génie, avec une virtuosité, une diversité et une invention prodigieuses, insurpassées après lui, en fuyant l'anecdotique et en faisant du matériau lui-même, pour reprendre la formule si percutante de Schönberg, « l'antichambre de l'esprit ». Confronté du début à la fin de sa carrière à une vaste configuration de problèmes formels dont avant lui on n'avait aucune idée, Haydn leur apporta sans cesse des solutions changeantes. C'est en l'explorant sous cet angle, celui des perpétuelles trouvailles permettant de résoudre de façon toujours renouvelée des problèmes structurels de même type mais posés chaque fois différemment, plutôt que sous celui des « points communs » récurrents d'une partition à l'autre ou des « détails frappants » particuliers à telle ou telle, qu'on connaîtra et comprendra vraiment Haydn. Chacune de ses partitions instrumentales possède sa propre dramaturgie : elles exigent une écoute attentive, il faut en suivre attentivement l'argument et les péripéties. À tous ces égards, Beethoven fut son plus digne héritier, avec en outre un côté tribun. Wagner ne s'y trompa pas : « Pour la forme, Haydn est un plus grand maître que Mozart. [...] Délectation devant une telle maîtrise. [...] Forme plus serrée que chez Mozart, ce dernier se précipite toujours vers le *Canto* », observa-t-il en août 1869 devant Cosima après avoir joué avec elle des symphonies et des quatuors à quatre mains. Haydn et Beethoven, avec leurs idées thématiques porteuses en soi d'un potentiel dynamique et capables ainsi de déjouer les attentes de l'auditeur, mettent en relief ce qui dans la musique pose problème, Mozart préférant quant à lui montrer ce que l'on peut accomplir à partir de ce qu'elle est. Haydn fit ses débuts alors que le système tonal n'avait pas encore tout à fait atteint son équilibre, Beethoven alors qu'il commençait à le perdre. Mozart eut la bonne fortune de se voir offrir cet équilibre au berceau, et s'en nourrit toute sa vie, quitte à le subvertir fortement à l'occasion. Haydn, le plus déroutant de cette trilogie de créateurs, connut les trois phases.

Haydn est le seul « grand » du XVIIIe siècle à s'être imposé par sa seule musique, sans l'appoint d'une réputation de virtuose de l'orgue ou du clavier, comme Bach, Mozart et Beethoven, ou de théoricien, comme Rameau, Carl Philipp Emanuel Bach et Gluck. De tous les compositeurs de très haut niveau actifs entre 1700 et 1950, Haydn est celui dont la musique renferme le moins de références extérieures, proclame le plus haut son autonomie. Même lorsqu'elle « imite », même lorsqu'elle contient un « programme caché », elle n'est fondamentalement concernée que par elle-même, elle ne « dit » qu'elle-même. Elle est néanmoins exempte, comme celle de Mozart, de la « puissance despotique » dénoncée par Goethe à propos du romantisme naissant, elle n'est pas de celles dont l'auteur de *Faust* estimait qu'elles empêchaient l'auditeur d'apporter quelque chose « venant de son propre esprit ou de son propre cœur », elle ne « paralyse » pas l'auditeur réceptif ni ne le prive de sa liberté d'imagination. Comme celle de Mozart, ce n'est pas une musique à « message contraignant ». Le sérieux et la profondeur y sont néanmoins aussi importants que la maîtrise formelle.

Mozart ressentit qu'assimiler Haydn lui permettrait de s'orienter et de s'élever sans entraves, muni de nouvelles ressources, dans toutes les directions, y compris dans des directions autres que celles dans lesquelles s'était engagé et continuerait à s'engager son aîné. Il comprit aussi qu'il était quasiment impossible d'imiter Haydn sans risques pour soi-même. C'est donc sans complexe aucun qu'il put voir en Haydn – dont il ne reçut jamais de leçons au sens propre – un « père ». Compositeurs très différents, Mozart et Haydn ne furent pas en concurrence, mais se fécondèrent l'un l'autre en une saine émulation. Une décennie plus tard, les rapports entre Haydn et son ancien élève Beethoven – deux compositeurs de même type qui dans la Vienne de 1795-1803 entrèrent indéniablement en concurrence – se chargèrent progressivement d'une dimension freudienne. Aux alentours de 1800, Haydn transmit le flambeau à Beethoven dans un contexte historique « post-révolutionnaire » n'ayant rien à voir avec les années 1780. Il en résulta à la fois une profonde continuité et une profonde rupture, raison pour laquelle, depuis, cette passation de pouvoirs sans équivalent par son intérêt musical et humain a tant échauffé les esprits. Le problème de Beethoven fut de continuer Haydn tout en s'en affranchissant. Mozart n'eut jamais à se le poser. De Haydn à Mozart, il n'y eut aucune passation de pouvoirs. On est parfois tenté de se demander ce qui serait arrivé si Mozart avait vécu plus longtemps. Sans doute aurait-il noué avec Beethoven des relations encore plus ambiguës que Haydn. Les carrières de Haydn et de Beethoven auraient probablement pris un cours différent. Mieux vaut cependant ne pas trop spéculer, notamment sur ce qu'auraient été les rapports Haydn-Mozart vers 1800. Tout au plus peut-on penser que s'ils s'étaient prolongés au-delà des années 1780, on n'en aurait pas une image aussi émouvante (celle du vieux Haydn inconsolable de la perte de son ami), ni peut-être aussi uniformément positive.

Haydn, dit-on, affirma plus d'une fois, après la mort de Mozart, que ce dernier lui était supérieur. Aurait-il supporté d'entendre un tel jugement – qu'en ce début du XXIe siècle, heureusement, de moins en moins de gens seraient prêts à reprendre à leur compte – dans la bouche d'un tiers ? Rien n'est moins sûr. « Mozart et moi nous nous estimions beaucoup, et il m'appelait son papa », déclara-t-il en 1799 à son futur biographe Georg August Griesinger. Cette image du « Papa Haydn » fut trop souvent transformée par la postérité en cliché péjoratif, alors que du vivant du compositeur, l'expression « Vater Haydn » signifiait « Père de la musique nouvelle ». Elle rendait hommage à celui « à qui la musique doit des progrès sans précédents » (document de 1797), et témoignait à son égard d'une vénération et d'un respect du même ordre que ceux éprouvés au XXe siècle pour Schönberg par ses nombreux disciples. Avec cependant une différence de taille : envers ses subordonnés (il avait sur les musiciens Esterházy autorité pleine et entière) et ses élèves, Haydn ne se montra jamais ni brutal ni cassant. Opposons-le à ce propos également à Mozart. Pour justifier sa haine de Salzbourg, ce dernier traita dans une lettre à son père datée « Paris 9 juillet 1778 » les musiciens de sa ville natale de grossiers personnages, de va-nu-pieds, de dépravés et d'ivrognes, impossibles à supporter et dont il fallait avoir honte. Pour Haydn, qui pourtant en avait vu d'autres en matière de mauvaise conduite et de querelles entre musiciens, ceux de la chapelle Esterházy étaient au contraire des « hommes respectables [lui] ayant toujours rendu agréable l'accomplissement de [ses] tâches » (lettre du 20 mars 1808).

Parmi les symphonies de Mozart, les plus grandes se détachent aisément : une douzaine ou une quinzaine au total. Il est facile de s'y retrouver. Chez Haydn, le nombre de symphonies entrant en ligne de compte dépasse largement la soixantaine, la plupart de celles du « Sturm und Drang », pour ne citer qu'elles, n'étant en rien inférieures aux *Parisiennes* et aux *Londoniennes*. D'aucuns hésitent donc à explorer à fond un si vaste massif, comparable à celui des cantates de Bach ou des sonates de Scarlatti. De même, aux dix « grands » de Mozart font face une cinquantaine environ de « grands » quatuors de Haydn. Or pour confronter sérieusement Haydn à qui que ce soit, en particulier à Mozart, et se persuader que lui aussi a « tout fait », il faut absolument, sous peine de tomber dans des jugements hâtifs ou à l'emporte-pièce, de pécher par omission ou de rater de belles occasions, bien connaître l'ensemble de sa production. Contrairement à ce que crut devoir affirmer à la fin du XIXᵉ siècle le critique viennois Eduard Hanslick, on n'y trouve pas deux œuvres faisant double emploi, et si l'on en effectue le tour, on s'apercevra que l'héritage de Haydn est de qualité plus égale que celui de Mozart, et sans doute – étant donné sa longévité – plus divers.

Mozart a laissé des chefs-d'œuvre fulgurants, mais la proportion d'œuvres « secondaires » est chez lui plus élevée. Contrairement à celle de Haydn, sa carrière se divise assez nettement en deux parties : avant et après 1779 (retour à Salzbourg après le voyage à Mannheim et Paris), les plus grandes œuvres se situant à quelques exceptions près dans la seconde. Cette division en deux est due au statut d'enfant prodige de Mozart et à la brièveté de son séjour sur terre. À l'âge de vingt-trois ans, Haydn n'avait bien sûr rien de comparable à offrir, mais on a beau être Mozart, on ne possède dans l'enfance et l'adolescence ni la profondeur ni l'acuité psychologique de l'adulte. Mozart écrivit jusque vers sa dix-huitième année de nombreuses œuvres remarquables pour son âge, moins en fonction de critères « mozartiens ». Reste que contrairement à beaucoup d'enfants prodiges, il mena une carrière d'adulte brillante et en ascension continue. Les « grandes » œuvres de Haydn se répartissent davantage tout au long de son existence, sur environ quarante-cinq ans, de la fin du baroque aux débuts du romantisme : période historiquement, culturellement et musicalement moins homogène que le quart de siècle séparant les premières œuvres de Mozart des dernières. Mozart s'inscrit dans une époque bien délimitée, historiquement propice à un génie vorace tel que le sien. Il eut en quelque sorte la double chance, aux yeux de la postérité, de ne pas naître trop tôt, à un moment où le langage qu'il allait illustrer n'avait pas encore été fixé, et de ne pas disparaître trop tard, ce qui lui évita d'avoir à se mesurer à l'ère postrévolutionnaire tout en favorisant la naissance du mythe. Pour cette raison, et parce que son évolution s'effectua sans ruptures, sinon à l'intérieur de lui-même, l'auditeur baigne à peu près toujours en pays familier, et se trouve ainsi porté sinon à tout mettre au même niveau, du moins à voir en Mozart le plus grand compositeur de tous les temps. Là aussi, Haydn se révèle plus déconcertant.

Alors que pour le quatuor à cordes et la symphonie, nul n'a égalé Haydn aux trois plans combinés de la quantité, de la qualité et de l'importance historique, on constate de plus en plus, de nos jours, que chez aucun compositeur non spécialisé dans l'opéra et prolifique dans d'autres domaines, ce genre ne pèse par rapport au reste d'un poids aussi positivement décisif que chez Mozart. On songe à Richard Strauss, mais ce dernier n'a jamais été intronisé, de ce fait en tout cas, comme premier compositeur de son temps, où à la rigueur à Benjamin Britten. Si – hypothèse absurde, mais qu'il vaut la peine de prendre un moment en considération – l'on connaissait tout Mozart sauf ses opéras, on aurait de lui une image fort différente, moins prestigieuse, ce qu'on ne saurait dire, si on les soumettait au même traitement, de ses sonates pour piano, ni même de ses symphonies. La popularité actuelle de l'opéra en tant que tel et le rôle dévolu aux metteurs en scène n'expliquent pas à eux seuls la position unique de Mozart, pas seulement parmi les musiciens de son époque. Ce qui compte vraiment, c'est que dans ses grands opéras, plus que tout autre compositeur et comme nulle part ailleurs dans sa production, Mozart ménage à parts égales l'intellect, le cœur et les sens, mettant ainsi à nu les recoins les plus secrets de l'âme et du caractère humains. Telle est la source principale de la fascination qu'ils exercent. Ce à quoi vient s'ajouter un génie de mélodiste d'un infini pouvoir de séduction, « facilitant » en dernier ressort l'écoute de ses œuvres les plus complexes et les plus introspectives. Haydn a créé des mélodies aussi inoubliables que Mozart, mais elles ne sont pas aussi « populaires », et chez lui, comme chez Beethoven, l'importance relative de cet élément de langage est moindre.

De son vivant, la musique du Mozart de maturité était fréquemment perçue, à cause notamment de ses tournures harmoniques inédites, comme moins directement « accesssible » que celle de Haydn. Aujourd'hui, ce serait plutôt l'inverse. On s'extasie à juste titre devant les harmonies de Mozart, mais on ne s'en offusque plus. Quant à ses structures formelles, elles sont aussi magistrales et irrégulières qu'on voudra, mais, comme l'a écrit George Edwards, leurs diverses composantes se succèdent paradoxalement de façon assez « inéluctable, [...] comme si aucune intervention humaine ne s'était révélée nécessaire. [...] Chez Haydn, au contraire, on ne peut s'empêcher de remarquer les interventions du compositeur dans l'œuvre, [...] son extraordinaire conscience des attentes les plus probables de l'auditeur [et son aptitude à les contrecarrer]. Les discontinuités de Haydn sont là pour nous ébahir, et nous rappeler que nous sommes en présence d'une œuvre d'art, non de la nature. [...] Haydn se fie énormément à la détermination de l'auditeur de suppléer mentalement à des événements qui ne sont pas physiquement présents. » À l'auditeur de répondre à cette confiance, et de se montrer à la hauteur du défi !

Le présent livre ne se veut pas une étude complète de la musique de Haydn et Mozart. Certaines œuvres importantes, amplement commentées ailleurs, n'y sont mentionnées qu'en passant. Il s'agit plutôt du récit de deux vies parallèles qui le plus souvent se sont déroulées indépendamment l'une de l'autre mais qui, en profondeur, ne cessèrent de se rejoindre et demeurent indissociables. Haydn et Mozart se sont rencontrés au plus tôt en décembre 1781. Mozart connaissait alors plusieurs œuvres de Haydn, mais Haydn n'avait peut-être jamais entendu parler de Mozart. Ils se sont vus pour la dernière fois en décembre 1790. On ne sait trop quels liens concrets ils nouèrent dans l'intervalle. Ils fréquentèrent en maintes occasions les mêmes personnages, mais pas nécessairement de la même façon : Joseph II, par exemple, apprécia ou du moins connut davantage Mozart, qui faisait en quelque sorte partie de son entourage. Ils eurent l'un et l'autre des problèmes avec l'argent et avec le pouvoir, et tous

deux s'intéressèrent à la gent féminine. On évoque volontiers à
ce propos Mozart, plus rarement Haydn. Cet ouvrage ne prétend pas avoir épuisé ces divers sujets. Les embarras financiers
de Mozart, par exemple, demandent encore à être sérieusement
étudiés, du moins en langue française. Nancy Storace, Theresa
von Trattner et d'autres furent des personnages clés de la vie de
Mozart, mais la nature de leurs relations demeure du domaine
de la spéculation. On en sait davantage de celles, d'ordre uniquement professionnel, de Nancy Storace avec Haydn. Et c'est
en toute transparence qu'on peut observer Haydn, à Londres en
1792, en communication avec quatre femmes différentes : la
sienne, son ancienne maîtresse Luigia Polzelli, son amie viennoise Marianne von Genzinger et sa récente « connaissance »
londonienne Rebecca Schroeter, la seule, à vrai dire, qu'il avait
alors « sous la main ». Reste néanmoins à se demander, plus qu'il
n'a été possible de le faire ici, dans quelle mesure les deux dernières nommées, qui de toute façon ne jouèrent dans sa vie qu'un
rôle épisodique, purent remédier à la solitude affective dont l'auteur de *La Création* souffrit durant le plus clair de son existence.
On présente toujours Haydn comme un homme d'humeur
joyeuse et de bonne compagnie : pas forcément à tort, mais on
n'a là qu'un aspect de sa personnalité. De même, lorsqu'en tant
que créateur il mania l'humour, ce fut, sauf rares exceptions, en
le mettant au service d'objectifs artistiques complexes.

Pour Mozart aussi, il faut remettre certaines pendules à l'heure.
C'est souvent encore plus difficile, non que sa personnalité soit
plus complexe que celle de Haydn, mais en raison des commé-
rages, légendes et mythes indéracinables, quoique souvent
contradictoires dans lesquels – plus que tout autre compositeur –
l'auteur de *Don Giovanni* baigne depuis deux siècles. Lancés ou
non par ses proches, la plupart de ces mythes et légendes naquirent immédiatement après sa mort, voire de son vivant et même
dès son enfance, pour ensuite s'amplifier, se transformer et s'imposer dans la conscience collective. On ne prétend plus aujour-
d'hui que Mozart fut empoisonné, mais on entend toujours dire,
comme autant de vérités établies, qu'il composa son *Requiem*
« rongé par la maladie », que les Viennois « l'oublièrent » et le

« laissèrent mourir de faim », qu'après 1785-1786 sa popularité
« chuta fortement », que dans la capitale autrichienne *Don Giovanni* et *Cosi fan tutte* furent des « échecs », qu'il écrivait tout
d'un seul jet, etc. Ces affirmations ne sont pas toutes entièrement fausses, mais il faut les manier avec précaution, en se gar-
dant d'émettre des opinions ou des jugements trop tranchés.
Certaines ont d'ailleurs été proférées pour des motifs ayant peu
à voir avec Mozart ou avec sa musique. La rumeur de l'empoisonnement commença par exemple à circuler quelques jours
seulement après sa disparition. Le premier à en faire état, dès
décembre 1791, fut le correspondant à Prague d'une revue musicale berlinoise : « On croit qu'il a été empoisonné. » Ce correspondant termina son article ainsi : « Maintenant qu'il est mort,
les Viennois vont seulement commencer à comprendre ce qu'ils
ont perdu en lui. Dans la vie, il a beaucoup eu affaire à la cabale,
qu'au demeurant il lui est arrivé de provoquer lui-même par ses
manières *sans Souci* [en français]. Ni son Figaro ni son Don Juan
n'ont réussi à Vienne, mais d'autant plus à Prague. Paix à
ses cendres ! » L'auteur de ce texte est probablement Franz
Xaver Niemtschek, le futur biographe de Mozart (1798). On y
reconnaît ses idées et son style, et on y décèle à l'état embryon-
naire trois éléments du mythe : l'empoisonnement de Mozart,
ses triomphes à Prague et ses revers à Vienne, sa responsabilité
dans ses déboires. À noter cependant qu'au début, la théorie de
l'empoisonnement fut accueillie avec scepticisme, et qu'ensuite,
les premiers accusés furent « les Italiens », non nommément
Salieri, ce qui ne devait intervenir qu'en 1823 ; qu'un des objectifs de Niemtschek était d'engager Mozart sous la bannière du
nationalisme tchèque, ce que sa biographie devait confirmer ;
et que d'autres ne tardèrent pas à faire eux aussi de Mozart
l'artisan de ses propres malheurs. Dans sa biographie de 1798,
Niemtschek raconte qu'à l'automne 1791, lors d'une promenade au Prater à Vienne avec sa femme Constance, Mozart
« commença à parler de la mort, affirmant qu'il écrivait le
Requiem pour lui-même. Des larmes se mirent à couler des yeux
de cet homme sensible. [...] "Je n'en ai plus pour longtemps, on
m'a certainement administré du poison !" [...] Elle eut le plus

grand mal à le consoler, et à lui faire admettre que ses idées lugubres ne reposaient sur rien. » À moins qu'il ne l'ait inventée de toutes pièces, Niemtschek entendit certainement cette histoire de la bouche même de Constance. Mais contenait-elle ne serait-ce qu'un noyau de vérité ? Fut-elle enjolivée pour les besoins de la cause ? Ces questions restent posées. Ultérieurement, Constance devait soit réfuter l'histoire, soit la reprendre avec diverses variantes. Ce qui est sûr, c'est d'une part que Niemtschek ne reproduisit pas telles quelles d'éventuelles paroles de Constance, et d'autre part qu'aucun document faisant mention du *Requiem* n'émane de Mozart en personne.

Vers 1800, beaucoup d'œuvres de Haydn et Mozart étaient jugées, par opposition au tout venant de la production contemporaine, « inégalables et exemplaires ». Eux-mêmes n'étaient pourtant pas perçus comme des « classiques », mais comme d'audacieux réformateurs grâce auxquels la musique avait conquis de nouveaux territoires, bref comme des « modernes ». Mozart était mort, mais Haydn, pour l'avoir entendu de ses propres oreilles, ne l'ignorait pas, sans pour autant estimer qu'après lui la musique sombrerait dans la décadence. Deux de ses déclarations le confirment. La première se trouve dans une lettre de juin 1799 à l'éditeur Breitkopf & Härtel : « Dieu, que de choses restent encore à accomplir dans cet art merveilleux, même par un homme tel que je l'ai été ! » Il prononça la seconde, connue grâce à Griesinger, le jour de son 74ᵉ anniversaire (31 mars 1806) : « Mon domaine est sans limites, et ce qu'on peut encore réaliser en musique dépasse de loin ce qui l'a déjà été ; j'ai souvent des idées capables de faire progresser mon art encore bien plus loin, mais mes forces physiques ne me permettent plus de les mettre en pratique. »

« Haydn et Mozart sont des phénomènes extraordinaires, et il sera toujours difficile de rendre par des tournures ordinaires la valeur de ces hommes extraordinaires » : c'est ce qu'on put lire en 1810 dans une des premières biographies de Haydn, celle d'Albert Christoph Dies. Nous sommes effectivement démunis pour rendre justice à de tels génies. Mais les hommes extraordinaires attirent et fascinent sans cesse. C'est encore plus vrai quand ils sont deux.

Remarques

Les œuvres des compositeurs s'identifient le plus souvent à partir de catalogues dressés longtemps après leur mort et auxquels il est fait référence en abrégé, d'après les noms de leurs auteurs respectifs. Dans ce livre :

B = catalogue des œuvres de Pleyel par Rita Benton (1977)

Br = catalogue des symphonies de Vanhal par Paul Bryan (1997)

Hob = catalogue en trois volumes des œuvres de Haydn par Anthony van Hoboken (1957, 1971 et 1978)

H = catalogue des œuvres de Carl Philipp Emanuel Bach par Eugene Helm (1989)

KV (Köchel Verzeichnis) = catalogue des œuvres par Mozart par Ludwig Ritter von Köchel (1er éd. 1862, 3e éd. 1937 par Alfred Einstein, 6e éd. 1964, 9e éd. en préparation). Sont utilisés ici les « numéros Köchel » les plus courants : ceux de 1937.

MH = catalogue des œuvres de Michael Haydn par Charles H. Sherman et T. Donley Thomas (1993)

Numérotation des symphonies de Haydn et Mozart

La numérotation chronologique des symphonies de Mozart de 1 à 41 provient de la première édition complète de ses œuvres (1877-1883). Trois (n° 2, n° 3 et n° 37) sont apocryphes, deux (d'extrême jeunesse) manquent dans cette liste, et d'autres, également « de jeunesse », sont d'authenticité discutée ou perdues. On ne sait exactement combien de symphonies furent composées par Mozart.

La numérotation des symphonies de Haydn de 1 à 104 date de 1907. Elle est en principe chronologique, mais un siècle plus tard demande fréquemment correction sur ce plan, surtout en ce qui concerne les plus anciennes. Les cent quatre symphonies sont toutes authentiques, et il ne faut ajouter à cette liste que deux œuvres de jeunesse : le total est donc de cent six. Aucune symphonie de Haydn n'est perdue, et aucune n'a été découverte depuis sa mort.

Monnaie

L'unité de monnaie en Autriche à l'époque de Haydn et Mozart était le florin (Gulden). Un florin se divisait en 60 kreutzer, et un ducat valait 4 florins 1/2, parfois un peu moins. En 1791, une livre sterling équivalait à environ 9,7 florins. Une loge au Burgtheater de Vienne coûtait alors 4 florins 30 kreutzer, un « fauteuil d'orchestre » 1 florin 25 kreutzer. Vers 1782, 50 kilos de blé coûtaient environ 1 florin 30 kreutzer, une livre de pain 1 kreutzer, une vache à lait 8 florins, un habit de la meilleure qualité 46 florins, un habit très ordinaire 7 florins. Un travailleur à la journée touchait quotidiennement 15 kreutzer. Depuis 1773, Haydn percevait chez les Esterházy 961 florins 45 kreutzer par an. Le concert à son propre bénéfice qu'il donna à Londres en mai 1795 lui rapporta l'équivalent de 4 000 florins. Pour *Figaro* et *Cosi fan tutte*, Mozart toucha chaque fois 450 florins.

CHAPITRE PREMIER

Prélude austro-hongrois

Haydn de mars 1732 à mars 1766

Contrairement à Bach, Mozart ou Beethoven, Joseph Haydn ne comptait parmi ses ancêtres immédiats aucun musicien de profession, mais principalement des artisans ou des commerçants. Il naquit le 31 mars 1732 à Rohrau-sur-la-Leitha, petit village aux confins de l'Autriche et de la Hongrie, à une quarantaine de kilomètres à l'est de Vienne. Il devait passer dans cette région et à Vienne la totalité de sa vie, exception faite de ses deux voyages à Londres, effectués de 1791 à 1795. Bien que d'ascendance germanique, ses origines et ses activités aux limites des mondes slave et magyar, dans une région marquée par la diversité ethnique, ne furent pas sans influencer sa musique. Il était le deuxième des douze enfants du couple formé par le charron Mathias Haydn (1699-1763) et son épouse Anna Maria, née Koller (1707-1754), une famille où ne survécurent au final que trois garçons, tous devenus musiciens professionnels, et trois filles. Avant son mariage en 1728, Anna Maria Koller avait eté cuisinière chez le comte Karl Anton von Harrach (1692-1758), seigneur de Rohrau. Mathias Haydn était quant à lui un personnage relativement important. En 1741, il accéda aux fonctions de *Marktrichter* (juge cantonnal), ce qui fit de lui l'intermédiaire entre le comte Harrach et la population de Rohrau. Dans une esquisse autobiographique rédigée en 1776, Haydn écrivit à son sujet : « Mon père, Dieu ait son âme, était charron de profession et sujet du comte Harrach. Par nature grand amateur de musique, il jouait de la harpe sans connaître ses notes et, enfant de cinq ans, je l'imitais consciencieusement en chantant ses airs courts et simples, ce qui conduisit mon père à me confier à un parent, directeur d'école à Hainburg, pour y apprendre les rudiments de la musique ainsi que d'autres matières nécessaires à la jeunesse. »

HAINBURG ET LE « COUSIN FRANCK »

Ce parent, Mathias Franck (1708-1783), était le mari d'une demi-sœur de Mathias Haydn. Hainburg, petite ville siuée sur la rive droite du Danube à quinze kilomètres environ au nord-est de Rohrau, avait vu naître aussi bien le père que le grand-père paternel de Joseph, Thomas (v. 1660-1701), lui aussi charron. Cette localité avait été conquise par les Turcs en 1683, soit quarante-neuf ans avant la naissance de Joseph. Le 12 juillet de cette année-là, deux mois avant leur défaite décisive du 12 septembre au Kahlenberg, sous les murs de Vienne, les Turcs avaient massacré dans Hainburg en flammes près de neuf mille personnes, la plupart dans une ruelle étroite descendant de la place principale vers le Danube et appelée aujourd'hui encore *Blutgasse* (Allée du Sang) en souvenir de ce terrible événement. On comptait parmi les victimes un certain Kaspar Haydn, né vers 1630, arrière-grand-père de notre compositeur, et sa femme Elisabeth, et parmi ceux traînés en esclavage leur fils cadet Hans âgé de quinze ans. De la famille, seul leur fils aîné Thomas, né vers 1660, grand-père de Joseph Haydn, et leur fille Magdalena se retrouvèrent vivants et libres.

Thomas eut lui-même sept fils, dont Mathias était l'avant-dernier. Durant sa petite enfance à Rohrau, Joseph entendit certainement parler du destin tragique de son arrière-grand-père Kaspar et de son grand-oncle Hans. On lui raconta peut-être aussi qu'en 1704 et en 1706, le village frontière qu'était Rohrau (la Leitha séparait alors l'Autriche de la Hongrie) avait été complètement brûlé par les révoltés hongrois en lutte contre les Habsbourg, et que seul le renforcement d'une ligne de fortification remontant au milieu du XVIIe siècle avait empêché en août 1707, trois mois avant la naissance de sa mère en ce lieu, le retour de pareils événements. L'existence de Joseph Haydn tient donc quelque peu du miracle, et l'histoire de l'Autriche aux XVIIe et XVIIIe siècles fait comprendre la fameuse phrase du chancelier Metternich (1773-1859) : « L'Asie commence à la Landstrasse » (la Landstrasse étant le principal faubourg de Vienne en direction de l'est). Durant toute cette période, le mot « Orient » n'eut pas la même signification en Autriche qu'en France. À Vienne, on était « aux premières loges », alors qu'à Versailles Louis XIV, comme jadis François Ier, nouait des relations avec le « Grand Turc » pour éventuellement prendre à revers son ennemi l'empereur Leopold Ier de Habsbourg.

À Hainburg, Mathias Franck exerçait depuis 1732 les fonctions de *Schulrektor*, qui réunissaient celles de maître d'école et de chargé de la musique à l'église paroissiale. Il devait tenir l'orgue lors de chaque service avec chant, faire chanter ses petits vocalistes, et diriger violonistes et trompettistes. Il lui incombait aussi de former aux tâches d'enfant de chœur les garçons dont il avait la charge et, avec ses deux assistants, de leur enseigner la musique, la lecture, l'écriture et le calcul, sans oublier les prières. Enfin, de faire sonner les cloches avant les services, à diverses heures de la journée et en cas de très mauvais temps. L'école accueillait chaque année soixante-dix à quatre-vingts élèves qui arrivaient à sept heures du matin, assistaient à la messe à dix heures, retournaient chez eux, revenaient à midi et repartaient à trois heures. Ceux présentant des dispositions pour la musique étaient instruits en cette matière après trois heures, une fois l'école terminée. Tel était le régime auquel fut soumis le jeune Joseph Haydn, arrivé à Hainburg au début de 1737 ou de 1738, à l'âge de cinq ou six ans. Il ne devait par la suite plus jamais habiter ni à Rohrau, ni chez ses parents, à l'encontre de Mozart, dont l'enfance et l'adolescence, bien que marquées par de nombreux voyages, se déroulèrent en famille. « Je reste infiniment reconnaissant à cet homme [Franck], par-delà la tombe, de m'avoir tant apporté, même si de lui, j'ai reçu davantage de coups que de nourriture. » C'est ce que, bien plus tard, Haydn devait déclarer à l'un de ses premiers biographes, Georg August Griesinger (1769-1845).

Dans son autobiographie de 1776, on peut lire : « Dans ma septième année, feu Monsieur le Capell Meister v[on] Reutter, passant par Hainburg, entendit par hasard ma voix, faible mais agréable. Il m'emmena aussitôt dans la chapelle [de la cathédrale Saint-Étienne de Vienne] où, tout en faisant mes études, j'ai appris d'excellents maîtres l'art du chant, le clavecin et le violon. J'ai ainsi chanté comme soprano, avec grand succès, tant à Saint-Étienne qu'à la cour, jusqu'à ma dix-huitième année. » C'est en effet en 1739 ou 1740 que Georg Reutter le Jeune (1708-1772), célèbre compositeur de musique religieuse et maître de chapelle à Saint-Étienne de Vienne depuis 1738, passa par Hainburg lors d'une tournée de recrutement pour sa maîtrise. Séduit effectivement par la voix du jeune Haydn, il l'engagea aussitôt. Haydn gagna Vienne probablement en avril ou mai 1739 ou 1740, à l'âge de sept ou huit ans. Il allait y passer les deux prochaines décennies, d'abord comme petit chanteur à Saint-Étienne, puis comme jeune compositeur à la recherche de moyens de subsistance et d'un poste vraiment stable : cela jusqu'en 1761, date de son entrée chez les Esterházy.

La maîtrise de la cathédrale Saint-Étienne de Vienne

L'arrivée de l'enfant Haydn à Vienne coïncida avec la fin d'une époque. Les palais et les églises du centre de la ville venaient ou étaient en train d'être construits ou reconstruits dans le style baroque. En octobre 1740, à l'âge de cinquante-cinq ans, mourut l'empereur romain germanique Charles VI, puis en février 1741, dans sa quatre-vingt-unième année, le maître de chapelle impérial – c'est-à-dire le maître de chapelle de la cour de Vienne – Johann Joseph Fux. Né en 1660, Fux était notamment l'auteur d'un très important traité de contrepoint, le *Gradus ad Parnassum* (1725), grâce auquel devaient se former des générations de compositeurs autrichiens. La chapelle impériale avait connu sous Charles VI son apogée, et ces deux décès amorcèrent son déclin. La cour de Vienne devait dès lors s'intéresser pour l'essentiel à l'opéra, et la vie musicale autrichienne se développer surtout, dans ses aspects les plus « modernes », au sein des chapelles de la noblesse, en particulier des chapelles princières comme celle des Esterházy. Prospères jusque dans les premières années du xixᵉ siècle, ces chapelles disparurent ensuite les unes après les autres, sous le coup des bouleversements sociaux mais aussi de l'inflation due aux guerres napoléoniennes. Or la carrière de Haydn – au service de la famille Esterházy de 1761 à sa mort en 1809 – s'inscrit exactement dans cette période faste d'un peu plus d'un demi-siècle !

Des services commémoratifs eurent lieu à Saint-Étienne, avec participation des petits chanteurs. En juillet 1741, ces derniers prirent part à un autre service funèbre : celui d'Antonio Vivaldi, mort à Vienne dans le plus extrême dénuement à l'âge de soixante-trois ans. À Charles VI succéda dans les territoires appartenant en propre aux Habsbourg sa fille l'archiduchesse et future impératrice Marie Thérèse, âgée de vingt-trois ans et dont le règne s'étendit jusqu'en 1780. C'est en mars 1741 que naquit le quatrième des seize enfants de Marie Thérèse, l'archiduc Joseph, futur empereur Joseph II, événement qu'on célébra par une illumination des rues de Vienne. Le mois suivant, Marie Thérèse parcourut la ville en voiture découverte, se montrant pour la première fois en public depuis son accouchement, et l'on donna à Saint-Étienne un grand Te Deum avec trompettes et timbales. Ces cérémonies-spectacles et d'autres contribuèrent certainement à faire naître chez Haydn un esprit de fidélité à la dynastie qu'il conserva jusqu'à son dernier souffle.

Pour le moment, il s'agissait pour Marie Thérèse de défendre son héritage contre certaines puissances européennes, dont la Prusse de Frédéric II (guerres de Silésie et de Succession d'Autriche). Elle réussit à se faire couronner reine de Hongrie à Pressburg (en hongrois Pozsony, actuellement Bratislava en Slovaquie) en 1741 et reine de Bohême à Prague en 1743, mais c'est un adversaire de l'Autriche, l'électeur Charles Albert de

Bavière (1697-1745), qui en 1742 fut élu empereur romain germanique sous le nom de Charles VII. Haydn s'appliquait quant
à lui à bien travailler à la maîtrise. Le personnel musical de l'établissement comprenait le maître de chapelle Reutter, son
second, treize instrumentistes et douze chanteurs dont six garçons. Les sept cents florins dont Reutter disposait annuellement
pour l'entretien de chacun ne suffisaient apparemment pas.
Ainsi que devait l'écrire Albert Christoph Dies (1755-1822),
comme Griesinger l'un des premiers biographes de Haydn :
« L'estomac de Joseph dut s'accoutumer à des jeûnes de plus en
plus longs, auxquels il s'efforçait de remédier en participant à
des cérémonies occasionnelles qui procuraient toujours aux
petits chanteurs de quoi se réconforter. » La nourriture intellectuelle était sans doute moins négligée que ne le donne à penser
Griesinger : « On ne dispensait à la chapelle aucun enseignement
théorique, et Haydn se rappelait n'avoir reçu du brave Reutter
que deux leçons en la matière. » Il y avait aussi quelques cours de
catéchisme, de latin, de calcul et même de comédie. L'éducation
des nouveaux était en partie confiée aux anciens. Joseph eut ainsi
la charge de son frère cadet Michael (1737-1806), venu le
rejoindre à Saint-Étienne sans doute en 1745.

Haydn participa à Saint-Étienne à des exécutions de la plus
grande musique religieuse catholique alors produite en Europe,
une musique qui relevait du baroque tardif. Mais sa voix finit
par muer. Au cours d'un service solennel en l'honneur de saint
Leopold (14 novembre 1748), Marie Thérèse – devenue impératrice en 1745 lors de l'élection de son époux François de Lor-
raine (1708-1765) comme empereur romain-germanique sous le
nom de François Ier – jugea qu'il « piaillait », vantant en
revanche les mérites de son frère Michael. Dès lors, Reutter
n'attendit plus qu'un prétexte pour se débarrasser de Joseph.
« Un tour pendable de Haydn accéléra son renvoi » (Dies) : le
jeune homme aurait essayé une paire de ciseaux sur la perruque
d'un camarade ! Un soir d'hiver, Haydn se retrouva donc tout
seul sur le pavé de Vienne, avec pour tout bagage son talent de
chanteur et d'instrumentiste, les connaissances acquises tant
bien que mal en dix ans, « trois mauvaises chemises et un habit

tout usé ». La date donnée pour son départ de Saint-Étienne est traditionnellement novembre 1749.

Au plan musical, pour des raisons à la fois politiques, géographiques et artistiques, Vienne avait subi au XVIIe siècle, en particulier sous le règne de Leopold Ier (1640-1705), lui-même compositeur, une véritable invasion italienne. Au milieu du XVIIIe, la musique vocale produite dans la capitale en était toujours profondément marquée, et la population de la ville comptait alors environ 17 % d'Italiens. C'est dans ce milieu que se plongea le jeune Haydn. De la décennie qui suivit son départ de Saint-Étienne, on sait peu de choses. Pour sa première nuit de « liberté », il accepta l'hospitalité du ténor Johann Michael Spangler (1721-1794), dont en 1768 il fit engager la fille Maria Magdalena (1750-1794) comme soprano chez les Esterházy, lui procurant à la fois un emploi et un mari en la personne du ténor Carl Friberth (1736-1816). Il obtint également un prêt sans intérêt du riche marchand Anton Buchholz (1685-1769), dont il devait porter la petite-fille sur ses testaments de 1801 et de 1809, « parce que dans ma jeunesse, quand j'étais dans la plus extrême misère, son grand-père m'a prêté cent cinquante florins sans intérêt, somme que d'ailleurs je lui ai déjà remboursée il y a cinquante ans ». Peu après son départ de la maîtrise, il accomplit un pèlerinage au sanctuaire de Mariazell, en Styrie.

Il put finalement s'installer dans une mansarde de la Michaelerhaus, au coin du Kohlmarkt et de la Michaelerplatz, à côté de la Michaelerkirche (église Saint-Michel) et en face du principal théâtre de la cour (Burgtheater), et même y faire monter un vieux clavecin. Il y étudia, surtout la nuit, des ouvrages théoriques comme le *Gradus ad Parnassum* de Fux (1660-1741), édité en latin en 1725, traduit en allemand en 1742 et sans doute le plus grand traité de contrepoint jamais écrit. Au premier étage de la même maison habitait la princesse Maria Octavia Esterházy, mère des deux premiers princes qu'il servirait par la suite, et au troisième étage le célèbre poète et librettiste Pietro Trapassi, dit Métastase (1698-1782), dont il parvint à attirer l'attention.

Les livrets d'*opera seria* de Métastase, dont le premier avait été rédigé en 1724, furent mis en musique, au XVIIIe siècle et en des adaptations diverses, par trois générations de compositeurs. Métastase s'était installé à Vienne – qu'il ne devait plus quitter – en 1730, après avoir obtenu le poste très envié de *poeta cesareo* (poète impérial). Par son intermédiaire, Haydn élargit le cercle de ses élèves. Il donna dès 1751 ou 1752 des leçons à la future compositrice Marianne de Martines (1744-1812), et put bientôt profiter lui-même de celles du compositeur et pédagogue napolitain Niccoló Porpora (1686-1766), jadis maître du castrat Farinelli et rival de Haendel à Londres. Haydn lui servit largement de factotum. « Les qualificatifs d'Asino, de Coglione et de Birbante ne manquaient pas, et les bourrades non plus, mais je supportais tout, car je faisais chez Porpora de grands progrès en chant, en composition et en langue italienne », devait-il déclarer à Griesinger. Ses contacts avec diverses familles nobles s'intensifièrent, et il joua le plus souvent possible du violon ou de l'orgue, aussi bien dans les rues que dans des églises ou des salons. De 1754 à 1756, il fut même engagé par la chapelle de la cour de Vienne à la fois – ce qui était exceptionnel – comme violoniste pour les bals de carnaval et comme choriste durant le carême et la semaine sainte. Il participa ainsi à environ soixante-dix manifestations, et fit peut-être entendre des danses de sa composition, ce qui plus tard put faciliter son engagement par le comte Morzin puis par le prince Esterházy.

Le baron von Fürnberg et le comte Morzin

C'est en ces années qu'il fit la connaissance du baron Karl Joseph von Fürnberg (v. 1720-1767), une rencontre qui allait s'avérer importante. Celui-ci en effet organisait des séances de musique de chambre dans sa résidence de Weinzierl en Basse Autriche, à une centaine de kilomètres à l'ouest de Vienne, non loin de l'abbaye de Melk. En vue de les agrémenter, sans doute en 1757, Haydn composa ses premiers quatuors à cordes : la fin des années 1750 en vit naître dix, passés à la postérité sous la dénomination de *Quatuors à Fürnberg*. Sur la recommandation de Fürnberg, Haydn fut enfin nommé, vraisemblablement en

1757, et avec un salaire de 200 florins par an, maître de chapelle du comte Morzin. Haydn composa à son intention ses premières symphonies, pour la plupart en trois mouvements (vif-lent-vif), et une série de divertissements pour instruments à vent. Chez Morzin, les musiciens devaient rester célibataires. Or quelque temps auparavant, Haydn avait logé chez un perruquier du nom de Keller et était tombé amoureux de sa fille cadette, Thérèse (1733-1819) qui, vraisemblablement contrainte par ses parents, prit le voile en 1755. Elle se fit appeler sœur Josepha, seul indice d'un attachement éventuel de sa part envers Joseph Haydn, et quitta les ordres dans les années 1780, dans le contexte des réformes religieuses de Joseph II. Pour la cérémonie de prononciation des vœux (12 mai 1756), Haydn dirigea apparemment en personne la musique, faisant entendre son concerto pour orgue en *ut* majeur Hob. XVIII.1 et son Salve Regina en *mi* majeur Hob. XXIIIb.1, ainsi que peut-être son double concerto pour violon et orgue en *fa* majeur Hob. XVIII.6. Quelque temps après, Haydn accepta d'épouser la fille aînée, Maria Anna (1729-1800). Le mariage fut célébré à Saint-Étienne le 26 novembre 1760, le marié étant désigné sur l'acte comme directeur de la musique du comte Morzin. De Maria Anna Haydn-Keller, on ignore pratiquement tout, sinon qu'elle avait mauvaise réputation. Chez Griesinger, on peut lire : « De ce mariage, Haydn n'eut aucun enfant. "Ma femme ne pouvait avoir d'enfant, j'étais donc moins indifférent au charme des autres." En outre, son choix ne fut pas très heureux, car sa femme avait un caractère dominateur et acariâtre. [...] Haydn me répondit une fois, alors qu'on m'avait demandé de me renseigner comment reporter sur sa femme une faveur que lui-même refusait d'accepter : "Elle ne mérite rien, il lui est indifférent que son mari soit cordonnier ou artiste." Elle est morte dans l'été 1800 à Baden près de Vienne. » Comme après lui Mozart, Haydn épousa ainsi la sœur de celle dont il s'était épris !

La famille Esterházy

Il n'eut pas à s'inquiéter de la réaction de Morzin, que des revers de fortune obligèrent à licencier ses musiciens, et ne resta pas longtemps sans emploi. Le prince Paul II Anton Esterházy (1711-1762) était en train de réorganiser et de moderniser sa chapelle musicale et recherchait quelqu'un pour seconder son maître de chapelle vieillissant, Gregor Joseph Werner (1693-1766). Ayant entendu et apprécié une de ses symphonies, il offrit à Haydn le poste de vice-maître de chapelle, avec promesse de succéder à Werner s'il donnait satisfaction. Âgé de vingt-neuf ans, Haydn saisit l'occasion et signa son contrat le 1er mai 1761, se liant ainsi aux Esterházy pour le restant de ses jours.

À défaut d'être une des plus anciennes de Hongrie, la famille Esterházy était l'une des plus riches, des plus puissantes et des plus cultivées. Championne de la Contre-Réforme, elle s'était toujours distinguée au service des Habsbourg, ce qui avait valu à son chef du moment la dignité de baron en 1613, de comte en 1626 et de prince en 1687 (dignité devenue héréditaire en 1712). Depuis 1622, la résidence principale des Esterházy était Eisenstadt (en hongrois Kismarton), à une cinquantaine de kilomètres au sud-est de Vienne. Depuis 1921 capitale de la province autrichienne du Burgenland, Eisenstadt se trouvait à l'époque à l'extrême ouest de la Hongrie. La splendeur des Esterházy remontait pour l'essentiel au comte (plus tard prince) Paul (1635-1713), qui avait régné soixante et un ans (à partir de 1652) et participé à quinze batailles contre les Turcs. À son règne avait correspondu l'apogée de la puissance politique de la famille. Lui-même compositeur, il avait jeté les bases de la chapelle musicale que Haydn devait mener à la célébrité. Le prince Paul II Anton, qui prit Haydn à son service, était son petit-fils. Il régnait depuis 1721, et c'est durant sa minorité, en 1728, que sa mère Maria Octavia avait recruté Werner. C'est également durant la régence de Maria Octavia que la cour des Esterházy s'était complètement germanisée. Au plan politique, les Esterházy étaient alors sur le déclin : la situation en Hongrie s'étant aux alentours de 1700 stabilisée en faveur des Habsbourg, ceux-ci avaient moins besoin de leur soutien. Au plan économique et culturel, ils étaient en revanche en pleine ascension.

Déclaré majeur en 1734, Paul II Anton avait rapporté de ses voyages en Hollande, en France, en Allemagne et surtout en Italie une impressionnante collection de musique. Lui-même jouait de la flûte. Ambassadeur à Naples de 1750 à 1752, il avait recruté en 1757 à Pesaro un jeune homme de seize ans, Luigi Tomasini (1741-1808), qui de 1761 à sa mort occupa le poste de premier violon dans l'orchestre dirigé par Haydn. En même temps que Haydn, Paul II Anton engagea neuf autres musiciens : deux hautboïstes, deux bassonistes, un flûtiste (Franz Sigl) et quatre jouant d'instruments à cordes, dont le violoncelliste Joseph Weigl (1740-1820). Un contrebassiste ne resta pas, mais étaient déjà présents Tomasini, deux cornistes et trois chanteurs : deux sopranos et un ténor (Carl Friberth). Avec Haydn en tête, ce sont donc quinze artistes – dont certains jouaient de plus d'un instrument – qui formèrent désormais la *Cammer-Music* (musique « de chambre ») du prince Esterházy. Leur nombre devait s'accroître au cours des années. Une dizaine d'autres chanteurs et instrumentistes, dirigés par Werner, formaient la *Chor-Music* (musique « d'église »). Par *Cammer-Music*, il fallait entendre non pas « musique de chambre » au sens moderne, mais tout ce qui n'était pas « d'église », y compris la musique vocale profane. Bien que toujours maître de chapelle en titre, Werner se trouva ainsi relégué dans un domaine secondaire. Tout le reste relevant directement de Haydn, Werner en conçut naturellement quelque amertume.

Avantages et inconvénients d'un contrat d'Ancien Régime

Le contrat en quatorze articles signé par Haydn le 1er mai 1761 reflète typiquement la condition des musiciens d'Ancien Régime. Haydn s'engageait à « se comporter comme il convient à un fonctionnaire honorable d'une maison princière », à « éviter toute brutalité envers les musiciens sous ses ordres » et à « veiller à ce que lui-même et ses subordonnés apparaissent toujours en uniforme », à « s'abstenir de toute familiarité avec ses subordonnés en mangeant, buvant et en toute autre circonstance », à « composer toute musique que pourra commander Son Altesse, sans communiquer ces nouvelles œuvres à personne d'autre et encore moins les laisser copier, mais à les réserver à l'usage propre et exclusif de Son Altesse », et à « ne rien composer pour personne d'autre sans que Son Altesse le sache et l'autorise », à « paraître quotidiennement dans l'antichambre le matin et l'après-midi pour savoir si oui ou non Son Altesse a ordonné une audition musicale », à « être lui-même très ponctuel », à « veiller à ce que les autres le soient aussi » et à « noter les noms des retardataires et de ceux qui oseraient ne pas venir du tout », à « aplanir lui-même les incidents, disputes ou plaintes pouvant s'élever entre ses musiciens, pour ne pas importuner Son Altesse par des querelles insignifiantes ou de simples bagatelles », à « prendre le plus grand soin des partitions et des instruments » et à « les surveiller de près », car il « sera responsable de tout dégât qui par inattention ou négligence pourrait les rendre hors d'usage », à « faire travailler les vocalistes femmes, afin qu'elles n'oublient pas à la campagne ce que des maîtres éminents leur auront enseigné à grand-peine et à grands frais à Vienne ». Cela pour un salaire de quatre cents florins par an, payable chaque trimestre, ainsi que divers avantages en nature, et pour au moins trois ans, « ce qui signifie que si au bout de ce délai de trois ans ledit Joseph Heyden souhaite faire son bonheur ailleurs, il devra avertir Son Altesse de son intention six mois à l'avance, c'est-à-dire au début de la troisième seconde demi-année ».

Alors qu'en novembre-décembre 1717, Bach avait fait un mois de prison pour avoir voulu quitter le service du duc Wilhelm Ernst de Weimar et s'installer à Cöthen, Haydn pouvait partir avec un préavis de six mois. C'était un progrès, mais l'article 14 du contrat n'en précisait pas moins : « Son Altesse s'engage non seulement à garder ledit Joseph Heyden à son service durant ce temps [trois ans], mais à lui faire espérer, s'il donne entière satisfaction, le poste de maître de chapelle, étant entendu que dans le cas contraire, Son Altesse est libre de le renvoyer à tout moment, y compris avant l'expiration du délai ci-dessus. En foi de quoi deux copies semblables de ce document ont été préparées et échangées. »

Haydn n'avait plus, en principe, à se soucier du pain quotidien, et dans son autobiographie de 1776, il est question de « Son Altesse le prince, près de qui [il] souhaite vivre et mourir ». Il devait néanmoins réussir, comme Mozart, mais dans des conditions moins précaires, à conquérir son indépendance et sa liberté. Contrairement à ce qu'on a souvent répété, il ne fut jamais traité chez les Esterházy – dont les domaines en Autriche, en Hongrie et en Pologne s'étendaient sur 600 000 hectares – comme le dernier des laquais ou des marmitons ! L'important personnel de cour au service du prince – auquel venaient s'ajouter d'innombrables individus chargés des troupeaux de bovins et d'ovins, des bois et forêts, des cultures céréalières, des vignes, des vins, des vergers, d'un jardin zoologique, de l'apiculture, des brasseries, etc. – était divisé en trois catégories : les officiers, les serviteurs en livrée et la valetaille, payés respectivement à l'année, au mois et au jour. Haydn appartenait à la première catégorie, la plus prestigieuse, et dès 1773 diverses augmentations de salaire le placèrent quant au montant de ses revenus, avec 961 florins 45 kreutzer par an, au troisième rang de tous les fonctionnaires princiers : après le *Güterregent* (intendant ou « chef du personnel ») – poste occupé successivement par deux anciens militaires ayant une conception assez stricte de la discipline, Peter von Rahier et Stephan von Nagy – et le médecin personnel du prince, le docteur Molitor von Mühlfeld.

Appliquées à la lettre, les dispositions du contrat, selon lesquelles la musique de Haydn ne devait en principe jamais franchir les limites des domaines princiers, auraient pu se révéler insupportables et coûter au compositeur sa renommée. Elles ne furent jamais appliquées : c'était impossible, la demande de « musique nouvelle » en provenance des éditeurs, des salles de concert ou du public au sens large se révélant de plus en plus pressante. D'autre part les quatre princes Esterházy que servit Haydn successivement, en particulier le deuxième, Nicolas le

Magnifique, comprirent rapidement que la gloire de leur maître
de chapelle en Autriche et ailleurs ne pouvait manquer de
rejaillir sur eux-mêmes : idée qui ne vint jamais à l'esprit d'un
Colloredo à propos de Mozart ! En outre, Paul II Anton aussi
bien que son frère et successeur Nicolas aimaient sincèrement la
musique et la pratiquaient eux-mêmes volontiers.

LES ŒUVRES DE HAYDN AVANT 1761
SES CONTEMPORAINS VIENNOIS

En 1761, Haydn avait déjà à son actif un nombre appréciable
d'œuvres vocales et instrumentales : de la musique religieuse,
dont deux messes brèves remontant probablement à l'époque de
Saint-Étienne (celle en *fa* majeur Hob. XXII.1 contient deux
parties de soprano solo qui furent probablement chantées par
Haydn et son frère Michael) et, reflets des études avec Porpora,
un *Ave Regina* en *la* majeur et le *Salve Regina* en *mi* majeur déjà
mentionné ; la comédie musicale *Der krumme Teufel* (Le diable
boiteux), destinée dès 1751-1752 à la troupe de l'auteur-acteur
Kurz-Bernardon (1717-1784) ; des divertimentos pour combinaisons instrumentales diverses, des concertos pour orgue, des
trios à cordes et pour clavier, violon et violoncelle, des sonates
pour clavecin, des quatuors à cordes et une quinzaine de symphonies. Ces œuvres l'avaient rapidement propulsé au premier
rang des compositeurs actifs à Vienne.

Il faisait partie d'une génération de compositeurs viennois de
naissance ou d'adoption qui, vers 1755-1760, furent parmi les
premiers en Europe à pratiquer – à des degrés divers – les genres
nouveaux, ignorés par l'époque baroque, de la sonate pour clavier, du quatuor à cordes et de la symphonie pour orchestre, et à
renouveler les genres plus anciens du concerto et de l'opéra.
Certains étaient légèrement plus âgés que lui, comme Joseph
Anton Steffan (1726-1797), spécialiste de la sonate pour clavier,
Joseph Starzer (1726-1787), connu pour ses musiques de ballet,
ou Florian Gassmann (1729-1774), maître de chapelle impérial
(comme successeur de Reutter) de 1772 à sa mort et protecteur

du jeune Salieri (1750-1825). D'autres un peu plus jeunes, comme Carlo d'Ordonez (1734-1786), né sans doute d'une mère espagnole et qui composa des symphonies avant Haydn, Johann Georg Albrechtsberger (1736-1809), organiste, théoricien et contrapuntiste de renom, formateur de nombreux élèves parmi lesquels (en 1794-1795) Beethoven, Michael Haydn (1737-1806), dont il a déjà été question, Leopold Hofmann (1738-1793), Carl Ditters von Dittersdorf (1739-1799), avec lequel le jeune Haydn se lia d'amitié et se trouva en émulation, ou Jan Krtitel Vanhal (1739-1813), un des premiers représentants importants de l'immigration musicale tchèque dans la capitale. Parmi leurs « ancêtres » viennois, Georg Mathias Monn (1717-1750) et Johann Georg Wagenseil (1715-1777), auteur d'opéras, de symphonies et en particulier de sonates pour clavier, ou encore, en remontant plus avant, Johann Joseph Fux et son vice-maître de chapelle impérial, Antonio Caldara (1670-1736), natif de Venise. Cela sans oublier, un peu à l'écart des autres, Christoph Willibald Gluck (1714-1787), qui à l'époque qui nous occupe fit sensation à Vienne avec ses opéras-comiques en langue française, son ballet *Don Juan* (17 octobre 1761) et surtout *Orfeo ed Euridice* (5 octobre 1762), le premier de ses « opéras réformateurs ». Les trois générations Fux-Caldara, Monn-Wagenseil et Haydn-Dittersdorf-Vanhal forgèrent une tradition « locale » que Haydn allait mener à la conquête de l'Europe: tradition des plus vivantes et des plus dynamiques, à sa manière aussi riche et aussi variée que tout ce que Mozart, lors de ses voyages, put rencontrer en matière de musique « contemporaine ».

NICOLAS LE MAGNIFIQUE

Le prince Paul II Anton Esterházy entendit peu d'œuvres de Haydn. Il mourut en effet à Vienne le 18 mars 1762. Lui succéda son frère Nicolas (1714-1790), bientôt surnommé Nicolas le Magnifique. Un des premiers actes de Nicolas fut de faire passer le salaire de Haydn de 400 à 600 florins par an.

Haydn devait servir ce prince pendant vingt-huit ans. Nicolas fit son entrée solennelle à Eisenstadt le 17 mai 1762, et les cérémonies organisées à cette occasion permirent à Haydn d'apprécier pour la première fois son goût du luxe et des festivités. À l'occasion du mariage du fils aîné du prince, Anton (1738-1794), on entendit en janvier 1763 un opéra de Haydn (en partie perdu) intitulé *Acide* et peut-être le premier de ses deux *Te Deum*. En mars-avril 1764, Nicolas assista à Francfort, comme ambassadeur de Bohême, à l'élection puis au couronnement de l'archiduc Joseph comme roi des Romains. L'année suivante à la mort de son père François Ier, l'archiduc devint l'empereur romain germanique Joseph II et exerça d'autre part avec sa mère Marie Thérèse, jusqu'à la mort de cette dernière en 1780, la cosouveraineté sur les territoires appartenant en propre aux Habsbourg.

Haydn premier symphoniste européen

Durant ses premières années chez les Esterházy, qu'il passa surtout à Eisenstadt mais aussi, de temps en temps, à Vienne, lorsque le prince y séjournait lui-même, Haydn se montra, comme toujours dans sa carrière, expérimentateur audacieux. Il écrivit alors, outre les inévitables partitions de circonstance, surtout des symphonies et des concertos, ces derniers destinés à permettre aux membres de son orchestre de briller devant le prince. Le violoniste Luigi Tomasini en reçut trois, dont un perdu, le violoncelliste Joseph Weigl un, le contrebassiste Johann Georg Schwenda, le corniste Johann Knoblauch et le flûtiste Franz Sigl chacun un, tous trois perdus. Sont également perdus un concerto pour deux cors en *mi* bémol majeur et peut-être un pour basson. Un autre concerto pour cor, en *ré* majeur Hob. VIId.3, a survécu. Probablement destiné à Joseph Leutgeb (1732-1811), futur dédicataire de ceux de Mozart pour ce même instrument, il fut créé par lui dans l'été 1762 au Burgtheater de Vienne, hors du « domaine des Esterházy ». Pour cette raison, Haydn l'écrivit peut-être en secret, au milieu

de la nuit. Toujours est-il que sur la dernière page de l'autographe, il confondit la portée des premiers violons et celle des
hautbois, pour ensuite corriger cette erreur et, à l'endroit en
question, noter de sa propre main : *Im Schlaf geschrieben* (Écrit
en dormant) !

Les symphonies de 1761-1765 dépassent la vingtaine. Non
sans hésitations, Haydn fixa progressivement pour ce genre
orchestral la structure en quatre mouvements qui allait prédo-
miner chez lui et d'autres, mais pas chez tous les compositeurs
de la seconde moitié du siècle : premier mouvement rapide
(avec ou sans introduction lente), deuxième mouvement
lent, troisième mouvement dansant (menuet avec son trio central), quatrième mouvement rapide. Contrairement à Haydn,
Mozart composa jusque dans la seconde moitié de sa carrière
d'assez nombreuses symphonies en trois mouvements, sans
menuet. Dès 1761, Haydn réalisa un coup de maître avec les
symphonies en *ré* majeur n° 6 (*Le Matin*), en *ut* majeur n° 7 (*Le
Midi*) et en *sol* majeur n° 8 (*Le Soir*), « baroques » par leur
usage d'instruments solistes et « classiques » par leur forme. À
en croire Dies, les titres de cette trilogie – authentiques, ce qui
n'est pas le cas de la plupart de ceux portés par des symphonies
de Haydn – furent suggérés par le prince Paul II Anton en
personne. Peut-être pour répondre à une autre demande
du prince, ces symphonies – les premières de l'histoire de la
musique dignes d'être considérées comme des chefs-d'œuvre
absolus – rendent hommage à Gluck, alors très en vogue à
Vienne : l'Allegro initial du *Midi* présente une parenté certaine
avec la « Danse des furies » du ballet *Don Juan*, et le thème initial de trente-trois mesures du *Soir* n'est autre qu'une citation
quasi textuelle de la totalité de l'air « Je n'aimais pas le tabac
beaucoup » tiré de l'opéra-comique de Gluck *Le Diable à
quatre* (1759). Le finale de cette même symphonie, un Presto à
6/8, est intitulé *La Tempesta*, selon une tradition illustrée
auparavant par Vivaldi.

Les symphonies suivantes – très souvent concentrées,
énergiques et marquées par le rythme, par opposition à la souplesse et à la séduction mélodiques de Mozart – vont dans des

directions fort diverses : finale fugué de celle en *fa* majeur n° 40 (1763), mélodie de choral du mouvement lent initial et sonorités de cors anglais de celle en *mi* bémol majeur n° 22, dite *Le Philosophe* (1764), parfum slave des menuets de celles en *la* majeur n° 28 et en *mi* majeur n° 29 (1765), utilisation d'une mélodie d'église traditionnelle dans celle en *ut* majeur n° 30, dite *Alleluia* (1765). Les mouvements lents de celles en *ré* majeur n° 13 (1763) et n° 24 (1764) emploient respectivement, comme dans un concerto, un violoncelle et une flûte solistes. Le finale de la symphonie n° 13 fait usage du fugato, à partir d'un *cantus firmus* de quatre notes plus tard immortalisé par Mozart – mais qui n'est autre que le Credo grégorien – dans le mouvement correspondant de la *Jupiter* (1788). Les instruments solistes sont un des traits principaux de la symphonie en *ré* majeur n° 31, dite *Appel de cor* ou *L'Affût* (1765). Avec cette partition haute en couleurs utilisant des signaux militaires et de cor de postillon, Haydn prit en quelque sorte congé de sa jeunesse.

Durant ces cinq années 1761-1765, Haydn s'éleva en musique orchestrale au premier rang des compositeurs non plus seulement viennois, mais européens. Lorsque vers 1765 la demande extérieure devint irrésistible, ses œuvres capables d'y répondre étaient déjà fort nombreuses. Haydn n'eut pas une maturité tardive, comme on l'a prétendu. Ce sont sa longévité et surtout l'époque dans laquelle elle s'inscrivit – toute la seconde moitié du « dynamique » xviiie siècle – qui faussent la perspective. Il évolua beaucoup, écrivant dans sa jeunesse des pages rappelant Wagenseil et dans sa vieillesse d'autres annonçant Wagner, mais comme la plupart des grands compositeurs, produisit des chefs-d'œuvre avant l'âge de trente ans. En 1765, à trente-trois ans, il pouvait notamment se prévaloir d'un corpus d'environ trente-cinq symphonies d'une qualité et d'une variété uniques. Il n'avait pas créé le genre, mais, plus que n'importe qui, l'avait fait sien. Sa primauté était sans doute encore plus nette en matière de quatuor à cordes.

Les dix Quatuors à Fürnberg (vers 1757-1760)

Les *Quatuors à Fürnberg* forment à la fois dix partitions isolées et le groupe le plus homogène de la toute première période de Haydn. Le compositeur adopta pour eux la coupe en cinq mouvements, du divertimento autrichien, mais fut le premier à l'habiller de deux violons, d'un alto et d'un violoncelle solistes. Dans huit des dix, les mouvements se succèdent selon le schéma vif-menuet-lent-menuet-vif, les deux autres (opus 1 n° 3 et opus 2 n° 6) faisant passer le mouvement lent en première position. Semblables d'apparence, ils n'en sont pas moins fortement différenciés. Ils font appel à huit tonalités différentes, dont deux utilisées deux fois. La structure interne des divers mouvements n'est en outre jamais exactement la même. D'une grande importance musicale, mais aussi historique, les dix *Quatuors à Fürnberg* firent immédiatement sensation en Autriche et ailleurs, Italie comprise. Les copies d'époque sont innombrables. Ils comptèrent parmi les œuvres les plus diffusées du jeune Haydn et beaucoup de contemporains découvrirent grâce à eux la musique « moderne » : ils renoncent à la basse continue baroque, réalisent une étonnante synthèse de savant et de populaire, et sont portés par une dynamique formelle – la « forme sonate » – auparavant inconnue et destinée à marquer pour deux siècles la musique occidentale. Avec la trilogie symphonique de 1761, ils inaugurèrent deux siècles de grande musique viennoise.

La diffusion des premières œuvres de Haydn

La diffusion des œuvres de Haydn se fit en premier lieu sous forme de copies manuscrites – dont beaucoup ont disparu – réalisées par des copistes professionnels ou non. Les premières remontent à la fin des années 1750 et furent, semble-t-il, principalement destinées à des familles nobles. Peu après 1760, un autre lieu de diffusion, plus important encore, vint s'ajouter aux cours princières et ecclésiastiques : les abbayes autrichiennes,

qui remontaient au Moyen Âge mais qui venaient d'être splen-
didement reconstruites dans le style baroque, aspect sous lequel
elles resplendissent toujours aujourd'hui. Ces abbayes demeurèrent de brillants foyers de culture musicale jusque vers le
milieu du XIXᵉ siècle. L'éducation musicale des novices et des
clercs ainsi que la présence quasi permanente de chanteurs et
d'instrumentistes y allaient de soi. Mais c'est surtout le célèbre
catalogue Breitkopf, un des documents les plus précieux concernant la diffusion de la musique au XVIIIᵉ siècle, qui – en raison
notamment de son caractère commercial – témoigne de la pénétration de la musique de Haydn en Allemagne dans les années
1760 et suivantes. Il s'agit d'un catalogue thématique en six parties et seize suppléments que l'éditeur Johann Gottlob Imma-
nuel Breitkopf (1719-1794), de Leipzig, fit paraître à peu près
tous les ans de 1762 à 1787 en y portant chaque fois les ouvrages
offerts par lui à la vente, en copies manuscrites ou édités par lui-
même ou par d'autres. Furent ainsi annoncées en un quart de
siècle près de douze mille œuvres (à 90 % instrumentales et à
10 % vocales) d'environ mille compositeurs différents !

Il arriva à Breitkopf d'attribuer à Haydn la paternité
d'œuvres qu'il n'avait pas composées, mais ce ne fut de sa part
jamais volontaire. Il attachait de l'importance aux questions
d'authenticité. D'autres éditeurs n'eurent pas toujours ces scrupules. Les premiers à publier de la musique de Haydn furent en
1764 trois éditeurs parisiens. Le 30 janvier, Louis Balthasar de la
Chevardière, sis rue du Roule à la Croix-d'Or, annonça la parution chez lui de « Six Symphonies ou Quatuors dialogués […]
composés par Mr. Hayden, Maître de Musique à Vienne ». Il
s'agissait en réalité de quatre œuvres de Haydn (les quatuors à
cordes opus 1 nᵒ 1 à 4) et de deux apocryphes : des quatuors avec
flûte de Giuseppe Toeschi (1724-1788), un compositeur de
Mannheim, que La Chevardière fit ainsi, peut-être involontaire-
ment, passer pour du Haydn authentique. La deuxième édition
de 1764 fut annoncée six semaines plus tard, le 12 mars, par
Jean-Baptiste Venier. Sous le titre général de « Noms inconnus,
bons à connaître », il publia alors six symphonies de divers
compositeurs dont une de Haydn, celle en *ut* majeur nᵒ 2.

La troisième édition fut annoncée le 18 juin par Anton Huberty : une symphonie de Wagenseil, une de Stamitz et deux œuvres de Haydn dont le quatuor à cordes « n° o ». C'est exactement à ce moment-là, du 18 novembre 1763 au 10 avril 1764, que Mozart âgé de huit ans séjourna pour la première fois à Paris ! Dès juin 1765, un éditeur londonien, Bremner, publia du Haydn. C'était la première fois qu'on entendait parler de Haydn dans la capitale britannique, où se trouvait depuis un peu plus d'un an la famille Mozart. Précisons que toutes ces éditions s'effectuèrent à l'insu de Haydn, qui n'en tira aucun profit.

LA MUSIQUE VIENNOISE AU SENS MODERNE, ÉLÉMENT D'UNE QUERELLE NORD-SUD

« Haydn, un musicien et compositeur incomparable, qui demeure à Vienne et fait en particulier de beaux quatuors et de belles symphonies », écrivit en 1763 un certain Martin Schweyer sur son exemplaire du *Musikalisches Lexikon* (Dictionnaire de musique) publié en 1732 par Johann Gottfried Walther (1684-1748), un collègue et ami de Bach à Weimar : cette réaction à la musique de Haydn est la plus ancienne qui nous soit parvenue. Trois ans plus tard, en octobre 1766, parut à Vienne, probablement sous la plume de Dittersdorf, un vaste article intitulé *Von dem wienerischen Geschmack* in der Musik (Du goût viennois en musique). C'était la première fois qu'on parlait de musique viennoise au sens moderne, et il s'agissait d'une réponse – rédigée sur un ton parfois polémique – à de violentes attaques lancées par deux publications d'Allemagne du Nord contre la nouvelle musique italienne et celle écrite sous son influence en Allemagne du Sud, en particulier à Vienne. Nous y reviendrons. Étaient énumérés et commentés dans cet article une bonne dizaine de compositeurs parmi lesquels Reutter, Wagenseil, Gluck, Dittersdorf évidemment, et surtout Haydn, qualifié de « bien-aimé de notre nation. [...] Dans ses symphonies, sa vigueur masculine égale son invention ». C'était la première fois que le nom de Haydn paraissait dans une publication imprimée en Autriche. Ni Leopold Mozart ni son fils Wolfgang ne s'y trouvaient mentionnés. La production du père était pourtant abondante et de qualité, sans toutefois sortir de l'ordinaire. Celle du fils était modeste en quantité, mais remarquable pour un enfant de dix ans. Mais on ne la connaissait pas à Vienne. Raison fondamentale de cette exclusion : les Mozart n'étaient pas viennois, mais salzbourgeois.

CHAPITRE II

L'enfant miracle

Mozart de janvier 1756 à novembre 1766

Wolfgang Amadeus Mozart, baptisé Joannes Chrysostomus Wolfgangus Theophilus, naquit – vingt-quatre ans après Haydn – à Salzbourg le 27 janvier 1756, au troisième étage du n° 225 de la Löchelplatz (aujourd'hui n° 9 de la Getreidegasse). Cette maison, où depuis leur mariage ses parents étaient locataires du commerçant Johann Lorenz Hagenauer (1712-1792), se situait sur la rive gauche de la rivière Salzach.

Salzbourg était alors la capitale d'une principauté ecclésiastique autonome assez vaste, mais « coincée » géographiquement, politiquement et militairement entre l'Autriche – dont elle ne faisait pas partie – et la Bavière. Étendue sur une partie de la Bavière et sur presque tout le Salzkammergut actuels, cette principauté avait accédé au VIIIe siècle au rang d'archevêché, et en 1278, Rodolphe de Habsbourg avait élevé l'archevêque à la dignité de prince du Saint Empire. Les princes-archevêques de Salzbourg exercèrent dès lors un pouvoir à la fois spirituel et temporel, ce qui devait se perpétuer dans les faits jusqu'au 10 décembre 1800, jour où le prince-archevêque Colloredo, ancien patron de Mozart, prit la fuite devant les armées françaises. Une musique de cour existait formellement depuis 1591. Au début, elle fut limitée à la cathédrale, mais c'est à Salzbourg qu'en 1614 on put assister à la première représentation d'opéra donnée hors d'Italie : un ouvrage intitulé *Orfeo*, peut-être celui de Monteverdi.

Leopold Mozart et Salzbourg

Wolfgang était le septième et dernier enfant de Leopold Mozart (1719-1787), violoniste au service du prince-archevêque Sigismund Christoph von Schrattenbach (1698-1771), et de son épouse Maria Anna, née Pertl (1720-1778). Représentant typique de l'ère baroque, originaire de Styrie, Schrattenbach avait été élu prince-archevêque en 1753 avec une majorité d'une voix. C'est sous son règne que la musique à Salzbourg connut son apogée, et c'est en partie grâce à ses subsides qu'à partir de 1762-1763, le jeune Mozart et sa famille purent sillonner l'Europe. Des six enfants précédents de Leopold et de Maria Anna n'avait survécu qu'une fille, prénommée Maria Anna comme sa mère mais passée à la postérité sous l'appellation de Nannerl (1751-1829). Natif d'Augsbourg en Bavière, Leopold s'était installé à Salzbourg en 1737 après avoir rompu avec sa famille. Il y avait suivi des études de philosophie et de droit à l'université bénédictine fondée en 1622, mais en avait été renvoyé en septembre 1739 pour manque d'assiduité. Entré en 1743 à titre honorifique comme quatrième violoniste dans la chapelle musicale du prince-archevêque Leopold Anton von Firmian, il s'était enfin vu accorder un salaire en 1747, ce qui lui avait permis d'épouser « après plusieurs années d'attente » Maria Anna, originaire quant à elle de Saint-Gilgen, à une trentaine de kilomètres à l'est de Salzbourg. De ses nombreuses compositions, seules avaient été gravées – par lui-même – six sonates en trio pour deux violons et basse (1740). Leopold avait été l'un des rares à pratiquer à Salzbourg la musique instrumentale nouvelle, en particulier la symphonie : on lui en attribue à tort ou à raison environ soixante-dix, dont beaucoup sont perdues. Les autres compositeurs de cour avaient quant à eux surtout produit de la musique religieuse destinée principalement soit à l'église abbatiale bénédictine Saint-Pierre, qui ne dépendait pas directement du prince-archevêque, soit surtout à la cathédrale. Ces deux établissements avaient été fondés respectivement par saint Rupert, évêque de Worms, en 696, et par l'Irlandais saint Virgile en 774. De style baroque, la nouvelle cathédrale avait été consacrée en 1628 et jouxtait le palais du prince-archevêque. Salzbourg était une cité de stricte obédience catholique : les Juifs en avaient été expulsés en 1498, et les Protestants à une date aussi récente que 1731.

L'année de la naissance de Wolfgang, en juillet, Leopold accrut sa réputation au loin par la parution, chez Johann Jakob Lotter à Augsbourg et avec une dédicace à Schrattenbach, d'une *Violinschule* (Méthode de violon) comptant parmi les écrits théoriques fondamentaux de l'époque. C'est vraisemblablement lui qui l'année suivante rédigea pour une des publications historico-scientifiques du compositeur et théoricien berlinois Friedrich Wilhelm Marpurg le précieux document intitulé *Nachricht von dem gegenwärtigen Zustand der Musik Sr. Hochfürstl. Gnaden des Erzbischöfts zu Salzburg im Jahre 1757* (Rapport sur l'état présent de la Musique à la cour de Son Altesse l'archevêque de Salzbourg en l'année 1757). Toujours en 1757, il devint *Hof-Komponist* (compositeur de cour), et en 1758 second violoniste. Leopold assuma entièrement l'éducation de sa progéniture, non seulement en musique mais aussi en mathématiques, lecture, écriture, langues étrangères, danse, morale et religion. Wolfgang ne fréquenta jamais ni la moindre école ni la moindre université. À en croire Leopold, il composa ses premières œuvres dès l'âge de cinq ans : dix-huit courts morceaux, datés du début de 1761 à l'été 1763 et parfois fragmentaires, sont contenus dans un cahier contenant des pièces de divers auteurs et portant sur sa page de couverture, de la main du père, l'inscription en français « Pour le / *Clavecin* / ce Livre appartient à Mademoiselle / Marie Anne Mozartin / 1759 ». Beaucoup de ces morceaux sont des menuets. Ayant reconnu le talent – et peut-être le génie – de son fils, Leopold consacra jusque vers le milieu des années 1770 à sa formation de musicien, en pédagogue-né et sans l'égarer sur les chemins de la facilité, l'essentiel de son temps, allant jusqu'à mettre un frein à sa propre carrière de compositeur sans toutefois y renoncer complètement. Homme de principes toujours sur ses gardes, ambitieux au plan social, il eut à cœur d'enseigner à ses enfants à regarder vers le haut et à ne pas frayer avec les couches inférieures de la population. Principes à opposer à ceux de Haydn, fils de charron de village, déclarant à Griesinger : « J'ai fréquenté des empereurs, des rois, beaucoup de personnages haut placés, et ils m'ont fait bien des compliments, mais je ne saurais vivre avec eux sur un pied d'intimité, je préfère m'en tenir aux gens de ma classe. »

Selon les souvenirs de Nannerl, Leopold emmena en 1762 ses deux enfants à Munich, où ils auraient joué du clavecin devant l'électeur de Bavière Maximilian III Joseph (1727-1777). Le 9 juin de cette année-là mourut Johann Ernst Eberlin (1702-1762), maître de chapelle à Salzbourg depuis 1749 et auteur de nombreuses œuvres sacrées ainsi que de plusieurs *Schuldramen* (drames scolaires) destinés à l'université bénédictine : devenait vacant un poste que Leopold espérait bien occuper un jour. À la mi-septembre, l'ensemble de la famille Mozart quitta Salzbourg pour un séjour à Vienne qui se prolongea jusqu'à la fin décembre. C'est le 13 octobre que Wolfgang et Nannerl jouèrent à son invitation devant Marie Thérèse à Schoenbrunn. Wolfgang, aux dires de Leopold, sauta sur les genoux de l'impératrice, mit les bras autour de son cou et l'embrassa ! Assistaient également à cette séance son époux l'empereur François Ier et Wagenseil, maître de clavecin de leurs nombreux enfants. Ils se produisirent aussi chez plusieurs familles nobles, et l'ambassadeur de France les invita à Versailles. Dans son journal, une des principales sources d'information sur la musique et la vie sociale à Vienne dans la seconde moitié du XVIIIe siècle, le comte Karl von Zinzendorf (1739-1813) rapporte la scène suivante : « 17 octobre. [...] Puis chez [le comte] Thurn, où le petit Enfant de Salzbourg et sa Sœur jouaient du clavecin. Le pauvre petit joue à merveille, c'est un Enfant Spirituel, vif, charmant, sa sœur joue en maître et il lui applaudit. Mlle de Gudenus, qui joue bien du clavecin, lui donna un baiser, il s'essuya le visage. »

La famille regagna Salzbourg le 5 janvier 1763. Le 28 février, la succession d'Eberlin fut enfin réglée : Giuseppe Lolli (1701-1778), vice-maître de chapelle depuis 1743, fut promu maître de chapelle, et Leopold devint vice-maître de chapelle, mais sans augmentation de salaire : il continua jusqu'en 1778 à toucher 354 florins par an, allocation de pain et de vin comprise, et ne s'éleva jamais plus haut dans la hiérarchie. Le 9 juin, ayant obtenu du prince-archevêque un congé avec solde, il partit avec femme et enfants pour une tournée à travers une Europe qui venait enfin de retrouver la paix après la guerre de Sept Ans. Contrairement à Haydn, Mozart ne vit jamais la guerre de près.

La grande tournée européenne : Paris

Leopold n'avait pas planifié en détail cette tournée. Il ne se doutait pas qu'elle durerait trois ans et demi, ni qu'elle s'étendrait à l'Angleterre et à la Hollande. Jusqu'à Paris, il choisit son itinéraire en fonction des possibilités de concerts publics ou privés ou d'invitations « à la cour » offertes par les localités traversées. Les Mozart arrivèrent à Paris le 18 novembre et y restèrent cinq mois. Ils y furent accueillis par le baron-diplomate Friedrich Melchior von Grimm (1723-1807), ami de Voltaire, Diderot, Rousseau, d'Alembert et autres. Ministre plénipotentiaire de Saxe-Gotha, Grimm devait ouvrir aux Mozart de nombreuses portes, en particulier celles du salon de sa maîtresse madame d'Épinay (1726-1783). Dans sa *Correspondance littéraire, philosophique et critique adressée à un souverain d'Allemagne*, ensemble de dépêches manuscrites sur la vie culturelle parisienne que de 1753 à 1773 il fit parvenir à divers princes et souverains européens, il écrivit le 1er décembre : « Les vrais prodiges sont assez rares pour qu'on en parle quand on a l'occasion d'en voir un. Un maître de chapelle de Salzbourg, nommé Mozart, vient d'arriver ici avec deux enfants de la plus jolie figure du monde. [Le] frère, qui aura sept [huit] ans au mois de février [janvier] prochain, est un phénomène si extraordinaire qu'on a peine à croire ce qu'on voit de ses yeux et ce qu'on entend de ses oreilles. [Ce] qui est incroyable, c'est de le voir jouer de tête pendant une heure de suite, et là s'abandonner à l'inspiration de son génie et à une foule d'idées ravissantes qu'il sait encore faire succéder les unes aux autres avec goût et sans confusion. [...] Les enfants de M. Mozart ont excité l'admiration de tous ceux qui les ont vus.»

Le 1er janvier 1764, Wolfgang et Nannerl jouèrent à Versailles devant Louis XV, plusieurs membres de sa famille et madame de Pompadour, ce pour quoi ils reçurent le mois suivant la somme de douze cents livres. Ils donnèrent ensuite deux concerts publics, le 10 mars et le 9 avril, et le 10 avril partirent avec leurs parents pour Londres. À Paris, ils étaient entrés en contact avec divers compositeurs allemands émigrés qui ne furent pas sans influencer l'enfant Mozart: Johann Gottfried Eckard (1735-1809), Leontzi Honauer et surtout Johann Schobert (v. 1735-1767), ce dernier depuis 1760-1761 au service du prince de Conti. Quatre sonates pour clavecin avec accompagnement de violon *ad libitum* avaient été publiés sous le nom de Wolfgang dans la capitale française: celles en *ut* majeur KV 6 et en *ré* majeur KV 7 en février 1764 comme opus I, avec une dédicace à Madame Victoire de France, seconde fille de Louis XV, en *si* bémol majeur KV 8 et en *sol* majeur KV 9 en avril 1764 comme opus II, avec une dédicace à la comtesse de Tessé, dame de compagnie de la dauphine Marie-Josèphe de Saxe. Il s'agit des premières compositions officielles du jeune prodige. La sonate pour clavecin avec accompagnement de violon ou de flûte *ad libitum* était alors très à la mode en Europe occidentale, alors qu'en Autriche, le genre était pratiquement ignoré. Leopold aida Wolfgang à composer KV 6-9, ainsi d'ailleurs que d'autres ouvrages. Six mouvements sont des adaptations de pièces contenues dans le « Cahier pour Nannerl » dont il a été question plus haut, et l'un d'eux, le Menuetto II en *fa* majeur de la sonate KV 6, n'est autre qu'un arrangement du trio du Menuetto de la sérénade ou *Finalmusik* en *ré* majeur pour trompette, trombone et orchestre de Leopold lui-même (1762 au plus tard). On constate que les premières œuvres éditées de Mozart et Haydn le furent au même moment et au même endroit, quoique pour des raisons et dans des contextes fort différents. Wolfgang apparut alors sur scène comme un enfant prodige aux dons exceptionnels mais demandant confirmation, Joseph s'imposant au contraire comme l'auteur – dans la force de l'âge – de plusieurs ouvrages faisant sensation.

La grande tournée européenne : Londres et Johann Christian Bach – Les premières symphonies

Les Mozart arrivèrent à Londres le 23 avril 1764 pour rester en Angleterre quinze mois, bien plus longtemps que prévu. Londres, où la vie musicale était plus commercialisée que partout ailleurs, offrait l'occasion de gagner beaucoup d'argent. Mais tout était très cher, et on pouvait aussi faire faillite ! Dès le 27 avril, la famille au complet fut invitée chez le roi George III et la reine Charlotte à St. James Park, où la réception se déroula dans une atmosphère accueillante, sans commune mesure avec celle « glacée de Versailles ». Wolfgang et Nannerl se produisirent, et Leopold toucha 24 guinées d'honoraires. L'invitation fut renouvelée le 19 mai, et ce jour-là, écrivit Leopold dans une des nombreuses lettres que durant ses absences il adressa à son propriétaire et ami Johann Lorenz Hagenauer à Salzbourg, « le roi fit jouer à Wolfgang des pièces non seulement de Wagenseil, mais aussi de [Johann Christian] Bach, Abel et Haendel, il a tout joué à vue et sans la moindre hésitation. Il a joué sur l'orgue du roi d'une façon telle que tous le préfèrent à l'orgue qu'au clavier. [...] En un mot comme en cent, ce qu'il savait lorsque nous avons quitté Salzbourg n'est absolument rien en comparaison de ce qu'il sait maintenant » (28 mai). Leopold tenait à ce que l'on se persuade, à Salzbourg, que sa tournée était un triomphe. Le 5 juin, Wolfgang et Nannerl donnèrent à leur propre bénéfice un premier concert public : leur père en retira la somme appréciable de 90 guinées. Plus de deux cents auditeurs étaient présents, mais Leopold estima qu'ils auraient pu être six cents – et le bénéfice encore plus substantiel – si le concert s'était tenu plus tôt dans la saison. Le 29 du même mois, Wolfgang participa au

Ranelagh, jardin public à la mode, à un concert de bienfaisance :
il interpréta durant les entractes d'*Acis et Galatée* de Haendel,
sur les conseils de Leopold et pour flatter le goût des Anglais,
une sorte de concerto pour orgue, genre dans lequel justement
Haendel – compositeur favori de George III et disparu à
Londres cinq ans plus tôt seulement, en 1759 – avait excellé. Le
Public Advertiser du 26 l'avait annoncé comme « le prodige
le plus extraordinaire et le génie le plus étonnant de tous les
temps ».

Sur quoi Leopold tomba malade, ce qui le décida à rester en
Angleterre pour l'hiver. Après cinq ou six semaines passées au
calme à Chelsea, sur les bords de la Tamise, les Mozart revinrent
à Londres en octobre et furent reçus pour la troisième fois à la
cour le 25. Mais aucun concert public n'était en vue, car, écrivit
Leopold, « la noblesse n'est pas encore rentrée en ville, et le Parlement, contrairement à la coutume, ne se réunira que le 10 janvier ». C'était en outre la seconde saison que la famille passait
dans la capitale britannique : Wolfgang et Nannerl n'offraient
plus entièrement l'attrait de la nouveauté. Leopold parvint à
mettre des concerts sur pied les 21 février et 13 mai 1765. On y
entendit, pour la première fois au monde, des symphonies de
Wolfgang, mais on ignore lesquelles. Le 13 mai, le frère et la
sœur jouèrent à quatre mains au clavecin, sans doute un
concerto de Wagenseil et non la sonate en *ut* majeur KV 19d,
œuvre vraisemblablement apocryphe. Wolfgang et Nannerl participèrent également à des concerts privés, par exemple le
13 mars chez Lady Margaret Clive, épouse du fondateur de
l'Inde britannique, en compagnie du castrat Giovanni Manzuoli, alors la coqueluche de la haute société. Et dans le *Public
Advertiser* du 8 juillet, on put lire : « Mr. Mozart, père de la
célèbre jeune Famille Musicale, […] informe le public qu'il s'est
installé dans la grande Salle de la Taverne du Cygne et de la
Harpe à Cornhill, où il offrira à tous les Curieux l'occasion
d'entendre ces deux jeunes prodiges jouer tous les jours de Midi
à Trois heures. Prix d'entrée 2 Shillings 6 Pence par personne. Il
commencera demain le 9. » Auparavant, Wolfgang et Nannerl
s'étaient produits en des lieux plus distingués, mais il fallait bien

vivre, et Leopold n'hésita pas, en maintes occasions, à rajeunir son fils d'une année !

Paradoxalement, c'est dans la ville musicalement la plus mondaine du moment qu'après son retour de Chelsea, la famille Mozart passa les semaines les moins mondaines de son grand périple européen de 1763-1766. La concurrence était rude, et l'italianisme régnait en maître. Johann Christian Bach (1735-1782), le plus jeune fils de Johann Sebastian et le seul membre de la dynastie Bach à s'être rendu dans la péninsule italienne, avait commencé à corégenter une vie musicale très brillante, tant au plan public que privé. Arrivé à Londres en 1762 pour produire des opéras italiens au King's Theatre, devenu professeur de musique de la reine et des enfants royaux, Johann Christian s'apprêtait, lors de l'arrivée des Mozart, à lancer avec un de ses amis d'enfance à Leipzig, Carl Friedrich Abel (1723-1787), des concerts publics par souscription (les fameux concerts Bach-Abel) : le premier eut lieu le 23 janvier 1765. En 1763, il avait fait paraître à Londres *Six Favorites Overtures*, à peu de choses près des symphonies en trois mouvements. En avril 1765 suivirent les *Six symphonies opus 3*, également en trois mouvements (vif-lent-vif). Dès son arivée deux mois plus tard, Mozart les déchiffra au clavecin, et en mars 1765 parurent, faisant suite aux quatre éditées à Paris, comme opus III et avec une dédicace à la reine Charlotte, ses *Six Sonates pour le Clavecin qui peuvent se jouer avec L'accompagnement de Violon, ou Flaute Traversière* (KV 10-15), largement inspirées de l'opus 2 de Johann Christian Bach. Les Allegros chantants du «Bach de Londres», son ivresse mélodique, sa sensualité, son cachet aristocratique et son sens du théâtre, impressionnèrent fortement l'enfant Mozart, qui devait en rester marqué toute sa vie. Pour la première fois, il se trouva confronté, en la personne de Johann Christian Bach, à un compositeur de grande valeur et dont en outre le tempérament s'avérait proche du sien.

L'importance du séjour londonien pour Mozart créateur réside essentiellement dans le début de sa carrière de symphoniste. Nannerl devait raconter bien plus tard l'avoir vu composer sa première symphonie à la fin de l'été 1764 à Chelsea,

Leopold étant malade et elle-même copiant au fur et à mesure les parties orchestrales. La symphonie n° 1 en *mi* bémol majeur KV 16 – dont le manuscrit autographe porte de la main de Leopold des corrections ainsi que la mention « Londres 1764 » – n'est pas forcément celle évoquée par Nannerl, mais il s'agit en toute probabilité de la plus ancienne symphonie de Mozart qui nous soit parvenue. Elle comporte trois mouvements. Son bref Andante est en mineur, et le thème de son finale, un Presto à 3/8, à peu près identique à celui du mouvement correspondant du scherzando (divertimento) n° 5 en *mi* majeur Hob. II.37 de Haydn, composé aux alentours de 1760 : c'est l'effet du hasard, à moins qu'une copie de l'ouvrage de Haydn n'ait abouti avant le 9 juin 1763 (date du départ de Salzbourg) entre les mains de Leopold. La symphonie KV 16 montre surtout à quel point, dans ce genre également, Mozart avait assimilé le style de Johann Christian Bach, d'Abel et d'autres compositeurs établis dans la capitale britannique : début dans la nuance *forte* suivi d'un contraste immédiat dans la nuance *piano*, second thème bien chantant. La symphonie n° 3 en *mi* bémol majeur KV 18, jadis attribuée à Mozart parce qu'il en existe une copie de sa main, est en réalité d'Abel (opus 7 n° 6, publiée en 1767). Celle en *si* bémol majeur n° 2 KV 17 n'est pas non plus de Wolfgang, mais de Leopold. La symphonie n° 1 KV 16 diffère très peu de celles d'Abel et de Johann Christian Bach sur le triple plan de la longueur, de la complexité et de l'originalité. À Londres, Mozart composa peut-être aussi les symphonies n° 4 en *ré* majeur KV 19, en *fa* majeur KV 19a et en *ut* majeur KV 19b (perdue), ce qui ferait un total d'au moins quatre. Certaines furent peut-être entendues à la première saison des concerts Bach-Abel. De ce séjour londonien datent aussi ses premiers contacts sérieux avec l'opéra italien. Giovanni Manzuoli – qui en novembre 1764 avait triomphé au King's Theatre dans le pasticcio *Ezio* (sur un livret de Métastase mis en musique par Johann Christian Bach et d'autres) et participé en janvier 1765 à la création d'*Adriano in Siria* de Johann Christian – lui donna probablement quelques leçons en la matière. D'où l'air pour ténor et orchestre *Va, dal furor portata* KV 21, sur un texte tiré justement d'*Ezio*.

La grande tournée européenne : La Hollande
Le retour à Salzbourg

La famille Mozart quitta Londres le 24 juillet et l'Angleterre le 1er août 1765 : aucun de ses membres ne devait y remettre les pieds. Les ultimes semaines avaient été marquées par quelques événements importants : examen des connaissances musicales de Wolfgang, en juin 1765, par le magistrat Daines Barrington (1727-1800), qui ne devait remettre son rapport à la Royal Society qu'en novembre 1769 ; hommage rendu en juillet par le British Museum, auquel Leopold remit des exemplaires des sonates KV 10-15 et probablement le manuscrit du motet *God is our Refuge* KV 20, étroitement modelé par Wolfgang sur une œuvre du même titre tout juste composée par un nommé Jonathan Battishill (1738-1801). Les étapes suivantes furent Lille, Gand, Anvers, la Hollande (Rotterdam, La Haye, Amsterdam, Haarlem et Utrecht du 9 septembre 1765 à la fin avril 1766), de nouveau Paris et Versailles (du 10 mai au 9 juillet), et enfin Lyon (quatre semaines en juillet-août) ; puis, l'idée d'un séjour en Italie ayant été abandonnée, la Suisse (Genève, Lausanne, Berne, Zurich, Winterthur et Schaffhausen du 20 août à la fin octobre), diverses villes d'Allemagne (Donaueschingen, Dillingen, Augsbourg, Munich), et enfin Salzbourg (arrivée le 29 novembre 1766). Des symphonies de Wolfgang furent exécutées dans la plupart de ces lieux, en particulier dans la seconde quinzaine d'octobre à Donaueschingen par l'orchestre du prince Joseph Wenzel von Fürstenberg.

Les œuvres les plus significatives de cette seconde moitié du périple datent du séjour en Hollande. Ce sont six nouvelles sonates pour clavecin avec accompagnement de violon (KV 26-31), composées à La Haye en février 1766 et publiées le mois suivant comme opus IV avec une dédicace à madame la Princesse de Nassau-Weilbourg (1743-1787), fille du prince Willem (Guillaume) IV van Orange-Nassau, et au moins deux nouvelles symphonies : celle en *si* bémol majeur n° 5 KV 22, datée de la main de Leopold « La Haye 1765 », et (dans sa version originale) celle en *sol* majeur KV 45a, qu'on crut longtemps avoir été écrite à Salzbourg ou à Vienne à la fin de 1767 ou au début de 1768. Il est possible que les symphonies KV 19 et KV 19a aient été composées en Hollande, et non à Londres. Les Mozart arrivèrent à La Haye le 11 septembre 1765. Sur quoi Nannerl tomba très gravement malade, au point de recevoir l'extrême onction le 21 octobre : les concerts à la cour des 12 et 18 septembre et le concert public du 30 septembre eurent lieu sans elle. Le 1er octobre, Wolfgang se produisit chez le ministre de Grande-Bretagne à La Haye, Joseph Yorke, baron Dover. Il tomba ensuite malade à son tour, et resta deux mois en danger. Dans ces conditions, le concert suivant n'eut lieu que le 22 janvier 1766, toujours à La Haye. Il vit vraisemblablement la création de la symphonie n° 5 KV 22. Trois concerts suivirent à Amsterdam les 29 janvier, 26 février et 16 avril, et un autre à Utrecht le 21 avril. On ignore tout de la première audition de la symphonie en *sol* majeur KV45a : on sait seulement que les parties séparées découvertes en 1982 portent de la main de Leopold l'indication « La Haye 1766 ».

Peut-être fut-elle entendue – comme le *Galimathias Musicum* en *ré* majeur KV 32 et sans doute aussi les variations pour clavecin en *sol* majeur KV 24 sur *Laat ons Juichen* (Réjouissons-nous) du maître de chapelle de la cour Christian Ernst Graf et en *ré* majeur KV 25 sur l'hymne néerlandais *Willem van Nassau* – le 11 mars 1766 à La Haye dans le cadre des cérémonies d'investiture du prince Willem V van Orange-Nassau comme stathouder de Hollande. Les festivités durèrent du 7 au 12 mars et culminèrent le 8, jour où le prince atteignit ses dix-huit ans. Un mois plus tard, à Haarlem, Leopold se vit présenter l'édition en néerlandais de sa *Violonschule*, et un exemplaire en fut offert en sa présence à Willem V. Le *Galimathias Musicum* KV 32 mérite une mention spéciale. Il s'agit d'un *quodlibet* en dix-huit morceaux, à savoir un pot-pourri d'airs et de chansons à la mode dont certains étaient connus des Mozart et de leurs amis salzbourgeois et d'autres de leurs auditeurs hollandais. Le n° 18 est une fugue sur l'hymne *Willem van Nassau*, et le n° 10 fait entendre une chanson à partir de laquelle Haydn, l'année précédente, avait construit sa première grande œuvre pour clavier, du genre fantaisie et très modulante : le capriccio en *sol* majeur Hob. XVII.1 (manuscrit autographe daté de 1765). Haydn avait intitulé son capriccio – que Mozart ne pouvait connaître – *Acht Sauschneider müssen seyn*, faisant ainsi référence aux paroles de la chanson : « Il faut huit hommes, il en faut huit / Pour castrer un verrat. / Deux devant et deux derrière, / Deux pour tenir, un pour attacher,/et un pour couper, pour couper. / Il faut huit hommes, ils en faut huit. » On reprenait en chantant « Il faut sept hommes », « Il faut six hommes », et ainsi de suite jusqu'à « Il faut un homme ».

Des symphonies authentiques de Mozart ni perdues ni fragmentaires, cinq existaient donc lors du retour à Salzbourg : KV 16, 19, 19a, 22 et 45a, toutes en trois mouvements sans menuet et dotées d'un finale à 3/8. Avec celle perdue (KV 19b), cela faisait un total de six : bilan appréciable pour un enfant de bientôt onze ans, mais Haydn à trente-quatre ans en avait alors près d'une quarantaine à son actif, pour la plupart plus vastes, globalement plus variées et assez largement diffusées. À noter cependant que même sans doute dans l'esprit de Haydn, la symphonie en tant que telle ne jouissait pas encore du prestige qu'elle devait acquérir à la fin du siècle. On en composait beaucoup un peu partout en Europe, mais elles étaient d'ordinaire encore loin de constituer le « morceau de résistance » d'un concert, honneur largement réservé aux pièces de virtuosité vocale ou instrumentale.

La famille Haydn : Joseph prend le relais du père

Haydn et Mozart perdirent leurs parents exactement au même âge : chacun avait vingt-deux ans à la mort de sa mère, et trente et un ans à celle de son père. De la mère de Haydn, on ne connaît que les dates de naissance et de mort et l'ancienne profession de cuisinière. Elle était la deuxième de six enfants. Après sa mort, Mathias Haydn prit pour maîtresse, en 1754, sa servante Maria Anna Seeder âgée de dix-huit ans. Les suites ne tardèrent pas : condamné à une « amende de fornication » de dix

florins, Mathias épousa Maria Anna le 19 juillet 1755. Deux
mois après naquit le premier de leurs cinq enfants, tous disparus
en bas âge. L'un d'eux, né et mort en 1761, reçut le prénom de
Joseph ! On ignore totalement les réactions de Haydn, alors
tout juste engagé chez les Esterházy, à l'apparition de ce demi-
frère homonyme. Après la mort de Mathias, Maria Anna épousa
un travailleur agricole déjà deux fois veuf. Par la suite, Haydn ne
devait pas oublier sa belle-mère. Dans son testament de 1801, il
lui légua, « au cas où elle serait encore en vie », une somme de
cent cinquante florins. Elle était morte en 1798.

De Mathias Haydn, Griesinger écrivit : « Il eut encore la joie
d'admirer son fils dans son uniforme bleu orné d'or, et d'entendre le prince [Esterházy] louer grandement ses talents. Peu
après cette visite [à Eisenstadt], une pile de bois s'écroula sur
maître Mathias en train de travailler. Il eut quelques côtes cas-
sées, et mourut peu après » (le 12 septembre 1763). Étaient
encore à Rohrau les trois filles et le dernier fils (prénommé
Johann) de son premier lit. À propos de ses parents, Haydn
devait déclarer à Dies le 15 avril 1805 : « Vous semblez étonné
de me voir tout habillé, moi qui suis malade et faible, incapable
de sortir et condamné à ne respirer que l'air de ma chambre.
Dès ma plus tendre enfance, mes parents ont tout fait pour
m'habituer à la propreté et à l'ordre, et ces deux choses me
sont devenues une seconde nature. » Et Dies de poursuivre :
« Il déclara devoir aussi à ses parents de l'avoir accoutumé
à la piété et, comme ils étaient pauvres, à l'économie et au
travail. »

On a là un des aspects de la personnalité de Haydn. Marqué
par ses parents, il n'en avait pas moins quitté définitivement
leur logis, on l'a vu, dès l'âge de cinq ou six ans, alors que
Mozart eut son père comme mentor au moins jusqu'à son
installation à Vienne en 1781 à l'âge de vingt-cinq ans, et sa
mère comme chaperon lors de son expédition à Mannheim
et à Paris en 1778. Très tôt, Haydn fut livré à lui-même et
dut apprendre à se débrouiller seul. Il eut faim dans sa jeunesse, non certes à Saint-Étienne, mais dans les années qui
suivirent, et se montra dès lors déterminé à ce que cela ne

se reproduise plus, ni pour lui-même ni, dans la mesure où cela dépendait de lui, pour les membres de sa famille. Cela explique en partie ses rapports avec l'argent. À la mort de Mathias, son frère Michael venait d'obtenir un poste stable à Salzbourg, mais comme on vient de le voir, le troisième frère, Johann (1743-1805), était à l'âge de vingt ans toujours à Rohrau, sans perspectives d'avenir. Il quitta son village natal après le remariage de sa belle-mère, et passa, semble-t-il, quelque temps à Saint-Étienne, sur quoi Joseph réussit en 1765 à le faire entrer dans la *Chor-Musik* des Esterházy. Doté d'une voix assez faible, Johann resta six ans entièrement à la charge de Joseph, sans percevoir le moindre salaire. À partir de 1771, il toucha la somme dérisoire de 20 florins par an, puis 30 à partir de mars 1775. En septembre suivant, il fut renvoyé, puis – très probablement grâce à l'intervention de Joseph – réintégré en octobre moyennant 50 florins par an et quelques avantages en nature à partir de 1783. Il conserva son poste jusqu'à sa mort, mais resta durant toute cette période, soit pendant quarante ans, largement soutenu financièrement par son frère aîné, qui, en cette occasion comme en bien d'autres, dut et sut déployer auprès du prince, en diplomate avisé qu'il était, tous ses talents de persuasion. Haydn fit aussi venir auprès de lui sa sœur aînée, Anna Maria Franziska (1730-1781) : vers 1768-1769, elle et son premier mari s'installèrent comme aubergistes à Fertöszentmiklos (Saint-Nicolas), à cinq kilomètres au sud d'Eszterháza. Des deux sœurs cadettes, l'une, Anna Maria (1739-1802), passa toute sa vie à Rohrau, où elle eut, de deux maris, seize enfants dont dix morts en bas âge. L'autre, Anna Katharina (1741 – ?), quitta Rohrau en 1769 avec son mari et leur enfant et ne donna plus jamais de ses nouvelles.

La famille Mozart : inévitablement, un enfant atteindra l'âge adulte

Nous prenons ici congé de Mathias Haydn, alors que nous n'en avons pas fini avec Leopold Mozart. Homme de culture, Leopold avait sur énormément de sujets des idées bien arrêtées et en général avancées. Wolfgang, durant la grande tournée, eut largement l'occasion de s'en imprégner. À plusieurs années de distance, on trouve dans la correspondance du père et du fils des jugements très semblables, par exemple sur la France et sur les musiciens de Salzbourg, traités par l'un et par l'autre d'ivrognes et de débauchés.

Leopold était parti de Salzbourg avec une réputation assez enviable mais modeste, due largement à sa *Violinschule*, et sans avoir jamais quitté la région comprise entre Augsbourg et Vienne. À son retour, cette réputation était devenue quasiment démesurée : la moitié de l'Europe le connaissait comme ayant engendré un « miracle », un garçon aux « talents prématurés et presque surnaturels », pour citer l'historien britannique de la musique Charles Burney (1726-1814). Lui-même devait parler sans complexes d'un « miracle que Dieu a fait naître à Salzbourg. Je dois en rendre grâce au Dieu tout-puissant, autrement je serais la plus ingrate de toutes les créatures humaines, et c'est maintenant ou jamais qu'il est de mon devoir de convaincre le monde de ce miracle, car actuellement on ridiculise et on nie tout ce qui s'appelle miracle. [...] Quelle joie et quelle victoire pour moi que d'avoir entendu un voltairien me déclarer avec stupeur : *Pour une fois j'ai vu un miracle : c'est le premier !* Ce miracle est en effet bien visible, et donc irréfutable » (lettre de Vienne du 30 juillet 1768). Parallèlement commençait à naître la légende de « Mozart l'éternel enfant », plus tard transformée en mythe et qui devait poursuivre le compositeur bien après sa mort, alors qu'on peut prétendre qu'au contraire, Mozart n'eut jamais d'enfance, et vécut dès ses toutes premières années comme Haydn, uniquement dans un monde d'adultes et de travail. Au XVIIIe siècle, les enfants étaient au demeurant considérés et traités comme des petits adultes.

Mais puisque enfant il y eut, ce fut un enfant dont certains, comme le médecin et pédagogue suisse Samuel André (de son nom de plume Auguste Tissot, qui examina Mozart en septembre 1766 à Lausanne, surent voir que le cœur était « aussi sensible » que les oreilles. Les gens avaient cependant, pour la plupart, tendance à ne se souvenir que de ses exploits confinant à la sorcellerie. Il lui arrivait par exemple, même en déchiffrant, de jouer du clavecin avec sur les mains une serviette lui cachant les touches ! Que deviendrait d'ailleurs cet enfant à l'âge adulte ? Atteindrait-il cet âge ? Daines Barrington fut un des rares, dans son fameux rapport, à se poser ces questions avec sollicitude : « Il faut espérer que le petit Mozart pourra parvenir à l'âge avancé de Haendel, alors qu'on constate que de tels *ingenia praecocia* ne vivent en général pas longtemps. » De même, Grimm craignait « qu'un fruit si précoce ne tombe avant sa maturité » (*Correspondance littéraire* du 15 juillet 1766). Joseph Yorke, le ministre de Grande-Bretagne à La Haye chez qui Wolfgang se produisit le 1er octobre 1765, écrivit de son côté le même jour à son frère : « Nous avons ici le petit garçon allemand qui joue du clavecin comme Haendel et compose avec la même aisance, c'est vraiment un extraordinaire produit de la nature, mais nos professeurs de physique ne pensent pas qu'il vivra longtemps. » D'autres firent montre de cynisme, comme un certain abbé Ferdinand Galiani, qui le 7 juillet 1770 écrivit de Naples, en français, à madame d'Épinay : « Je crois vous avoir écrit que le petit Mosar [*sic*] est ici, et qu'il est moins miracle, quoi qu'il soit toujours le même miracle ; mais il ne sera jamais qu'un miracle, et puis voilà tout. » Ou de scepticisme, comme le diplomate Louis de Vismes (1720-1776), ministre plénipotentiaire de Grande-Bretagne en Bavière. De Munich, après quelques jours passés à Salzbourg, il s'adressa comme suit à Charles Burney (30 novembre 1772) : « Le jeune Mozart fait aussi partie de l'orchestre [du prince-archevêque], vous vous souvenez de ce jeune prodige en Angleterre. […] Lui et sa sœur peuvent jouer ensemble sur le même clavecin, mais elle a atteint son sommet, qui n'est pas merveilleux, et à en juger par la musique de lui jouée par l'orchestre en ma présence, il n'est qu'un spécimen supplémentaire de fruit précoce, ce qui est plus extraordinaire qu'excellent.» On s'indigne, mais à tort, car on ne saurait reprocher aux témoins des jeunes années de Mozart de n'avoir pas «prévu» les sommets qu'il atteindrait plus tard.

Leopold ne manqua pas de réaliser qu'en la personne de Wolfgang, il possédait pour lui-même et le reste de sa famille une précieuse source de revenus, une sorte d'assurance contre les calamités de la vieillesse, mais qu'au fur et à mesure que ce fils grandirait, cette source risquait de se tarir : il fallait donc l'exploiter aussi systématiquement et aussi longtemps que possible. C'étaient moins les prouesses de Wolfgang en tant que telles qui stupéfiaient que le fait de les voir accomplies par un enfant ! Objectivement, l'extrême jeunesse de Wolfgang était pour Leopold un atout : il n'avait donc pas forcément intérêt à ce qu'arrive l'âge adulte. «La jeunesse des enfants ne plonge-t-elle pas encore tout le monde dans l'émerveillement ?» (Lyon, 16 août 1766). «Chaque moment perdu est perdu à jamais, et si jamais j'ai su combien le temps est précieux pour la jeunesse, je le sais maintenant. Vous savez que mes enfants sont habitués à travailler. Si l'on n'en veut pas, ce ne sera pas ma faute. Mais on ne les aura pas pour rien» (Munich, 10 novembre 1766). Cet état d'esprit clarifie bien des choses dans les rapports futurs entre le père et le fils. Wolfgang ne pouvait en avoir pleinement conscience durant la grande tournée. Mais il tomba malade plus d'une fois, et chercha à compenser d'une façon ou d'une autre la tension à laquelle il se trouvait exposé : par des crises de larmes, des espiègleries, ou en manifestant ouvertement un fort désir d'affection.

Il était en effet très émotif : lorsqu'à Londres il apprit que son ami Kajetan Rupert Hagenauer (1746-1811), fils de Johann Lorenz, était entré comme novice à Saint-Pierre de Salzbourg, il se mit à pleurer, expliquant à Leopold que c'était parce qu'il croyait qu'il ne le reverrait plus ! Barrington rapporte qu'il lui arrivait de courir à travers une pièce un bâton entre les jambes, comme s'il s'agissait d'un cheval, et selon les souvenirs de Nannerl, mais ce n'est pas prouvé, il se serait offusqué, lors de la réception à Versailles, du refus de madame de Pompadour de l'embrasser : « L'impératrice [Marie Thérèse] m'a embrassé ! » Et s'il se souvint toute sa vie avec émotion de Johann Christian Bach, ce fut à cause de sa musique, mais aussi, sans doute, parce que ce dernier, à Londres, l'avait « pris entre ses genoux, et ils jouaient ainsi de tête alternativement sur le même clavecin deux heures de suite en présence du roi et de la reine » (Grimm, *Correspondance littéraire* du 15 juillet 1765). Après les genoux de Marie Thérèse, ceux de Johann Christian Bach ! Enfant ou adulte, Mozart voulait être aimé, et par-delà ses audaces et ses sautes d'humeur, modela largement sur ce besoin son comportement et sa musique, ce qui ne lui réussit pas toujours. Avec davantage de succès auprès de certains de ses contemporains et de beaucoup de musiciens et compositeurs d'aujourd'hui, Haydn adopta plutôt comme attitude : « Prenez-moi tel que je suis ! »

CHAPITRE III

Matin au soleil d'Eszterháza

Haydn de mars 1766 à avril 1775

Werner mourut à Eisenstadt le 3 mars 1766, et Haydn lui succéda automatiquement comme maître de chapelle, titre sous lequel il avait d'ailleurs été plusieurs fois déjà désigné, y compris par Werner lui-même. Curieusement, il n'existe aucun document le nommant officiellement à ce poste.

Splendeurs d'Eszterháza

Le château d'Eisenstadt ne suffit bientôt plus à Nicolas le Magnifique. Avant son avènement, il avait habité un pavillon de chasse à Süttor, dans la plaine hongroise à l'extrémité sud du lac de Neusiedl, à une centaine de kilomètres du sud-est de Vienne. L'endroit était marécageux, mais cela n'empêcha pas le prince d'y faire édifier un magnifique château que les contemporains n'hésitèrent pas à comparer à Versailles. Dès 1766, ce château était officiellement appelé Eszterháza (actuellement Fertöd en Hongrie), et cette année-là déjà, on y entendit de la musique. Le prince en fit sa résidence principale hors de Vienne, et Haydn et ses musiciens s'y installèrent définitivement en 1768. Eszterháza ne fut toutefois considéré comme définitivement achevé qu'en 1784, avec l'inauguration de la cascade faisant face au bâtiment central. Le château comprenait alors 1026 pièces, et sa construction avait coûté 13 millions de florins. Eszterháza dépassa en magnificence tout ce qu'on pouvait imaginer. Un épais volume en français paru en 1784, vraisemblablement rédigé à l'instigation du prince lui-même, ne nous fait grâce d'aucun détail : salle d'opéra de 400 places, théâtre de marionnettes en forme de grotte, bibliothèque, galerie de tableaux, etc. Pendant plus de vingt ans, concerts et opéras dirigés par Haydn, représentations théâtrales, fêtes et illuminations s'y succédèrent sans relâche, l'été surtout, car en principe Esterházy et sa suite passaient l'hiver à Vienne. À noter que Nicolas le Magnifique fit commencer la construction d'Eszterháza sans avoir vu Versailles. Il ne passa pour la première fois une semaine à Paris qu'en novembre 1767, consacrant de longs moments à la visite du château de Louis XIV. En décembre, Haydn lui présenta comme cadeaux de retour la symphonie en *si* bémol majeur n° 35 et la cantate *Al tuo arrivo felice* Hob. XXIVa.3 (perdue).

En 1769, une troupe de comédiens ambulants passa par Eszterháza. Après l'avoir fait jouer devant lui, Nicolas Esterházy signa avec elle un contrat de trois ans couvrant la période 1770-1772. La troupe s'engageait à « se produire, avec au minimum quatorze personnes valables et expérimentées, tous les jours, à toutes les heures et en tous lieux déterminés par lui [le prince] », cela du 1er mai au 15 octobre, le prince s'obligeant de son côté à mettre à la disposition de ses membres sept chambres avec chauffage et éclairage, à fournir le cas échéant la musique nécessaire, et à verser à ses deux directeurs cent florins par semaine. La troupe en question avait notamment à son répertoire *Le Malade imaginaire* de Molière.

Le 25 janvier 1772, le prince signa un contrat avec une autre troupe de comédiens ambulants : celle du célèbre Carl Wahr (1745 – v. 1798), qu'on devait voir à Eszterháza six saisons de suite, jusqu'en 1777. Carl Wahr joua un rôle primordial dans la vie théâtrale non seulement d'Eszterháza, mais aussi de Pest, Pressburg et Prague. Pionnier de la représentation en langue allemande des pièces de Shakespeare, Carl Wahr en monta plusieurs à Pressburg et à Eszterháza, dont en 1774 *Hamlet,*

Othello, *Macbeth* et *Le Roi Lear*. Il s'agissait évidemment de versions revues et corrigées. Le 6 juillet 1774, dans une dépêche rendant compte de festivités à Eszterháza, le journal *Pressburger Zeitung* fit pour la première fois mention d'une collaboration entre Haydn et Carl Wahr : « Demain soir l'opéra *L'infedeltà delusa*. La musique est du Herr Kapellmeister Joseph Haydn. Ce remarquable musicien a aussi récemment composé pour la troupe de M. Wahr et la comédie *Der Zerstreute* (Le Distrait) une musique originale que les connaisseurs considèrent comme un chef-d'œuvre. On y observe, cette fois dans une veine comique, l'esprit qui vivifie tous les travaux de Haydn. [...] Haydn et Regnard rivalisent de distraction capricieuse. [...] On attend encore de cet habile compositeur une musique pour *Hamlet* de Shakespeare. » En 1775, un autre journal cita expressément Haydn, « Kapellmeister du prince Esterházy », comme « directeur musical » de la troupe de Carl Wahr.

Reste qu'à l'exception de sa partition pour *Le Distrait* de Jean-François Regnard (1755-1709), passée à la postérité comme symphonie en *ut* majeur n° 60, dite *Il Distratto* (1774), les musiques de scène de Haydn demeurent entourées de mystère. Celle destinée à *Hamlet* soit n'a jamais été composée, soit s'est perdue, soit encore s'est anonymement fondue, totalement ou en partie, dans une symphonie de l'époque. Quant à celle pour *Le Roi Lear* parfois attribuée à Haydn, elle est sans doute d'un certain G. W. Stegmann. Il est possible que certaines symphonies de Haydn aient été conçues à l'origine comme musiques de scène, par exemple celles en *la* majeur n° 59, dite *Le Feu* (1768), et n° 65 (1769). En 1774, Haydn composa, outre *Il Distratto* (n° 60), partition citant beaucoup de mélodies populaires de provenances diverses et abondant en tournures incongrues d'un effet irrésistible, quatre remarquables symphonies : en *mi* bémol majeur n° 55 dite *Le Maître d'école* et en *ré* majeur n° 57, de style populaire, en *sol* majeur n° 54 et en *ut* majeur n° 56, très « Sturm und Drang », en particulier en leurs mouvements lents.

Misères d'Eszterháza

La vie à Eisenstadt puis à Eszterháza ne fut pas qu'idyllique. Pendant cinq ans, Haydn dut coexister avec Werner, lequel, quelque peu jaloux et dépassé par les événements, qualifiait volontiers son jeune collègue de *Modehansl* (type à la mode, suiveur de mode) ou de *G'sanglmacher* (faiseur de chansons). En octobre 1765, cinq mois avant sa mort, Werner alla jusqu'à attirer par écrit l'attention du prince sur le désordre « plus grand que si 7 diables étaient passés par là » et l'indiscipline qui régnaient dans la chapelle, le responsable étant, selon lui, « le présent directeur [Haydn], qui les laisse [les musiciens] faire à leur guise pour le simple plaisir d'être appelé un bon Heyden ». Werner accusa donc Haydn non seulement de négliger les instruments du chœur, « dont plus de la moitié ont disparu », les archives, « dispersées aux quatre vents », et l'instruction des chanteurs, « dont aucun ne prête attention à ce que joue son voisin », mais aussi de démagogie ! Sans doute n'avait-il pas entièrement tort, car dès le 3 novembre parut un décret probablement ébauché par le *Güterrregent* (intendant) Peter von Rahier mais bien sûr signé par le prince lui-même, et reprenant les principaux points soulevés par Werner. Il était enjoint à Haydn de préparer un catalogue « en trois exemplaires identiques de tous les instruments et de toute la musique du chœur », de faire en sorte que « rien ne soit dérobé ni perdu », que tout soit conservé « en bon état et en ordre », de veiller à ce que les choristes « assurent leur service comme il faut et avec discipline », d'organiser « deux concerts par semaine dans la salle des officiers à Eisenstadt », et de « remettre tous les quinze jours un rapport écrit avec le nom des absents et la cause présumée de leur absence. [...] Enfin, ledit Capellmeister Haydn est instamment prié de se consacrer avec plus de diligence que par le passé à la composition, et notamment d'écrire de ces pièces que l'on peut jouer sur la gamba, pièces dont jusqu'ici nous n'avons vu qu'un tout petit nombre ».

Par « pièces que l'on peut jouer sur la gamba », Nicolas le Magnifique entendait « ouvrages pour baryton », un instrument de la famille des violes déjà anachronique à l'époque mais dont lui-même jouait avec passion et fort bien. Le reproche qu'il adressa à son vice-maître de chapelle de négliger la composition ne concernait sûrement que ce type d'ouvrage. Haydn, qui venait d'écrire les premiers de ses cent-vingt-six trios pour baryton, alto et violoncelle, se le tint pour dit, si l'on en juge par son abondante production en ce domaine jusque vers 1775. D'où la « note de service » arrivée deux mois plus tard chez Rahier : « Eszterháza, 4 janvier 1766. […] je reçois à l'instant 3 morceaux [pour baryton] de Haydn, et en suis très satisfait. Veillez donc à ce que 12 ducats lui soient versés par la caisse en mon nom. Dites-lui par la même occasion d'écrire huit autres morceaux du même genre ainsi que 2 pièces en solo, et de me les faire envoyer ici immédiatement. »

Haydn rencontra d'autres soucis du fait des conflits qui ne manquèrent pas de surgir entre ses musiciens, ou entre eux et l'administration princière. La troupe dont il avait la charge était assez turbulente : pétitions, requêtes et cas litigieux étaient monnaie courante, et Haydn devait invariablement intervenir. Fin 1765, le flûtiste Franz Sigl fut mis aux arrêts par l'intendant Rahier, sans doute avec une vigueur excessive : son fusil de chasse avait explosé alors qu'il visait des oiseaux sur le toit d'une maison princière, et cette maison avait brûlé complètement ! Haydn et ses musiciens non seulement protestèrent énergiquement auprès de Rahier, mais en vinrent presque aux mains avec lui. Finalement, Haydn prit la plume et protesta énergiquement auprès du prince. On le découvre dans cette lettre indigné et fier, mais également diplomate, et quelque peu flatteur (« Je ne puis accepter les ordres de, ni me sentir subordonné à, l'intendant, car VOTRE ILLUSTRE ALTESSE SÉRÉNISSIME m'a dit un jour VENEZ D'ABORD VERS MOI, CAR JE SUIS VOTRE MAÎTRE »).

Un autre incident survint quelque temps après, en février-mars 1769, lorsque les violoncellistes Joseph Weigl et Ignaz Küffel se querellèrent violemment sur des questions de préséance et d'aptitude professionnelle. Cette querelle dégénéra en pugilat, et ne fut sans doute pas étrangère aux départ successifs de Weigl en mai 1769 – il poursuivit sa carrière à Vienne – et de Küffel en juin 1770.

LE QUOTIDIEN À ESZTERHÁZA

Si l'on connaît avec autant de détails ces histoires et d'autres, c'est que contrairement à celles de Leipzig pour Bach ou de Salzbourg pour Mozart, les archives Esterházy ont intégralement survécu. Il est possible de savoir qui à tel moment occupait tel poste dans la chapelle, ou qu'à telle date, Haydn fit acheter des cordes de violon ou de violoncelle de *mi*, de *sol* ou de *ré*. On constate également que sa position importante valut à Haydn, ainsi qu'à sa femme, d'être séparément ou ensemble témoins aux mariages de plusieurs fonctionnaires princiers, ou de porter sur les fonts baptismaux nombre de leurs enfants. Le plus célèbre de ces filleuls de Haydn fut Joseph Weigl junior (1766-1846), fils du violoncelliste du même nom. Élève et disciple de Salieri, il lui succéda en 1791 au poste de directeur musical de l'Opéra italien de la cour de Vienne.

Les archives permettent aussi de se faire une idée de la situation financière du prince. En 1780, ses revenus atteignirent 714 016 florins, dont plus de 500 000 en provenance des domaines et le reste de diverses opérations bancaires. À la fin de la décennie, ils avaient dépassé le million de florins. Ses dépenses augmentèrent en proportion, mais il était – malgré les apparences – ennemi du gaspillage, et s'arrangea toujours pour conserver chaque année de substantiels bénéfices (de l'ordre de 200 000 à 400 000 florins). Sans ces bénéfices, il n'aurait été question ni de Haydn, ni de son orchestre. À sa musique et à son théâtre, Nicolas ne consacra en 1782 pas moins de 27 392 florins, plus environ 700 pour la *Chor-Musik* restée à Eisenstadt. Il menait au demeurant une « politique sociale » assez généreuse pour l'époque. Il consentit plus d'une fois des prêts et avances à Haydn, en particulier lors des deux incendies qui, en 1768 et 1776 respectivement, détruisirent la maison que celui-ci avait acquise à Eisenstadt en 1766, et qu'il devait revendre en 1778. Un système de retraites existait, mais comme il n'y avait pas de limite d'âge et que, sauf cas de maladie grave, les employés (musiciens compris) travaillaient en principe jusqu'à leur mort ou leur départ, les pensions allaient surtout à des veuves. Certaines dispositions testamentaires pouvaient en décider autrement. À sa mort en 1762, Paul II Anton avait par exemple légué un an de salaire à tous ses officiers, musiciens compris. Les formalités durèrent onze ans, et Haydn ne perçut ses 400 florins, son salaire officiel de 1762, qu'en avril 1773 ! Après que le ténor Leopold Dichtler eut perdu sa femme, la chanteuse Barbara Fux, morte sur scène le 24 septembre 1776 au beau milieu d'une représentation dirigée par Haydn de *L'isola d'amore* de Sacchini, le prince lui alloua des dotations en nature pour l'entretien et l'éducation des enfants. Au total, les pensions s'élevaient à environ 10 000 florins par an. Les employés disposaient en outre de trois médecins et d'un chirurgien, les médicaments ainsi que les éventuels frais de cure étant à la charge du prince. Un hôpital princier existait à Eisenstadt depuis 1679. En 1780, Nicolas le Magnifique en fit construire près d'Eszterhaza un autre pour ses employés les plus pauvres : il comprenait douze lits, et soins et médicaments y étaient gratuits, l'établissement recevant 10 kreutzer par malade et par jour.

Certains documents confirment qu'à Eszterháza comme ailleurs, splendeur et misère se côtoyaient de près, et d'autres indiquent que Nicolas pouvait aussi se montrer inflexible. Au début de 1772, il envisagea de congédier certains musiciens et de réduire les salaires des autres. Cette menace ne fut pas mise à exécution, mais la Musique fut néanmoins complètement réorganisée, avec entre autres conséquences une distinction encore plus nette qu'auparavant entre le Chœur, prévu pour l'Église et cantonné à Eisenstadt, et la Chambre, rattachée à Eszterháza. Cette séparation posa de réels problèmes à certains musiciens, parmi lesquels le corniste (et plus tard violoniste) Joseph Diezl junior. Engagé en 1765, il fut muté en 1775 à Eisenstadt pour renforcer le Chœur, et vit peu après son salaire assez fortement réduit. Père de nombreux enfants, Dietzl adressa au prince plusieurs appels à l'aide qui tous tombèrent dans l'oreille d'un sourd.

Il faut ajouter qu'à Eszterháza, on vivait plus ou moins en vase clos. L'endroit attirait de nombreux visiteurs de haut rang, mais dès qu'on s'éloignait du château, on tombait sur un monde bien différent. Dans les *Briefe eines reisenden Franzosen über Deutschland* (Lettres sur l'Allemagne d'un Français en voyage) du baron Johann Kasper Riesbeck (1783), on peut lire : « La splendeur du lieu est encore accrue par le contraste avec la campagne des alentours. On a peine à imaginer quelque chose de plus triste ni de plus déprimant. Le lac de Neusiedl, dont le château n'est pas loin, forme de vastes marécages, et menace parfois de tout engloutir jusqu'à la résidence du prince, comme l'ont déjà été [...] les terres les plus fertiles. Les habitants de la région ont pour la plupart l'air de fantômes, et au printemps ils attrapent presque toujours la fièvre. On a calculé que le prince, avec la moitié des sommes consacrées à son jardin, aurait pu non seulement faire assécher les marécages, mais regagner sur le lac la même surface de terre. Comme il entre dans le lac davantage d'eau qu'il n'en sort, le danger qui menace ces terres basses est vraiment très grand. [...] En moins d'une journée de voyage au-delà du château, on rencontre déjà des Tartares, des Hottentots, des Iroquois et des habitants de la Terre de Feu qui vivent ensemble et vaquent à leurs diverses occupations. »

C'est dans ce contexte ambivalent que se situe le célèbre épisode de la *Symphonie des Adieux* (novembre 1772), sur lequel nous reviendrons.

HAYDN DE 1766 À 1774 : UNE PÉRIODE FASTE

Quand on suit la carrière de Haydn, on ne peut manquer d'être frappé par l'importance des années 1766 et suivantes. Ce fut sa première grande période de synthèse globale, alors qu'auparavant, il avait plutôt synthétisé et tiré des bilans à l'intérieur de genres délimités (*Quatuors à Fürnberg* de 1757 à 1760 environ, symphonies de 1761-1765). Mieux vaut d'ailleurs parler de synthèse-diversification : à partir de 1766, le style de Haydn non seulement s'unifia et se consolida, mais marqua de son empreinte des genres bien plus nombreux. On est tenté d'appliquer surtout à cette période cette fameuse phrase de Haydn, rapportée par Griesinger et prenant en quelque sorte le contrepied du « Je suis capable d'imiter tous les styles » de Mozart : « Mon prince était satisfait de tous mes travaux, j'étais apprécié, en tant que chef d'un orchestre je pouvais faire des expériences, observer comment produire ou non tel ou tel effet, en d'autres termes améliorer, ajouter, supprimer, oser, j'étais coupé du monde, personne dans mon entourage ne pouvait me faire douter de moi ou me tourmenter, de sorte que je fus bien forcé de devenir original. » Mais ce serait oublier que Haydn composa de manière « originale » dans n'importe quel contexte et à toutes les périodes de sa carrière, sans renoncer pour autant, comme la plupart des compositeurs du xviiie siècle, Mozart y compris, à plaire à ses auditeurs, voire à les divertir.

Les années 1761-1765 avaient été glorieusement dominées par la symphonie. Haydn continua de plus belle à en écrire. Il en composa de 1767 à 1774 environ vingt-cinq, plus vastes que les précédentes et comptant parmi ses plus significatives, mais produisit parallèlement des œuvres aussi magistrales dans les domaines de la musique religieuse, de l'opéra, de la sonate pour piano et du quatuor à cordes : cela sans oublier les trios avec baryton, catégorie moins prestigieuse mais qui joua dans son évolution, en particulier comme « travail préparatoire » au quatuor à cordes, un rôle non négligeable. Dans ses symphonies, il se préoccupa moins qu'auparavant de l'aspect externe des différents mouvements, et réalisa un prodigieux travail sur leur structure interne et leurs rapports mutuels. Il n'eut en général plus besoin, pour distinguer ses symphonies les unes des autres, de pimenter leur instrumentation ou de varier le nombre de leurs mouvements. L'orchestre se limite le plus souvent à deux hautbois, deux cors et aux cordes, avec un basson doublant et renforçant la ligne de basse, et la coupe « à la viennoise » en quatre mouvements vif-lent-menuet-vif devient presque « de règle ». La dernière symphonie de Haydn sans menuet, de coupe vif-lent-vif, est de 1763 (n° 12 en *mi* majeur), et la dernière en trois mouvements seulement de 1768 (n° 26 en *ré* mineur, dite *Les Lamentations*) : il lui manque un finale (coupe vif-lent-menuet). Rappelons que Mozart, suivant en cela une tradition salzbourgeoise, mais aussi italienne et parisienne, devait au contraire écrire de nombreuses symphonies en trois mouvements sans menuet, et ce jusqu'à sa haute maturité (n° 38 en *ré* majeur KV 504 de 1786, dite *Prague*).

ŒUVRES RELIGIEUSES, OPÉRAS ET SONATES POUR PIANO
LE MONDE EXTÉRIEUR SE MANIFESTE

C'est sans doute la mort de Werner qui poussa Haydn, maintenant que le champ était libre, à mettre en chantier des œuvres religieuses d'envergure. Dès 1766, il composa – ou du moins commença – la plus vaste de toutes ses messes : l'éclatante *Missa Cellensis in Honorem Beatissimae Virginis Mariae*, dite aussi *Missa Sanctae Caeciliae* (Hob. XXII.5 en *ut* majeur), sa seule du type messe-cantate, avec un Gloria en sept parties. Par *Missa Cellensis*, il faut comprendre « Messe de Mariazell » (destinée au sanctuaire de Mariazell en Styrie). En 1767 suivit le *Stabat Mater* en *sol* mineur, que Haydn soumit pour approbation au compositeur d'opéras spécialiste de la musique vocale à l'italienne Johann Adolf Hasse (1699-1783), et en 1768 la *Missa a 4tro voci alla Capella* « *Sunt bona mixta malis* » en *ré* mineur Hob. XII.2, pour chœur à quatre voix et basse d'orgue, écrite dans le style sévère (*in Stilo a Capella*) probablement pour l'avent. Vers 1762, une messe de Werner avait porté le même titre (« Les bonnes choses sont mêlées aux mauvaises »). La *Missa sunt bona mixta malis* est pratiquement la seule partition connue de Haydn restée inachevée : elle s'arrête au « Gratias agimus tibi » du Gloria. Contrairement à Mozart, qui conservait les fragments de ses œuvres abandonnées, et dont de ce fait les œuvres « inachevées » sont légion, Haydn jetait probablement les siens au panier. Survint vers 1769 la *Missa in E mol in honorem Beatissimae Virginis Mariae* en *mi* bémol majeur Hob. XXII.4, dite *Grosse Orgelmesse* (Grande Messe avec Orgue) en raison de son importante partie d'orgue concertant. Colorée par deux cors anglais, elle réalise une synthèse rare d'atmosphère populaire et de polyphonie savante. Deux autres partitions sacrées peuvent être datées avec précision : le fervent *Salve Regina* en *sol* mineur Hob. XXIIIb.2 pour quatre voix solistes, cordes et orgue concertant (1771), et la *Missa Sancti Nicolai* en *sol* majeur Hob. XXII.6, destinée en 1772 à la fête du prince, le 6 décembre et d'atmosphère pastorale. Ce qui impressionne dans ces quatre messes, outre leur ferveur et leur profondeur, c'est leur extrême diversité : pas deux ne sont du même type, ni de mêmes dimensions. Quant au *Stabat Mater* de 1767, ce fut avant *La Création* (1798) la seule œuvre vocale de Haydn à jouir de son vivant d'une forte réputation à l'étranger.

Au même moment, quatre opéras italiens de Haydn furent représentés chez les Esterházy, le premier à Eisenstadt et les trois autres à Eszterháza : l'intermède bouffe en deux parties *La Canterina* en juin ou juillet 1766, pour célébrer soit le séjour de quelques membres de la famille impériale, soit la fête d'Anton, fils aîné de Nicolas le Magnifique ; le piquant *dramma giocoso* en trois actes d'après Goldoni *Lo Speziale* (L'Apothicaire) le 28 septembre 1768, pour l'inauguration du théâtre d'Eszterháza et devant l'archiduchesse Marie Christine (1742-1798), une des filles de Marie Thérèse, et son époux Albert de Saxe-Teschen (1738-1822), palatin de Hongrie (manque le début de l'acte III) ; un autre *dramma giocoso* en trois actes et en partie perdu d'après Goldoni, *Le Pescatrici* (Les Pêcheuses), le 16 septembre 1770 pour le mariage d'une nièce du prince ; et la *burletta per musica* en deux actes *L'Infedeltà delusa* (L'Infidélité déjouée), sur un livret de Marco Coltellini (1719-1777), le 26 juillet 1773 pour la fête de la veuve de Paul II Anton, que Nicolas tenait à célébrer dignement. L'ouvrage fut repris le 1er septembre suivant en l'honneur de Marie Thérèse. L'impératrice effectuait alors chez les Esterházy l'unique visite de son règne. Elle vit aussi à Eszterháza un opéra pour marionnettes avec musique de Haydn : intitulé *Philémon et Baucis*, il se terminait en chantant la gloire des Habsbourg. Dans *L'infedeltà delusa* n'étaient mis en scène ni des nobles, ni des dieux et des déesses, ni même des bourgeois, mais uniquement des paysans toscans se distinguant les uns des autres selon qu'ils étaient riches ou pauvres. L'intrigue était en outre assez simple à suivre. Né près de Florence, Coltellini – qui en 1768, à Vienne, avait fourni à Mozart le livret de *La finta semplice* – partageait en effet sur la « réforme de l'opéra » les idées de Gluck et de son librettiste pour *Orfeo* (1762) et *Alceste* (1767), Ranieri de Calzabigi (1714-1795).

Durant ces années, Haydn et ses musiciens se produisirent plusieurs fois en divers endroits. Le 16 février 1767, pour les fêtes du carnaval, *La Canterina* fut redonnée à Presbourg, sur la rive gauche du Danube, en présence de Marie Christine et d'Albert de Saxe-Teschen: pour la première fois, la chapelle Esterházy avec Haydn à sa tête joua devant le grand monde. En tant que palatin de Hongrie, le duc Albert était le représentant de Marie Thérèse dans le royaume, et résidait officiellement à Presbourg, sa capitale. En mars 1768, Haydn dirigea à la demande de Hasse son *Stabat Mater* à Vienne. Les 21 et 22 mars 1770, la chapelle Esterházy se fit entendre pour la première fois dans la capitale, chez un baron von Sumerau: Haydn dirigea à cette occasion *Lo Speziale*, le 21 dans une version scénique, le 22 dans une version de concert. Le 25 juillet suivant, de grandes festivités en l'honneur de la veuve de Paul II Anton eurent lieu à Kittsee, localité située sur la rive droite du Danube, en face de Presbourg. Le prince y possédait un château. Étaient notamment présents Marie Thérèse et trois de ses fils: l'aîné, Joseph II, et les deux derniers, les archiducs Ferdinand (1754-1806) et Maximilian Franz (1756-1801). Peut-être est-ce à cette occasion, et non – comme on le crut longtemps – lors de sa visite à Eszterháza en septembre 1773, que Haydn dirigea devant l'impératrice son éclatante symphonie en *ut* majeur n° 48, dite *Maria Theresa*, composée en toute probabilité en 1769. Le vendredi saint 29 mars 1771, Haydn redonna son *Stabat Mater* à Vienne, dans l'église Maria Treu des piaristes, à la tête de plus de soixante musiciens et devant un vaste auditoire. Ce fut son premier succès public: le chroniqueur de la paroisse nota que son nom avait suffi à attirer presque toute la noblesse viennoise.

Trois ans auparavant lui était arrivée sa première commande importante venue de l'extérieur. C'est en effet à la fin mars 1768 qu'il envoya sa cantate *Applausus* à l'abbaye de Zwettl en Basse-Autriche, qui souhaitait célébrer avec faste le cinquantenaire de la prononciation des vœux de son abbé. On appelait alors *Applausus* une cantate destinée à célébrer en sa présence la gloire et les mérites d'un haut personnage. Pour la première fois, une « grande » œuvre de Haydn allait être exécutée en son absence.

Inquiet, il joignit à sa partition une lettre de recommandations en dix points, document fort précieux par les renseignements et les précisions qu'il contient, tant sur la conception que Haydn avait de son rôle de chef d'orchestre que sur les conditions et les pratiques d'exécution d'un tel ouvrage dans le troisième quart du XVIIIᵉ siècle. Cette lettre traite de questions de tempo et de nuances (à respecter scrupuleusement), du nombre nécessaire de répétitions (trois ou quatre au moins), de la prononciation des paroles, de la réalisation des liaisons et des appogiatures, des rapports et de l'équilibre entre chanteurs et orchestre et entre les divers instruments de l'orchestre etc. Haydn alla jusqu'à prier les copistes de veiller à ce que les violonistes n'aient pas à tourner la page tous en même temps, « car cela diminue beaucoup la vigueur d'un orchestre de peu de musiciens », et termina ainsi : « Enfin, je demande à chacun, en particulier aux instrumentistes, pour ma réputation et la leur, de vraiment faire de son mieux. Au cas où je n'aurais pas deviné les goûts de ces messieurs, on ne saurait m'en blâmer, car je ne connais ni les personnes ni l'endroit, et cette ignorance a rendu mon travail très pénible. Pour le reste, j'espère que cet Applausus plaira au poète, aux dignes musiciens et à l'honorable et vénéré auditoire, je les salue tous avec le plus profond respect, etc. »

Parallèlement aux œuvres d'église et aux opéras que nous venons de citer, Haydn – laissant loin derrière lui Wagenseil, Steffan et autres confrères – écrivit pour la première fois de « grandes » sonates de concert. Naquirent ainsi celles en *mi* bémol majeur n° 29 (Hob. XVI.45) en 1766, en *ré* majeur n° 30 (Hob. XVI.19) en 1767, en *la* bémol majeur n° 31 (Hob. XVI.46) vers 1768, et en *ut* mineur n° 33 (Hob. XVI.20) en 1771, les deux dernières surtout pouvant être considérées comme les plus anciennes sonates « monumentales » pour clavier seul de l'histoire de la musique. Plus modestes d'apparence, d'expression plus intime, en deux mouvements seulement et non en trois, les sonates en *si* bémol majeur n° 20 (Hob. XVI.18) et en *sol* mineur n° 32 (Hob. XVI.44) ne sont pas moins riches de contenu. Ces six ouvrages témoignent de l'influence sur la production pianistique de Haydn, à partir des années 1760, du deuxième fils de Bach, Carl Philipp Emanuel (1714-1788). Les jugeant difficiles, destinées aux « connaisseurs » plutôt qu'aux « amateurs », Haydn conserva ces sonates par-devers soi : contrairement aux précédentes et aux suivantes, elles connurent sur le moment une diffusion quasiment nulle et ne furent publiées que dans les années 1780. Une autre sonate de l'époque (n° 28 en *ré* majeur) n'a survécu qu'en partie, et sept (n° 21-27) ont disparu : on n'en connaît que les deux premières mesures, notées par Haydn sur un de ses catalogues thématiques.

En 1773, Haydn composa pour la première fois un cycle de six sonates : n° 36-41 (Hob. XVI.21-26) en *ut* majeur, *mi* majeur, *fa* majeur (une de ses plus jouées), *ré* majeur (aussi digne d'intérêt que la précédente), *mi* bémol majeur et *la* majeur (son Menuetto reprend celui de la symphonie en *sol* majeur n° 47 de 1772). Contrairement aux précédentes, il les destina expressément à la publication : elles sont moins difficiles, et de style parfois populaire. Haydn les fit paraître en février 1774 à Vienne avec une dédicace à Nicolas Esterházy. Ces « sonates Esterházy » sont les premières œuvres dont Haydn suscita lui-même l'édition.

Naissance de la musique de chambre moderne : Quatuors à cordes opus 9 (1769-1770), opus 17 (1771) et opus 20 (1772)

Il y eut surtout trois séries de six quatuors à cordes chacune : opus 9 (1769-1770), parue pour la première fois en 1771 chez Hummel à Amsterdam, opus 17 (1771), parue en 1772 également chez Hummel, et opus 20 (1772), parue en 1774 chez La Chevardière à Paris. La dénomination de *Quatuors du Soleil* parfois accolée à l'opus 20 provient du frontispice de l'édition Hummel de 1779 : peut-être s'agissait-il d'une allusion maçonnique. Ces trois séries se succédèrent rapidement en une ascension fulgurante. Haydn avait abandonné le genre depuis une dizaine d'années, et on ne sait ce qui le poussa à y revenir : nécessité intérieure, expérience acquise dans d'autres genres, symphonie et trio avec baryton surtout ? Quand Haydn entreprit l'opus 9, il avait déjà composé pour Nicolas environ quatre-vingts trios avec baryton ! On ignore tout de la genèse et de la destination des opus 9, 17 et 20. Aucun manuscrit authentique d'un quelconque de ces dix-huit ouvrages ne se trouve dans les archives Esterházy, et aucun document n'y fait référence. Ils ne furent donc vraisemblablement pas conçus comme «musique de chambre» pour le prince. Furent-ils écrits pour être exécutés à Vienne durant les saisons d'hiver ? Rien ne l'indique. Furent-ils le résultat d'une commande privée ? Où et quand furent-ils exécutés en présence de Haydn ? On ne possède aucune réponse à ces questions. En septembre 1772, Charles Burney séjournant à Vienne entendit chez l'ambassadeur d'Angleterre, en présence de Gluck, des quatuors de Haydn, Joseph Weigl tenant la partie de violoncelle. Mais Haydn n'était pas présent, et ces quatuors pouvaient aussi bien provenir des opus 1 et 2 que des opus 9, 17 ou 20.

Ces trois séries de six furent expressément prévues comme telles par Haydn. Jusqu'à la fin de sa carrière, il groupera toujours ses quatuors de la sorte, exception faite du quatuor isolé opus 42 (1785) et des trois derniers, les deux de l'opus 77 (1799) et le quatuor inachevé opus 103 (1802-1803). Il parviendra ainsi, de l'opus 9 à l'opus 76 (1797), à un total de neuf séries de six, toutes destinées à la publication, chacune comprenant des œuvres dans six tonalités différentes dont une dans le mode mineur. Le nombre de ses quatuors à cordes s'élève ainsi à soixante-huit. L'opus 20, avec deux œuvres en mineur (n° 3 en *sol* mineur et n° 5 en *fa* mineur), occupe une position à part. Dans cet opus, trois ouvrages – autre trait exceptionnel – se terminent par une fugue. Par son sujet et sa facture, celle du n° 5 en *fa* mineur poursuit plus ou moins une tradition baroque assez sévère. Il n'en va pas de même de celle du n° 2 en *ut* majeur, élégante et séduisante, ni de celle du n° 6 en *la* majeur, capricieuse et anguleuse, à l'articulation toute classique. Regrouper par séries de trois ou de six des œuvres destinées à la publication ou à un mécène était la norme à l'époque. On en trouve de nombreux exemples chez Bach et Mozart (cf. en particulier les six quatuors dédiés par ce dernier à Haydn en 1785), et même Beethoven devait y sacrifier (six quatuors opus 18 de 1798-1800, trois quatuors opus 59 de 1806).

Comme tous les quatuors suivants de Haydn, ceux des opus 9, 17 et 20 comportent quatre mouvements, avec menuet en troisième ou (plus rarement à partir de l'opus 33) en deuxième position. Dans le genre, personne d'autre ne pouvait alors se prévaloir d'une moisson aussi abondante et aussi splendide. Les dix-huit quatuors de 1769-1772, en particulier les six de l'opus 20, fondèrent la musique de chambre au sens moderne, en tout cas celle pour cordes seules, et réalisèrent la synthèse propre au genre : ensemble homogène (uniquement des cordes solistes), voix indépendantes et différenciées. Ici, une brève parenthèse s'impose.

Lors de la jeunesse de Haydn, des orchestres formés de professionnels existaient un peu partout, comme celui dont il eut la direction chez les Esterházy : ils exécutaient des symphonies, alors qu'au contraire, le quatuor à cordes était largement réservé aux amateurs. Or peu à peu, la logique musicale devait opérer une sorte de renversement, cela dans la mesure où, par rapport à la musique d'orchestre, la musique de chambre, en particulier celle pour cordes seules, se définit de plus en plus par davantage d'indépendance pour chaque partie, en particulier pour la basse, par une dynamique plus différenciée, par des rythmes plus variés, par des dissonances plus audacieuses, par un phrasé plus compliqué, par une exploration plus systématique des registres très aigus et très graves : en un mot comme en cent, par une plus grande complexité. Avec les précautions d'usage, on peut dire que la musique de chambre pour cordes seules devait se faire le véhicule des idées les plus personnelles, les plus « avancées », d'un Haydn, d'un Mozart et d'un Beethoven. D'où une contradiction qui devait se révéler comme un puissant facteur d'évolution tant pour la musique elle-même que pour son insertion sociale : étant donné ses difficultés croissantes, le quatuor à cordes passa progressivement des mains des interprètes amateurs à celles des interprètes professionnels, et par voie de conséquence des salons privés aux lieux de concert publics. En 1785, après avoir composé une série de six grands quatuors à cordes, Mozart la dédia à un autre compositeur, en l'occurrence Haydn, c'est-à-dire à quelqu'un qu'il estimait capable de « comprendre », non à un quelconque mécène dont cependant il aurait pu recevoir une appréciable somme d'argent. Un peu plus tard, en 1793, Haydn composa ses premiers quatuors à cordes (opus 71 et 74) expressément destinés à une vaste salle de concerts publics (Hanover Square Rooms à Londres). Parallèlement apparurent les premiers quatuors à cordes formés d'interprètes professionnels : on connaît le rôle joué sur ce plan au début du XIXᵉ siècle à Vienne par le violoniste Ignaz Schuppanzigh (1776-1830) pour les quatuors de Beethoven, et à Paris par le violoniste Pierre Baillot (1771-1842). Tous ces faits marquèrent la revanche du compositeur-créateur sur l'interprète-amateur et de la salle de concert publique sur les intérieurs privés, amateurs et intérieurs privés continuant néanmoins à jouer, tout au long du siècle romantique, pour la musique de chambre, un rôle considérable.

Les symphonies « Sturm und Drang »

Mais revenons à notre propos. D'une manière générale, Haydn cultiva volontiers en 1766-1774 un ton fort subjectif : il n'écrivit jamais autant d'ouvrages en mineur, et rarement des pages d'une telle violence. Les quatuors opus 20, on l'a vu, forment chez lui le seul groupe de six comportant deux ouvrages en mineur, et sur ses dix symphonies en mineur, six s'échelonnent de 1765 (au plus tôt) à 1772 et se terminent dans ce mode : n° 39, n° 49 *La Passion*, n° 26 *Les Lamentations*, n° 44 *Funèbre*, n° 52 et n° 45 *Les Adieux*. Les quatre autres, composées de 1782 à 1791, s'achèvent au contraire en majeur : n° 78, n° 80, n° 83 *La Poule* et n° 95. On qualifie volontiers les années entourant 1770 de période « Sturm und Drang » (Orage et Passion), du nom d'un célèbre mouvement littéraire allemand de l'époque. Le « Sturm und Drang » littéraire s'attacha au plan artistique à émouvoir très fortement et surtout très profondément, à donner le frisson. Parmi les plus hautes manifestations de ce courant esthétique, on peut citer le roman *Werther* de Goethe (1774) et la pièce de théâtre *Die Räuber* (Les Brigands) de Schiller (1781). Ses jeunes meneurs réclamaient l'abolition des « règles traditionnelles » au nom d'un « génie individuel » se suffisant à lui-même et pouvant tout se permettre, et son domaine d'élection fut le théâtre. D'aucuns ont contesté cette appellation en ce qui concerne la musique, mais elle est préférable à celle de préromantisme, et a pour elle sa commodité : l'expression « Sturm und Drang » est en effet très parlante. Elle s'applique pour l'essentiel à une musique – celle écrite dans l'orbite de Vienne aux alentours de 1770, en partie sous l'influence de l'*opera seria* – effectivement très neuve et très typée techniquement et émotionnellement, bien qu'ancrée également – recours au contrepoint, par exemple – dans la tradition.

Haydn illustra parfaitement le critère d'originalité du « Sturm und Drang ». Tout autant que ses quatuors, ses grandes symphonies en mineur, comme *La Passion* en *fa* mineur (n° 49 de 1768), la *Funèbre* en *mi* mineur (n° 44 de 1770-1771), ou *Les Adieux* en *fa* dièse mineur (n° 45 de 1772), et bien d'autres, comme celles en *ut* majeur n° 48, dite *Maria Theresia* (1769), en *ré* majeur n° 42 (1771), plus vaste que n'importe laquelle des précédentes, ou en *si* bémol majeur n° 51 (1773), avec ses spectaculaires parties de cor, le firent plus que jamais apparaître comme un créateur puissamment personnel, mais maintenant la part égale entre subjectivité et objectivité. Les sentiments « exprimés », même quand ils se manifestent sous la forme d'explosions brusques, s'intègrent dans une discipline d'ensemble mue par un souffle intense, au lieu de rester tributaire de l'instant : témoignage parmi d'autres d'une force intellectuelle peu commune. Le contrepoint lui aussi fut utilisé à cette fin : menuet en canon de la *Funèbre*, double contrepoint à l'octave du mouvement lent de la symphonie en *sol* majeur n° 47 (1772), menuet et trio de cette même symphonie, faits chacun de deux phrases dont la seconde n'est autre que la rétrogradation exacte de la première, etc.

DEUX OUVRAGES D'EXCEPTION ÉTROITEMENT APPARENTÉS : LES SYMPHONIES N° 45 « LES ADIEUX » ET N° 46 (1772)

Il arriva à Haydn d'écrire des passages que lui-même ressentit comme incongrus. Après avoir porté sur l'autographe de l'Adagio de la symphonie en *ré* majeur n° 42 de 1771 quelques mesures particulièrement audacieuses mais hors contexte, il les modifia et nota : « *Dies war vor gar zu gelehrte Ohren* » (C'était pour des oreilles vraiment trop savantes) ! À la fin de 1772 cependant, il composa deux symphonies sortant carrément des normes : celles en *si* majeur n° 46 et surtout en *fa* dièse mineur n° 45, dite *Les Adieux*. Plusieurs histoires ont circulé au sujet des *Adieux*, la version rapportée par Griesinger étant sans doute la plus proche de la réalité. Haydn aurait voulu attirer l'attention du prince sur l'impatience de ses musiciens, dont les familles étaient interdites de séjour à Eszterháza, de voir se terminer une saison qui n'en finissait pas : « Parmi les musiciens du prince Esterházy, se trouvaient de jeunes mariés qui, l'été, tant que le prince séjournait à Eszterháza, se voyaient dans l'obligation d'abandonner leur femme à Eisenstadt. Contrairement à son habitude, le prince décida une fois de prolonger son séjour à Eszterháza de plusieurs semaines. Les jeunes époux consternés se tournèrent vers Haydn, lui demandant de les sortir de cette situation. Haydn eut l'idée de composer une symphonie au cours de laquelle les instruments se taisent les uns après les autres. Cette symphonie fut exécutée dès que possible en présence du prince, et il [Haydn] avait recommandé à chaque musicien, une fois qu'il aurait terminé sa partie, d'éteindre sa chandelle et de s'en aller son instrument sous le bras. Le prince et tous ceux qui étaient présents saisirent immédiatement le sens de cette pantomime, et l'ordre du départ d'Eszterháza survint le lendemain même. »

Nous avons vu qu'effectivement, Nicolas prolongeait parfois au-delà des limites « raisonnables » sa saison à Eszterháza. Il existe en outre une note de Rahier du 10 janvier 1772, donc de quelques mois antérieure aux *Adieux*, corroborant le début du récit de Griesinger, et donnant à penser qu'à Eszterhaza, on manquait d'espace, du moins dans les communs : «J'ai transmis aujourd'hui oralement à tous les musiciens votre décision du 8 de ce mois interdisant aux femmes et aux enfants de musiciens, à l'exception des femmes de Haydn, Fribert, Dichtler, Cellini et Tomasini, de paraître à Eszterháza, ajoutant que si quelqu'un n'était pas d'accord...» D'autres anecdotes concernant les *Adieux* circulèrent du vivant de Haydn : il aurait souhaité soit partir lui-même, ce qui est peu plausible, soit manifester son mécontentement face à des subordonnés turbulents, soit protester contre la décision qu'aurait prise le prince de congédier une partie de sa chapelle, ce qui, nous l'avons vu aussi, fut justement le cas au début de 1772. Notons que le 19 janvier 1775, le prince rappela encore à qui de droit que les musiciens, « dans la mesure où ils doivent se séparer de leurs femmes l'été, touchent chacun en gracieuse compensation cinquante florins par an, mais qu'ils ne viennent pas nous importuner par des demandes d'augmentation, et qu'il se garde de faire venir femmes et enfants à Esterháza, que nous y soyons ou non, faute de quoi cet acte de bienveillance cessera automatiquement». Au bout de trois ans, les problèmes qui avaient suscité la *Symphonie des Adieux* n'étaient apparemment pas tous réglés.

Le trait inhabituel le plus visible des *Adieux* est sa structure en cinq mouvements, avec deux finales : un second mouvement lent (Adagio) au cours duquel les instrumentistes, sauf deux violons solistes, s'en vont les uns après les autres, s'enchaîne sans interruption au finale proprement dit (Presto). On peut y voir aussi une structure en quatre mouvements avec un finale en deux parties distinctes. Le second Adagio, où les violons sont divisés non en deux mais en quatre, confronte l'auditeur à une baisse continue de l'effectif instrumental et donc du volume sonore. Cette baisse s'effectue en deux étapes : disparaissent d'abord les bois (premier hautbois et second cor puis second hautbois et premier cor), et ensuite les cordes, en commençant par les plus graves (contrebasses puis violoncelles), jusqu'à ce que ne restent plus que deux violons solistes et les altos, et enfin seulement les deux violons solistes. Intensité et registre deviennent ainsi autant d'éléments de la forme! À noter que comme à peu près tous les titres portés par les symphonies de Haydn, la dénomination de *Symphonie des Adieux* ne provient pas du compositeur lui-même, et manque dans les premières éditions. Le 13 avril 1784, l'œuvre fut jouée au Concert-Spirituel à Paris sous l'appellation de «Symphonie où l'on s'en va». Elle avait en effet été programmée pour une occasion bien spéciale: la dernière séance du Concert-Spirituel dans la salle des Suisses (ou des Cent-Suisses) du palais des Tuileries. Il s'agissait d'un «adieu» à cette salle. Les séances suivantes du Concert-Spirituel, jusqu'au 1er novembre 1789, eurent lieu, toujours au palais des Tuileries, dans la salle des Machines, précédemment affectée à l'Opéra puis à la Comédie-Française. Sur le manuscrit autographe de la symphonie n° 45, un de ceux qu'il conserva toujours par-devers soi, Haydn ne porta comme indication à la page de titre que *Sinfonia in Fis minore*, et, au moment du premier départ d'instrumentistes (premier hautbois et second cor) dans le second Adagio, que *Nichts mehr* (Plus rien).

Le caractère exceptionnel de l'œuvre ne se limite pas là. Elle ne partage sa tonalité «rare» de *fa* dièse mineur avec aucune des quelque quinze mille autres symphonies composées en Europe dans la seconde moitié du XVIIIe siècle! Elle évolue deux fois de *fa* dièse mineur à *la* majeur puis à *fa* dièse majeur: la première fois en prenant son temps, les trois premiers mouvements (Allegro assai, premier Adagio et Menuet) étant respectivement dans chacune de ces tonalités, la seconde fois plus rapidement (finale proprement dit, marqué Presto, en *fa* dièse mineur, second Adagio ou second finale progressant de *la* majeur à *fa* dièse majeur). Les deux fois, la progression mène, en passant par plusieurs étapes intermédiaires, de l'instabilité et de la violence – syncopes et vastes sauts d'intervalles de l'Allegro assai initial, emportement du finale (Presto) proprement dit – à la stabilité et au calme, stabilité et calme n'étant que relatifs dans le Menuet, et complets seulement dans les dernières mesures de l'œuvre. Le but n'est pleinement atteint qu'à la seconde tentative. Des trois premiers mouvements, le Menuet est incontestablement le plus stable, mais on y perçoit des dissonances inattendues (cf. le soudain *forte* avec *ré* bécarre de sa mesure 3) et, en particulier dans son trio, de constantes oppositions majeur-mineur. Le but n'est alors atteint que partiellement, alors que le second Adagio est résolution au plein sens du terme. Au plan tonal, l'ouvrage possède d'autres particularités, dont une au moins doit être relevée : l'exposition de l'Allegro assai initial aborde « comme prévu » le relatif *la* majeur, mais ne s'y attarde pas et se termine en *ut* dièse mineur : il y a deux tonalités secondaires, non une seule, et le côté transitoire de *la* majeur se manifeste pour la première fois. Autre trait spécifique de cet Allegro assai : l'apparition sans crier gare, comme seconde partie du développement central, d'un épisode mélodique en *ré* majeur n'ayant « rien à voir » avec le reste : mauvaise tonalité à la mauvaise place, mirage, vision instable et illusoire balayée par la réexposition, et qu'il s'agira de reconquérir ! Cette jointure sans la moindre transition cause un choc, et trouvera sa contrepartie dans le passage tout aussi abrupt du finale proprement dit (Presto) au second Adagio. Cette stratégie à long terme et d'autres considérations ont conduit le musicologue américain James Webster à affirmer que la *Symphonie des Adieux* était, dans le genre, la plus unifiée dans son déroulement et dans ses composantes apparemment disparates avant la *Cinquième* de Beethoven (1808).

Haydn associa-t-il la tonalité de *fa* dièse mineur, rude, difficile, éloignée des normes, à la solitude et aux côtés inhospitaliers d'Eszterháza, à un sentiment d'extrême frustration, et celle de *fa* dièse majeur, elle aussi rarement pratiquée par les musiciens d'orchestre du XVIIIᵉ siècle, à un objectif de rêve, utopique, atteignable seulement après un long et pénible parcours ? A-t-on là une des traductions musicales possibles du programme supposé de la symphonie n° 45 ? Les musiciens du prince Esterházy sont-ils parvenus à mettre un terme à leurs pérégrinations et à retrouver ce dont ils ont été privés ? Les deux violons qui à la fin subsistent seuls dans la nuance *pianissimo* sont-ils mirage ou réalité ? La symphonie n° 45 ne serait-elle pas plutôt une « Symphonie de la Nostalgie » ? Des réponses à ces questions – toutes posées par Webster – peuvent éventuellement être fournies par l'étude conjointe de la symphonie n° 46, elle aussi de la fin de

1772, elle aussi dans une tonalité diésée d'exception – *si* majeur – et elle aussi hors normes au plan structurel : le Menuet y réapparaît juste avant la conclusion du finale (Presto e scherzando), démarche qu'on ne devait retrouver, agencée différemment, que dans la *Cinquième* de Beethoven. Qui plus est, le Menuet fait dans la 46ᵉ sa réapparition non depuis son début, marqué *forte*, mais à partir du milieu de sa seconde section, sur la pointe des pieds dans la nuance *piano*. Le choc causé par l'interruption soudaine du finale est renforcé d'autant : on est encore plus désorienté qu'au moment correspondant de la 45ᵉ (interruption de son premier finale), faute de pouvoir saisir ce qui se passe. Cette réapparition partielle du Menuet dans la 46ᵉ n'est pas un simple rappel, mais un souvenir, plus exactement l'évocation d'un souvenir. D'abord empreinte de nostalgie, elle amplifie et stabilise ensuite progressivement un discours jusque-là changeant et nerveux (Vivace initial et finale Presto e scherzando), parfois même exotique (deuxième mouvement Poco adagio et Trio du Menuet, l'un et l'autre en *si* mineur). Concrètement, on réentend la seconde moitié de la seconde section du Menuet, puis sa seconde section tout entière, ce qui restitue son importance à la nuance *forte* : le passé est progressivement intégré dans le présent. À l'exotisme, aux côtés « balkaniques » des deux épisodes en *si* mineur, faut-il associer Eszterháza ? Le retour inattendu du Menuet fait-il assister l'auditeur à la reconquête d'un monde perdu ? Comme *Les Adieux*, la symphonie n° 46 possède un « programme caché ». Aussi justes et subtiles dramatiquement et psychologiquement que n'importe quelle scène d'opéra de Mozart, ces deux partitions forment une paire. On ignore laquelle fut composée la première. Certains indices donnent à penser que ce fut la 45ᵉ, ou que du moins elle fut entreprise avant la 46ᵉ. Si cependant l'on décide, comme c'est souhaitable, de les programmer successivement dans un concert, les deux ordres possibles se révéleront aussi satisfaisants et aussi riches d'enseignements l'un que l'autre. Profitons de l'occasion pour préciser qu'à l'époque de Haydn et Mozart, qui au demeurant n'avaient aucune propension à théoriser, la distinction entre musique « pure » et musique « à programme » n'existait pas dans le domaine instrumental : cette distinction est un héritage du romantisme en ses débuts, en particulier des écrits de E. T. A. Hoffmann (1776-1822).

HAYDN FAIT L'OBJET DE VIOLENTES CRITIQUES
LA QUERELLE NORD-SUD

C'est un lieu commun que d'opposer, en particulier pour la seconde moitié des années 1780, les succès de Haydn aux échecs de Mozart, et d'expliquer cette différence par le fait que Haydn aurait su se montrer conciliant, s'adapter aux lois du marché, alors qu'au contraire Mozart, par intransigeance, les aurait ignorées, négligeant les conseils de son père et écrivant une musique trop « difficile ». Nous reviendrons sur ces échecs réels ou supposés, mais notons dès maintenant que l'affirmation du musicologue Gernot Gruber, selon laquelle Haydn n'aurait jamais fait l'objet de critiques aussi intensives et violentes que Mozart, demande à être fortement nuancée. Dans sa revue *Musikalisches Kunstmagazin* (1782), le compositeur et musicographe Johann Friedrich Reichardt (1752-1814) expliqua le « manque de naturel » de Mozart de la façon suivante : « On trouve chez lui de la gaieté, puis soudain de la tristesse, et tout aussi soudainement de nouveau de la gaieté. » Or, c'est depuis près de vingt ans que la musique viennoise se voyait adresser par l'Allemagne du Nord des condamnations de ce genre. L'article d'octobre 1766 *Von dem wienerischen Geschmack in der Musik* (Du goût viennois en musique) n'était autre, on l'a vu, qu'une première réponse à ces attaques. Que reprochait l'Allemagne du Nord à la musique du Sud, et à Haydn en particulier ? Ses tournures populaires – voire plébéiennes – au parfum « balkanique », sa pauvreté mélodique, son manque de souffle, ses fautes d'écriture, ses insuffisances techniques, son ignorance du style savant, ses passages abrupts de la comédie à la tragédie et vice versa, etc. Autant de signes, selon le Nord, d'un avilissement de l'art.

Un exemple, paru en 1769 dans les *Hamburger Unterhaltungen* : « On ne peut tolérer [Haydn] que dans ses symphonies, pour quelques idées excellentes, en tout cas pas pour son goût, ni pour sa solidité d'écriture. Et pour savoir ce qu'est la mauvaise musique, il suffit de se pencher sur ses œuvres pour piano, et surtout sur ses trios et quatuors. [...] Haydn et Ditters [dorf] ne sont vraiment pas recommandables ». Ou encore, dans les *Wöchentliche Nachrichten* de Leipzig à la fin de 1768 : « Les goûts de M. Ditters le portent vers le comique, ou plutôt on décèle chez lui un constant mélange d'éléments comiques et sérieux qui trop souvent ne parviennent pas à fusionner comme il faut. [...] La curieuse juxtaposition en un seul et même mouvement [effectuée par les musiciens du Sud] d'éléments nobles et vulgaires, sérieux et comiques, est en général du plus mauvais effet, sans oublier ces repoussantes doublures à l'octave entre seconds violons (ou autres voix graves) et premiers violons. » En fait, c'était l'ancienne esthétique baroque qui s'opposait au futur « style classique viennois » de maturité, l'Allemagne du Nord protestante, imprégnée de Bach et de ses successeurs, ne pouvant supporter de voir l'Allemagne du Sud catholique battre en brèche le dogme baroque de l'unité d'*Affekt* : ce dogme voulait en effet que dans une même œuvre, ou du moins dans un même mouvement, ne s'exprime qu'un seul « sentiment » !

Considéré comme une musique de bas étage, le Menuet – élément essentiel de la symphonie haydnienne – était banni de la symphonie en Allemagne du Nord. Or pour deux de ses symphonies de 1765, la 28e en *la* majeur et la 29e en *mi* majeur, Haydn composa des menuets et trios au parfum « balkanique » qui dans le Nord firent grincer des dents : ces pages y furent perçues comme non civilisées. Rappelons que pour le baron Riesbeck, on rencontrait dès qu'on sortait d'Eszterháza des Tartares, des Hottentots et des Iroquois, c'est-à-dire des sauvages ! Rendant compte d'une édition parisienne de la symphonie n° 28, les *Wöchentliche Nachrichten* écrivirent donc en 1770 : « [Elle] a été récemment mise sous une forme acceptable par un de nos compositeurs [de Leipzig], qui en a taillé les excroissances. Le dernier mouvement à 6/8 manque dans l'édition ; mieux aurait valu supprimer le ridicule trio avec son menuet. » Pour la symphonie n° 29, Haydn conçut un trio se limitant – en l'absence de toute mélodie – à un squelette rythmique à trois temps surmonté d'une inquiétante tenue de cors : atmopshère populaire de très bas étage, sans la moindre prise de distance, inconcevable chez l'artiste de bonnes manières que resta toujours Mozart, et annonçant la scène de cabaret du *Wozzeck* d'Alban Berg ! Dans un volume paru à Berlin en 1771, on put lire que les œuvres du Sud ne pouvaient « plaire qu'à ceux pour qui la musique n'est que mélodie brillante ». Dans un autre volume, publié à Berne en 1776, Haydn fut qualifié d'esprit « excentrique, bizarre, incapable de se contrôler. [...] L'esprit capricieux de Hayden [...] a eu sur la musique les effets les plus pernicieux ». Les attaques ainsi lancées contre Haydn au nom des bienséances annoncent celles dont un peu plus d'un siècle plus tard devait souffrir Gustav Mahler ! Et comment ne pas évoquer le coup de basson solo de la fin du Largo cantabile d'une symphonie beaucoup plus tardive, celle en *ré* majeur n° 93 de 1791, bruit inconvenant d'un genre que Mozart ne se permit jamais, du moins dans ses œuvres les plus ambitieuses ?

Dans son esquisse autobiographique de 1776, Haydn ne manqua pas d'évoquer ces attaques, tout en montrant qu'il savait à quel point sa musique était diffusée un peu partout : « Dans le style de chambre [instrumental], j'ai eu le bonheur de plaire à presque toutes les nations à l'exception des Berlinois, comme le montrent les journaux et des lettres qui me sont parvenues. Je m'étonne simplement de l'incapacité de ces messieurs de Berlin, d'ordinaire si raisonnables, à critiquer ma musique en termes pondérés ils me portent aux nues dans tel hebdomadaire pour ensuite, dans tel autre, me traîner plus bas que terre, et tout cela sans jamais dire pourquoi. Moi, je sais très bien pourquoi : parce qu'ils sont incapables de jouer certaines de mes œuvres, et trop vaniteux pour prendre la peine de les étudier comme il faut, ainsi que pour d'autres raisons auxquelles, avec l'aide de Dieu, je répondrai en temps voulu. Monsieur le Capell Meister v. Dittersdorf m'a écrit récemment de Silésie en me demandant de répliquer à leurs attaques, mais je lui ai répondu qu'une hirondelle ne faisait pas le printemps, peut-être un de ces jours quelqu'un d'impartial leur clouera-t-il le bec, comme cela leur est déjà arrivé lorsqu'ils m'accusaient de monotonie. Ils n'en font pas moins tout ce qu'ils peuvent pour avoir toutes mes œuvres, comme me l'a assuré l'hiver dernier, à Vienne où il séjournait, Monsieur le baron v. Sviten [Swieten], ambassadeur impérial et royal à Berlin. Assez sur ce sujet. »

Les traits de style qui vers 1770 scandalisaient l'Allemagne du Nord reflétaient en réalité l'esprit du temps, et furent pour beaucoup dans les triomphes européens de Haydn. Précisons cependant que contrairement à ce que prétendaient les censeurs de Berlin, Hambourg ou Leipzig, les compositeurs viennois – en particulier ceux qui travaillaient pour la cour impériale, aux goûts assez conservateurs – pratiquaient assidûment le contrepoint et l'écriture fuguée, y compris dans leur production instrumentale. Mais les critiques d'Allemagne du Nord ne pouvaient prendre cette pratique au sérieux, car pour eux, Fux en Autriche et le Padre Martini en Italie étaient loin, en tant que pères nourriciers d'une école de contrepoint, de valoir Johann Sebastian Bach, indiscutablement, il est vrai, le plus grand compositeur des trois. Rien n'empêche toutefois d'accorder à Fux le mérite d'avoir, par sa façon à la fois dense et légère de traiter le contrepoint, fourni à la musique autrichienne du XVIIIᵉ siècle les bases les plus solides. Du souci du Haydn d'avant 1770 de ne pas négliger le contrepoint instrumental témoignent les finales fugués, avec fugatos ou faisant usage de tournures contrapuntiques recherchées des symphonies en *sol* majeur n° 3 (1760-1761), en *la* majeur n° 14 (1762), en *ré* majeur n° 13 (1763) ou en *fa* majeur n° 40 (1763), et les menuets en canon de celles en *sol* majeur n° 3 et n° 23 (1764); et dans les trios avec baryton, les finales avec fugatos de ceux en *la* majeur n° 33, n° 71 et n° 75, en *ré* majeur n° 40 et n° 81 et en *sol* majeur n° 53 et n° 67, ou constituant de véritables fugues de ceux en *ré* majeur n° 97 et n° 114 et en *ut* majeur n° 101. On peut en outre se demander si les finales fugués des quatuors à cordes opus 20 n° 2, n° 5 et n° 6 (1772) ne furent pas écrits par Haydn en réponse à ses adversaires. Peut-être même résultèrent-ils d'une commande directe de la part de Van Swieten, ce dernier ayant souhaité profiter de son poste d'ambassadeur d'Autriche en Prusse de 1770 à 1777 pour confronter à la pratique compositionnelle de Haydn les critiques berlinois qui avaient mis en doute son érudition. Étant donné la personnalité de Gottfried van Swieten (1733-1803) et son goût pour les musiques « difficiles », cette hypothèse n'a rien d'invraisemblable. Van Swieten ne fut-il pas au même moment le commanditaire des six symphonies pour cordes H.657-662 de Carl Philipp Emanuel Bach ? Or, ce dernier les composa en 1773 à Hambourg « comme l'avait souhaité le baron, en se laissant complètement aller et sans tenir compte des difficultés d'exécution qui en résulteraient nécessairement » !

L'important pour l'avenir de la musique est que par-delà leur maîtrise technique, les œuvres sombres et contrapuntiques produites par Haydn aux alentours de 1770 conservèrent, voire accentuèrent, les traits originaux de celles qui les avaient précédées, en particulier les tournures plébéiennes dont s'offusquait l'Allemagne du Nord. Haydn ne pouvait encore, à cette époque, entièrement désarmer ses critiques. Sa conquête décisive de l'Allemagne du Nord ne devait intervenir que dans les années 1780.

CHAPITRE IV

À l'école italienne

Mozart de novembre 1766 à mars 1773

À leur retour à Salzbourg fin novembre 1766, les Mozart y découvrirent un musicien de vingt-neuf ans que le prince-archevêque von Schrattenbach avait engagé juste après leur départ et qui devait jouer dans la cité, pendant quarante ans, un rôle de tout premier plan.

MICHAEL HAYDN

Il s'agissait de Michael Haydn (1737-1806), le frère cadet de Joseph. Dans la seconde moitié des années 1750, la carrière de Michael avait semblé devoir prendre une tournure plus brillante que celle de son aîné. À sa sortie de Saint-Étienne vers 1753, il avait suivi à Vienne, en compagnie d'Albrechtsberger, les cours du séminaire des jésuites, et sa plus ancienne œuvre connue, la *Missa in honorem Sanctissimae Trinitatis* MH 1 (1754), dépasse de loin en ampleur, en éclat et en ambition la production antérieure de Joseph. En 1757, Michael copia de sa main la célèbre *Missa canonica* (ou *Missa di S Carlo*) de Fux, remarquable spécimen du style sévère. La même année sans doute, et au plus tard en avril 1760, il entra au service de l'évêque Adam Patachich à Grosswardein (actuellemment Oradea en Roumanie). En 1758 naquit une de ses rares œuvres datées antérieures à 1760 : la grandiose *Missa Sanctae Cyrilli et Methodii* MH 13, la plus vaste de toutes ses messes, témoignage précoce de l'intérêt que, toute sa vie, il devait porter à la musique religieuse de style aussi bien *antico* (sévère ou *a Capella*) que *moderno* (concertant). Il resta à Grosswardein jusqu'en 1762 et y composa de nombreuses œuvres sacrées et profanes. À son départ, il avait notamment à son actif quatorze messes, un *Te Deum* (MH 28, 1er avril 1760), neuf *Salve Regina* dont les six derniers (MH 29-34) d'août-septembre 1760, des divertimentos dont six pour deux violons et basse (MH 5-10, v. 1754-1757), celui en *la* majeur MH 8 se terminant par une fugue, huit symphonies dont l'une, MH 50 en *ré* majeur, dotée d'un finale étonnamment mozartien, et deux remarquables concertos : en *si* bémol majeur pour violon (MH 36, 20 décembre 1760) et *ut* majeur pour alto et orgue (MH 41, sans doute du 19 décembre 1761).

Le 15 septembre 1762, Joseph et Michael comparurent ensemble à Rohrau pour régler certains détails de l'héritage de leur mère. Peu après, par l'entremise du comte Vinzenz von Schrattenbach (1744-1816), chanoine à la cathédrale et neveu du prince-archevêque, Michael fut engagé à Salzbourg, où il devait rester en poste et composer assidûment jusqu'à sa mort en 1806. Il fut officiellement nommé en août 1763 *Hof-Musicus* (musi-cien de cour) et *Concert-Meister* (violoniste) de Sigismund von Schrattenbach avec un salaire de trois cents florins par an et libre accès à la table des officiers, privilège dont ni Leopold Mozart ni Wolfgang ne bénéficieront jamais. Parmi ses autres tâches, celle de jouer de l'orgue. Il avait alors vingt-six ans, et son aîné Joseph était depuis deux ans chez les Esterházy.

Michael Haydn devait devenir, comme compositeur, la princi-pale personnalité salzbourgeoise, surclassant sur ce plan sinon Mozart lui-même, du moins tant que celui-ci resta attaché à sa ville natale, mais certainement Leopold. La présence de l'astre montant qu'était Michael Haydn et l'audition des œuvres qu'il avait composées alors que lui-même était par monts et par vaux contribuèrent à faire comprendre à Leopold que les deux objec-tifs qu'il avait en tête – promouvoir sa propre carrière à Salzbourg et faire connaître son fils un peu partout – risquaient à la longue de se révéler incompatibles. Aussi Leopold se mit-il tour à tour à chaleureusement louer et fortement dénigrer Michael Haydn. Quant à Wolfgang, il rencontra en Michael Haydn, comme déjà en Johann Christian Bach, un confrère au tempérament très proche du sien, et de surcroît son compatriote ou presque. Il s'en inspira plus d'une fois de près, aussi bien dans sa musique instrumentale (jusque dans le finale de la symphonie *Jupiter* de 1788) que vocale (jusque dans le *Requiem* de 1791). Inversement, Johann Christian Bach et Michael Haydn, le second plus encore que le premier, apparaissent comme les seuls compositeurs dont aujourd'hui, certaines pages peuvent être prises pour du Mozart de jeunesse ou d'adolescence. De 1763 au retour des Mozart en novembre 1766, Michael composa notamment à Salzbourg trois *Litanies* (MH 66, 71 et 74), au moins un concerto pour flûte (MH en *ré* majeur, 19 septembre 1766), deux grandes sérénades pour orchestre (genre typiquement salzbourgeois) dont seule la seconde, en huit mouvements précédés d'une marche, a survécu intégralement (MH 68, 4 août 1764), le singspiel (opérette en langue allemande) avec récitatifs et non dialogues parlés *Rebekka als Braut* (MH 76, 10 avril 1766), et six symphonies : quatre du 7 décembre au 25 janvier 1764, une postérieure au 4 août 1764, car tirée de la sérénade MH 68, et une du 27 septembre 1766. Ces six symphonies – quatre sont en trois mouvements sans menuet, et deux en quatre mouvements avec menuet – ressemblent davantage à Mozart que (et qu'à) n'importe quoi de Joseph Haydn. Beaucoup des suivantes resteront « mozartiennes », mais en affirmant davantage l'originalité de leur auteur. Michael Haydn importa à Salzbourg le style symphonique viennois, mais on note que dans les années suivantes, c'est surtout durant les absences de Wolfgang qu'il composera des symphonies.

Leopold Mozart avait regagné Salzbourg avec l'intention d'en repartir vite. Le jour même du retour (29 novembre 1766), le père Beda Hübner (1740-1811), alors bibliothécaire et secrétaire de son oncle Beda Seauer (1716-1785), abbé de l'église Saint-Pierre, nota dans son journal · « Le garçon Wolfgang n'a pas beaucoup grandi durant ce voyage, mais la Nannerl est assez grande, et désormais presque nubile. On dit de tous côtés que la famille Mozart ne restera pas longtemps ici, mais qu'elle parcourra bientôt toute la Scandinavie et toute la Russie, et se rendra peut-être jusqu'en Chine, entreprise bien plus longue et bien plus audacieuse. Je suis du reste persuadé que personne en Europe ne jouit d'une renommée comparable à celle de M. Mozart grâce à ses deux enfants, c'est à eux qu'après Dieu il doit sa célébrité et sa grande richesse. Le voyage qu'il vient d'accomplir lui aurait coûté environ 20 000 florins, ce que je crois volontiers, mais quelles sommes n'a-t-il pas ramassées ?» Et le 8 décembre : «Tous les organistes d'ici, [...] en particulier M. [Anton Cajetan] Adlgasser [1729-1777, premier organiste de la cour et de la cathédrale de 1750 à sa mort] et M. [Michael] Haydn, admettent de bonne grâce et reconnaissent ne pas oser se mesurer au clavier avec ce garçon, alors qu'incontestablement, à de rares exceptions près, ce sont des organistes n'ayant pas leur pareil.» Hübner nota aussi avec étonnement qu'en Angleterre et ailleurs, Leopold s'était «produit avec ses enfants sur des scènes publiques et des théâtres, à la manière de comédiens étrangers» : on n'avait aucune idée, à Salzbourg, de ce qu'était un concert public !

Schrattenbach ne tint apparemment pas rigueur aux Mozart de leur longue absence. Dès le 21 décembre 1766, pour l'anniversaire de sa consécration, on entendit un air de Wolfgang pour ténor et orchestre : *Or che il dover... Tali e cotanti sono* KV 36. Mozart produisit ensuite trois œuvres vocales, et tout d'abord, le 12 mars 1767, la première des trois parties du singspiel sacré *Die Schuldigkeit des ersten und vornehmsten Gebotes* (L'obligation du premier et plus grand commandement) KV 35. Les deux autres parties, aujourd'hui perdues et entendues l'une huit jours et l'autre quinze jours plus tard, étaient respectivement de Michael Haydn (MH 85) et d'Adlgasser. Le jour du vendredi saint fut donnée la *Grabmusik* (cantate sur la tombe du Christ) KV 42, et le 13 mai, lors de la cérémonie de remise des diplômes marquant à l'université bénédictine la fin de l'année d'études, la comédie en latin avec musique *Apollo et Hyacinthus* KV 38. Wolfgang se produisit ensuite au clavecin. *Apollo et Hyacinthus* est la seule partition de Mozart relevant du genre typiquement salzbourgeois – pratiqué depuis le xviie siècle – de la *Finalkomödie* ou *Schuldrama* (drame scolaire), sorte de fusion entre l'opéra italien et la pièce de théâtre bénédictine à but pédagogique. Mozart se fit admirer en d'autres occasions. Naquirent alors les quatre concertos pour clavecin – en *fa* majeur KV 37, en *si* bémol majeur KV 39, en *ré* majeur KV 40 et en *sol* majeur KV 41 – que d'avril à juillet, à l'instigation de son père et guidé par lui, il confectionna à partir de sonates de Honauer, Eckard, Raupach, Schobert et Carl Philipp Emanuel Bach. Ainsi Wolfgang fit-il ses premiers pas dans un genre qu'il devait mener à des hauteurs insoupçonnées.

Vienne 1768 – La finta semplice

Le 11 septembre 1767, les Mozart quittèrent à nouveau Salzbourg pour un deuxième séjour à Vienne : ce devait être leur dernier voyage à quatre. Ils passèrent par les abbayes Lambach et de Melk, où Wolfgang joua de l'orgue, et arrivèrent dans la capitale le 15. Ils assistèrent au Burgtheater à une représentation de *Parthenope*, nouvel opéra de Hasse, mais contrairement à ce qu'avait espéré Leopold, la famille impériale ne les reçut pas immédiatement. Sévissait alors une épidémie de variole dont avait déjà été victime le 29 mai Josepha de Bavière, seconde épouse de Joseph II, et qui tua le 15 octobre, lendemain du jour fixé pour son mariage, l'archiduchesse Maria Josepha, fiancée âgée de seize ans de Ferdinand IV de Bourbon, roi de Naples (1751-1825). Leopold avait fait en sorte d'être à Vienne lors des festivités du mariage, comptant bien en tirer quelque avantage. Joseph II ne devait jamais se remarier, et mourir en 1790 sans enfants. Quant à Ferdinand IV, il épousa le 7 avril 1768 une autre fille de Marie Thérèse, l'archiduchesse Marie Caroline (1752-1814), une femme de tête que trente ans plus tard, un certain général Bonaparte devait trouver sur sa route. Affolé par le risque encouru, d'autant que les enfants de son logeur étaient tombés malades à leur tour, Leopold s'enfuit de Vienne. Il y

avait auparavant reçu la visite de quelques musiciens salzbourgeois, parmi lesquels Michael Haydn ainsi que Joseph Leutgeb,
qui avait rejoint comme corniste l'orchestre du prince-archevêque, et Ignaz Küffel, pas encore violoncelliste chez les Esterházy. À en croire Leopold (lettre à Hagenauer du 29 novembre
1767), Michael Haydn était alors amoureux d'une certaine
Theresa ou « Tresel », fille d'un bonnetier de Vienne, mais
n'osait pas se déclarer. Un an plus tard, le 24 septembre 1768,
Leopold annoncera à Hagenauer l'engagement de Küffel « à
Eysenstatt, où M. Joseph Hayden est maître de chapelle ».

Leur fuite mena les Mozart en Moravie à Brünn (Brno), puis
à Olmütz (Olomouc), où Wolfgang puis Nannerl attrapèrent
malgré tout la variole. Nannerl rapporte que « Wolfgang attrapa
la variole, si fortement qu'il ne put rien voir pendant neuf jours
et qu'après sa guérison, il dut pendant plusieurs semaines faire
attention à ses yeux ». Fin novembre, tous deux étaient guéris,
mais les Mozart restèrent à Olmütz jusqu'au 23 décembre. Ils
repassèrent par Brünn, où ils donnèrent le 30 décembre un
concert chez le comte Franz Anton von Schrattenbach, frère de
leur prince-archevêque, et le 10 janvier 1768 se réinstallèrent à
Vienne. Ayant ainsi perdu quatre mois, Leopold repoussa la
date du retour à Salzbourg.

La famille finit par être reçue à la cour de 19 janvier, en présence d'Albert de Saxe-Teschen et de toutes les archiduchesses.
« Impossible pour vous d'imaginer », écrivit Leopold à Hagenauer le 23, « la familiarité avec laquelle Sa Majesté l'impératrice
a conversé avec ma femme, en partie de la variole de mes enfants
et en partie des événements de notre grande tournée, lui a
caressé les joues et serré les mains. Dans le même temps, Sa
Majesté l'empereur [Joseph II] parlait avec le petit Wolfgang et
moi-même de musique et de bien d'autres choses, et Nannerl
rougissait souvent. » L'entrevue se solda malheureusement non
par des espèces sonnantes et trébuchantes, mais par une modeste
médaille. Dans sa lettre suivante à Hagenauer, Leopold s'en
plaignit amèrement, au point d'envisager de rentrer sous peu à
Salzbourg : « Les Viennois en général ne courent pas après les
choses sérieuses, et n'en ont qu'une faible idée, voire aucune. […]

Sa Majesté l'impératrice n'entretient plus la moindre musique, elle ne se rend ni à l'opéra ni à la comédie, et vit très éloignée du monde, à un degré que je ne saurais vous décrire [veuve depuis 1765, Marie Thérèse n'avait pas cessé de porter le deuil]. Elle nous a renvoyés vers l'empereur, mais comme ce Monsieur abhorre tout ce qui risque d'entraîner la moindre dépense, il lui a fallu du temps pour se décider. [...] Il estime sûrement nous avoir assez payés par sa gracieuse conversation. » Leopold croyait percevoir autour de lui une certaine hostilité : « J'ai appris que tous les clavecinistes et compositeurs de Vienne font obstacle à notre ascension, exception faite du seul Wagenseil, mais comme il est malade chez lui, il ne peut rien pour nous, ou très peu. » Pour achever de convaincre ceux qui doutaient des capacités de Wolfgang, il décida que ce dernier devait composer un opéra : « Quelle agitation cela ne va-t-il pas susciter chez les compositeurs d'ici ? – quoi ? – aujourd'hui c'est un Gluck que l'on voit diriger son opéra du clavecin, et demain ce sera un garçon de douze ans ? [Gluck venait de donner, le 16 décembre 1767 au Burgtheater, la première de la version italienne d'*Alceste*] – cela malgré tous les jaloux ! [...] En vérité, je vous avoue que c'est l'empereur en personne qui, par deux fois, a demandé au petit Wolfgang s'il avait envie de composer un opéra et de le diriger lui-même. Il a répondu oui, et l'empereur n'a rien pu dire, sinon que l'affaire dépendait désormais d'Affligio. » Giuseppe Affligio ou Afflisio, de son vrai nom Marcati ou Maratti, né à Naples et 1722 et mort aux galères à l'île d'Elbe en 1788, était alors seul responsable des spectacles à Vienne, en particulier des représentations d'opéras italiens. Contrairement à ce que feignit de croire Leopold, Joseph II n'avait passé à Wolfgang aucune commande ferme.

Mozart commença à composer *La finta semplice* (KV 51), *opera buffa* en trois actes sur un livret de Marco Coltellini d'après Goldoni, dès la fin janvier, et le 30 mars, Leopold crut pouvoir annoncer à Hagenauer que tout allait bien et que l'ouvrage serait vraisemblablement monté en juin, quand l'empereur rentrerait d'un séjour en Hongrie. Le 18 mars toutefois, l'absence de son vice-maître de chapelle se prolongeant, Schrattenbach avait fini pas s'impatienter, et décidé de suspendre jusqu'à son retour le versement de son salaire! Leopold ne s'en émut pas: il espérait bien obtenir à Vienne, grâce à son fils, un poste plus lucratif. Le 29 juin, il écrivit toutefois à Hagenauer que lui et sa famille étaient « assaillis par la jalousie », et le 30 juillet que les premières répétitions de *La finta semplice* risquaient de se dérouler fort mal : « Seul notre honneur nous retient, autrement nous serions depuis longtemps à Salzbourg. On dit dans tout Vienne que Wolfgang est incapable d'avoir écrit lui-même l'opéra, ou que cet opéra est si mauvais qu'on ne peut l'exécuter, ou qu'il a été confectionné non par lui mais par son père, etc. [...] Tous les compositeurs, Gluck à leur tête, ont tout fait pour saper la progression de cet opéra. Les chanteurs ont été embobinés, l'orchestre excité contre nous, et on n'a rien négligé pour empêcher la représentation. [...] D'aucuns ont prétendu que la musique ne valait rien, d'autres qu'elle n'était pas adaptée aux paroles et ne respectait pas la prosodie, le garçon ne maîtrisant pas suffisamment la langue italienne. » En réponse à ces attaques réelles ou supposées, Leopold dressa alors un « Catalogue de tout ce que ce jeune garçon de douze ans a composé depuis sa septième année et que l'on peut montrer dans l'original ».

On a peine à croire que Gluck (1714-1787), âgé de cinquante-trois ans et qui venait de triompher avec *Orfeo* (1762) et *Alceste* (1767), ait intrigué contre l'enfant Mozart, et il semble bien que Leopold, en accusant tout un chacun de complot et de méchanceté, ait fait montre de paranoïa. Il voyait l'envie partout, et à Paris en 1764 avait été jusqu'à accuser Johann Schobert d'être jaloux des prouesses pianistiques de Nannerl! Reste qu'en matière d'opéra, les intrigues étaient inévitables, d'autant qu'en l'occurrence se voyait catapulté un jeune garçon de douze ans dont le père, en voulant absolument concentrer sur lui l'attention de tout un chacun, n'avait pas forcément choisi la meilleure stratégie. Malgré une exécution complète au piano chez Van Swieten, des auditions d'extraits chez divers mécènes et une très longue *Species facti* (pétition) soumise le 21 septembre par Leopold à Joseph II, *La finta semplice* ne fut pas représentée. L'empereur ordonna à son directeur-général des spectacles, le comte

Sporck, de mener une enquête, mais en vain : Sporck n'avait aucune prise sur l'entrepreneur Affligio. On le regrette, mais il faut noter que de toute cette histoire, on ne connaît que la version « mozartienne ».

En 1768, Mozart composa à Vienne un autre opéra, en langue allemande cette fois : le singspiel *Bastien und Bastienne* (KV 50), sur un livret d'après une parodie en français du *Devin du village* de Jean-Jacques Rousseau (1752). *Bastien und Bastienne* fut sans doute créé dans la résidence de campagne du docteur Franz Anton Mesmer (1734-1815), célèbre pour les expériences de magnétisme que Mozart devait parodier dans *Cosi fan tutte*. De la part de la cour, les Mozart finirent néanmoins par bénéficier d'une reconnaissance officielle : le 7 décembre 1768, lors des cérémonies de consécration de la nouvelle *Waisenhauskirche* (église de l'Orphelinat), Wolfgang dirigea en présence de l'impératrice, de quatre de ses enfants et de l'archevêque de Vienne, le comte Migazzi, une messe identifiée comme étant la vaste et imposante *Waisenhausmesse* en *ut* mineur KV 139. La genèse de l'ouvrage fut supervisée par Leopold, qui ajouta une basse chiffrée à l'autographe de son fils : jusqu'au début des années 1770, à peu près tous les autographes de Wolfgang portent des ajouts ou des corrections de la main de son père. Mozart dirigea aussi à la *Waisenhauskirche* un offertoire et un concerto pour trompette (perdus). Une autre messe, beaucoup plus modeste, fut composée à Vienne en octobre ou novembre 1768 : celle en *sol* majeur KV 49. Quant à Nannerl, ses jours de gloire étaient comptés. Dans les lettres de Leopold datées « Vienne 1768 », elle n'est pour ainsi dire jamais mentionnée.

LE JEUNE MOZART ET LA SYMPHONIE VIENNOISE

On se demande ce que durant son deuxième séjour dans la capitale, Mozart put connaître des symphonistes viennois, en particulier de Haydn. Impossible d'apporter des réponses précises, mais on constate que pour la première fois, il écrivit des symphonies « à la viennoise », en quatre mouvements avec

menuet en troisième position. Trois symphonies d'authenticité
certaine, en quatre mouvements avec menuet et conservées sous
forme d'autographe daté, s'inscrivent dans ce contexte : n° 6 en
fa majeur KV 43, n° 7 en *ré* majeur KV 45 et n° 8 en *ré* majeur
KV 48, plus amples et plus subtilement orchestrées que les précédentes, et dotées de finales non plus à 3/8, à l'italienne, mais
respectivement à 6/8, à 2/4 au rythme de contredanse et à 12/8 à
allure de gigue. Mozart n'était pas revenu au genre depuis celles
composées en Hollande en 1765-1766. À Salzbourg en 1767, il
avait néanmoins révisé (et en toute probabilité fait entendre)
KV 45a en *sol* majeur, en particulier par l'ajout, dans l'Andante,
de sourdines aux parties de violon et de pizzicatos à celles de
violoncelle et de basse. Une symphonie fut datée par le musicologue Alfred Einstein « Vienne fin 1767 » : celle en *fa* majeur
KV 76. Wyzewa et Saint-Foix estimèrent quant à eux que
Mozart l'avait composée à Salzbourg au tournant de 1766 et
1767, au retour de sa grande tournée, pour « montrer à son
maître et à ses compatriotes tout ce qu'il avait appris durant son
voyage ». C'est tout à fait fantaisiste, car il s'agit d'une partition
apocryphe dont le finale n'est autre qu'un écho d'une gavotte du
Temple de la gloire de Rameau ! On ne saurait donc en tirer prétexte pour affirmer qu'en France, Wolfgang s'était intéressé au
style versaillais.

L'autographe de la symphonie n° 6 en *fa* majeur KV 43, peut-
être commencée à Salzbourg, porte l'indication « Vienne 1767 »
ainsi que, rayée, l'indication « Olmütz 1767 ». Sans doute terminée à Vienne avant le 23 octobre 1767 et recopiée à Olmütz, elle
fut probablement créée au concert de Brünn le 30 décembre.
Dans le mouvement lent, arrangement d'un duo d'*Apollo et
Hyacinthus* KV 38, les hautbois sont remplacés par des flûtes.
La symphonie n° 7 en *ré* majeur KV 45, avec trompettes et timbales, porte comme indication « Vienne 16 janvier 1768 ». Elle
fut peut-être créée fin mars lors d'un concert chez le prince
Galitzine, ambassadeur de Russie. L'ouverture de *La finta semplice* n'est autre qu'une adaptation de cette symphonie. Pour
obtenir l'ouverture, Mozart supprima le troisième mouvement
de la symphonie (menuet et trio), modifia son orchestration

(ajout de flûtes et de bassons obligés pour tenir compte de l'acoustique de théâtre, suppression des trompettes et timbales), ajouta des indications de phrasé, fit passer la mesure de l'Andante de 4/4 à 2/2, supprima les reprises du finale et enchaîna ce mouvement au premier chœur, etc. Plus tard, il fit de l'ouverture une partition autonome, dotée d'une conclusion de concert différente de celle de la symphonie KV 45. Ces manipulations – on n'en trouve pas au même degré chez Haydn – illustrent les rapports existant à l'époque entre ouverture à l'italienne de structure vif-lent-vif d'une part, symphonie de concert d'autre part. Autre illustration de ces rapports : parmi les six « symphonies » de Wolfgang qu'à la fin de 1767, Leopold fit parvenir au prince de Fürstenberg à Donaueschingen sous forme de copies réalisées à Salzbourg, se trouve l'ouverture d'*Apollo et Hyacinthus* ! Les transferts de ce type – utilisation d'ouvertures comme symphonies isolées – reflétaient une forte demande de « symphonies de concert », d'œuvres utilisables en dehors de tout contexte théâtral.

L'autographe de la symphonie n° 8 en *ré* majeur KV 48 est daté « Vienne 13 décembre 1768 ». Peut-être fut-elle destinée à un concert d'adieux dont ne subsiste aucune trace. Comme la précédente, elle utilise trompettes et timbales. Son mouvement lent se limite aux seules cordes. L'Allegro initial se distingue par sa mesure à 3/4 (ceux de toutes les symphonies précédentes étaient à 4/4), par l'alternance « à la Johann Christian Bach » des nuances *forte* et *piano* au sein de son premier thème, et par l'ampleur de son développement central, presque aussi long que l'exposition. Son Andante est pour cordes seules, et son Menuetto un fidèle reflet de la pompe et des splendeurs viennoises.

SALZBOURG 1769 : UN INTERMÈDE

À son retour sur les rives de la Salzach, Leopold avait déjà le regard fixé sur l'Italie. L'année 1769 fut néanmoins passée à peu près tout entière à Salzbourg. Mozart composa durant cette période deux messes, l'une – du type *missa brevis* – dès le 14 janvier (en *ré* mineur KV 65), l'autre – du type *missa solemnis* – en octobre pour le premier service célébré après son ordination, à l'église Saint-Pierre, par son ami Kajetan Rupert Hagenauer (en *ut* majeur KV 66). Kajetan ayant pris en religion le nom de Dominicus, l'ouvrage est passé à la postérité sous l'appellation de *Missa Dominicus*. Par ordre du prince-archevêque, *La finta semplice* connut enfin sa première représentation, avec dans le rôle de Rosina la soprano Magdalena Lipp, épouse Haydn (1745-1827). Fille de Franz Ignaz Lipp (1718-1798), deuxième organiste de la cour, elle avait épousé Michael Haydn le 17 août 1768.

Aucune nouvelle symphonie de Mozart ne peut être située avec certitude dans cette période, mais il y eut, dans le domaine de la sérénade et du divertimento, trois partitions importantes du genre *Finalmusik* : les cassations en *sol* majeur KV 63 et en *si* bémol majeur KV 99 pour deux hautbois, deux cors et cordes, en six mouvements précédés d'une marche, et surtout l'imposante sérénade en *ré* majeur KV 100 pour grand orchestre, première d'une série de six toutes en *ré* majeur et étendues sur dix ans, jusqu'à la *Posthorn* KV 320 de 1779. Propre à Salzbourg, le genre de la sérénade pour orchestre de la catégorie *Finalmusik* était – comme celui du *Schuldrama* – originaire de l'université bénédictine de la ville. Les œuvres ainsi dénommées servaient en effet à fêter en plein air, au mois d'août, la fin des examens d'été en philosophie, et par la même occasion à chanter la gloire tant des professeurs que du prince-archevêque. Les étudiants les exécutaient aussi en d'autres occasions : on entendait par exemple de la musique orchestrale à Saint-Pierre. À peu près toujours en *ré* majeur, les *Finalmusiken* pour grand orchestre étaient d'un type déjà illustré par Leopold Mozart et Michael Haydn (MH 68 du 4 août 1764, première partition salzbourgeoise à faire usage des clarinettes, ou encore MH 86 du 10 août 1767), mais jamais par Joseph Haydn. Dans les quatre mouvements de la symphonie « traditionnelle » venaient s'intercaler souvent un second menuet, ainsi qu'en principe deux ou trois mouvements avec un ou plusieurs instruments solistes, en d'autres termes une sorte de concerto ou de symphonie concertante (« concerto intercalaire ») : d'où un total de sept ou huit mouvements (parfois plus ou moins) précédés et suivis d'une marche jouée par les interprètes en se déplaçant. L'impression d'ensemble pouvait se révéler hétérogène, mais on avait là une musique à la fois de cérémonie et de divertissement, pouvant plaire à un public varié. En 1769, les cérémonies de clôture de l'année universitaire eurent lieu les 6 et 8 août. Sans doute entendit-on KV 100 le 6, puis KV 63 ou KV 99 le 8. Pour accompagner KV 100, Mozart composa la marche KV 62 : en décembre 1770, à Milan, il devait la réutiliser dans son opéra *Mitridate*.

Le 24 septembre 1769, Leopold rédigea la préface de la deuxième édition de sa *Méthode de violon*, parue comme la première chez Lotter à Augsbourg. On y apprend qu'il comptait – ce qui ne devait jamais se matérialiser – publier une biographie de Wolfgang, « divertir le public par une histoire qui sans doute n'arrive qu'une fois par siècle, [...] décrire le génie extraordinaire de [son] fils, raconter en détail les progrès incroyablement rapides qui ont été les siens dans tous les domaines de la science musicale de sa cinquième à sa treizième année ». Le 13 octobre, à l'âge de treize ans, Wolfgang fut nommé par Schrattenbach troisième *Konzertmeister* (violoniste) de la cour, à titre honorifique mais avec promesse d'un salaire au retour d'Italie. Il occupait désormais un poste du même type que celui de Michael Haydn, et le fait de porter un titre officiel allait se révéler très utile pour lui dans la péninsule, ce à quoi Schrattenbach, dans sa bienveillance, avait sûrement songé. Le 13 décembre, ayant obtenu du prince-archevêque un nouveau congé et une somme de 600 florins pour couvrir ses frais, Leopold partit avec Wolfgang pour le premier – et le plus long – de leurs trois voyages en Italie, laissant épouse et fille derrière lui. L'éducation de Nannerl était à son avis terminée. Voyager seulement à deux coûtait en outre moins cher, d'autant que lorsqu'on n'était pas en compagnie de femmes, il était plus facile de passer la nuit à bon marché dans un couvent. Nannerl ne quittera plus Salzbourg avant son mariage en 1784, sauf pour aller entendre à Munich *La finta giardiniera* en janvier 1775 et *Idomeneo* en janvier 1781. Quant à Maria Anna, elle fut chargée de s'occuper, en l'absence de son mari, de la distribution de la deuxième édition de la *Violinschule*.

Elle et sa fille se trouvèrent condamnées à languir à Salzbourg. D'Italie, Leopold n'envoya pratiquement de missives qu'à sa femme, et Wolfgang qu'à sa sœur.

LE PREMIER VOYAGE EN ITALIE
ET L'OPÉRA « MITRIDATE » (DÉCEMBRE 1769 – MARS 1771)

Entrecoupés de deux séjours à Salzbourg, les trois voyages en Italie durèrent respectivement de décembre 1769 à mars 1771, d'août à décembre 1771 et d'octobre 1772 à mars 1773 : les Mozart se montrèrent au total dans une quarantaine de villes ! L'Italie était le pays de l'opéra, et Wolfgang en produisit un par voyage, tous à Milan : *Mitridate* KV 87 (26 décembre 1770), *Ascanio in Alba* KV 111 (17 octobre 1771) et *Lucio Silla* KV 135 (26 décembre 1772). À Salzbourg, le genre n'était pas pratiqué. Le premier voyage les mena jusqu'à Rome et Naples, alors que les deux autres – qui officiellement n'eurent d'autre justification que les productions prévues d'*Ascanio in Alba* et de *Lucio Silla* – ne les virent pas quitter l'Italie du Nord. Leopold souhaitait familiariser Wolfgang avec l'opéra, la musique religieuse et la langue italienne, mais aussi et surtout lui obtenir un poste, si possible auprès d'un Habsbourg. Possession autrichienne depuis 1714, la Lombardie aura à partir de 1771 comme gouverneur à Milan l'archiduc Ferdinand (1754-1806), troisième fils de Marie Thérèse. Le grand-duc de Toscane était depuis 1765 l'archiduc Leopold (1747-1792), deuxième fils de Marie Thérèse et futur empereur Leopold II. Entre ces deux territoires se trouvait le duché de Modène, dont l'héritière, Béatrice d'Este, épousera en 1771 l'archiduc Ferdinand, assurant ainsi à l'Autriche le contrôle d'une importante voie de passage : exemple parmi d'autres d'une politique matrimoniale avisée. Pour Leopold et Wolfgang, l'Italie du Nord n'était pas un territoire tout à fait étranger, et ils y jouèrent un rôle d'ambassadeurs culturels quasi officiels de la principauté de Salzbourg.

Ils s'arrêtèrent d'abord à Vérone, où, le 5 janvier 1770, Wolfgang donna son premier concert en Italie. Il transforma en Amadeus son prénom de Gottlieb et s'appela lui-même, par jeu, « de

Mozartini ». Après une étape à Mantoue, père et fils arrivèrent à Milan le 23 janvier, munis d'une lettre d'introduction pour le comte Karl Joseph von Firmian, gouverneur-général de Lombardie. Ils donnèrent dans son palais plusieurs concerts, et Wolfgang reçut de lui une édition en neuf volumes des œuvres de Métastase. Deux airs de concert pour soprano et orchestre sur des textes de Métastase furent en toute probabilité entendus chez lui : *Fran cento affani e cento* KV 88 et *Misero me… Misero pargoletto* KV 77. Ils aidèrent vraisemblablement Wolfgang à obtenir la commande du premier opéra de la prochaine saison de carnaval (celle de 1771) : *Mitridate*. Les étapes suivantes furent Lodi, Parme, Bologne et Florence. À Lodi, Mozart composa son premier quatuor à cordes (en *sol* majeur KV 80), alors constitué de trois mouvements : le quatrième fut rajouté plus tard à Salzbourg ou à Vienne. À Bologne, ils donnèrent le 26 mars chez le comte Gian Luca Pallavicini, auquel les avait recommandés Firmian, un concert en présence de cent cinquante membres de la noblesse et du haut clergé, ainsi que du célèbre padre Giovanni Battista Martini (1706-1784).

Travailleur et épistolier infatigable aux intérêts multiples, Martini – né et mort à Bologne, où il passa pratiquement toute sa vie – dispensait un enseignement reposant sur une connaissance profonde de la polyphonie et du contrepoint, savoir qu'il consignera dans un grand traité en deux volumes (1774 et 1775). Dans la seconde moitié des années 1750, il avait eu comme élève Johann Christian Bach. La rencontre de Martini ouvrit à Mozart, âgé de quatorze ans, les portes d'un monde nouveau, et les études qui – à la grande satisfaction de Leopold – s'ensuivirent exercèrent sur sa carrière créatrice une influence durable. Reçus à Florence le 1er avril par l'archiduc Leopold, les Mozart se produisirent le lendemain dans son palais. Ils arrivèrent à Rome à temps pour les célébrations de la semaine sainte, et y passèrent un mois : Wolfgang y composa la symphonie n° 10 en *sol* majeur KV 74, de structure tripartite à l'italienne, ainsi que, pour les utiliser à Naples, deux autres airs pour soprano, toujours d'après Métastase : *Se ardire, e speranza* KV 82 et *Se tutti o mali miei* KV 83. Le finale de la symphonie KV 74, une contredanse en rondo, contient un épisode en mineur qui est sans doute chez Mozart le premier spécimen de musique *alla turca*. En quatre mouvements, la symphonie n° 9 en *ut* majeur KV 73 est quant à elle difficilement situable, la date la plus probable étant fin 1769 ou début 1770 (Salzbourg ou Italie). Quatre symphonies en *ré* majeur, jadis considérées comme étant de Mozart et comme ayant été écrites en Italie en 1770, sont d'authenticité très incertaine : KV 81 (probablement de Leopold), n° 11 KV 84 (attribuée à la fois à Leopold et à Dittersdorf), KV 95 et KV 97 (en quatre mouvements et un peu moins douteuses que les deux autres).

Le 14 mai, Leopold et Wolfgang arrivèrent à Naples, dont la reine Marie Caroline, on l'a vu, était une Habsbourg. Ils y demeurèrent six semaines. Le 18 mai, ils furent reçus par le tout-puissant Bernardo Tanucci, ministre du roi Ferdinand IV, et le même jour par William Hamilton (1729-1803), ambassadeur de Grande-Bretagne et futur époux de la célèbre lady Hamilton (1765-1815). Mais ni le roi ni la reine ne consentirent à les voir. Ils contemplèrent le Vésuve, visitèrent Herculanum et Pompei, et le 26 juin étaient de retour à Rome, où le 5 juillet le pape Clément XIV conféra à Wolfgang la croix de l'Éperon d'or. Leopold s'étant sérieusement blessé la jambe lors d'un accident de voiture entre Naples et Rome, ils durent rester à Bologne plus longtemps que prévu. Pallavicini les hébergea, et Wolfgang put continuer à s'instruire auprès du padre Martini tout en commençant à composer les récitatifs de *Mitridate*. Au même moment Charles Burney séjournait dans la ville. Dans son *The Present State of Music in France and Italy* (1771), on peut lire : « Jeudi matin [30 août]. Après avoir visité une ou deux églises je suis allé à S. Giovanni dei Monti pour entendre l'Accademia Filarmonica [...] et sur qui suis-je tombé ? Sur le célèbre petit Allemand, Mozart, qui il y a trois ou quatre ans [*recte* cinq ou six ans] a surpris tout le monde à Londres par son talent musical si précoce. J'ai eu avec son père une longue conversation. Ils logent apparemment chez le prince Pallavicini. Le petit homme a considérablement grandi, mais est toujours un petit homme. À Rome, le pape lui a conféré l'ordre du *Speron d'oro*. Partout où il passe, il plonge les musiciens italiens dans la plus grande stupéfaction. » L'Accademia Filarmonica de Bologne était une institution ancienne et estimée. Le 9 octobre, pour y être admis, Wolfgang composa « en moins d'une demi-heure » et dans le style polyphonique sévère qui était prescrit l'antienne en *ré* mineur pour quatre voix solistes *Querite primum regnum Dei* KV 86. Deux manuscrits de sa main existent, qui indiquent qu'il ne travailla pas sans aide : l'un porte des corrections du padre Martini, l'autre est une copie au propre de la version corrigée. Son diplôme lui fut délivré le lendemain.

Le 18 octobre, Wolfgang et Leopold étaient de nouveau à Milan. Le 26 novembre, ils participèrent chez Firmian à un concert avec orchestre, et le 26 décembre 1770, pour l'ouverture de la saison de carnaval 1771, *Mitridate* était créé au Teatro Regio Ducal. Le livret était de Vittorio Amadeo Cigna-Santi, d'après une traduction de la tragédie de Racine due à l'abbé Giuseppe Parini, et le compositeur était présenté comme « Il Sig. Cavaliere Wolfgango Mo- / zart, Accademico Filarmonico di Bolo-/gna, e Maestro della Musica di Camera / di S. A. Rma il Principe ed Arcivescovo / di Salisburgo ». Leopold ayant veillé au grain, aucun des titres récemment acquis ne manquait ! Wolfgang s'était quelque peu inspiré de l'opéra composé trois ans auparavant pour Turin, à peu près sur le même livret, par Quirino Gasparini (1721-1778). Une nouvelle distinction suivit le 5 janvier 1771 : celle de maître de chapelle honoraire de l'Accademia Filarmonica de Vérone. Comme d'habitude, Leopold se crut entouré de forces hostiles : « L'opéra de mon fils a été reçu très favorablement, malgré la grande opposition de ses ennemis et détracteurs, qui avant d'en avoir vu une seule note ont fait savoir que c'était un ouvrage barbare, à l'allemande » (2 janvier, au padre Martini).

Les Mozart passèrent la seconde quinzaine de janvier à Turin, regagnèrent le 31 Milan, où Firmian donna le 2 février un déjeuner en leur honneur, et quittèrent la ville le 4. Le 11 février, ils étaient à Venise, où le 3 mars ils furent reçus par le comte Jacopo Durazzo (1717-1794), depuis 1764 ambassadeur d'Autriche dans la cité des doges après avoir, comme directeur du Burgtheater de Vienne, joué un grand rôle dans la carrière de Gluck .

Le 13 mars, ils arrivèrent à Padoue, où Wolfgang se vit commander, pour le carême 1772, l'oratorio *La Betulia liberata* KV 118. Et le 18 mars, de Vérone, Leopold écrivit à sa femme : « J'ai reçu hier une lettre de Milan m'annonçant une missive de Vienne que je recevrai à Salzbourg, elle vous plongera dans l'émerveillement et fait à notre fils un honneur immortel. La même lettre m'a apporté une autre très agréable gazette. » La « missive » de Vienne avait trait à la commande par Marie Thérèse d'un opéra destiné aux noces, prévues pour le 15 octobre, de son fils l'archiduc Ferdinand avec Béatrice d'Este, princesse de Modène : devait en résulter *Ascanio in Alba*. La « gazette » de Milan était porteuse d'une autre commande : celle d'un opéra destiné à l'ouverture de la saison de carnaval 1773 : *Lucio Silla*. Au plan des commandes, la moisson du premier voyage en Italie se révélait donc des plus substantielles, et lorsque le 28 mars Leopold arriva à Salzbourg avec Wolfgang, il avait en poche les justificatifs de deux autres séjours dans la péninsule. Pour celui correspondant à *Ascanio in Alba*, Schrattenbach accorda aisément l'autorisation, mais pour compenser ne versa pas à Wolfgang le salaire qu'il lui avait promis en octobre 1769.

C'est probablement durant les semaines qui suivirent que dans sa ville natale, Wolfgang composa *La Betulia liberata*. De l'exécution prévue à Padoue pour le carême 1772, il ne reste aucune trace, et il n'est pas sûr que cet unique oratorio original de Mozart – dont l'ouverture adopte la tonalité « tragique » de *ré* mineur – ait été donné de son vivant. C'est sans doute alors que Mozart transforma en concertos pour piano – KV 107 n° 1 en *ré* majeur, n° 2 en *sol* majeur et n° 3 en *mi* bémol majeur – les trois sonates opus 5 n° 2, n° 3 et n° 4 de Johann Christian Bach, parues à Londres en 1765. De la même période (Salzbourg été 1771) est traditionnellement datée la symphonie en *fa* majeur KV 75, d'authenticité non prouvée mais probable. Elle est en quatre mouvements avec menuet en deuxième position, ce qui n'est le cas d'aucune symphonie de Mozart d'authenticité certaine, mais de quatre de Haydn : en *ut* majeur n° 32 (1760-1761), en *si* bémol majeur Hob.I.108 (1757-1762), en *mi* mineur n° 44, dite *Funèbre* (1770-1771) et en *si* bémol majeur n° 68 (1775-1776). Également en quatre mouvements, plus vaste et plus ambitieuse que n'importe laquelle des précédentes, la symphonie n° 12 en *sol* majeur KV 75b naquit au contraire en toute certitude à Salzbourg en juillet 1771. Son menuet est en canon, comme dans trois autres symphonies en *sol* majeur qu'assurément Mozart connaissait : n° 3 (1760-1761) et n° 23 (1764) de Joseph Haydn, et MH 108 de Michael Haydn (1768-1770), tirée du singspiel *Die Hochzeit auf der Alm* (Les noces sur l'Alpe) MH 107 (1768).

Le deuxième voyage en Italie et « Ascanio in Alba » (août-décembre 1771)

Le 13 août, deuxième départ pour l'Italie. À peine en route, Leopold s'aperçut que dans sa hâte, il avait oublié d'emporter plusieurs œuvres avec clavier qu'il comptait offrir « à un bon ami à Milan [sans doute Firmian] qui nous a rendu de nombreux services ». C'est ce que le 18, de Vérone, il écrivit à sa femme, ajoutant : « Que Nannerl aille donc chercher les deux trios, l'un en *fa* de Joseph Haydn, et l'autre en *ut* avec écrit dessus Wagenseil NB avec variations. » En réalité, mais Leopold l'ignorait, les deux ouvrages étaient de Haydn. Un manuscrit du trio en *ut* majeur n° 2 Hob. XV. C1 de ce dernier avait en effet abouti dans un monastère bénédictin de Salzbourg, mais ce manuscrit portait le nom de Wagenseil ! Leopold l'avait sûrement eu sous les yeux et fait copier, voire acquis. L'autre trio de Haydn était en toute probabilité celui en *fa* majeur n° 2 Hob. XV.37. Leopold pria en outre Maria Anna de lui faire parvenir un trio en *sol* d'Adlgasser, une cassation en *ut* de Wolfgang (perdue) et des sonates de Giovanni Maria Rutini (1723-1797).

Deux mois plus tard, le 17 octobre, *Ascanio in Alba* – livret de l'abbé Giuseppe Parini – était créé à Milan, avec dans le rôle titre Giovanni Manzuoli, notre ancienne connaissance londonienne, alors au terme d'une longue et glorieuse carrière. Il s'agissait, selon la terminologie de l'époque, non d'un opéra proprement dit, mais d'une *serenata teatrale* en deux parties, en quelque sorte d'un ballet avec chœurs entrecoupé d'airs. Le ballet fut réglé par le danseur et chorégraphe français Jean Georges Noverre (1727-1810), alors maître de ballet à la cour de Vienne et professeur de danse de la famille impériale. Donné la veille, l'opéra principal destiné aux cérémonies du mariage était le dernier jamais composé par Hasse, *Il Ruggiero ovvero L'eroica gratitudine*. « La serenata de Wolfgang a enfoncé l'opéra de Hasse », écrivit le 19 Leopold à sa femme. C'était la stricte vérité. Quant à Hasse, il aurait déclaré après avoir entendu *Ascanio in Alba* : « Ce garçon nous fera tous oublier ».

Cette déclaration est apocryphe. Hasse n'avait d'ailleurs pas attendu octobre 1771 pour se faire une idée de Mozart et de ses dons exceptionnels. En témoigne sa correspondance avec son ami Giovanni Maria Ortes, abbé, écrivain et amateur d'opéras vivant à Venise. Le 30 septembre 1769, de Vienne, Hasse avait chaleureusement recommandé à son ami Leopold et Wolfgang prêts à partir pour la première fois en Italie, mais n'en avait pas moins fait montre d'une perspicacité certaine : « Il [Wolfgang] m'a fait entendre [au clavecin] des choses miraculeuses pour son âge, et qu'on trouverait tout aussi admirables chez un homme adulte. [...] S'il progresse au fur et à mesure qu'il grandira, il deviendra sûrement un véritable prodige, à condition toutefois que son père ne le dorlote pas trop, et ne le brise pas à force d'éloges excessifs, c'est la seule chose que je crains. » Le 2 mars 1771, Ortes avait écrit qu'à Venise, Leopold s'était offusqué de ne pas voir Wolfgang adulé autant qu'ailleurs, ce à quoi Hasse avait répondu le 23 qu'apparemment, « le père » était mécontent partout où il passait, et qu'à Vienne [en 1768] on avait eu droit aux « mêmes lamentations. Il idolâtre un peu trop son fils ».

Le 8 novembre, les Mozart dînèrent avec Hasse chez Firmian. Outre de l'argent, Hasse reçut pour son opéra une tabatière, et Wolfgang pour sa serenata une montre ornée de diamants. Le même mois fut composé le divertimento en *mi* bémol majeur pour cordes et vents KV 113, première œuvre de Wolfgang à faire usage des clarinettes. Tout à fait arbitrairement, la symphonie en *ut* majeur KV 96 est en général datée « Milan octobre-novembre 1771 ». En quatre mouvements, elle est d'authenticité non prouvée, mais très probable : son finale Molto allegro annonce la musique *alla turca* de *L'Enlèvement au sérail* (Vienne 1782), et son Andante, une émouvante sicilienne en mineur, est très proche de l'air « Intendo, amico mio » d'*Il rè pastore* (Salzbourg 1775). La symphonie n° 13 en *fa* majeur KV 112 est au contraire datée de façon très précise : Milan 2 novembre 1771. C'est la seule symphonie de Mozart absolument authentique, composée en Italie et comportant un menuet. Il semble cependant que ce menuet, dont l'autographe est de la main de Leopold, existait avant le reste de l'œuvre en tant que menuet à danser, et que Wolfgang l'ait intégré au dernier moment dans la symphonie en lui ajoutant un trio.

Le père et le fils ne quittèrent pas immédiatement Milan, car l'archiduc Ferdinand, momentanément absent, avait souhaité les voir à son retour. Leopold espérait obtenir pour Wolfgang, et par la même occasion pour lui-même, un poste à Milan, mais dut partir avec son fils le 5 décembre sans avoir obtenu de réponse précise. Le 15, ils étaient à Salzbourg.

Le lendemain, Sigismund von Schrattenbach mourut. À la tête de sa principauté, il s'était efforcé de maintenir entre la Bavière et l'Autriche, dont il était originaire, un prudent équilibre. À Salzbourg même, il avait été le plus solide soutien des Mozart, et de 1762 à 1771 avait accordé à Leopold sept congés correspondant à un total de six années et neuf mois ! Lors de ses funérailles, on entendit la *Missa pro Defuncto Archiepiscopo Sigismundo* de Michael Haydn, en d'autres termes son splendide *Requiem* en *ut* mineur MH 155, daté du 31 décembre. L'ouvrage avait été sinon écrit, du moins achevé, pour les funérailles du prince-archevêque, mais peut-être Michael Haydn l'avait-il commencé sous le coup d'une tragédie qui l'avait beaucoup affecté : la disparition à l'âge d'un an de sa fille unique, le 27 janvier précédent. Ce *Requiem* acquit par la suite une grande célébrité. Il fut repris plusieurs fois à Salzbourg, et exécuté le 2 juin 1809 dans l'église de Gumpendorf (faubourg de Vienne) à la mémoire de Joseph Haydn, décédé deux jours auparavant.

Mozart le connaissait bien, ce dont témoigne son propre *Requiem* en *ré* mineur KV 626 de 1791. On observe dans les deux ouvrages la même structure pour certaines sections, ainsi que plusieurs ressemblances thématiques. Ils utilisent en outre, avec les mêmes techniques, exactement le même texte. Manquent dans chacun le *Tractus*, le *Graduel* et le *Libera me*.

L'ÉLECTION DE COLLOREDO
LES HUIT SYMPHONIES DE 1772

L'élection du successeur de Schrattenbach ne se déroula pas sans difficultés. Le candidat de la majorité des Salzbourgeois était le comte Ferdinand Christoph von Waldburg-Zeil (1719-1786), doyen de la cathédrale. Le comte Joseph Gottfried von Saurau, chanoine à la cathédrale, et d'autres encore, se présentèrent eux aussi. Waldburg-Zeil entretenant des relations étroites avec la Bavière, l'Autriche poussa résolument son propre candidat, le comte Hieronymus Joseph Franz von Colloredo (1732-1812), finalement élu le 14 mars 1772 – au quarante-neuvième tour de scrutin ! – par un collège composé des chanoines de la cathédrale. Auparavant prince-évêque de Gurk, fils cadet du vice-chancelier impérial Rudolf Joseph Colloredo (1706-1788), Hieronymus fit son entrée solennelle à Salzbourg – où la population l'accueillit plutôt froidement – le 29 avril. On pense que fut alors exécutée en son honneur une version révisée d'*Il sogno di Scipione* (Le songe de Scipion) KV 126, *serenata drammatica* destinée à l'origine au cinquantième anniversaire de l'ordination de Schrattenbach. La ville, agréable et bien située, comptait alors environ 16 000 habitants, dont 15 % de nécessiteux. Un des premiers gestes de Colloredo fut d'accorder à Wolfgang le 21 août, pour ses services en tant que *Konzertmeister* (violoniste), un salaire annuel de 150 florins. Il s'agissait du premier salaire jamais touché par Mozart, dont les relations avec Colloredo commençaient apparemment bien. Un autre geste du nouveau prince-archevêque fut d'éloigner Waldburg-Zeil de la cathédrale en le nommant le 30 septembre évêque de Chiemsee. C'est alors que le maître de chapelle Lolli, âgé de soixante et onze ans, estima le temps venu de « faire valoir ses droits à la retraite ». Leopold âgé de cinquante-deux ans espéra lui succéder, mais ses espoirs furent déçus. Colloredo alla chercher ailleurs qu'à Salzbourg et proposa le poste à un autre Italien, Giuseppe Fischietti (v. 1725-1800), alors à Vienne sans emploi fixe. Fischietti se vit offrir un contrat de trois ans, avec un salaire annuel de 800 florins, plus 80 florins d'avantages en nature, ce qui ne s'était jamais vu à Salzbourg : depuis 1763, Lolli n'en avait touché que 456, et Leopold en était toujours à 354 florins.

Au début de 1772, Wolfgang composa à Salzbourg les trois divertimentos en *ré* majeur KV 136, en *si* bémol majeur KV 137 et en *fa* majeur KV 138, chacun en trois mouvements et très souvent exécutés de nos jours par un quatuor à cordes ou par un orchestre à cordes. Suivit en juin le divertimento en *ré* majeur KV 131, en six mouvements et faisant la part belle aux instruments à vent. En mars naquirent les *Litaniae de venerabili altaris sacramento* en *ré* majeur KV 125, et en mai, avec une partie de soprano destinée à Magdalena Haydn-Lipp, le *Regina coeli* en *si* bémol majeur KV 127. Les œuvres principales écrites à Salzbourg entre les deux derniers séjours en Italie furent toutefois huit symphonies, dont la première (n° 14 en *la* majeur KV 114) du 30 décembre 1771 et la dernière (n° 21 en *la* majeur KV 134) d'août 1772. Six ont quatre mouvements, seules celles en *ut* majeur n° 16 KV 128 et en *sol* majeur n° 17 KV 129 (mai 1772) se limitent à trois. Mozart voulut-il par cette production abondante impressionner son nouveau patron Colloredo ? Sûrement pas. C'était plutôt de sa part une provocation, car à Salzbourg, la principale obligation d'un compositeur de cour était de composer non des symphonies, mais de la musique d'église. On remarque à ce propos que de tous les compositeurs en poste à Salzbourg durant le règne de Colloredo, Mozart est le seul dont la production profane dépasse en quantité la production religieuse ! Voulut-il se constituer un répertoire pour son troisième voyage en Italie ? C'est peu probable, car ces symphonies apparaissent plus viennoises qu'italiennes, du moins par leur structure et leurs dimensions. S'attacha-t-il à l'orchestre parce que durant la période de deuil consécutive à la mort de Schratten-bach, les théâtres étaient fermés ? Sans doute pas. Reste que l'an-née 1772 est celle où Mozart composa le plus grand nombre de symphonies, tout en s'attachant pour la première fois à bien les différencier. Alors seulement, le genre occupa chez lui une posi-tion centrale, alors que chez Joseph Haydn, ce fut le cas de façon ininterrompue de 1757 à 1795, quoique pas toujours selon les mêmes modalités : d'une décennie à l'autre, il y en eut dans la production de Haydn de moins en moins, et les quelque vingt-cinq dernières furent composées non plus pour la cour des Esterházy, mais pour l'extérieur. Rappelons que chez Mozart, compte non tenu de celles perdues, seules douze symphonies absolument authentiques avaient précédé les huit numérotées de 14 à 21 : celles numérotées de 1 à 13 sauf les n° 2 (de Leopold), 3 (d'Abel) et 11 (attribuée à Leopold et à Dittersdorf), et celles en *fa* majeur KV 19a et en *sol* majeur KV 45a.

Les symphonies n° 14 à 21 montrent que Mozart n'avait pas oublié la leçon de Johann Christian Bach et surtout qu'il avait bien assimilé celle de Michael Haydn. Parmi les symphonies récentes de ce dernier dont Wolfgang put s'inspirer, celles en *mi* majeur MH 151, dotée d'un extraordinaire trio « balkanique », et en *la* majeur MH 152, l'une et l'autre en quatre mouvements et postérieures au 1er août 1771. Le menuet de la symphonie n° 14 est une sorte d'écho de celui de la symphonie en *mi* bémol majeur n° 11 de Haydn (1760-1761). Les symphonies n° 18 en *fa* majeur KV 130, avec son menuet en canon, n° 19 en *mi* bémol majeur KV 132, ouverte par un motif majestueux « à la Johann Christian Bach » que Mozart devait réutiliser en décembre 1785 au début de son concerto pour piano n° 22 KV 482, dans la même tonalité, n° 20 en *ré* majeur KV 133, qui se termine par un Presto étroitement modelé sur le mouvement correspondant de la symphonie en *ut* majeur n° 41 de Haydn (1769), et n° 21 en *la* majeur KV 134, forment un remarquable groupe de quatre.

Le troisième voyage en Italie

Le 24 octobre, père et fils se mirent une troisième fois en route pour l'Italie. Le livret de *Lucio Silla* était depuis quelque temps déjà entre les mains de Wolfgang, qui avait ainsi pu composer à Salzbourg une partie des récitatifs. Malheureusement, il dut à son arrivée à Milan recommencer son travail, car le librettiste Giovanni De Gamerra (1743-1803) avait envoyé pour avis son « poème » à Métastase à Vienne : ce dernier, dit-on, lui avait apporté, avant de le réexpédier, plusieurs modifications. Il y eut en tout vingt-six représentations, dont la première le 26 décembre 1772. Le rôle de Cecilio était tenu par le castrat Venanzio Rauzzini (1746-1810). Au début de janvier 1773, Wolfgang composa pour lui le prodigieux motet (révisé plus tard) *Exsultate, jubilate* KV 165, dont l'Alleluia final reste une de ses pages le plus souvent chantées. En 1774, Rauzzini s'installa définitivement en Angleterre. Ayant pris sa retraite à Bath, il y reçut en août 1794 la visite de Haydn, qui le qualifia dans ses carnets de « Musicus très célèbre, en son temps un des plus grands chanteurs », et composa à la mémoire de son chien le canon *Turk was a Faithful Dog and not a Man* (Turk était un chien fidèle et non un homme) Hob. XXVIIb.45.

Du troisième séjour en Italie datent les six quatuors à cordes KV 155-160, tous en trois mouvements et dits *Quatuors milanais*. Auparavant, Mozart n'en avait composé qu'un seul. Leur ordre actuel – *ré* majeur, *sol* majeur, *ut* majeur, *fa* majeur, *si* bémol majeur et *mi* bémol majeur – n'est pas nécessairement celui dans lequel ils furent écrits, mais il obéit à une logique certaine : les tonalités se succèdent selon le cercle des quintes, en direction de la sous-dominante. Les quatre du milieu ont tous un mouvement central en mineur. Quelque peu influencées par Giovanni Battista Sammartini (1700/01-1775), le principal compositeur de musique instrumentale milanais, ces œuvres hésitent entre le « quatuor » et le « divertimento », et les mouvements lents y sont en général supérieurs aux mouvements rapides. Le quatuor en *si* bémol majeur KV 159, le seul à renoncer à la coupe vif-lent-vif, fait exception : il s'ouvre par un Andante, se termine par un Allegro grazioso et culmine en son Allegro central, page très violente en *sol* mineur, splendide spécimen de ce que Jean Massin a appelé le « dramatisme aigu » de Mozart. Étroitement apparentés, les six quatuors KV 155-160 et les trois divertimentos KV 136-138 posent un double problème : celui de la distinction entre musique de chambre et musique orchestrale, et celui des rapports de Mozart avec l'Italie. Ce sont autant de brillantes synthèses.

BILAN DES VOYAGES EN ITALIE

En janvier-février, Leopold tenta vainement d'obtenir pour Wolfgang un poste auprès de son homonyme le grand-duc de Toscane : peut-être les *Quatuors milanais* furent-ils destinés à ce dernier. N'ayant reçu aucune réponse, il fut bien obligé de quitter Milan, et le 13 mars, lui et Wolfgang étaient de retour à Salzbourg, juste à temps, car le lendemain était célébré le premier anniversaire de l'élection de Colloredo. Les années d'enfant prodige de Wolfgang appartenaient désormais au passé, et sa carrière de compositeur et d'interprète allait jusqu'à la fin de 1780 – même en tenant compte du voyage à Mannheim et à Paris de 1777-1778 – rester liée à sa ville natale. Les trois séjours en Italie, surtout le premier, avaient établi entre lui et son père des relations plus étroites et plus confiantes que jamais. Ils avaient poursuivi un objectif commun, et avec l'aide de Leopold, Wolfgang s'était bâti dans la péninsule une réputation de compositeur sérieux, capable en particulier d'écrire des opéras comparables, voire supérieurs, à ceux de ses confrères. Ces succès témoignaient des grands talents de Leopold en matière de promotion, mais aussi du haut degré de culture des Italiens, nullement disposés pour la plupart à confondre la simple virtuosité avec la substance musicale. Mais Wolfgang ne devait plus jamais retourner en Italie, ni recevoir de ce pays la moindre commande d'opéra. En outre, les efforts de Leopold pour lui procurer un poste avaient échoué. Dans le cas contraire, Leopold aurait éventuellement pu obtenir soit un second poste pour lui-même au même endroit, soit la faculté pour Wolfgang, étant donné sa jeunesse, de continuer à résider à Salzbourg tout en fournissant à son « patron » un lot annuel d'ouvrages. Les avantages financiers qu'auraient apportés l'une ou l'autre de ces solutions s'étaient évanouis, et il était à craindre qu'au moins pour Leopold, les perspectives d'avenir ne soient désormais limitées à Salzbourg.

Marie Thérèse et quatre compositeurs de son temps : Mozart, Haydn, Hasse, Salieri

Peut-être Leopold fut-il en partie victime du comportement qui avait été le sien à Vienne en 1768. Ayant eu vent des pourparlers entre les Mozart et son fils l'archiduc Ferdinand, Marie Thérèse écrivit en effet en français à ce dernier le 12 décembre 1771 : « [...] Vous me demandez de prendre à votre service le jeune salzbourgeois. [...] Je ne sais comme quoi ne croiant pas que vous avez besoing d'un compositeur ou des gens inutil[e]s. [...] si cela pourtant vous ferois plaisir je ne veux vous l'empecher. [...] ce que je dis est pour ne vous charger des gens inutil[e]s et jamais de titres à ces sortes de gens [...] comme a votre service cela avilit le service quand ces gens courent le monde comme de[s] gueux. [...] il a outre cela une grand[e] famille. » Il s'agissait d'une nette mise en garde. Le 15 juillet 1766, dans sa *Correspondance littéraire*, Grimm avait doublement prophétisé : « Cet enfant merveilleux [...] n'a presque pas grandi, mais il a fait des progrès prodigieux dans la musique. Il était déjà auteur et compositeur de sonates il y a deux ans. Il en a fait graver six depuis ce temps-là à Londres [et] en a publié six autres en Hollande. [...] Il a composé des symphonies à grand orchestre qui ont été exécutées et généralement applaudies ici. Il a même écrit plusieurs airs italiens, et je ne désespère pas qu'avant qu'il ait atteint l'âge de douze ans, il n'ait déjà fait jouer un opéra sur quelque théâtre d'Italie. [...] Si ces enfants vivent, ils ne resteront pas à Salzbourg. Bientôt les souverains se disputeront entre eux à qui les aura. » Si la première partie de la prophétie s'était à peu près concrétisée, avec *La finta semplice* puis avec les trois opéras pour Milan, la seconde ne devait jamais l'être, en partie à cause de l'hostilité de la cour de Vienne. On songe à Haydn écrivant en 1787 à propos de son ami Mozart : « J'enrage à la pensée que Mozart, cet être unique, n'est pas encore engagé par une cour impériale ou royale. » Haydn n'avait d'ailleurs pas été mieux traité par Marie Thérèse, dans une lettre du 12 novembre 1772, adressée cette fois à sa bru Béatrice d'Este, épouse de Ferdinand : « Pour le théâtre, j'avoue que je préfère le moindre Italien à tous nos compositeurs, et Gassmann et Salieri et Gluck et autres. Ils peuvent faire quelques fois une ou deux bonnes pièces, mais pour le tout ensemble je préfère toujours les Italiens. Pour les instruments, il y a un certain Haydn qui a des idées particulières, mais cela ne fait que commencer. »

Le compositeur préféré de Marie Thérèse était l'Allemand italianisé Johann Adolf Hasse, et bien qu'Italien, Antonio Salieri (1750-1825) était considéré par elle comme un compositeur viennois, contaminé par Vienne pourrait-on dire. Cela lui déplaisait fort, mais sur le fond, elle n'avait pas tout à fait tort. Natif de Legnano, en *terraferma* vénitienne, Salieri avait été « découvert » dans la cité des doges par Gassmann, et était arrivé à Vienne en 1766, à l'âge de seize ans, comme élève et protégé de ce dernier, qu'il considéra toujours comme son « second père ». Il ne tarda pas à faire sien le langage musical viennois et fut vite remarqué par Joseph II, qui dès 1774 non seulement l'intégra dans sa *Cammer Music* à la place laissée vacante par la mort prématurée de Gassmann, mais le nomma directeur musical des théâtres de la cour. Il n'avait que vingt-quatre ans, soit deux de moins que Mozart – son cadet de cinq ans et demi seulement – lors de son installation sur les rives du Danube en 1781 ! Mozart ne put alors que constater que la place était prise, et qu'elle ne se libérerait sans doute pas dans un avenir prévisible. Pendant un demi-siècle, Salieri ne servit – très efficacement, y compris au plan administratif – qu'une seule institution : la cour de Vienne. Il écrivit des opéras pour Vienne pendant trente-cinq ans, de 1770 à 1804.

CHAPITRE V

L'étouffoir salzbourgeois

Mozart de mars 1773 à septembre 1777

Les manuscrits autographes de neuf symphonies composées par Wolfgang à Salzbourg – comme celles de 1772 vraisemblablement pas pour la cour – entre son troisième retour d'Italie et la fin de 1774 furent à un moment donné reliés en volume par Leopold dans un ordre repris au XIXe siècle par l'édition complète de Breitkopf & Härtel (nos 22 à 30). Quelqu'un (peut-être Mozart lui-même) essaya de rendre illisibles les dates de composition indiquées par Leopold pour chaque symphonie, probablement pour les faire apparaître, dans un but commercial, plus tardives qu'en réalité. Sans entrer dans les détails, disons que la chronologie de ces neuf ouvrages, dans la mesure où on peut l'établir avec certitude, ne correspond pas toujours à l'ordre de numérotation. Cinq de ces symphonies (nos 22-24 et 26-27) se limitent à trois mouvements (sans menuet), les quatre autres (nos 25 et 28-30), les dernières composées, en ont quatre. Le volume de neuf autographes fut acquis au début du XIXe siècle par Leopold von Sonnleithner, l'ami de Schubert, puis par August Cranz, éditeur à Hambourg. Sa trace se perdit ensuite jusqu'en 1987, date à laquelle il fut vendu aux enchères à Londres pour une somme considérable.

LES QUATRE SYMPHONIES DU PRINTEMPS 1773

La plus ancienne de ces symphonies (mars 1773) semble être celle en *mi* bémol majeur n° 26 KV 184, en trois mouvements enchaînés et de caractère sérieux : son Molto presto initial s'ouvre par des accords assez massifs répétés en rythmes pointés, ce qu'on retrouvera dans deux autres ouvrages de Mozart en *mi* bémol majeur : la symphonie concertante pour violon et alto KV 364 de 1779 et la sérénade pour vents KV 375 d'octobre 1781. La symphonie n° 26 comporte deux flûtes *et* deux hautbois jouant dans les mêmes mouvements, ce qui à Salzbourg était réservé aux partitions destinées au théâtre. Ce fut sans doute le cas de la symphonie n° 26, à moins que n'ait existé une version primitive sans flûtes. Toujours est-il que vers 1785, avec l'aval de Mozart, l'œuvre devait être utilisée par la troupe de comédiens ambulants de Johann Heinrich Böhm comme ouverture d'une pièce de théâtre intitulée *Lanassa*. Böhm recourut aussi pour ce spectacle, avec de nouveaux textes, à des extraits de la musique de scène de *Thamos* KV 345 : d'où l'affirmation vraisemblablement erronée selon laquelle la symphonie n° 26 aurait été à l'origine l'ouverture de *Thamos*. Suivirent en avril-mai 1773 les symphonies n° 27 en *sol* majeur KV 199, du type « symphonie de chambre », n° 22 en *ut* majeur KV 162, dont l'Andante grazioso en *fa* majeur annonce le mouvement correspondant de la symphonie n° 34 KV 338 de 1780, dans la même tonalité, et n° 23 en *ré* majeur KV 181, aux trois mouvements enchaînés et d'atmosphère théâtrale.

VIENNE ÉTÉ 1773 : LES QUATUORS VIENNOIS

Le 14 juillet 1773, Leopold et Wolfgang prirent la route de Vienne sans avoir la moindre commande à satisfaire. Pour Leopold, ce voyage n'avait qu'un objectif : trouver dans la capitale ou dans une de ses dépendances un poste pour Wolfgang, et si possible pour lui-même. Le 31 juillet, Colloredo arriva lui aussi à Vienne. Le 5 août, les Mozart furent reçus par Marie Thérèse. Colloredo en fut certainement informé, ce qui le confirma dans l'idée que ses deux musiciens tentaient de quitter Salzbourg. Sans doute Marie Thérèse lui apprit-elle aussi que vingt mois auparavant, elle avait fortement dissuadé son fils Ferdinand de prendre les Mozart à son service. Pour montrer aux Viennois et à des employeurs potentiels ce dont son fils était capable, Leopold dirigea le 8 dans l'église des Jésuites la *Missa Dominicus* KV 66. Le 12, il fit part à sa femme du résultat négatif de l'entrevue avec l'impératrice : « [Elle] s'est montrée très aimable envers nous, mais c'est tout, et je t'en parlerai oralement à notre retour, car mieux vaut ne pas écrire certaines choses. » D'autres démarches étaient en cours, mais Leopold tenait à ce que les vraies raisons de son séjour ne s'ébruitent ni à Vienne même, de peur qu'on y comprenne que si on engageait Wolfgang, on risquait d'avoir à entretenir une famille au complet, ni à Salzbourg, pour qu'on n'y soupçonne pas que ladite famille était prête à quitter la ville. « Il y a beaucoup de choses sur lesquelles on ne peut rien écrire, et en outre il faut absolument éviter ce qui pourrait faire du bruit ou provoquer des soupçons aussi bien ici [à Vienne] NB qu'à Salzbourg. [...] Nous-mêmes ne savons pas quand nous rentrerons, peut-être bientôt, peut-être dans quelque temps. Cela dépend de circonstances qu'il m'est impossible d'évoquer ici. [...] La situation changera, et doit changer. [...] Dieu nous aidera ! Si l'archevêque prolonge son absence, nous ne nous précipiterons pas pour rentrer » (à sa femme, 21 août). Le maître de chapelle impérial Florian Gassmann étant tombé malade, Leopold espérait qu'une place serait bientôt vacante. Mais Gassmann guérit, pour ne mourir que l'année suivante. Les espoirs de Leopold furent une fois de plus déçus, et le 26 septembre, lui et son fils étaient de retour à Salzbourg les mains vides.

Wolfgang avait cependant dans ses bagages quelques œuvres importantes : une *Finalmusik* pour grand orchestre avec concerto intercalaire pour violon destinée au fils aîné de Johann Ernst von Andretter, conseiller du prince-archevêque pour les affaires militaires (*Sérénade Andretter* KV 185), et surtout de nouveaux quatuors à cordes, genre non pratiqué à Salzbourg. Composés dans la capitale en août-septembre 1773, les six *Quatuors viennois* KV 168-173 sont fort différents des six *Milanais* écrits neuf mois plus tôt. Plus ambitieux, mais sans doute moins réussis esthétiquement, ils sont en quatre mouvements, non en trois. Leur écriture n'a plus rien d'orchestral, et ils oscillent entre la galanterie et l'académisme, ou plutôt entre la mélodie et le contrepoint. Mozart y travailla certainement sous le choc des opus 9 (1769-1770), 17 (1771) et 20 (1772) de Haydn. L'opus 20 ne devait être édité qu'en 1774, mais Mozart put en prendre connaissance sous forme de copies manuscrites. Haydn avait terminé par une fugue trois des quatuors opus 20. Mozart fit de même dans le premier et le dernier des *Viennois*: KV 168 en *fa* majeur et KV 173 en *ré* mineur. Ces fugues sont moins « modernes » que celles des opus 20 n° 2 et surtout n° 6 de Haydn, ce qui pourrait indiquer que Mozart prit comme modèle, plus encore que Haydn lui-même, la tradition spécifiquement viennoise de fugues pour ensemble de cordes ou pour quatuor à cordes illustrée notamment par Gassmann et Albrechtsberger. On a probablement là un des éléments de la stratégie de Leopold pour s'attirer les bonnes grâces de Marie Thérèse et de son entourage, car les fugues de ce type, plus archaïques que celles de l'opus 20 de Haydn, avaient toujours été appréciées par la cour impériale. En cette même année 1773, Gassmann, composa lui aussi, en tant que maître de chapelle impérial, six quatuors à cordes en quatre mouvements: or dans chacun, les deuxième et quatrième mouvements sont des fugues !

L'Andante en *fa* mineur du quatuor KV 168 cite et traite en canon le premier sujet – d'un type souvent utilisé à l'ère baroque et propre à exprimer le pathétique – de la fugue de l'opus 20 n° 5, dans la même tonalité. L'imitation canonique se retrouve dans le Menuetto de KV 172 en *si* bémol majeur, et l'écriture fuguée dans l'Andante en *ut* mineur de KV 171 en *mi* bémol majeur. L'Andante initial de KV 170 en *ut* majeur est en forme de variations: Haydn, au début de l'opus 9 n° 5 en *si* bémol majeur puis de l'opus 17 n° 3 en *mi* bémol majeur, avait soumis à la même démarche un thème fort semblable. Le Menuetto de KV 173 en *ré* mineur, une des pages les plus personnelles du jeune Mozart, frappe par son ton de gravité, alors qu'à l'opposé, le quatuor KV 169 en *la* majeur séduit par son côté ensoleillé, avec notamment un Andante au parfum de sérénade. Reste que ni les treize quatuors à cordes que Mozart avait désormais à son actif, et dont aucun ne devait être édité de son vivant, ni ceux de compositeurs comme Gassmann, ne remirent en cause l'absolue primauté des opus 9, 17 et surtout 20 de Haydn, parvenu quant à lui à un total de vingt-huit. Haydn ne reviendra au quatuor à cordes qu'en 1781 avec l'opus 33, et Mozart qu'en 1782, avec le premier des six plus tard dédiés à Haydn. Ce dernier devait en composer encore quarante, et Mozart dix.

SALZBOURG 1773 : PREMIER QUINTETTE À CORDES ET PREMIERS CONCERTOS

Peu après le retour de Vienne, les Mozart déménagèrent : ils quittèrent leur logement chez Hagenauer pour s'installer sur la rive droite de la Salzlach, où se trouvait aussi le château Mirabell, dans une maison de la Hannibalplatz (aujourd'hui Makartplatz) appelée *Tanzmeisterhaus* : elle avait en effet appartenu, jusqu'à sa mort en 1767, au maître à danser Karl Gottlieb Speckner, qui avait enseigné les bonnes manières à la jeunesse dorée de Salzbourg. Leopold y loua huit pièces, dont une salle à danser autrefois semi-publique qu'il transforma en salon de musique et de réception et mit parfois à la disposition d'autrui. Sur la Hannibalplatz se trouvait la *Dreifaltigkeitskirche* (église de la Trinité), où Adlgasser était organiste et où peut-être avait été créée la messe composée par Wolfgang en juin précédent (en *ut* majeur KV 167, dite *Missa in honorem Sanctissimae Trinitatis*). Les Mozart eurent la chance de compter désormais parmi leurs plus proches voisins une des plus importantes familles nobles de Salzbourg : les Lodron. Le comte Ernst Maria von Lodron (1716-1779) et son épouse Maria Antonia (1738-1780) avaient mis au monde huit enfants, nés entre 1759 et 1771 : cinq filles, que plus tard Leopold et Nannerl prirent comme élèves, et trois fils dont l'un, Hieronymus Maria, dit Momolo (1766-1823), avait comme parrain Colloredo. Fille du comte Johann Georg Felix von Arco (1705-1792), une des personnalités salzbourgeoise les mieux disposées à l'égard des Mozart, la comtesse Maria Antonia Lodron était très musicienne, et Wolfgang écrivit pour elle et ses filles plusieurs œuvres, dont en février 1776 le concerto n° 7 pour trois pianos en *fa* majeur KV 242. Comme son père, la comtesse exerçait sur Colloredo une influence certaine, ce dont Wolfgang profita plus d'une fois.

Toujours en 1773, Mozart aborda deux nouveaux genres très importants pour lui : le quintette à cordes et le concerto. Peu après son troisième retour d'Italie, il entendit sans doute le quintette à cordes à deux altos en *ut* majeur MH 187 terminé par Michael Haydn le 17 février 1773, durant son absence. Stimulé par cet exemple, il acheva avant son départ pour Vienne la version originale de son quintette en *si* bémol majeur KV 174. Or le 18 décembre, Michael Haydn mena à bien un autre quintette à cordes, celui en *sol* majeur MH 189, encore plus réussi que le précédent. Fort de son expérience viennoise dans le domaine de la musique de chambre, Mozart révisa donc son quintette KV 174 en le dotant d'un nouveau trio et en réaménageant complètement la matière thématique de son finale, qui en devint plus vaste et d'une plus grande complexité ! Le quintette KV 174 de décembre 1773 dépasse en longueur n'importe lequel des quatuors *milanais* ou *viennois*. Mozart ne devait revenir au quintette à cordes qu'en 1787, de nouveau après avoir terminé une série de quatuors, et parvenir finalement à un total de six, dont un arrangement.

En avril 1773 naquit le premier de ses cinq concertos pour violon : celui en *si* bémol majeur KV 207, longtemps considéré comme étant, à l'instar des quatre suivants, de 1775. La date de 1773 est cependant la plus probable. Son finale évoque d'assez près le mouvement correspondant du concerto MH 36 de Michael Haydn, dans la même tonalité, composé à Grosswardein en décembre 1760 mais dont Mozart avait pu prendre connaissance : il avait en effet été annoncé au catalogue Breitkopf de

1771. Suivirent deux partitions vastes et brillantes : en décembre 1773 le premier de ses concertos pour piano entièrement originaux, celui en *ré* majeur n° 5 KV 175, peut-être conçu à l'origine pour orgue et de toute façon révisé plus tard (on n'en connaît que la version du début des années 1780), et en mai 1774 le *Concertone* – ou « grand concerto » – en *ut* majeur pour deux violons (avec en outre quelques épisodes pour hautbois et violoncelle solistes) KV 190. De juin 1774 est daté le concerto pour basson en *si* bémol majeur KV 191. Auparavant, le genre du concerto, très pratiqué à Vienne, avait été pratiquement ignoré à Salzbourg.

Cinq nouvelles symphonies, dont deux faisant date

Au même moment (fin 1773 et début 1774) naquirent de remarquables symphonies. L'autographe de celle en *si* bémol majeur n° 24 KV 182 en trois mouvements, est daté du 3 octobre 1773, cette date étant néanmoins résolument biffée.

On a souvent parlé, pour l'opposer à la trilogie des ultimes symphonies (n°s 39-41 de l'été 1788), de la trilogie de l'hiver 1773-1774 : n° 25 en *sol* mineur KV 183, n° 28 en *ut* majeur KV 200 et n° 29 en *la* majeur KV 201. Si cependant les trois ultimes symphonies forment bien une trilogie, ce n'est pas le cas des n°s 25 et 28-29. Demande en outre à être revue l'opinion traditionnelle voulant que Mozart ait d'abord écrit ces trois ouvrages pour ensuite, avec la symphonie n° 30 en *ré* majeur KV 202, commencer à verser dans la galanterie. La symphonie suivante – n° 31 en *ré* majeur KV 297, dite *Paris* – ne devait intervenir qu'en 1778, après une pause de quatre ans.

Datée du 5 octobre 1773, la symphonie n° 25 KV 183 est la seule de Mozart, avec la 40e KV 550 de 1788, à adopter le mode mineur (les deux fois *sol* mineur), alors que c'est le cas de dix symphonies de Haydn. Mais elles conservent le mode mineur jusqu'au bout, ce qui n'est pas vrai pour toutes les symphonies de Haydn en mineur. Rien n'interdit de ranger la symphonie n° 25 sous l'étiquette « Sturm und Drang ». D'autres violentes symphonies en *sol* mineur existaient, dont Mozart put s'inspirer : la 39e de Haydn, sans doute composée dès 1765, deux de

Vanhal, dont l'une de 1764-1767 (Br. g2) et l'autre, la plus connue, de 1767-1768 (Br. g1), une de Dittersdorf (1768 au plus tard), cela sans oublier l'unique symphonie en mineur de Johann Christian Bach (opus 6 n° 6, 1769 au plus tard). Les premières mesures de la symphonie n° 25 se réfèrent plus ou moins consciemment à celles de deux symphonies de Haydn : n° 26 en *ré* mineur, dite *Les Lamentations* (1768), dont réapparaissent les farouches syncopes, et n° 3 en *sol* majeur (1760-1761), dont est repris, transposé en mineur, le thème de quatre notes aux vastes sauts d'intervalles. Les sonorités puissantes et l'intensité dramatique de la symphonie n° 25 proviennent notamment de la présence, comme dans la 39ᵉ de Haydn et dans la plus connue des deux de Vanhal (Br. g1), non pas de deux, mais de quatre cors, deux en *sol* et deux en *si* bémol : Mozart put ainsi, comme ses prédécesseurs, confier aux cors un plus vaste éventail de notes, et faire participer à certaines tournures chromatiques ces instruments par excellence diatoniques, du moins à l'époque. L'Andante en *mi* bémol majeur – proche (en particulier à cause de ses sonorités de bassons) du mouvement correspondant (intitulé *La confidenza*) d'une symphonie de Michael Haydn datée du 7 décembre 1763 (MH 62 en *si* bémol majeur) – précède un énergique Menuetto avec trio en *sol* majeur réservé aux seuls vents. Dans le finale (Allegro), la tension ne se relâche en rien.

Datée du 6 avril 1774, la symphonie n° 29 en *la* majeur KV 201 est la plus aboutie – et aujourd'hui la plus jouée – de toutes celles composées par Mozart avant la pause de quatre ans mentionnée ci-dessus. C'est aussi la seule à atteindre le niveau des plus grandes de celles que Haydn avait alors à son actif. Jamais auparavant Mozart n'avait écrit une symphonie synthétisant à ce point Vienne et l'Italie. Les influences subies par lui sont sensibles dans la 25ᵉ, alors que dans la 29ᵉ elles sont plus diluées, plus difficiles à toucher du doigt. D'une sensibilité à fleur de peau, la 29ᵉ est tout aussi « Sturm und Drang » que la précédente, et elle rejoint en profondeur, par-delà leurs différences, une symphonie de Haydn de quelques mois antérieure, et que sans doute Mozart ne pouvait encore connaître : n° 64, en *la* majeur également, composée dans la seconde moitié de 1773 et dotée d'un magnifique Largo de caractère introspectif et à allure de fantaisie improvisée, sans équivalent chez Mozart symphoniste. Pas de travail thématique serré « à la Joseph Haydn » dans l'Allegro moderato initial de la symphonie n° 29, mais une succession de mélodies, de climats, d'éclairages, comme parfois chez Michael Haydn. Après trois mouvements fort nuancés, le finale (Allegro con spirito) cultive largement la nuance *forte*, libérant une énergie auparavant tenue en réserve. On y entend quelques échos du mouvement correspondant, également à 6/8, de la symphonie en *la* majeur MH 152 de Michael Haydn, composée après le 1er août 1771.

Datée du 5 mai 1774, la symphonie n° 30 en *ré* majeur KV 202 est au contraire une œuvre extravertie. Moins de trois semaines auparavant, Michael Haydn avait lui aussi mené à bien une remarquable symphonie en *ré* majeur (MH 198 du 17 avril 1774) : les débuts respectifs de son Menuetto et de ceux des mouvements extrêmes de KV 202 offrent la même formule rythmique, et l'on constate en outre que le « second thème » de l'Allegro initial de MH 198 cite assez fidèlement les premières mesures de la symphonie n° 10 en *sol* majeur KV 110 de Wolfgang (juillet 1771) ! Quant à la symphonie n° 28 en *ut* majeur KV 200, on s'accorde désormais pour estimer que la date inscrite sur l'autographe est celle du 17 (ou du 12) novembre 1774. L'année, cependant, pourrait être 1773. Comme la précédente, la symphonie n° 28 fut conçue avec trompettes et timbales. La partie de timbales manque toutefois sur l'autographe. L'œuvre oppose la puissance d'*ut* majeur à la légèreté de l'opéra bouffe. C'est net dès les premières mesures de l'Allegro spiritoso initial : à quatre accords incisifs – début faisant penser aux symphonies en *ut* majeur n° 56 (1774) et en *ré* majeur n° 70 (1778-1779) de Haydn – succède aux cordes une mélodie agile avec trilles. L'Andante commence comme un chant populaire allemand et comporte aussi une sorte de refrain qu'on dirait entonné par un chœur. Le Menuetto (avec effets d'écho) rappelle celui des *Adieux* de Haydn (1772), et l'alerte premier thème du Presto final annonce clairement l'arrivée de Monostatos dans le finale de l'acte premier de *La Flûte enchantée*. Cette symphonie n° 28 est moins massive et moins éclatante – et dans son mouvement lent moins intense – que d'autres également en *ut* majeur écrites à la même époque : n° 56 de Joseph Haydn, exactement contemporaine, ou encore MH 188 de Michael Haydn (23 août 1773), dotée de deux *pifferi* (fifres) et dans son émouvant Andante de deux cors anglais. Rien n'interdit de voir en cette vaste, brillante et originale symphonie de Michael Haydn la plus remarquable de toutes celles composées à Salzbourg avant les 25ᵉ et 29ᵉ de Mozart.

La politique de Colloredo

À peine entré en fonctions, Hieronymus Colloredo – dernier prince-archevêque de Salzbourg – s'écarta radicalement de la politique de ses prédécesseurs. Ennemi de la pompe et des splendeurs baroques, esprit vif et cultivé, il avait étudié la philosophie et les mathématiques à Vienne et la théologie à Rome. Il était en outre bon violoniste, et se mêlait parfois à ses musiciens pour jouer. Adepte des Lumières, du rationalisme et du « despotisme éclairé », il avait dans son cabinet de travail des bustes de Voltaire et de Rousseau. Il se fixa comme objectifs la modernisation et la sécularisation de son archidiocèse et y réussit grandement, en particulier dans les secteurs de la santé, de l'enseignement et des finances publiques. La vie culturelle à Salzbourg profita beaucoup de cette nouvelle orientation, l'esprit de tolérance attirant dans la cité écrivains et hommes de pensée. Salzbourg acquit ainsi une réputation de République de savants. « On parle ici de religion et de politique, devait écrire le baron Riesbeck, avec une liberté qui honore l'endroit, et en ce qui concerne les livres, on y trouve à peu près tout ce que produisent les imprimeries allemandes, sans aucune restriction. » Mais la musique de cour, de tradition surtout sacrée, en souffrit, d'autant qu'une réduction drastique des dépenses et des mesures fiscales sévères – Schrattenbach avait laissé les caisses pratiquement vides – diminuèrent fortement les ressources que traditionnellement les musiciens avaient tirées de leur art. Un autre coup leur fut porté par la fermeture définitive du théâtre de l'université. L'établissement fonctionna une dernière fois le 3 septembre 1778, avec notamment l'adaptation par Michael Haydn d'un singspiel intitulé *Abels Tod* (La mort d'Abel, MH 271). On n'y avait au demeurant plus rien donné depuis trois ans. Cette fermeture entraîna l'extinction du répertoire de *Schuldramen* (drames scolaires) auquel Eberlin, Michael Haydn et bien d'autres – dont Mozart en 1767 avec *Apollo et Hyacinthus* – avaient énormément contribué.

Une compensation partielle fut offerte aux Salzbourgeois avec l'inauguration en 1775 sur la Hannibalplatz, en face de la demeure des Mozart et sur l'emplacement de l'ancienne Ballhaus, d'un théâtre construit à l'initiative de Colloredo mais aux frais de la ville et destiné en principe aussi bien aux pièces parlées, aux spectacles pour enfants et aux pantalonnades qu'à l'opéra. Dans les faits, ce dernier domaine resta négligé. Il s'agissait du premier théâtre autonome jamais édifié à Salzbourg. Ne s'y produisirent que des troupes itinérantes : une quinzaine jusqu'en 1792, dont en 1780-1781 celle d'Emanuel Schikaneder (1751-1812), futur librettiste de *La Flûte enchantée*. Du 16 novembre 1775 au 20 février 1776, la troupe de Carl Wahr y donna une cinquantaine de pièces, dont le 3 janvier 1776 *Thamos, roi d'Égypte* du baron et fonctionnaire impérial Tobias Philipp von Gebler (1726-1786). Pour cette pièce, Mozart avait reçu à Vienne en 1773 la commande d'une musique de scène (KV 345), alors limitée à deux chœurs et entendue lors de la représentation de *Thamos* dans la capitale en avril 1774. Pour la représentation salzbourgeoise du 3 janvier 1776, Mozart composa vraisemblablement certains au moins des numéros purement orchestraux de KV 345. Le 18 janvier, Carl Wahr présenta *Le Distrait* de Regnard avec la musique de scène composée en 1774 par Joseph Haydn et passée à la postérité comme symphonie en *ut* majeur n° 60, dite *Il Distratto*. Le premier des six mouvements de l'actuelle symphonie n° 60 servit d'ouverture, les cinq autres succédèrent à chacun des cinq actes, illustrant musicalement ce à quoi le spectateur venait d'assister. Une évocation de cette représentation du *Distrait* se trouve dans le journal tenu de 1774 à 1778 par le conseiller aulique Joachim Ferdinand von Schiedenhofen (1747-1823). Membre de la petite noblesse salzbourgeoise, il avait quelque peu fait la cour à Nannerl durant l'absence de Leopold et de Wolfgang en 1770. Sept mois après, le 19 août 1776, Schiedenhofen nota à propos d'une *Finalmusik* : « La marche était du Haiden d'ici [Michael], les symphonies du Haiden viennois [Joseph] » ! Fin septembre 1777, on donna aussi au théâtre de la Hannibalplatz, avec le concours de membres de l'aristocratie salzbourgeoise, *Zaïre* de Voltaire. La pièce était accompagnée d'une musique de scène de Michael Haydn (MH 255) dotée d'une importante percussion *alla turca*. À en croire Leopold, Colloredo apprécia fort cette partition.

COLLOREDO ET LA MUSIQUE RELIGIEUSE

Comme son modèle Joseph II, Colloredo se heurta en tant que « réformateur » à l'incompréhension de ses sujets, qui persistèrent à ne voir en lui qu'un étranger venu de Vienne. La population se plaignit en particulier de voir d'anciennes habitudes et distractions mises à mal par les changements introduits en matière de vie religieuse et de musique d'église : lutte contre la superstition et le culte des saints, limitation des manifestations extérieures de piété comme le transport d'images et de statues lors des processions, suppression de certaines fêtes chômées, restrictions apportées à l'usage de la musique instrumentale à la cour et à la cathédrale, simplification de la liturgie, services en langue non plus latine mais vernaculaire et plus courts. Ce dernier point fut décrit à la fin d'une célèbre lettre au padre Martini, signée Wolfgang mais écrite en réalité par Leopold, datée du 4 septembre 1776 et accompagnant l'envoi du motet *Misericordias Domini* KV 222, chef-d'œuvre de contrepoint composé à Munich au début de l'année précédente : « Notre musique d'église est très différente de celle d'Italie, étant donné qu'une messe complète avec Kyrie, Gloria, Credo, Sonate à l'épître, Offertoire ou Motet, Sanctus et Agnus Dei, ne doit pas dépasser trois quarts d'heure. Cela vaut même pour les grandes fêtes, lorsque la messe est dite par l'archevêque en personne. Ce type de composition nécessite des études particulières, d'autant qu'il faut en une telle occasion une messe avec tous les instruments – trompettes guerrières, timbales etc. »

Il ne s'agissait pas pour Colloredo d'interdire les épisodes susceptibles d'être étirés en longueur – les airs et les fugues – mais d'empêcher la musique de s'étendre inconsidérément au détriment du service lui-même. Le bon peuple était censé assister non à un concert, mais à un service divin, si possible en y participant grâce à l'usage de la langue vernaculaire ! La limite de trois quarts d'heure pour les messes en latin était dans cette perspective tout à fait raisonnable, quoique excluant les vastes Gloria en plusieurs sections comme ceux de la *Missa Dominicus* KV 66 de 1769, de la *Messe en ut mineur* KV 427 de 1783 et de la *Missa Sanctae Caeciliae* Hob. XXII.5 de Haydn (1766). Lorsqu'il célébrait lui-même l'office, Colloredo préférait apparemment une messe « brève » par ses dimensions et « solennelle » par son instrumentation, comme chez Mozart la *Spatzenmesse* (Messe des moineaux) KV 220 (1775-1776), la *Spaurmesse* KV 258 (décembre 1775), la *Messe du solo d'orgue* KV 259 (1775 ou 1776) et la *Messe du Credo* KV 257 (novembre 1776). Ces quatre messes sont en *ut* majeur (tonalité de mise à Salzbourg et à Vienne pour les œuvres d'église avec trompettes et timbales), et la *Spaurmesse* KV 258 – du nom du comte Ignaz Joseph von Spaur, consacré évêque à la cathédrale de Salzbourg le 17 novembre 1776 – porte le titre significatif de « Missa brevis et solemnis ». Colloredo n'admettait les messes de vastes dimensions qu'en de rares occasions : la *Missa longa* KV 262 (juin-juillet 1775) – elle aussi en *ut* majeur et avec trompettes et timbales – entre dans cette catégorie. On ne sait rien de ses circonstances de composition, mais il semble bien que ni elle ni KV 258 ne furent écrites expressément pour la cérémonie d'ordination du comte Spaur. Peut-être cependant entendit-on ce jour-là l'une des deux. D'autres messes de Mozart relèvent du type *Missa brevis* avec accompagnement limité à deux violons, basse et orgue (trio d'église) : en *fa* majeur KV 192 (juin 1774), en *ré* majeur KV 194 (août 1774), probablement entendue lors des cérémonies du centenaire du pèlerinage à l'église de Maria Plain, près de Salzbourg, et en *si* bémol majeur KV 275 (été 1777). De 1773 à 1780, Mozart écrivit à Salzbourg – avec peu d'enthousiasme, il est vrai, et parfois « à la chaîne » – onze messes et plusieurs autres ouvrages d'église. Haydn en revanche, dans les années 1770, ne produisit que deux messes : la *Missa Sancti Nicolai* en *sol* majeur Hob. XXII.6, déjà mentionnée (1772), et la *Missa brevis Sancti Joannis de Deo* en *si* bémol majeur Hob. XXII.7 (1777 ou peu avant), vraisemblablement destinée à l'église des Frères de la Miséricorde d'Eisenstadt et dite parfois *Kleine Orgelmesse* (Petite messe avec orgue), car dotée en son Benedictus d'un séduisant solo d'orgue.

Colloredo codifia ses réformes par une lettre pastorale de 1782. Mozart était alors installé à Vienne depuis un an, et c'est surtout la carrière de Michael Haydn qui s'en trouva affectée. En 1777, il avait succédé à Adlgasser à l'orgue de l'église de la Trinité. Par un décret du 30 mai 1782, Colloredo le déchargea – pour « raisons de santé » et parce qu'en restant à ce poste « il n'aurait rien à faire » – de ses tâches de violoniste, et le nomma comme successeur du « jeune Mozart » organiste de la cour et de la cathédrale, avec comme obligations supplémentaires « de se montrer plus diligent [que Mozart], d'instruire les petits chanteurs de la chapelle, de composer plus souvent [que Mozart] pour notre cathédrale et notre musique de chambre et de diriger chaque fois, dans de tels cas, lui-même à la cathédrale ». Chargé de mettre en pratique les idées du prince-archevêque, Michael Haydn fut ainsi conduit à composer, pour remplacer les sonates d'église purement instrumentales de Mozart qu'on avait eu l'habitude d'entendre entre l'épître et l'évangile, plus de cent graduels en langue latine pour les dimanches et fêtes de l'année liturgique : la plupart naquirent de décembre 1783 à décembre 1790. Dans sa lettre pastorale de 1782, Colloredo rendit obligatoire l'utilisation d'un recueil de chants d'église en allemand originaire de Landshut en Bavière et réimprimé avec coupures et modifications à Salzbourg l'année précédente. Une « nouvelle édition augmentée et améliorée par M. le Concertmeister princier Michael Haydn » parut en 1790.

MOZART COMPOSE POUR LA SOCIÉTÉ SALZBOURGEOISE

Ces divers changements affectèrent la tradition, mais firent aussi naître à Salzbourg de nouveaux types d'activités musicales. La plupart des œuvres instrumentales de Mozart furent alors écrites non pour la cour, où toutefois beaucoup d'entre elles furent jouées, mais pour des mécènes autres que Colloredo ou pour des concerts privés, ce en quoi Wolfgang fut certainement poussé par Leopold. Par-delà leurs côtés souvent aimables et « galants », ces œuvres montrent qu'à Salzbourg, il fut compris et encouragé. Elles lui permirent de faire étalage de ses capacités de virtuose et de se développer comme compositeur, en grand professionnel mais non sans tourner le dos à « Haydn l'expérimentateur ». Ces œuvres lui furent pour la plupart payées, ce qui améliora ses finances et celles de sa famille, mais fit parallèlement germer en lui l'idée qu'on pouvait ainsi – surtout si en plus on donnait des leçons – aussi bien sinon mieux gagner sa vie qu'avec un poste et un salaire fixes : ce devait être un des arguments lancés par lui à la tête de Leopold lors de son installation à Vienne en 1781 ! Les divertimentos en *fa* majeur KV 247 (juin 1776) et en *si* bémol majeur KV 287 (juin 1777) furent par exemple destinés l'un et l'autre à la comtesse Lodron pour sa fête, celui en *ré* majeur KV 251 (juillet 1776) à Nannerl pour son vingt-cinquième anniversaire, et le concerto pour piano en *ut* majeur n° 8 KV 246 (avril 1776) à la comtesse Antonie von Lützow, née Czernin von Chudenitz, nièce de Colloredo par sa mère, épouse du commandant de la forteresse du Hohensalzburg et vraisemblablement élève de Leopold. Il y eut aussi trois *Finalmusiken* pour grand orchestre, toutes avec concerto intercalaire pour violon : KV 203 en août 1774, dite parfois *Sérénade Colloredo* bien qu'en toute probabilité non composée pour la fête du prince-archevêque, KV 204 en août 1775, et en juillet 1776 KV 250, cette dernière d'une longueur exceptionnelle, en neuf mouvements dont un menuet sortant des normes (en *sol* mineur), et dite *Sérénade Haffner* parce qu'écrite pour le mariage de Marie Elisabeth Haffner (1753-1781), fille du défunt maire de Salzbourg, Sigismund Haffner (1699-1772). L'œuvre avait été commandée par le frère de la mariée, Sigismund Haffner junior (1756-1787).

De 1775 sont datés les quatre concertos pour violon en *ré* majeur n° 2 KV 211 (14 juin), en *sol* majeur n° 3 KV 216 (12 septembre), mentionné par Leopold dans une lettre sous la dénomination de «Concerto strasbourgeois», en *ré* majeur n° 4 KV 218 (octobre) et en *la* majeur n° 5 KV 219 (20 décembre), célèbre en particulier par l'épisode *alla turca* de son finale. Mozart écrivit probablement ces concertos pour violon à la fois pour lui-même et pour des virtuoses ou des amateurs salzbourgeois, et c'est avec admiration qu'on constate la différence de qualité entre d'une part le deuxième (et le premier de 1773) et d'autre part les trois derniers. Vers 1773-1775, Michael Haydn composa de son côté un beau concerto pour violon en *la* majeur (MH 207) : il est possible que Mozart s'en soit inspiré. En janvier 1777, Wolfgang franchit au plan esthétique une étape décisive avec le premier de ses «grands» concertos pour piano : n° 9 en *mi* bémol majeur KV 271, destiné à une mystérieuse pianiste française de passage à Salzbourg, mademoiselle Jeunehomme (ou Jenomé). Quelques mois plus tard, il destina au hautboïste de cour Giuseppe Ferlendis (1755-1820) le concerto en *ut* majeur KV 271k (à Londres en 1795, Haydn devait trouver le jeu de Ferlendis «moyen»). Traditionnellement situé en janvier 1779, le concerto pour deux pianos n° 10 en *mi* bémol majeur KV 365 – vraisemblablement destiné par Mozart à lui-même et à Nannerl – date sans doute de la même époque : des cadences pour les deux premiers mouvements, partiellement de la main de Wolfgang et partiellement de celle de Leopold, existent sur un type de papier utilisé par Mozart entre août 1775 et janvier 1777.

LA FINTA GIARDINIERA ET IL RÈ PASTORE

L'année 1775 est la seule, avec 1791, au cours de laquelle furent donnés deux nouveaux opéras de Mozart : *La finta giardiniera* KV 196, du genre *dramma giocoso*, commande de la cour de Munich et créé dans cette ville le 13 janvier en présence du prince-électeur Maximilian III Joseph ; puis, sur commande de Colloredo, *Il rè pastore* KV 208, du genre *serenata*, sur un livret d'après Métastase et créé à Salzbourg le 23 avril lors d'un séjour de l'archiduc Maximilian Franz, en route pour l'Italie. Dernier enfant de Marie Thérèse, cet archiduc n'était autre que le futur patron du jeune Beethoven à Bonn. Le lendemain 24 avril eut lieu un concert informel auquel participèrent notamment Maximilian Franz en personne, Colloredo au violon, Wolfgang et la comtesse Lützow au clavecin et, comme accompagnateur au violon, le comte Johann Rudolph Czernin (1757-1845), frère de la comtesse et neveu du prince-archevêque. Mozart se produisait à l'occasion en compagnie de personnalités extrêmement haut placées ! Pour *La finta giardiniera*, il était arrivé à Munich début décembre 1774 en compagnie de Leopold. Nannerl les y rejoignit un mois plus tard, à temps pour la première représentation, et le séjour du père et de ses deux enfants se prolongea le temps du carnaval, jusqu'à début mars 1775. Du 13 au 26 janvier, Colloredo séjourna lui aussi à Munich, et put donc observer de près les efforts menés une fois de plus par Leopold pour obtenir une place. Le 12 février, Leopold dirigea dans ce but à la chapelle de la cour une messe brève de son fils, celle en *fa* majeur KV 192, puis le 19 une autre, celle en *ré* majeur KV 194. Le 5 mars, on entendit l'offertoire *Misericordias Domini* KV 222, dont il a déjà été question. D'où, à Salzbourg, de nouvelles rumeurs qui poussèrent Leopold, toujours prudent, à écrire à sa femme le 21 janvier : « Si les Messieurs de Salzbourg se livrent à un tel verbiage et s'imaginent que Wolfgang est entré au service du prince-électeur, c'est dû à nos ennemis, leur conscience leur dit qu'il n'aurait pas tort d'agir ainsi. Comme tu le sais, nous sommes habitués à de telles histoires, et ces bavardages ne me font ni chaud ni froid, tu peux le répéter à n'importe qui. [...] On craint avec raison à Salzbourg que les oiseaux ne s'envolent les uns après les autres. [...] Écris tout ce que tu entends dire pour que nous puissions rire, car nous connaissons bien ces idiots. » Rien ne se fit, et le 7 mars, les trois Mozart étaient de retour à Salzbourg, que Wolfgang ne devait plus quitter avant septembre 1777 : postérieurement à sa plus

tendre enfance, l'année 1776 – celle de son vingtième anniversaire – est la seule qu'il passa tout entière dans sa ville natale.

À Munich, en janvier-mars 1775, avaient été composées ses
premières sonates pour piano seul à nous être parvenues :
KV 279-284 en *ut* majeur, *fa* majeur, *si* bémol majeur, *mi* bémol
majeur, *sol* majeur et *ré* majeur, cette dernière – dite *Dürnitz*
parce que destinée à un mécène de ce nom – particulièrement
vaste et brillante, avec un finale en variations, et la seule des six
éditée de son vivant. Il n'est pas sûr que Mozart se soit inspiré
pour ce groupe des six «sonates Esterházy» publiées par
Haydn en 1774. Tout au plus peut-on déceler quelques ressemblances entre les mouvements lents centraux de celle en *fa*
majeur n° 38 (Hob. XVI.23) et de KV 280, l'un et l'autre en
fa mineur et au rythme de sicilienne.

La petite noblesse salzbourgeoise commença à cette époque à
mettre sur pied, non de façon permanente mais pour des occasions spéciales, des orchestres privés. Ce fut le cas en 1778 de
Johann Rudolf Czernin, dans le but de donner des concerts chez
la comtesse Lodron. Arrivé à Salzbourg pour étudier le droit à
l'université sous la tutelle de son oncle Colloredo, il joua peut-
être un rôle dans la genèse des concertos pour violon de Mozart.
Son père le comte Prokop Adalbert (1726-1777), qui résidait à
Prague, arriva à Salzbourg le 29 mai 1775 pour rendre visite à ses
enfants. Apparemment impressionné par Wolfgang, il décida,
peut-être à l'instigation de son fils, de lui verser cent florins par
an en échange d'un certain nombre d'œuvres, à commencer par
une symphonie. Un premier versement semble avoir été effec-
tué, mais Mozart ne livra pratiquement rien, sinon apparemment quelques contredanses (KV 269b) qui pourraient être de
Michael Haydn. La mort du comte Prokop Adalbert à Prague le
31 janvier 1777 mit de toute façon un terme à l'affaire.

Le maître de chapelle Fischietti resta peu de temps à son
poste. Au début de 1775, moins de trois ans après sa nomi-
nation, et donc avant l'expiration de son contrat, il annonça
qu'appelé à Naples, il devait s'y trouver en mars. Il partit volontairement, et ne revint jamais sur les rives de la Salzach. Aucun

successeur ne fut alors choisi, et en tant que vice-maître de chapelle, Leopold dut « provisoirement » assumer la charge de la
musique à la cour, ce qui lui ôtait toute chance d'obtenir un nouveau congé. Il espérait une fois de plus devenir bientôt maître de
chapelle, tout en sachant que pour Colloredo, ce serait « faute de
mieux ». Son âge – cinquante-six ans – était un handicap : dans sa
fameuse lettre au padre Martini du 4 septembre 1776, il écrivit
non sans amertume que l'archevêque ne pouvait souffrir les gens
âgés ! Ce « provisoire » se prolongea sans la moindre compensation financière pendant deux ans, jusqu'au 12 juin 1777, date à
laquelle Colloredo nomma maître de chapelle un autre Italien,
Giacomo Rust (1741-1786), avec un salaire de 1 000 florins par
an : 120 florins de plus que Fischetti et plus du double de ce que
touchait depuis longtemps Leopold ! Ce dernier envisageait
avec déplaisir une cohabitation avec Rust. Le 14 mars précédent,
il avait adressé au prince-archevêque une pétition dont on
ignore le contenu : on sait simplement que Colloredo y répondit
par la négative. Leopold avait en toute probabilité présenté une
demande non pas de congé, mais d'augmentation de salaire pour
lui-même et Wolfgang, ou une candidature de dernier instant au
poste de maître de chapelle, voire les deux. Les Mozart avaient
tout lieu d'être mécontents, et c'est avec indignation que le
22 décembre suivant, son fils étant à Mannheim, Leopold écrira
au padre Martini à Bologne que Wolfgang servait maintenant
depuis cinq ans pour un salaire de misère, et que Colloredo,
décidément féru de musique italienne, avait eu l'audace d'affirmer qu'il « ne savait rien, et ferait mieux d'aller étudier la
musique dans un conservatoire de Naples » !

Le 13 juin 1777 fut mis en répétition le divertimento en *si*
bémol majeur KV 287, destiné à la fête de la comtesse Lodron.
Le 25 juillet suivirent les œuvres que le soir même, Wolfgang
comptait présenter à sa sœur pour sa fête le lendemain (Nannerl
étant née un 30 ou un 31 juillet, sa fête et son anniversaire tom-
baient presque en même temps) : une symphonie (non identifiée), un concerto pour violon qu'il interpréta lui-même, et un
concerto pour flûte joué par le contrebassiste et flûtiste Johann
Thomas Cassel. Le concerto pour flûte était vraisemblablement

celui en *sol* majeur KV 313, qui en conséquence devrait être daté « Salzbourg 1777 » et non « Mannheim 1778 ». Dans l'Adagio non troppo de KV 313, les deux hautbois de l'orchestre sont remplacés par deux flûtes, comme dans d'autres ouvrages écrits à Salzbourg. L'existence et le programme des manifestations des 13 juin et 25 juillet sont connus grâce au journal de Schiedenhofen. En août séjournèrent sur les rives de la Salzach deux musiciens venus de Prague : la soprano Josepha Duschek (1754-1824) et son mari le compositeur Franz Xaver Duschek (1731-1799). Mozart noua alors avec les Duschek de solides liens professionnels et d'amitié, et composa pour Josepha la première des grandes scènes de concert qu'il lui destina : *Ah, lo previvi... Ah, t'invola agl'occhi miei* KV 272.

LA PREMIÈRE RUPTURE AVEC COLLOREDO

Le 6 septembre, Schiedenhofen se fit dans son journal l'écho d'événements dramatiques : « L'après-midi [...] chez les Mozart, où j'ai trouvé le père malade, lui et son fils ayant été renvoyés du service à cause de la pétition adressée par ce dernier en haut lieu pour avoir la permission de voyager. » La pétition de Wolfgang – signée par lui mais conçue et écrite par Leopold, dont on reconnaît les préoccupations et le style – avait été adressée à Colloredo vers le milieu d'août. Y sont énumérés divers griefs, le premier étant le rejet de la pétition de Leopold du 14 mars. Une demande de congé avait suivi en juin, également rejetée sous prétexte de la prochaine arrivée de l'empereur : revenant de Versailles, où il avait tenté de renforcer l'alliance franco-autrichienne et longuement conversé avec sa sœur Marie Antoinette et son beau-frère Louis XVI, Joseph II passa effectivement à Salzbourg la journée du 31 juillet. Une troisième « supplique » avait connu le même sort. D'où, dans la pétition « de Wolfgang », ces phrases : « Votre Excellence a alors gracieusement déclaré que comme je n'accomplissais qu'un demi-service, je pouvais voyager seul. Étant donné la précarité de notre situation, mon père s'est résolu à me laisser partir seul, mais sur ce point également, Votre Excellence a soulevé des objections. Gracieux Prince et Seigneur ! Les parents s'efforcent de rendre leurs enfants capables de gagner eux-mêmes leur pain, ils le doivent à eux-mêmes ainsi qu'à l'État. Plus nombreux les talents dont Dieu a gratifié un enfant, plus cet enfant est tenu d'en faire usage, pour améliorer sa situation et celle de ses parents, pour soutenir ses parents et assurer son propre développement et son propre avenir. Cette manière de faire fructifier le talent nous est enseignée par l'Évangile. Dieu et ma conscience m'obligent donc à manifester de toutes mes forces ma reconnaissance à un père qui a consacré tout son temps à mon éducation, à alléger son fardeau, et à veiller sur moi-même ainsi que sur ma sœur, je serais vraiment navré de l'avoir vue passer tant d'heures au clavier sans pouvoir en tirer profit. Que Votre Grâce etc. me permette donc de lui demander très humblement mon congé, étant forcé d'en faire usage avant septembre pour ne pas être exposé au froid et au mauvais temps. Votre Grâce etc. n'accueillera pas défavorablement cette humble pétition, car il y a trois [quatre] ans, lorsque j'ai demandé la permission de me rendre à Vienne, Elle m'a gracieusement fait comprendre que je n'avais rien à espérer ici et que je ferais mieux d'aller chercher fortune ailleurs. Je remercie très humblement Votre Grâce pour tous ses bienfaits, et en espérant avoir l'avantage, dans mes années d'homme adulte, de servir avec le plus grand bonheur Votre Grâce, je me recommande etc. »

Confronté à une missive rédigée officiellement par un jeune homme de vingt et un ans brandissant effrontément la parabole évangélique des talents (Matthieu 25/14-30 et Luc 19/11-27), mais dont il n'eut aucun mal à deviner l'auteur, Colloredo réagit avec sarcasme. Le 28 août, il signa un décret débutant ainsi : « À l'administration des finances, en l'informant que d'après l'Évangile, le père et le fils ont la permission d'aller chercher fortune ailleurs. » C'est cependant le seul Wolfgang qui, le 1er septembre, reçut une note lui faisant savoir que le versement de son salaire était suspendu. Quant à Leopold, il semble que Colloredo ait eu dès le début l'intention non de le renvoyer, mais simplement de l'effrayer, ce en quoi il réussit parfaitement. Après en avoir fait la demande, Leopold devait être officiellement réintégré par un décret du 26 septembre 1777 stipulant qu'à l'avenir, il lui incombait « d'entretenir avec le maître de chapelle [Rust] et les autres membres de la musique de cour des relations empreintes de calme et de bonne humeur, […] et de tout faire pour bien servir l'Église et Notre Haute Personne » – tournures que dans une lettre à son fils datée du surlendemain, l'intéressé, surmontant difficilement son humiliation, devait traiter de « galimatias » !

Leopold n'avait jamais envisagé de laisser un jour son fils quitter Salzbourg sans lui. Sur ce point, ses illusions s'effondrèrent. Qui plus est, il fut sans doute manipulé par un Colloredo excédé et souhaitant mettre fin au chantage au départ qu'il avait exercé plusieurs années durant. L'intransigeance de Wolfgang fit le reste. Salzbourg lui avait valu considération et plaisirs, mais depuis son retour de Vienne en 1773, il n'avait vu en cette ville qu'une étape dans sa carrière, un lieu où sa personnalité ne pouvait s'affirmer vraiment. Ayant beaucoup voyagé, il percevait bien les défauts de Salzbourg en matière de musique (le seul domaine qui l'intéressait), le principal étant l'absence de tout théâtre d'opéra. Leopold ne l'avait pas toujours soutenu dans son désir de prendre le large, et il semble bien qu'en l'occurrence, il ait eu la main forcée par son fils. En témoigne la lettre qu'il lui adressa le 18 décembre 1777 (Wolfgang était alors à Mannheim) : « Tu sais à quel point […] on a mis à Salzbourg notre patience à l'épreuve, tu sais aussi combien de fois toi et moi avons désiré nous en aller. Tu te souviens sûrement des objections que j'ai soulevées, insistant sur le fait que nous ne pouvions pas *tous* quitter Salzbourg. Tu en fais maintenant toi-même l'expérience – gros frais de voyage, recettes insuffisantes pour y faire face pour une famille entière. Il était alors impossible de te laisser voyager seul, tu sais que tu n'es pas habitué à t'occuper de tout toi-même, que tu t'y connais peu en argent, et pas du tout en argent étranger, que tu ignores tout de la façon dont on fait ses bagages et dont on règle les problèmes dont on est assailli en voyage. Je t'ai souvent fait observer que si tu restais à Salzbourg jusqu'à un peu plus de vingt ans, tu ne perdrais pas forcément ton temps, mais que tu pourrais explorer d'autres branches du savoir, te développer l'esprit et t'exercer en langues en lisant de bons livres en diverses langues étrangères. Je t'ai aussi fait remarquer que même tombé du ciel au point de surclasser tous les maîtres, un jeune homme ne bénéficie pas automatiquement du respect qu'il mérite. Il lui faudra quelques années, et tant qu'on a moins de vingt ans, jaloux, ennemis et persécuteurs savent toujours comment justifier par la jeunesse [...] et le manque d'expérience leurs critiques et leurs observations. »

Mis hors jeu aussi bien par Colloredo que par Wolfgang, Leopold – qui pour couvrir les premiers frais de l'expédition avait fait 300 florins de dettes – décida étrangement que puisqu'à bientôt vingt-deux ans, son fils était toujours incapable de voyager seul, il devait être accompagné par sa mère ! Du moins pour les premières étapes, car Maria Anna n'était pas censée aller plus loin que Mannheim : de là, Wolfgang continuerait vers Paris et elle-même retournerait à Salzbourg. Le 19 septembre, Schiedenhofen nota : « L'après-midi [...] visite d'adieux chez les Mozart, car le jeune Mozart et la mère vont partir lundi prochain, le premier nommé cherchant un emploi ailleurs. J'ai trouvé le vieux Mozart malade, fortement atteint de catarrhe. » Le départ eut lieu le mardi 23, et occasionna chez Nannerl une forte crise de vomissements. Ce voyage de seize mois, avec comme étapes principales Mannheim et Paris, allait se solder pour Mozart par un échec au plan professionnel, mais c'est profondément mûri au plan artistique et humain qu'en janvier 1779, il reverrait Salzbourg.

CHAPITRE VI

Au midi d'une carrière

Haydn d'avril 1775 à la fin décembre 1781

Au début de 1775, Haydn travaillait depuis plusieurs mois à sa première commande importante venue de Vienne : l'oratorio *Il Ritorno di Tobia* (Le Retour de Tobie), créé dans la capitale au *Kärntnertortheater* (Théâtre de la Porte de Carinthie), sous sa direction, les 2 et 4 avril 1775.

La Tonkünstler-Societät et Il ritorno di Tobia

Il existait alors à Vienne une longue tradition d'oratorio italien que venait justement de renforcer la fondation en 1771, par Gassmann, de la *Tonkünstler-Societät* (Société des Musiciens). Il s'agissait d'une institution destinée à rassembler, grâce aux recettes des concerts qu'elle organisait et aux cotisations de ses membres, les fonds nécessaires pour venir en aide aux veuves et aux orphelins desdits membres. Pour être admis, il fallait être musicien professionnel (par opposition à musicien amateur mais aussi à musicien de bal) et résider à Vienne. Dès le départ, le noyau de la Société – marquée dès sa naissance par un très fort esprit corporatiste – avait été formé par des musiciens de la chapelle impériale, précisément dirigée par Gassmann de 1772 à sa mort, deux ans plus tard. Le 27 février 1771, Marie Thérèse avait solennellement promulgué ses statuts, lui octroyant le même jour une dotation de 500 ducats (plus de 2 000 florins). La Société avait immédiatement pris l'habitude d'organiser chaque année deux concerts publics consacrés pour l'essentiel au genre oratorio, ce qui, à l'époque, signifiait oratorio italien. L'un avait lieu à la fin du carême, l'autre juste avant Noël, chacun étant en général répété le lendemain ou le surlendemain. Les concerts de la Société avaient été inaugurés en 1772, et on y avait surtout entendu depuis des œuvres de Hasse. La *Tonkünstler-Societät* poursuivit ses activités pendant un siècle exactement, jusqu'en 1871, en donnant principalement, à partir de 1799, *La Création* et *Les Saisons* de Haydn (oratorios non plus italiens mais allemands), et en prenant en 1862 le nom de *Haydn-Verein*.

Il ritorno di Tobia apparaît comme le plus grand spécimen du style vocal italo-autrichien tardif. Le livret est de Gastone Boccherini, frère du compositeur Luigi Boccherini. Pour l'exécution, Haydn emmena avec lui divers chanteurs et instrumentistes d'Eszterháza : il tenait à des interprètes qu'il connaissait bien. Un témoin déclara que les chœurs de l'ouvrage « brillaient d'un feu qu'auparavant on avait cru l'apanage du seul Haendel ». Les deux concerts rapportèrent à la *Tonkünstler-Societät* la somme considérable de 2 085 florins, dont 1 712 florins de bénéfice net, montant que Haydn ne devait pas manquer de rappeler à ses directeurs après avoir été, comme nous le verrons, fort mal traité par elle en 1779. Il ne fut admis en son sein qu'en 1797, tandis que Mozart ne parvint jamais à en devenir membre, faute d'avoir produit à l'appui de sa demande, le 11 février 1785, son certificat de baptême.

Nicolas le Magnifique et l'opéra italien

Du 21 au 31 août se déroulèrent à Eszterháza de grandes festivités en l'honneur de l'archiduc Ferdinand et de Béatrice d'Este. Haydn composa pour cette occasion et dirigea le 29 un nouvel opéra : *L'incontro improvviso*, sur un livret confectionné par le ténor Carl Friberth à partir de celui de l'opéra-comique en français de Gluck *La Rencontre imprévue ou Les Pèlerins de la Mecque* (1764). Cette turquerie annonce plus ou moins par son sujet *L'Enlèvement au sérail* de Mozart (1782). La représentation, la seule du vivant de Haydn, fut précédée d'une promenade dans le parc et suivie d'abord d'un grand dîner, puis dans le nouveau pavillon chinois d'un bal masqué réunissant mille quatre cents personnes. Nicolas le Magnifique avait alors soixante et un ans. À partir de 1776, sa cour vécut davantage repliée sur elle-même, le prince s'intéressant de plus en plus exclusivement à l'opéra italien et contraignant son maître de chapelle à satisfaire ses goûts en ce domaine.

La décision de Nicolas le Magnifique de donner dorénavant chaque année une saison d'opéras italiens à Eszterháza se traduisit en 1776 par la représentation de six ouvrages différents, parmi lesquels *Orfeo ed Euridice* de Gluck. La même année, le prince signa un décret assez extraordinaire. Depuis 1772 en effet, Haydn avait à demeure un élève qui devait par la suite beaucoup faire parler de lui : un certain Ignaz Pleyel (1757-1831), qui lui avait été envoyé par son protecteur le comte Ladislas Erdödy (1746-1786). Or Erdödy, enchanté des progrès de son protégé, offrit à Haydn au début de 1776 un cadeau inattendu et embarrassant : un équipage de deux chevaux ! Incapable d'entretenir lui-même ces nobles animaux, Haydn se vit contraint de recourir à son prince, lequel, par un décret du 29 mars, lui octroya gratuitement le foin, le fourrage et même le cocher nécessaires.

Cette même année 1776 vit la diffusion sous forme de copies manuscrites de six nouvelles sonates : nos 42-47 (Hob.27-32) en *sol* majeur, *mi* bémol majeur, *fa* majeur (composée dès 1774), *la* majeur (en trois mouvements enchaînés), *mi* majeur et *si* mineur (une des plus jouées). L'engagement le 1er avril du flûtiste Zacharias Hirsch, venu occuper le poste laissé vacant depuis le départ de Franz Sigl en 1771, et qui devait rester jusqu'à la dissolution de la chapelle en 1790, conduisit Haydn à introduire dorénavant dans toutes ses symphonies une ou deux parties de flûte alors qu'auparavant, il n'avait recouru qu'assez rarement à cet instrument dans ses œuvres d'orchestre. Datée de 1776, la symphonie en *ré* majeur n°61 utilise la flûte dans tous ses mouvements: elle fut donc composée après l'arrivée de Zacharias Hirsch. Inversement, celles en *si* bémol majeur n° 68, en *fa* majeur n° 67, en *ut* majeur n° 69, dite *Laudon* (du nom d'un célèbre maréchal autrichien de l'époque) et en *si* bémol majeur n° 66 ne comportent aucune partie de flûte: on peut donc situer leur composition en 1775 ou au début de 1776. De même, savoir que Haydn disposa dans son orchestre de deux bassonistes de décembre 1775 au 15 avril 1778, d'un seul du 15 avril 1778 et à nouveau de deux à partir du 1er janvier 1781 a son importance pour déterminer la chronologie des symphonies de ces années-là.

Sept opéras italiens figurèrent au programme de la saison 1777 à Eszterháza, dont un de Haydn, représenté le 3 août pour le mariage du second fils du prince: *Il mondo della luna*, sur un livret d'après Goldoni. Son ouverture devait resservir comme premier mouvement de la symphonie en *ut* majeur n° 63, dite *La Roxolane* (1779-1780). Quant à Carl Wahr pour son dernier séjour à Eszterháza, il présenta notamment *Soliman II, oder Die Drei Sultaninnen*, d'après *Les Trois Sultanes* de Charles-Simon Favart (1710-1792), pièce agrémentée d'une musique de scène de Haydn à l'origine du deuxième mouvement de *La Roxolane*. C'est en 1777, estime-t-on généralement, que Pleyel quitta Eszterháza, pour ensuite séjourner en Italie. Nommé vers la fin de 1786 assistant du compositeur Franz Xaver Richter (1709-1789) à la cathédrale de Strasbourg, il devint à la mort de ce dernier maître de chapelle, tout en continuant d'apparaître aux yeux du monde, par ses œuvres (trios avec piano, quatuors à cordes, symphonies), comme le prototype de « l'élève de Haydn ».

L'année suivante est la seule pour laquelle on possède pour Eszterháza des renseignements complets concernant non seulement l'opéra, mais aussi, exceptionnellement, le théâtre et même deux concerts. Les archives Esterházy contiennent en effet une « Liste des opéras, académies, opéras pour marionnettes et pièces de théâtre donnés sur la scène princière d'Eszterháza du 23 janvier au 22 décembre 1778 ». Ce document, qui incidemment nous apprend qu'en 1778, la saison dura pratiquement l'année entière, énumère un total de deux cent quarante-deux manifestations, et indique qu'il y eut théâtre, opéra (quatre nouveautés et cinq reprises) ou opéra pour marionnettes absolument tous les soirs du 16 mars au 22 décembre sauf durant la semaine sainte et deux absences du prince. Trois troupes théâtrales se produisirent : l'une d'elles présenta du 10 mars au 28 octobre environ cent trente pièces différentes, parmi lesquelles *Le Barbier de Séville* de Beaumarchais, et la principale, celle de Franz Joseph Diwald, en joua du 30 octobre au 22 décembre une cinquantaine, ne faisant relâche que neuf soirs pour permettre des représentations d'opéras toutes dirigées par Haydn. On vit la troupe de Diwald à Eszterháza huit années de suite, jusqu'en 1785. En ce qui concerne les concerts, la « liste » indique que le 30 janvier, Haydn dirigea notamment une symphonie de Vanhal, probablement celle en *si* bémol majeur Br. Bb1, et le 11 février des œuvres de Vaclav Pichl (1741-1805), depuis 1777 directeur de la musique de l'archiduc Ferdinand à Milan, ainsi qu'une symphonie de lui-même.

LES SYMPHONIES « THÉÂTRALES » DE 1776-1781

Ces contacts avec le théâtre chanté et parlé ne furent pas sans influencer les symphonies de l'époque. Haydn en composa moins qu'auparavant : treize de 1775 à 1781, à peu près deux par an, et probablement aucune entre avril 1776 (n° 61) et 1778. Ces treize symphonies sont – dans leur ordre de numérotation – les n°s 53, 61-63, 66-71 et 73-75, la dernière en date étant celle en *ré* majeur n° 73, dite *La Chasse*. Par les vertus de la seule musique, beaucoup adoptent un ton de comédie au sens le plus subtil et n'excluant pas la profondeur, avec des mouvements aux thèmes « populaires » de facture assez légère en forme de rondo ou de variations, faciles à écouter mais sources d'un plaisir esthétique certain. « Dans les années 1770, Haydn était en tant que symphoniste le plus grand maître de la comédie en Europe, dans n'importe quelle forme d'art », a écrit le musicologue américain James Webster. L'Andante de la symphonie en *si* bémol majeur n° 68 (1775) en est un exemple croustillant avec ses heurts entre mélodie et accompagnement, l'accompagnement en tic-tac se transformant à intervalles irréguliers en une espèce d'intrus venant à grand bruit et sans crier gare clamer sa présence ! Nous venons de voir que les deux premiers mouvements de la symphonie en *ut* majeur n° 63, dite *La Roxolane*, proviennent respectivement d'une ouverture d'opéra et d'une musique de scène. Le vaste finale de celle en *fa* majeur n° 67 (1775-1776) adopte quant à lui la structure tripartite vif-lent-vif de l'ouverture à l'italienne : marquée Adagio e cantabile, sa partie centrale à 3/8 contient des solos de hautbois et de bassons annonçant par leur sensualité la scène du jardin de l'acte II de *Cosi fan tutte* de Mozart (1790), et l'on a émis « avec la plus extrême prudence » l'hypothèse selon laquelle ce finale aurait constitué à l'origine l'ouverture de *Dido abbandonata*, opéra pour marionnettes perdu de Haydn et d'autres compositeurs, créé à Eszterháza en mars 1776.

En 1777, Haydn composa – peut-être pour la reprise de l'opéra pour marionnettes perdu *Genovefens 4. Theil* (Geneviève, 4ᵉ partie) – une ouverture en *ré* majeur (Hob. Ia.7) qu'il réutilisa en deux occasions : comme finale de la version la plus diffusée à l'époque de la symphonie en *ré* majeur n° 53, dite *L'Impériale* (1778-1780), puis – sous une forme améliorée et condensée – comme premier mouvement de celle en *ré* majeur n° 62 (1780). La symphonie n° 62 a ceci d'unique que ses quatre mouvements sont tous dans la même tonalité majeure. La parenté du deuxième (Allegretto à 6/8) avec le duo « Sull'aria », dit « duo de la lettre », de l'acte III des *Nozze di Figaro* de Mozart (1786), a été maintes fois soulignée. Quant à la symphonie n° 53, elle eut une genèse très compliquée, due largement à des questions commerciales. Elle connut dans toute l'Europe une diffusion spectaculaire, sous forme de copies et d'éditions, et circula en plusieurs versions se distinguant par l'instrumentation et par au moins quatre finales différents, dont un apocryphe en provenance de l'édition parisienne de Sieber (1786). On l'entendit à Londres à l'un des derniers concerts d'abonnement Bach-Abel, peut-être au tout dernier (9 mai 1781). Le « public » s'empara en particulier de son deuxième mouvement, un Andante en *la* majeur à variations. On le transforma plus d'une fois en chanson et de nombreux compositeurs écrivirent sur son thème leurs propres variations. Ce fut le cas, loin dans le Nord, du Finlandais de langue suédoise Fredrik Emanuel Lithander (1777-1823).

Nouveau contrat avec les Esterházy

L'année 1779 fut pour Haydn fertile en événements importants. Le 1er janvier, il signa avec Nicolas le Magnifique un nouveau contrat beaucoup plus bref et souple que celui de mai 1761, dont n'étaient pas repris les articles et les tournures de phrases les plus humiliants, en particulier la clause réservant au prince l'exclusivité de la musique de son maître de chapelle. Par la force des choses, cette disposition était toujours restée lettre morte, mais sa suppression expresse à cette date précise, quelques mois après le début des activités à Vienne de la maison d'édition Artaria, semble indiquer que le nouveau contrat fut dressé moins à l'initiative du prince lui-même qu'à celle d'un Haydn maintenant fort conscient de sa célébrité dans toute l'Europe, et bien décidé à en profiter dorénavant personnellement et en toute liberté, à veiller lui-même à la sauvegarde de ses propres intérêts. Sa liberté de manœuvre ainsi officiellement reconnue, il allait se lancer sans tarder à l'assaut du public et des maisons d'édition, nouant avec ces dernières des relations largement fondées sur le principe du « chacun pour soi ». Il n'avait auparavant pratiquement jamais profité de la publication de ses œuvres, et estimait que cette situation ne pouvait perdurer. Les éditeurs en avaient « piraté » un grand nombre et allaient encore poursuivre dans cette voie, expliquant l'attitude parfois sans scrupules de Haydn lui-même à leur égard. Il leur était en outre arrivé de faire paraître parfois en toute connaissance de cause sous son nom, valeur commerciale sûre, des pages qui n'étaient pas de lui. Bref, ils s'étaient enrichis à ses dépens !

L'exemple le plus célèbre de telles pratiques est la publication en 1777 chez Bailleux à Paris de six quatuors à cordes passés à la postérité comme « opus 3 de Haydn », et dont le n° 5 contient la fameuse sérénade. Les plaques de gravure des deux premiers quatuors portaient à l'origine le nom de leur véritable auteur, un moine alors prieur au monastère bénédictin d'Amorbach en Bavière du Nord et nommé Roman Hoffstetter (1742-1815). Mais ce nom fut gratté, et remplacé sur les plaques par les simples dénominations de « Quatuor I » et de « Quatuor II ». On grava à la suite de ces deux ouvrages quatre autres quatuors d'au moins deux autres compositeurs demeurés anonymes, et le tout fut lancé dans le monde avec comme nom d'auteur « G[iuseppe] Hayden » !

Luigia Polzelli

La vie sentimentale de Haydn se trouva bouleversée en mars 1779 par l'arrivée à Eszterháza, venant de Bologne, d'un couple d'Italiens : Antonio et Luigia Polzelli, lui violoniste, elle soprano. Ils étaient accompagnés de leur fils de deux ans, Pietro, né à Bologne en 1777. Luigia, de son nom de jeune fille Moreschi, était native de Naples. Pohl lui donne à la fois dix-neuf ans en 1779 et quatre-vingt deux à sa mort en 1832, ce qui est impossible. Elle avait soit vingt-neuf ans à son arrivée à Eszterháza, soit soixante-douze à sa mort. Antonio, sans doute nettement plus âgé, était de santé fragile. Dotée d'une voix assez médiocre, Luigia fut engagée avec son mari sur la base d'un très modeste salaire commun : 465 florins 40 kreutzer par an, le plus bas de toute la chapelle princière. Haydn avait alors quarante-sept ans. On ne sait quand Luigia devint sa maîtresse, mais il est probable que cela se produisit peu après son arrivée, et aussi que d'autres l'avaient précédée depuis le mariage du compositeur dix-neuf ans plus tôt. On aimerait par exemple en savoir plus sur une certaine « Mademoiselle Catherine Csech, demoiselle d'honneur de la princesse Graschalkowitz », à laquelle Haydn, dans son testament de 1801, légua la somme très considérable de 1000 florins ! Le prince et la princesse Grassalkovics étaient le gendre et la fille de Nicolas le Magnifique, et il arriva à Haydn, par exemple en novembre 1772, de se produire dans leur palais de Presbourg, ville ou de toute façon son service l'appelait souvent. Noua-t-il à l'une de ces occasions une liaison avec cette mystérieuse Catherine Csech, dont le nom, dans la biographie haydnienne, n'apparaît que sur le testament précité ? On ne possède à ce sujet qu'un très léger indice. S'étant rendu en mai 1769 à Presbourg pour y engager des chanteuses, Haydn y resta plus longtemps que prévu, « à cause du mauvais temps », précisa-t-il dans son rapport à l'administration princière. Les routes, le jour où il aurait dû rentrer, étaient-elles vraiment impraticables ? Et s'il resta pour une femme, cette dernière s'appelait-elle Catherine Csech ? L'avait-il rencontrée deux ans plus tôt, lors de l'assez long séjour de la chapelle Esterházy à Pressburg en février-mars 1767 ?

Durant toutes ses années à Eszterháza, c'est-à-dire jusqu'à la dissolution de la chapelle en 1790, Luigia Polzelli dut se contenter de rôles secondaires. Elle faillit d'ailleurs ne pas rester longtemps. Mécontent de ses services, le prince la renvoya, ainsi que son mari, le 25 décembre 1780, avant même l'expiration de leur contrat de deux ans. Sans doute sur intervention pressante de Haydn, les deux époux furent réintégrés dans la chapelle en mars 1781 et « jusqu'à nouvel ordre ». Aucune nouvelle décision de renvoi ne devait intervenir, et Haydn vécut près de Luigia encore près de dix ans. De 1779 à 1790, elle parut à Eszterháza dans près de quarante opéras différents, dont seulement deux de Haydn, l'un et l'autre représentés pour la première fois en 1779 : *L'isola disabitata* (6 décembre), dont elle créa le rôle de Silvia, et *La vera costanza* (25 avril), dont elle chanta le rôle de Lisetta lors de la reprise de 1785. Haydn lui manifesta notamment sa sollicitude en prenant soin, quand les parties vocales qu'elle avait à chanter dans les opéras d'autrui se révélaient trop difficiles, de les transposer, de les simplifier ou même d'en composer de nouvelles.

De cette liaison, Haydn ne souffla mot ni à Dies ni à Griesinger. Tous les documents qui l'authentifient, comme les lettres écrites par le compositeur à Luigia de Londres en 1791-1792, datent d'une époque où dans les faits elle était terminée. Si Haydn avait disparu brutalement en 1790 ou peu avant, on n'en saurait sans doute rien. À Eszterháza toutefois, c'était sûrement un secret de polichinelle. Luigia Polzelli eut en tout cinq enfants dont ne survécurent que deux fils, Pietro (1777-1796) et Alois Anton Nikolaus, dit Antonio (1783-1855). Rien ne permet d'affirmer que Haydn ait été le père d'Antonio, et ce dernier, membre de la chapelle Esterházy de 1803 à 1813, ne le prétendit jamais. Ses deux filles Antoinette et Emilie, en revanche, se proclamèrent plus tard petites-filles de Haydn, et c'est à la fois en cette qualité et comme fille d'Antonio qu'en 1882, à Budapest, Antoinette pauvre et malade demanda et obtint une aide financière de l'administration Esterházy ! Quant à Haydn, il ne laissa jamais rien transparaître. On sait seulement qu'il traita toujours avec affection et générosité aussi bien Pietro (qu'il hébergea chez lui entre ses deux voyages à Londres) qu'Antonio, et veilla de près à leur éducation musicale.

UNE AFFAIRE DÉSAGRÉABLE RÉVÉLATRICE
DES CONCEPTIONS DE HAYDN EN MATIÈRE D'ART

Toujours en 1779, Haydn échoua dans sa tentative d'admission à la *Tonkünstler-Societät*. Cette affaire montre que Haydn, au moins autant que Mozart, mais de façon plus réfléchie, moins épidermique, avait pris conscience du changement de statut du musicien qui s'opérait dans la société. Il avait posé sa candidature en 1778, ce qui en soi posait problème, car il ne résidait pas à Vienne. Il avait aussi demandé à être dispensé du droit d'admission de 300 florins, en échange de quoi il avait offert de « composer à l'avenir, chaque fois que la Société le lui demandera, un oratorio, une cantate, des symphonies ou des chœurs pour les académies musicales de la Société ». La Société avait accepté sa proposition, mais en lui posant comme condition de s'engager par écrit à livrer lesdites compositions, promettant quant à elle de ne pas se montrer trop « indiscrète », c'est-à-dire trop gourmande. C'en avait été trop pour Haydn, qui s'était indigné à l'idée de devoir composer tout ce qu'on lui demanderait, et qui n'avait vu dans la promesse de la Société de demeurer « discrète » qu'un désir mal dissimulé d'exploiter le plus possible son talent. Un compromis avait néanmoins été trouvé, Haydn acceptant de signer la déclaration qu'on attendait de lui, et la Société d'y ajouter la clause restrictive « Si le temps et les circonstances le permettent ».

Or à la fin de janvier ou au début de février 1779, Haydn reçut à Eszterháza une missive officielle de la Société sans la moindre mention de cette clause restrictive. Outré par un tel manquement à la parole donnée, reconnaissant dans ce comportement la perfidie de certains de ses collègues viennois, et toujours décidé à ne pas se laisser exploiter, il adressa le 4 février au secrétaire de la Société, Thaddäus Huber (1744-1798), altiste de profession, une longue, furieuse et superbe lettre de démission dans les détails de laquelle il est impossible d'entrer ici. On a là un des documents les plus personnels et les plus importants émanant de Haydn lui-même. Et également un de ceux rendant le mieux compte de certaines données nouvelles de la vie musicale à l'âge classique, alors que l'ancienne culture de cour et d'église se trouvait progressivement remplacée par une nouvelle culture musicale bourgeoise, nettement mercantile par certains aspects, non sans antagonismes ni ambiguïtés, mais encore à peu près épargnée par les crises internes dont elle devait souffrir au XIXe siècle. Ces transformations artistiques et sociales, que Haydn comme nul autre en son temps devait réussir à personnifier harmonieusement, sont cernées dans sa lettre – adressée de façon significative à la première institution de concerts publics à caractère commercial jamais fondée à Vienne – avec une intuition et une perspicacité rares, avec un mélange d'idéalisme, de réalisme et de don de soi n'appartenant qu'à lui, forçant l'admiration, et que l'impulsif Mozart ne posséda jamais au même degré.

Haydn y proclama la liberté de l'art, prenant ainsi congé de la féodalité, mais non sans rappeler solennellement et sagement qu'une fois conquise, cette précieuse liberté avait besoin d'être défendue, y compris au plan matériel, car elle s'exerçait dans l'intérêt de tous : « Les arts, et en particulier une science aussi merveilleuse que celle de la composition, ne sauraient souffrir aucune entrave au plan artisanal. Le cœur et l'âme doivent rester libres si l'on veut servir les veuves sans démériter. » Pour Haydn, ne pas démériter signifiait à la fois se montrer en tant qu'artiste à la hauteur de ses propres ambitions, gagner et conserver par son travail la considération de la société, se rendre en retour utile à cette société, et acquérir ainsi en toute justice un revenu appréciable et régulier. Il souligna qu'il avait la chance d'avoir comme mécène un prince bon connaisseur en matière d'art, appréciant sincèrement la musique et ne freinant à peu près en rien sa liberté créatrice. Mais pour cette raison justement, le service de ce prince devait rester prioritaire, d'autant que c'était lui qui assurait le pain quotidien. Il rappela les 1 000 florins et plus que la Société avait amassés sur le dos de son *Il ritorno di Tobia*, « que [j'ai] composé pour elle gratuitement », et parla aussi des problèmes que ne manquerait pas d'entraîner pour un artiste tel que lui le fait de se voir commander sans la moindre « discrétion » des œuvres par des gens « n'entendant rien à l'art de la composition ». Il mentionna en particulier le risque qu'il courait de se trouver tiraillé entre deux extrêmes : devoir se justifier de l'accusation d'élitisme, ou se réfugier dans une tour d'ivoire. Haydn évoqua enfin dans cette lettre les lubies et la jalousie de ceux qui lui reprochaient de ne pas résider à Vienne, de n'être qu'un étranger, et eut à ce propos ces phrases magnifiques : « Pour moi, n'est étranger que celui qui n'est d'aucune utilité aux indigènes. Par mes œuvres, je suis tout ce qu'il y a d'indigène, et je continuerai à composer gratuitement, *si le temps et les circonstances le permettent*, de nouveaux morceaux pour les veuves ».

On voit en quelque sorte Haydn décrivant en 1779, avec vingt ans d'avance, sa position dans la société aux alentours de 1800, à l'époque de *la Création*, dix ans après la mort de Mozart. Premier compositeur de l'histoire de la musique à avoir été célébré de son vivant comme une espèce de grand-prêtre laïque, Haydn n'attendit ni les honneurs ni la fortune – biens dont il ne devait jouir vraiment qu'après ses séjours à Londres – pour reconnaître ses obligations propres et se réinsérer volontairement, en une démarche à la fois avantageuse pour autrui et respectant sa propre autonomie, donc avec un statut personnel sans commune mesure avec l'ancien, dans une société dont en tant qu'individu et artiste il s'était déjà largement émancipé. D'où la position unique de Haydn, libéré mais ni en porte à faux comme Mozart, ni rebelle comme Beethoven, dans la société viennoise et dans la conscience européenne vers 1800. Il le ressentait lui-même, comme le montre notamment sa déclaration suivante, transmise par Griesinger : « Je ne le dis pas par vanité, mais le monde sait sûrement que je n'ai pas été un membre inutile de la société, et que la musique peut aussi servir à faire le bien. »

Un malencontreux incendie

Dans la perspective des festivités du mariage à Eszterháza, le 21 novembre 1779, de la comtesse Ottilia Grassalkovics, petite-fille du prince, avec un comte Forgacs, on avait commencé à chauffer la salle de bal chinoise, et notamment deux « poêles chinois » qui d'ordinaire ne servaient qu'à la décoration. Dans la nuit du 17 au 18 novembre, à trois heures et demie du matin, ces poêles explosèrent, provoquant un énorme incendie qui, outre la salle de bal chinoise, détruisit aussi l'opéra, avec lequel elle communiquait. Dans cet incendie, Haydn perdit définitivement un certain nombre d'œuvres, ainsi que toutes les copies non envoyées à l'extérieur des quelque cinquante symphonies qu'il avait composées depuis son entrée chez les Esterházy, à la seule exception, semble-t-il, d'une copie datée de 1770 ou légèrement antérieure de la symphonie en *ut* majeur n° 7, dite *Le Midi*, composée en 1761. Disparurent de même les matériels d'exécution de tous ses opéras italiens jusqu'à celui de la version originale de *La vera costanza*, créée le 25 avril précédent. Sans l'incendie de 1779, *Acide*, *Lo Speziale* et *Le Pescatrici* nous seraient peut-être parvenus intégralement.

Nicolas ordonna immédiatement la construction d'un nouvel opéra sur l'emplacement de l'ancien, précisant que tant que dureraient les travaux, les représentations se poursuivraient normalement dans le théâtre de marionnettes. C'est donc là que le 6 décembre, jour de la fête du prince, fut créée – avec Luigia Polzelli dans le rôle de Silvia – *L'isola disabitata*, le seul opéra de Haydn sur un livret d'après Métastase. Le 18 décembre, un mois exactement après la catastrophe, on posa solennellement la première pierre du nouvel édifice. Haydn fit entendre à cette occasion la symphonie en *ré* majeur n° 70, probablement composée dès la fin de 1778 et une de ses plus originales : Vivace initial et Menuetto éclatants, concis et lapidaires, Andante au rythme de marche lente, en forme de variations alternativement en *ré* mineur (style « savant ») et majeur (style « galant »), portant l'inscription « Spécimen de canon en contrepoint double » et annonçant de près le troisième mouvement de la *Première Symphonie* de Gustav Mahler, et finale (Allegro con brio) en *ré* mineur puis majeur avec introduction et conclusion très théâtrales, et comme partie centrale une violente triple fugue.

Haydn directeur d'Opéra – La routine d'Eszterháza et les attraits du monde extérieur

En 1780, la saison d'opéra fut à Eszterháza particulièrement chargée : de février à novembre, quatre-vingt-treize représentations de huit ouvrages différents, dont quatre nouveautés et quatre reprises. Ce rythme devait à peu de choses près se maintenir jusqu'en 1790, soit pendant onze saisons consécutives. Haydn dirigea durant cette décennie 1026 représentations de 73 opéras de 25 compositeurs, avec un maximum en 1786 de 125 représentations de 17 opéras. Les cinq compositeurs dont furent joués le plus grand nombre d'ouvrages furent dans l'ordre Cimarosa (12 opéras totalisant 78 représentations), Anfossi (10 opéras, 184 représentations), Paisiello (8 opéras, 105 représentations), Sarti (7 opéras, 142 représentations) et Haydn lui-même (5 opéras, 142 représentations). Ces cinq compositeurs – Haydn et quatre des principales figures de l'opéra italien du temps – bénéficièrent aussi du plus grand nombre de représentations. Toujours durant cette période, les dix opéras le plus souvent donnés furent *Armida* de Haydn (54 représentations de 1784 à 1788), *L'isola di Calipso abbandonata* de Luigi Bologna (41 représentations de 1784 à 1790), *La villanella rapita* de Francesco Bianchi (39 représentations de 1784 à 1787), *Il geloso in cimento* d'Anfossi (38 représentations en 1785-1786),

La fedeltà premiata de Haydn (36 représentations de 1781 à 1784), *Giulio Sabino* de Sarti (36 représentations en 1783-1784), *I viagiatori felici* d'Anfossi (35 représentations en 1784 et 1787-1788), *I filosofi immaginari* de Paisiello (33 représentations de 1782 à 1784), *La forza delle donne* d'Anfossi (31 représentations en 1780) et *Orlando Paladino* de Haydn (30 représentations de 1782 à 1784). On joua deux autres opéras de Haydn *La vera costanza* (21 représentations en 1785-1786) et *L'isola disabitata* (une représentation en 1780).

Ces listes peuvent sembler fastidieuses, d'autant que la plupart des ouvrages qu'elles contiennent sont aujourd'hui totalement oubliés, mais elles donnent une bonne idée du répertoire et des goûts de l'époque, à Eszterháza ainsi qu'à Vienne et ailleurs. Durant la décennie considérée, on ne joua à Eszterháza que des opéras italiens, à la seule exception de *Zémire et Azor* de Grétry, donné en 1782 mais dans une adaptation italienne déjà présentée à Vienne en 1781, et on n'y vit en création que des opéras de Haydn : le prince n'en commanda à personne d'autre. La « programmation » se limita délibérément à des œuvres récentes. Des opéras italiens créés dans la péninsule ou ailleurs à partir de 1770 et qui dans les années suivantes connurent une belle carrière internationale, à peu près tous furent montés à Eszterháza sous la direction de Haydn, ce qui fit de la cour de Nicolas le Magnifique un centre ne craignant aucune comparaison dans ce domaine. Mozart aurait certainement apprécié de pouvoir y passer quelque temps ! Paradoxalement cependant, les seuls opéras composés pour Eszterháza, à savoir ceux de Haydn, ne firent qu'une carrière au mieux régionale, pas vraiment internationale, malgré la représentation à Paris en 1791 de *La vera costanza* sous le titre de *Laurette*.

Au début, le répertoire à Eszterháza fut exclusivement bouffe ou semi-bouffe. Mais en 1783, avec *Giulio Sabino* de Sarti, le genre *seria* fit son apparition, pour ensuite former, reprises comprises, environ un tiers des représentations. L'influence de *Giulio Sabino* est d'ailleurs perceptible dans *Armida* de Haydn. Jusqu'en 1782, presque tous les opéras représentés à Eszterháza l'avaient déjà été à Vienne. Ensuite, ce ne fut le cas que d'environ un sur trois. Le prince en effet ne souhaita jamais voir Eszter-háza devenir une simple succursale de Vienne. Ne désirant pas non plus abandonner sa programmation au hasard, il disposait en Italie d'agents rétribués – parmi lesquels le comte Durazzo – qui l'informaient des plus grands succès. Restait à faire venir à Eszterháza les partitions elles-mêmes, à y préparer les décors, les costumes et les matériels d'exécution, et à y réaliser les mises en scène. Ces tâches étaient en principe toutes du ressort de Haydn, mais il put, dans les faits, se concentrer à peu de chose près sur les questions purement musicales, qui d'ailleurs suffi-saient largement à l'occuper. Il ne se bornait pas, en effet, à faire répéter et à diriger des opéras qui, n'ayant pour la plupart pas été choisis par lui-même, ne l'intéressaient sauf exception que fort peu. Il devait auparavant les mettre en état d'être représen-tés, c'est-à-dire faire préparer le matériel d'exécution, en parti-culier (mais pas uniquement) quand les œuvres lui arrivaient sous forme de partitions d'orchestre. Cela ne se limitait pas à un simple travail de copie. Avant de se tourner vers Johann Schel-linger, son principal copiste en matière d'opéra, et ses assistants, Haydn avait en effet à prendre en compte les conditions propres à Eszterháza, notamment les effectifs vocaux et instrumentaux disponibles, ce qui pouvait l'obliger à supprimer purement et simplement tel ou tel rôle, à transposer tel ou tel numéro, ou encore à modifier telle ou telle orchestration.

Dans ce travail incessant de révision des opéras destinés à être donnés devant son prince, Haydn se laissa aussi guider par des considérations purement musicales. D'où de nouvelles et très nombreuses suppressions, coupures, transpositions et réorches-trations, ainsi que des modifications de types différents, déci-dées les unes et les autres non seulement avant, mais après les travaux de copie de Schellinger, voire après les premières répéti-tions ou même les premières représentations. Pour indiquer à ses copistes les coupures ou suppressions qu'il envisageait, Haydn portait au crayon noir, aux endroits correspondants, la mention *kann wegbleiben* ou *bleibt weg* (peut sauter, à faire sauter). Il lui arriva aussi de coudre les pages contenant les pas-sages à supprimer, en particulier quand il s'agissait de numéros entiers. Pour ses coupures plus réduites, il avait comme cibles favorites les vocalises exagérées, la virtuosité conçue comme un but en soi, les répétitions inutiles. Parfois, selon une démarche plus positive, il renforça le rôle de l'orchestre par rapport aux voix, soit en ajoutant des parties de hautbois et/ou de cor à des accompagnements conçus à l'origine pour cordes seules, soit en enrichissant le discours d'inflexions dynamiques ou d'effets de surprise tirés de son propre style symphonique. Il modifia en outre certains tempos, en général dans le sens d'une accélération. De ses coupures et modifications parfois barbares, même Mozart fut victime. En 1789 en effet, Haydn reçut de Vienne la partition de *Le gelosie fortunate*, œuvre d'Anfossi donnée dans la capitale en mai de l'année précédente : or Mozart avait alors composé pour *Le gelosie fortunate* un air d'insertion pour basse – *Un bacio di mano* KV 541 – qui dans la partition parvenue à Eszterháza figurait avec le nom de son auteur. Cela n'empêcha pas Haydn de décider immédiatement, avant de faire entreprendre le moindre travail de copie, la suppression totale de cet air pourtant bref.

Lui-même composa dans le contexte de ses activités de « directeur d'opéra » à Eszterháza un assez grand nombre d'airs d'insertion, c'est-à-dire d'airs destinés à être insérés dans un opéra d'autrui : pages entièrement neuves qui dans les années 1784-1790, très nettement dominées par la musique instrumentale écrite pour le monde extérieur, constituèrent la quasi-totalité de la production vocale de Haydn. La plupart de ces airs furent composés pour Luigia Polzelli, dont il fallait camoufler les insuffisances vocales. Ils symbolisaient le service du prince, et Haydn n'eut jamais pour eux, dans les années 1785-1790, la même motivation que pour les six *Symphonies parisiennes* (nos 82 à 87 de 1785-1786) ou que pour les dix-huit quatuors à cordes opus 50, 54-55 et 64 de 1787-1790. Par leur ampleur et leur caractère répétitif, les activités de Haydn en tant que « maître de chapelle d'opéra » auraient pu finir par étouffer en lui toute velléité créatrice. « Haydn se demandait souvent », peut-on lire chez Griesinger, « comment il avait pu tant composer alors qu'il avait dû [à Eszterháza] perdre un si grand nombre d'heures à de simples travaux mécaniques.» On admire par exemple qu'en 1786, année particulièrement chargée qui le vit diriger en moyenne un opéra tous les trois jours, il ait trouvé le temps de composer une bonne partie des *Sept Paroles du Christ*, trois au moins des *Symphonies parisiennes* (n° 82 dite *L'Ours*, n° 84 et n° 86) et trois sans doute des concertos pour deux lyres commandés par Ferdinand IV de Naples! Tel était alors le fossé qui avait fini par séparer le service du prince de ce qui tenait le plus à cœur à son maître de chapelle: à l'intention du prince, opéras italiens d'autres compositeurs (Haydn n'en composa plus après *Armida*), à destination du monde extérieur, symphonies, quatuors, trios et sonates de Joseph Haydn. Cette situation avait néanmoins ses aspects positifs: symphonies, quatuors, trios et sonates furent composés avec d'autant plus d'enthousiasme et d'audace que loin de relever de la routine d'Eszterháza, ils la transcendaient et tendaient à la faire oublier. Et aurait-on aujourd'hui les *Symphonies parisiennes* si Nicolas Esterházy avait forcé Haydn à écrire deux ou trois opéras par an?

On imagine très bien Haydn, en 1785, faisant comprendre au prince, à défaut de pouvoir le lui déclarer sans détour: «Altesse, je continuerai à préparer et à diriger pour vous, comme ma fonction m'y oblige, autant d'opéras italiens que vous voudrez, mais de grâce, ne me demandez plus d'en composer moi-même. Rien ne prouve, malgré les applaudissements certes mérités que vous avez bien voulu dispenser en 1781 à *La fedeltà premiata*, en 1782 à *Orlando Paladino* et en 1784 à *Armida* (œuvres qui pourront toujours resservir à l'occasion), que de nouveaux opéras de moi vous plairont autant que ceux de Cimarosa ou d'Anfossi. Quant à moi, ils m'empêcheraient de travailler l'esprit libre aux nouvelles œuvres instrumentales que je commence à avoir en tête, en particulier pour avoir entendu les six quatuors à cordes que mon ami Mozart vient de me dédier, et dont, soyez-en assuré, vous profiterez vous aussi.» Pour l'essentiel, c'est ce qui se produisit. De 1785 à 1790, Haydn eut en quelque sorte deux domaines d'activité qu'ils s'efforça de distinguer le mieux possible, sans pour autant les séparer par une cloison absolument étanche, et qui ainsi parvinrent à coexister, voire à servir l'un par rapport à l'autre de champ d'évasion. Pour Haydn, corriger des opéras de Righini ou de Zingarelli fut peut-être une façon parmi d'autres de se définir et de s'affirmer soi-même, fût-ce par opposition. L'étendue de la tâche accomplie par lui reste de toute façon considérable, et des opéras tombés entre ses mains, seuls quelques-uns en ressortirent à peu près intacts. Ce fut le cas de deux ouvrages donnés à Eszterháza en 1789 et 1790 respectivement : *L'arbore di Diana* de Martin y Soler (1754-1806), sur un livret de Da Ponte, créé à Vienne en 1787 et à la structure particulièrement concentrée, et surtout le fameux *Il barbiere di Siviglia* de Paisiello (1740-1816), créé à Saint-Pétersbourg en 1782 et toujours considéré de nos jours, avec *Il matrimonio segreto* de Cimarosa (1749-1801), créé à Vienne en 1792, comme l'une des incontestables réussites de l'opéra bouffe italien de la fin du XVIIIe siècle.

PREMIERS CONTACTS AVEC L'ÉDITEUR VIENNOIS ARTARIA

L'hiver 1779-1780, Nicolas le Magnifique abrégea de beaucoup son séjour à Vienne, obligeant Haydn à en faire autant. Ce dernier put néanmoins passer la plus grande partie de janvier dans la capitale. Il y traita avec Artaria des questions relatives à la première publication par la jeune maison d'édition d'une série d'œuvres de lui : les six sonates n°s 48-52 (Hob.35-39) en *ut* majeur, *ut* dièse mineur, *ré* majeur, *mi* bémol majeur et *sol* majeur, nouvellement composées, et n° 33 (HobXVI.20) en *ut* mineur, qui remontait à 1771 (il n'est pas sûr qu'il ait porté ce dernier point à la connaissance d'Artaria). Peut-être la sonate en *mi* mineur n° 53 (Hob. XVI.34), parue isolément à Londres en 1784, faisait-elle à l'origine partie du lot. Soudain lui parvint l'ordre de regagner la Hongrie pour y préparer l'arrivée du prince lui-même. C'est donc par écrit qu'il mena à terme sa première négociation avec Artaria. Le 31 janvier, d'Eszterháza, il fit parvenir à l'éditeur la première d'une longue série de lettres : « Je vous envoie la 6e sonate pour piano [celle en *ut* mineur n° 33], parce que c'est la plus longue et la plus difficile. Je vous ferai très certainement parvenir la 5e [celle en *sol* majeur n° 52] ces jours-ci. » Et le 25 février : « Il faut notamment, pour couper l'herbe sous le pied à certains critiques facétieux, imprimer ce qui suit (et que j'ai souligné) sur la page de garde [de l'édition]. *Avertissement. On trouvera dans ces six sonates deux morceaux distincts [Scherzando central de la sonate en ut dièse mineur n° 49 et Allegro con brio initial de celle en sol majeur n° 52] qui durant quelques mesures partagent la même idée. L'auteur l'a fait exprès, pour montrer la différence de traitement.* Il va de soi qu'au lieu de cette idée, j'aurais pu en utiliser cent autres, mais pour que ce détail que j'ai voulu et qui pourrait choquer les critiques, en particulier mes ennemis, ne nuise pas à l'opus tout entier, il faut à mon avis ajouter cet avertissement ou quelque chose d'approchant, autrement les ventes en souffriraient. »

Ces lettres marquèrent le début de la correspondance et des rapports directs de Haydn non seulement avec Artaria, mais aussi d'autres éditeurs de Paris, comme Boyer et Sieber, et de Londres, comme Forster, Longman & Broderip et Bland, trois maisons rivales. Les lettres à Artaria, de loin les plus nombreuses (plus de soixante de 1780 à 1790), permettent de suivre presque au jour le jour des relations qui, malgré quelques démêlés, devaient dans l'ensemble se révéler profitables aux deux parties. Répétons cependant que comme ses éditeurs, qui s'étaient enrichis à ses dépens (ou le feraient), Haydn appliqua sans scrupules le principe du « chacun pour soi », n'hésitant pas, par exemple, à vendre la même œuvre à deux éditeurs différents tout en assurant à chacun qu'il en était le seul propriétaire ! Il n'était ni le premier ni le dernier à agir de la sorte, d'autant qu'il n'existait aucune législation sur les droits d'auteur.

Pour l'inauguration du nouvel opéra d'Eszterháza, prévue pour le 15 octobre 1780, Haydn composa *La fedeltà premiata*, sur un livret déjà utilisé l'année précédente par Cimarosa (*L'infedeltà fedele*, pour l'ouverture du Teatro del Fondo à Naples). Mais en août éclata au-dessus d'Eszterháza un violent orage. Il dura trois jours, et l'on constata que le toit de tuile tout juste achevé du nouvel édifice laissait filtrer l'eau. Malgré l'intervention des grenadiers princiers, qui étendirent sur les meubles les couvertures de leurs lits, les dégâts furent considérables. En septembre, autre orage : comme entre-temps on avait commencé à installer également les décors, le prince décida de faire construire un second toit, cette fois bien étanche, sous le premier. Ces incidents ayant provoqué des retards dans les travaux de construction, le nouvel opéra ne put être inauguré que le 25 février 1781, avec la création de *La fedeltà premiata*, un des trois opéras de Haydn – avec *La vera costanza* (1778-1779, rév. 1785) et *Orlando Paladino* (1782) – annonçant de près, en particulier par leurs vastes finales d'acte, les trois opéras « Da Ponte » de Mozart. La grande scène de Celia à l'acte II – « Ah come il cuore mi palpita in seno » – devait faire comme air de concert isolé une très brillante carrière.

Parmi les autres événements importants de la vie de Haydn en 1781, il faut citer la composition de lieder pour voix et piano, domaine qu'il n'avait pour ainsi dire jamais abordé auparavant, et surtout, de juin à novembre, celle des six quatuors à cordes opus 33, genre qu'il avait délaissé depuis l'opus 20 de 1772. De 1777 à 1783, l'année 1781 est la seule qui vit Haydn ne composer aucun opéra pour son prince : il put donc se consacrer plus facilement à d'autres tâches !

Un salon accueillant et ouvert aux idées nouvelles

Au nombre de vingt-quatre et en langue allemande, les lieder furent publiés par Artaria en deux groupes de douze, en décembre 1781 et en avril 1784 respectivement. Ils constituent le reflet des contacts de Haydn avec Vienne comme antidote d'Eszterháza, mais aussi et surtout comme foyer de culture. Vienne comptait alors un certain nombre de salons littéraires dont le rôle était d'autant plus important que le règne de Marie Thérèse n'avait guère favorisé les belles-lettres, en raison d'une censure très sévère et du désintérêt à peu près total de la souveraine. Mais l'impératrice étant morte le 29 novembre 1780, et Joseph II régnant seul désormais, de meilleures perspectives s'ouvraient en ce domaine et en d'autres, comme par exemple la franc-maçonnerie. Les classes sociales se mêlaient dans ces salons à un degré qu'on ne retrouvait nulle part ailleurs.

Artistes, penseurs, savants, hommes d'État ouverts aux idées nouvelles s'y réunissaient régulièrement. Celui du conseiller Franz Sales von Greiner (1730-1798), prototype du fonctionnaire éclairé, se distinguait particulièrement. Dans son salon de Mehlgrube, sur le Neuer Markt, brillaient notamment sa femme et sa fille encore enfant, toutes deux prénommées Caroline. Future épouse Pichler, la fille (1769-1843) devait plus tard acquérir la célébrité grâce à son propre salon et à son œuvre de poétesse. Elle reste connue aujourd'hui essentiellement pour ses Mémoires (*Denkwürdigkeiten aus meinem Leben*, 1844). On y trouve nombre de renseignements en général intéressants sur Vienne à la fin du XVIIIe siècle et au début du XIXe, y compris sur Haydn et Mozart.

En 1781 au plus tard, Haydn fut reçu à la Mehlgrube. Il y côtoya aussi bien la noblesse et la bourgeoisie cultivées que les milieux de la franc-maçonnerie, rencontrant par exemple Gottfried van Swieten ; le baron Ignaz von Born (1742-1791), en l'honneur de qui Mozart composa en avril 1785 la cantate maçonnique *Die Maurerfreude* KV 471 et qui inspira le personnage de Sarastro dans *La Flûte enchantée* (1791) ; le botaniste Nikolaus Joseph von Jacquin (1727-1817), qui ainsi que ses trois enfants se lia d'amitié avec Mozart ; le baron Philipp von Gebler ; le fonctionnaire, juriste et écrivain Joseph von Sonnenfels (1732-1817), principal promoteur, dans l'Autriche de Marie Thérèse et de Joseph II, des idées politiques nouvelles par le biais de la littérature ; les écrivains Johann Baptist von Alxinger (1755-1797), qui joua dans les milieux maçonniques un rôle de mécène, et Michael Denis (1729-1800), un des principaux avocats en Autriche des grands poètes allemands de l'époque ; et en toute probabilité Mozart. C'est certainement la fréquentation de tels cercles qui poussèrent Mozart et Haydn à adhérer à la franc-maçonnerie.

Les soirées passées à la Mehlgrube donnèrent à Haydn l'idée de composer des lieder. Pour le choix et l'appréciation des textes, il s'en remit largement à Greiner, qui puisa dans ses poètes préférés, à savoir des auteurs imprégnés d'*Empfindsamkeit* et de rococo, nullement méprisables, fort appréciés à Vienne mais considérés par l'Allemagne du Nord de Goethe et bientôt de Schiller comme assez démodés : Gleim, Hölthy, Hagedorn, Gellert, etc. Or ce sont eux qui, jusqu'à la fin de sa vie, constitueront la base de la culture littéraire de Haydn. D'où, au fil des ans, à l'adresse de ce dernier et aussi des compositeurs viennois en général, diverses remarques désobligeantes venues une fois de plus du Nord. C'est par exemple pour des raisons uniquement littéraires, parce qu'il trouvait leurs textes de mauvaise qualité, qu'en 1796 Reichardt refusera d'inclure dans ses recueils de musique vocale des œuvres « d'hommes à bon droit si révérés comme Haydn, Mozart, Dittersdorf ». Dans un passage souvent cité de ses *Denkwürdigkeiten*, Caroline Pichler-Greiner dressera de Haydn et Mozart un portrait pas très flatteur non plus, mais simpliste et historiquement impossible à prendre au pied de la lettre : « Mozart et Haydn, que j'ai bien connus, étaient des hommes qui dans leurs relations avec autrui ne se distinguaient hors de leur domaine propre par aucune faculté intellectuelle spéciale, presque par aucune culture, connaissance ou élévation de pensée. Une tournure d'esprit terre à terre, des plaisanteries banales, et pour le premier [Mozart] un mode de vie dissipé, voilà tout ce par quoi ils se signalaient à l'attention de leur entourage, et pourtant, quelle pénétration, quels mondes d'imagination, d'harmonies, de mélodies et de sentiments ces enveloppes insignifiantes ne renfermaient-elles pas ! »

Ainsi naissent les légendes. Haydn fut également poussé à écrire des lieder par l'exemple de plusieurs compositeurs viennois, parmi lesquels Joseph Anton Steffan, Leopold Hofmann et Carl Friberth, l'ancien ténor des Esterházy devenu maître de chapelle dans plusieurs églises de la capitale. Pour montrer sa supériorité sur Hofmann, il alla jusqu'à mettre en musique trois textes déjà traités par ce dernier en 1780. « De façon (entre nous) tout à fait misérable », écrivit Haydn à Artaria le 20 juillet 1781, « et c'est précisément parce que ce vantard s'imagine avoir dévoré à lui seul le Parnasse et ne rate jamais une occasion de me diminuer aux yeux d'un certain monde, que de mon côté j'ai mis en musique ces mêmes lieder, pour faire comprendre à ce monde qui se veut grand toute la différence. *Sed hoc inter nos*. [...] Ce sont des lieder, non des chansons de rue à la Hofmann, sans la moindre idée, la moindre expression ni surtout la moindre mélodie.» Ces trois lieder (Hob. XXVIa.8-10) sont *An Thyrsis* (À Thyrsis), *Trost unglücklicher Liebe* (Consolation d'un amour malheureux) et *Die Landlust* (Plaisir de la campagne).

QUATUORS À CORDES OPUS 33
LE SAVANT ET LE POPULAIRE, LE THÉÂTRE ET LA CHAMBRE

La saison de 1781 à Eszterháza fut relativement brève, car le prince entreprit en septembre un second voyage à Paris. Haydn put donc séjourner assez longtemps à Vienne. Il y arriva courant novembre, pour y rester jusque vers le 1er janvier 1782. Sans doute avait-il attendu pour s'y rendre d'avoir terminé les six quatuors opus 33. Toujours est-il que c'est de «Vienne, le 3 décembre» que furent datées les lettres alors adressées à quelque vingt-cinq amateurs de musique en leur offrant, par souscription, ces quatuors sous forme de copies manuscrites. Trois de ces lettres-circulaires ont survécu. Seule la signature y est autographe. Elles sont pour le reste de la main du même copiste, et eurent pour destinataires le théologien, poète et physiognomoniste suisse Johann Caspar Lavater (1741-1801), avec qui la femme de Greiner entretenait une correspondance suivie, le prince Kraft-Ernst von Oettingen-Wallerstein (1748-1802), et l'abbé Robert Schlecht, du monastère cistercien de Salmannsweiler dans le pays de Bade. Passionné de musique, le prince von Oettingen-Wallerstein résidait habituellement en Bavière, à Hohen-Altheim et surtout dans son château de Wallerstein, où Haydn fit étape en se rendant de Vienne à Londres en décembre 1790. Le début de la lettre à Lavater est un bel exemple du style concis et pratique de Haydn: «Très érudit Monsieur et cher ami! J'aime et lis volontiers vos œuvres. Comme on le lit, l'entend et le dit, je suis moi-même assez adroit, et mon nom est connu avec avantage dans à peu près tous les pays.» Puis: «J'ose donc vous demander poliment une faveur, car je sais qu'à Zurich et à Winterthur vivent de nombreuses personnes qui aiment, connaissent et protègent la musique. Il m'est donc impossible de vous cacher que je sors ici par souscription, au prix de six ducats, une œuvre consistant en six quatuors pour deux violons, alto et violoncelle *concertante*, correctement copiés, et d'un genre nouveau et tout à fait particulier, car je n'en ai pas écrit depuis dix ans. [...] Les souscripteurs étrangers seront servis avant que je ne les édite ici moi-même. »

La phrase « d'un genre nouveau et tout à fait particulier, car je n'en ai pas écrit depuis dix ans » se retrouve dans les deux autres lettres. En 1900, le musicologue Adolf Sandberger en fit pour la première fois l'exégèse, et depuis, elle a fait couler beaucoup d'encre, certains n'y voyant qu'une formule commerciale habile, d'autres la prenant au contraire – à la suite de Sandberger – au pied de la lettre. Le premier point de vue se défend, le second encore plus. Chez Haydn, les quatuors opus 33 non seulement succèdent à une longue interruption, mais sont les plus isolés dans le temps : neuf ans (et non dix) depuis l'opus 20, six ans avant l'opus 50. La dimension populaire et la concision y sont essentielles. Il s'agit de la première série expressément destinée à un public anonyme, et de la première présentant des finales construits en rondo ou en variations, structures réputées « accessibles ». On y décèle aussi une dimension dramatique et théâtrale. Ces quatuors respirent à la fois la chambre et la scène, et surtout explorent à fond les possibilités de développement d'un matériau simple d'apparence, mais immédiatement subverti de l'intérieur.

Le quatuor en *sol* majeur opus 33 n° 5, le premier dans l'ordre de publication d'Artaria, commence par une laconique formule cadentielle qui marque plutôt une fin qu'un début. Cette formule se révélera peu à peu comme le principal protagoniste d'un mouvement auquel, entendue deux fois et trouvant enfin sa fonction conclusive propre, elle mettra terme. On a là un geste comique, ou plutôt un trait d'esprit exigeant, pour être perçu comme tel, une participation active de l'auditeur. Il en va de même des dernières mesures du finale du quatuor en *mi* bémol majeur opus 33 n° 2, dit *La Plaisanterie*. Peu avant la vraie fin, le mouvement semble terminé, mais se poursuit : les quatre phrases de deux mesures chacune de son thème « populaire » de huit mesures réapparaissent, mais au lieu de s'enchaîner directement comme auparavant, elles sont ici séparées les unes des autres par un silence de même durée que chacune d'elles (deux mesures). Tout se passe comme si chaque phrase était répétée, la répétition n'intervenant toutefois que mentalement dans l'esprit de l'auditeur. Après la quatrième phrase, on peut une seconde fois croire le mouvement terminé. Lui succèdent en réalité – c'est là que la démarche prend toute sa portée – un silence deux fois plus long que les précédents (quatre mesures), puis la seule première phrase, et c'est tout : le mouvement semble devoir se poursuivre, mais s'arrête. À l'auditeur de continuer mentalement le processus d'augmentation perpétuelle, d'adieux prolongés ou d'éternel retour ainsi engagé. C'est l'articulation classique poussée à l'extrême, jusqu'au point de rupture, quant à lui presque atteint dans le Scherzo Allegro du quatuor en *sol* majeur : son thème initial, lorsqu'il réapparaît dans la seconde partie, est littéralement tordu, étiré en longueur ! Autre bel exemple d'ambiguïté : le début du quatuor en *si* mineur opus 33 n° 1, dont les deux premières mesures ne permettent pas à l'auditeur de déterminer si l'on se trouve en *ré* majeur ou en *si* mineur, la tonique *si* mineur n'étant en outre, à la mesure 3, que suggérée, pour n'être franchement affirmée qu'à la mesure 11.

Dans les épisodes de ce type, le quatuor à cordes en tant que tel n'est plus une simple conversation à quatre entre deux violons, un alto et un violoncelle, mais en même temps un échange à trois entre compositeur, interprètes et auditeurs, complices à la fois différents et égaux. Les fugues de l'opus 20 avaient sans doute assuré entre les quatre interprètes une plus stricte égalité, mais sans présupposer au même degré des auditeurs actifs. À la fin de 1781, Haydn ne s'adressa pas à son public par ses seules lettres-circulaires, mais aussi, de façon « révolutionnaire », par sa musique elle-même, sans le moindre « programme », en mettant en relation dialectique convention et déviance, en traitant avec excentricité des tournures familières. Comme l'a écrit le musicologue américain Oliver Strunk : « Ce n'est que lorsque les règles du jeu sont bien établies qu'il est possible pour un compositeur de jouer sur les attentes de ses auditeurs, et pour jouer sur des attentes, il faut d'abord les soulever. » Sur ce plan, Haydn est insurpassable, et sa musique un excellent antidote contre l'une des maladies considérées par Adorno comme symptomatiques de notre époque : la « régression de l'écoute » ! Plus que Mozart, qui, comme a osé l'écrire Marcel Marnat, « se prête mille fois mieux [...] à ces ambiances sonores diaphanes n'impliquant que discrètement l'auditeur », Haydn exige l'écoute active.

Vers 1780, il était plus risqué de lancer par souscription des quatuors à cordes que des sonates ou des mélodies. Le genre était plus difficile et pas encore « public », en particulier à Vienne, et le marché en conséquence plus étroit. Haydn joua aussi bien sur l'originalité que sur les côtés attrayants de l'opus 33, et sa stratégie réussit pleinement. D'où les phrases qu'en 1790, le musicographe Ernst Ludwig Gerber (1746-1819) put écrire à son sujet dans son *Historisch-biographisches Lexikon* (Dictionnaire historique et biographique des musiciens) : « Des ressources de l'harmonie, même de celles en provenance de l'époque gothique des vieux contrapuntistes, il [Haydn] dispose pleinement. Mais dès qu'il les apprête pour nos oreilles, elles deviennent plaisantes et perdent leur rigidité d'antan. Il possède le grand art de paraître, dans ses œuvres, très souvent familier. C'est pourquoi, par-delà tous les artifices contrapuntiques qui s'y trouvent, il sera toujours populaire et agréable aux amateurs. Ses thèmes portent l'empreinte du génie original, et l'auditeur attentif le reconnaîtra toujours entre mille. »

Première rencontre avec Mozart ?

Du 22 novembre 1781 au 4 janvier 1782, la cour de Vienne reçut, sous le nom de comte et de comtesse du Nord et parmi d'autres hôtes illustres, le grand-duc Paul de Russie, fils de Catherine II et futur tsar Paul Ier, et la grande-duchesse Maria Feodorovna, née duchesse de Wurtemberg. Mozart, installé à Vienne depuis le printemps précédent, ne parvint ni à terminer

L'Enlèvement au sérail à temps pour les festivités, ni à faire représenter, à défaut, une version révisée d'*Idomeneo*. Joseph II présenta à ses hôtes des opéras de Grétry et surtout de Gluck. Le 24 décembre, il organisa dans son salon, pour ses invités, le fameux concours de piano opposant Mozart à Muzio Clementi. Et le 25 ou le 26 eut lieu dans les appartements de la grande-duchesse, à qui Haydn avait donné quelques leçons depuis son arrivée, un « grand concert » dont la *Pressburger Zeitung* du 12 janvier 1782 rendit compte en ces termes : « Il faut dire qu'il avait comme auteur le maître de chapelle princier des Esterházy, M. Haydn, le quatuor qu'on y a entendu avait comme interprètes MM. Luigi Tomasini [le premier violon de l'orchestre Esterházy], Apfelmayr [le compositeur Franz Aspelmayer, 1728-1786], Weigl [l'ancien violoncelliste des Esterházy] et Huber [le secrétaire de la *Tonkünstler-Societät* auquel en 1779 Haydn avait envoyé une lettre furieuse], la distinguée compagnie lui a prodigué ses gracieux applaudissements, et daigné présenter à M. Haydn, en tant que compositeur, un coffret en or émaillé de diamants, et à chacun des quatre musiciens cités plus haut une tabatière en or. »

Haydn présenta sans doute à cette occasion un ou plusieurs quatuors de l'opus 33. Après les avoir entendus, Joseph II aurait emmené le grand-duc Paul dans sa bibliothèque musicale et lui aurait montré les manuscrits de divers quatuors jadis composés pour lui par Gassmann : « Ce sont encore là des roses de la tombe de mon Gassmann », aurait-il soupiré. Il s'agissait sans doute des vingt-six fugues pour quatuor toujours conservées à la Bibliothèque nationale de Vienne. Un ou deux jours avant Haydn, Mozart s'était produit comme pianiste-duelliste devant les mêmes personnalités. Les deux compositeurs se rencontrèrent-ils alors pour la première fois ? À cette question, il est malheureusement impossible d'apporter la moindre réponse.

CHAPITRE VII

Ruptures

Mozart de septembre 1777 à fin décembre 1781

Le voyage entrepris le 23 septembre 1777 était très différent des précédents. Mozart comptait toujours se produire comme interprète et compositeur, mais tel n'était plus son objectif principal. L'essentiel était de trouver un emploi, ce qui impliquait notamment de s'arrêter assez longtemps dans les lieux où une occasion pouvait se présenter. D'où des frais, voire un manque à gagner. Il fallait en outre « se vendre » : nouer les contacts indispensables, disposer d'un nombre suffisant d'œuvres récentes ou nouvelles, les faire copier et répéter, etc. Sur tous ces plans, Wolfgang s'était lors de ses précédents déplacements reposé sur son père. Or pour régler ces problèmes, Maria Anna était bien incapable de remplacer Leopold. Elle avait quitté Salzbourg sans avoir de rôle bien défini à jouer et, contrairement à son mari, ne bénéficiait pas du même statut social que son fils. Elle resta plus d'une fois confinée dans leur logement tandis que ce dernier jouait ou se montrait à l'extérieur. Apparemment, Wolfgang s'en soucia peu.

Leur première destination fut Munich, où Mozart ne gagna aucun argent. À l'Opéra, sa mère se trouva reléguée au parterre, alors que lui-même paradait dans les loges de la noblesse. À Augsbourg, où il donna deux concerts, Mozart rendit visite à son oncle Franz Alois (1727-1791), frère cadet de Leopold, et fit

ainsi la connaissance de sa cousine germaine Maria Anna
Thekla, dite *das Bäsle* (1758-1841), avec laquelle il devait échan-
ger une correspondance célèbre par ses tournures scatologiques.
Il rencontra aussi à Augsbourg le grand facteur d'orgues et de
pianos Johann Andreas Stein (1728-1792). À son concert du
22 octobre, auquel assista incognito le baron Grimm revenant
de Russie à Paris, il interpréta avec Stein et l'organiste de la
cathédrale le triple concerto en *fa* majeur KV 242, composé en
février 1776 pour la comtesse Lodron et ses deux filles aînées.
À Hohen-Altheim, Mozart ne put jouer devant le prince von
Oettingen-Wallerstein, en deuil de sa femme.

MANNHEIM ET ALOYSIA WEBER

Le 30 octobre, Mozart arriva avec sa mère à Mannheim, capitale du Palatinat depuis 1720 au détriment de Heidelberg, où il
espérait se faire engager par le prince électeur Karl Theodor
(1724-1799). Électeur palatin depuis 1742, bon flûtiste et bon
violoncelliste, Karl Theodor avait fait de Mannheim un des
principaux centres musicaux du moment, grâce en particulier à
son célèbre orchestre, qui avait eu comme premier directeur
Johann Stamitz (1717-1757). Depuis la mort de Stamitz, le poste
était occupé par Christian Cannabich (1731-1798). Le *crescendo*
de cet orchestre faisait partout sensation, et en 1772, Burney en
avait parlé – témoignage parmi d'autres de son extraordinaire
discipline – comme d'une « armée de généraux, capable aussi
bien de dresser le plan d'une bataille que de la livrer ». Les
remarquables instrumentistes qui en firent partie créèrent d'innombrables symphonies, concertos et surtout symphonies
concertantes (concertos à plusieurs instruments solistes). De ce
dernier genre, Mannheim s'était fait une spécialité. Cet essor de
la musique instrumentale n'avait pas empêché, à Mannheim,
celui de la musique religieuse et surtout de l'opéra. Avec ses
quelque 5 000 places, le théâtre inauguré le 17 janvier 1742 – était
un des plus vastes d'Europe. Pour la fête du prince électeur le
5 novembre, on y représentait chaque année en grande pompe,

le jour même ou la veille, un ouvrage spécialement composé. Johann Christian Bach en avait reçu deux fois la commande, et fourni en 1772 *Temistocle* puis en 1775 *Lucio Silla*, sur un livret issu de celui traité par Mozart pour Milan en 1772. En matière de musique, pour des raisons politiques et géographiques, les liens de Mannheim étaient plus étroits avec Paris qu'avec Salzbourg et Vienne. La symphonie concertante était également très pratiquée à Paris, ville où, comme à Mannheim, on cultivait la clarinette.

Mozart avait tenu à arriver à Mannheim à temps pour la représentation traditionnelle d'opéra en l'honneur du prince électeur. Il vit le 5 novembre un ouvrage non pas en italien, mais en allemand, ce qui l'impressionna fortement : *Günter von Schwarzburg* du maître de chapelle Ignaz Holzbauer (1711-1783). Dès le 31 octobre, il se présenta chez Cannabich, et le 4 novembre joua devant lui les six sonates pour piano KV 279-284 que suivirent bientôt deux autres : en *ut* majeur KV 309, pour Rosa Cannabich, âgée de treize ans et fille du chef d'orchestre, et en *ré* majeur KV 311. Il entreprit aussi à Mannheim une série de sept sonates pour piano et violon (KV 296 et 301-306), genre délaissé par Joseph Haydn. Toutes sauf KV 296 parurent à Paris en 1778 comme opus 1 (*sic*) avec une dédicace à l'électrice palatine. Mozart se lia d'amitié à Mannheim avec le flûtiste Johann Baptist Wendling (1723-1979), le hautboïste Friedrich Ramm (1744-v. 1811), ou encore le ténor Anton Raaff (1714-1797). Après une brillante carrière en Italie, Raaff avait été engagé à Mannheim en 1770. Il avait créé les rôles-titres de quatre opéras de Johann Christian Bach : *Catone in Utica* et *Alessandro nell'Indie* à Naples, respectivement en 1761 et 1762, puis *Temistocle* et *Lucio Silla* à Mannheim. La femme de Wendling, Dorothea (1736-1811), était chanteuse, et sa fille Elisabeth Augusta (1752-1794) la maîtresse (ou l'ancienne maîtresse) du prince-électeur.

Par l'intermédiaire de Wendling, Mozart reçut en décembre d'un amateur nommé Ferdinand Dejean (1731-1797) la commande de trois concertos « légers et courts » et de deux quatuors pour flûte, cela pour 200 florins. Il ne livra que deux concertos pour flûte, qui par-dessus le marché n'avaient rien de nouveau : l'un – n° 2 en *ré* majeur KV 314 – était une transcription de celui en *ut* majeur pour hautbois KV 271k écrit à Salzbourg pour Ferlendis au début de l'année, et l'autre – n° 1 en *sol* majeur KV 313 – celui destiné en août précédent à la fête de Nannerl ! Il composa néanmoins pour celui en *sol* majeur un autre mouvement lent, orchestré cette fois, comme les mouvements extrêmes, avec deux hautbois et non plus deux flûtes : l'Andante en *ut* majeur KV 315, aux étonnants accents de *Flûte enchantée*. Dejean ne put que s'apercevoir de la supercherie, du moins en ce qui concerne KV 314 : Ramm s'était en effet entiché de la version originale pour hautbois, et la jouait un peu partout dans Mannheim. Comme quatuors avec flûte, Dejean reçut au moins celui en *ré* majeur KV 285, très bel ouvrage daté du jour de Noël 1777, et peut-être aussi celui en *sol* majeur KV 285a, en deux mouvements seulement. Deux autres quatuors avec flûte « de Mozart » existent. Celui en *ut* majeur KV 285b est apocryphe, et contient en guise de second mouvement une transcription anonyme du sixième mouvement de la sérénade en *si* bémol majeur pour douze vents et contrebasse KV 361, composée à Vienne vers 1783-1784. Quant à celui en *la* majeur KV 298, il est beaucoup plus tardif (Vienne 1786-1787). On comprend que lorsque le 15 février 1778 il partit pour Paris en compagnie de Wendling et de Ramm, Dejean n'ait versé à Mozart que 98 florins au lieu des 200 convenus.

Le 31 décembre 1777, l'électeur de Bavière Maximilian III Joseph mourut subitement. Son successeur n'était autre que Karl Theodor. Ce dernier transporta en conséquence sa cour à Munich, décision qui marqua la fin de la grande période de Mannheim. La plupart de ses musiciens le suivirent. Cet événement tomba très mal pour Mozart, qui vit s'évanouir ses perspectives d'emploi à Mannheim. Il est cependant vraisemblable que de toute façon, il n'aurait pas obtenu satisfaction. Il avait d'ailleurs d'autres idées en tête. À la fin de 1777, il rencontra à Mannheim la chanteuse Aloysia Weber (v. 1760-1839), dont il tomba éperdument amoureux. « Elle chante excellemment, et possède une voix belle et pure. Elle manque simplement de force dramatique, mais dès qu'elle y aura remédié, elle pourra chanter des rôles de prima donna dans n'importe quel théâtre » (à Leopold, 17 janvier 1778). Aloysia était la deuxième des quatre filles de Fridolin Weber (1733-1779), qui exerçait à Mannheim les fonctions de chanteur, de souffleur et de copiste, et de son épouse Caecilia (1727-1793). L'aînée des filles s'appelait Josepha, la troisième Constance et la quatrième Sophie. Du 23 janvier au 2 février 1778, Mozart accompagna Aloysia et Fridolin à Kirchheim-Bolanden, où ils se produisirent devant la princesse de Nassau-Weilburg, puis à Worms chez le beau-père de Fridolin. « Quand je voyage avec lui [Fridolin], c'est exactement comme si je voyageais avec vous, il vous ressemble en effet beaucoup, sauf extérieurement, et a le même caractère et la même façon de penser que vous », écrivit Wolfgang à Leopold le 4 juin pour le persuader des mérites de la famille Weber. Comptant toujours sur les 200 florins de Dejean, il projeta une tournée en Italie avec les Weber, et le 7 février, exposa très sérieusement à Leopold les trois raisons qui l'empêchaient de se rendre pour le moment à Paris. En premier, le fait que Wendling et Ramm, avec lesquels il avait envisagé de partir, étaient des libertins ! Pour le reste : « Je serais obligé, pour y subsister, de donner des leçons, travail pour lequel je ne suis pas fait, [...] je suis compositeur et destiné à devenir maître de chapelle. [...] Et je ne suis pas certain que notre ami Grimm soit actuellement à Paris. »

Affolé, Leopold accusa son fils de le traiter plus cruellement que Colloredo : « De lui je ne me promets rien, de toi je me promets tout, de lui je n'attends que des faveurs, de toi je peux tout attendre, pour cause de reconnaissance filiale. » Il interdit la tournée en Italie, « où dans la seule ville de Naples vivent au moins 300 Maestri, [alors qu'à Paris], où seuls deux ou trois écrivent pour le théâtre, on peut compter les autres compositeurs sur les doigts d'une seule main » (23 février). Et Leopold de poursuivre : « La Mamma ira avec toi à Paris. » Leopold était persuadé que grâce à ses lettres de recommandation, Wolfgang serait accueilli dans la capitale française à bras ouverts non seulement par Grimm, mais aussi par « Diderot, D'Alembert, etc. » Quelques jours après, il annonça triomphalement : « M. le baron

von Grimm est à Paris ! Je reçois à l'instant une lettre de lui. »
Cette missive de Grimm était datée du 21 février : « Lorsque
M. Votre Fils sera ici, il sera mon secrétaire, et nous vous tien-
drons au Courant. En attendant n'ayez point d'inquiétude. Je
crois Votre Fils d'une Conduite assez sage pour ne pas redouter
pour lui les dangers de Paris. S'il était enclin au Libertinage, il
pourrait sans doute courir quelque risque, mais s'il a de la raison, il se garantira de tout inconvénient sans mener pour cela la
vie d'un hermite. [...] Je suis bien fâché que vous soyez cloué à
Salzbourg. »

Mozart composa en cette fin de février trois magnifiques airs
de concert, respectivement pour Raaff (*Se al labbro mio non
credi* KV 295), Dorothea Wendling (*Basta vincesti... Ah, non
lasciarmi* KV 486a ou 295b) et Aloysia Weber (*Alcando lo
confesso... Non sò d'onde viene* KV 294). Il avait d'abord destiné
KV 294 à Raaff. Les paroles de *Non sò d'onde viene* étaient en
effet identiques à celles d'un air du rôle-titre d'*Alessandro
nell'Indie* de Johann Christian Bach. Mozart voulut donc offrir
sa propre version au créateur du rôle, puis se ravisa. Le
28 février, il précisa à Leopold : « J'ai aussi fait pour m'exercer
l'air "non sò d'onde viene etc." si bien composé par Bach, la raison étant que je connais très bien celui de Bach, qu'il me plaît
beaucoup et que je l'ai toujours dans les oreilles, j'ai donc voulu
savoir si malgré tout je serais capable de composer un air ne ressemblant en rien à celui de Bach – et en vérité il ne lui ressemble
en rien, en rien du tout. »

PARIS 1778 – UN SÉJOUR POUR RIEN ?

Le 13 mars 1778, il prit congé de la famille Weber : « Quand je
les ai quittés, ils ont tous pleuré » (à Leopold, 24 mars). Lui et sa
mère quittèrent Mannheim le 14, et après un voyage « fasti-
dieux » arrivèrent le 23 à Paris, où Grimm les reçut chaleureusement. Mozart prit immédiatement contact avec Joseph Legros
(1739-1793), depuis le 16 mars 1777 directeur du Concert-Spirituel, entreprise de concerts publics fondée en 1725 et longtemps

unique en Europe. Legros occupa ce poste, en bon administrateur qu'il était, jusqu'à la fermeture du Concert-Spirituel, en
1790 sous le coup des événements révolutionnaires. Excellent
ténor, il avait participé aux créations françaises d'*Iphigénie en
Aulide* (1774), *Orphée* (1774) et *Alceste* (1776) de Gluck. Legros
commanda à Mozart une symphonie concertante pour flûte,
hautbois, cor et basson, les solistes prévus étant, outre Wendling
et Ramm, le corniste Johann Wenzel Stich, dit Giovanni Punto
(1746-1803), et le bassoniste Georg Wenzel Ritter (1748-1808),
membre comme Wendling et Ramm de l'orchestre de Mannheim. Des lettres de Mozart, il ressort que Legros ne fit jamais
exécuter l'ouvrage (KV 297b). On ne le connaît que par un
arrangement très douteux pour hautbois, clarinette, cor et basson. L'arrangeur non seulement transcrivit les parties solistes
pour d'autres instruments, mais aussi, apparemment, recom-
posa entièrement l'accompagnement orchestral manquant.
Dans le dernier mouvement, en forme de rondo, le « refrain »
orchestral réapparaît avec une régularité et une monotonie
qu'on ne rencontre jamais dans les partitions authentiques de
Mozart ou de Haydn.

Legros commanda également à Mozart une symphonie : en *ré*
majeur n° 31 KV 297, en trois mouvements, dite *Paris*. Le
11 juin, Wolfgang la joua en présence d'Anton Raaff chez le
ministre du Palatinat et de Bavière en France, le comte Carl
Heinrich Joseph von Sickingen (1737-1791), chez qui il avait
déjà été invité au moins six fois. Mozart trouva en la personne de
Sickingen – passionné de chimie et de musique – son plus solide
soutien parisien. La symphonie n° 31 fut créée au Concert-Spirituel le 18 juin, jour de la Fête-Dieu. Déçu par l'orchestre lors
de la répétition, Mozart trouva l'exécution remarquable, sans
doute parce que Legros savait adapter les dimensions d'un
orchestre à celles d'une salle, et donc bien le faire sonner. Le
9 juillet, il annonça à Leopold la mort de sa mère, puis ajouta :
« M. Legros estime que c'est la meilleure symphonie jamais
entendue par lui. Mais l'Andante n'a pas eu l'honneur de le
satisfaire, il dit qu'il contient trop de modulations et qu'il est
trop long. [...] C'est l'inverse, il est simple et court. Mais pour

lui faire plaisir (ainsi qu'à d'autres, comme il le prétend), j'ai composé un nouvel Andante. Chacun est réussi à sa manière, […] mais le nouveau me plaît encore davantage. […] Le 15 août, pour la fête de l'Assomption, ma symphonie sera redonnée avec le nouvel Andante ». Les deux Andante sont l'un et l'autre en *sol* majeur, mais respectivement à 3/4 et à 6/8. Lorsque la symphonie n° 31, après avoir été annoncée en février 1780 par l'éditeur Sieber, parut à Paris par les soins de Legros, ce fut avec celui à 3/4. Mais c'est celui à 6/8 qui, à cause de l'édition André de 1800, passa à la postérité, et qu'on joue à peu près toujours. Aujourd'hui encore, on discute pour savoir lequel fut le premier composé, et lequel le second. Il semble que le premier ait été celui à 3/4, et le second celui à 6/8, mais ce n'est pas prouvé. On sait toutefois qu'après avoir quitté Paris, Mozart révisa celui à 6/8, lui donnant l'aspect passé à la postérité. Que Mozart ait composé dans la capitale française pour Legros une autre symphonie aujourd'hui perdue relève de la légende. La symphonie *Paris* est l'une des deux de Mozart – l'autre étant la *Haffner* – faisant entendre l'orchestre « classique » au grand complet : deux cors, deux trompettes et timbales, mais aussi, également par deux, les quatre « bois » traditionnels (flûte, hautbois, clarinette en *la* et basson). Ce n'est le cas d'aucun des concertos.

Pour Noverre, Mozart écrivit à Paris en 1778 le ballet *Les Petits Riens* KV 299b, donné le 11 juin lors de l'inauguration en France des représentations d'opéras italiens sur la scène de l'Académie royale de musique. On entendit successivement *Le finte gemelle*, opéra déjà ancien de Nicola Piccinni (1728-1800), le rival de Gluck dans la capitale française, puis – sans la moindre mention du nom de Mozart – *Les Petits Riens*. On ne sait pratiquement rien de l'argument. La musique disparut d'ailleurs pour près d'un siècle, et ne fut redécouverte qu'en 1872 dans la bibliothèque de l'Opéra de Paris : vingt morceaux sans noms d'auteurs, et dont on estime généralement que sept ne sont pas de Mozart. Des doutes ont néanmoins été émis quant à l'authenticité de certains des treize autres. Plusieurs œuvres composées par Mozart à Paris posent donc problème. On connaît également le concerto pour flûte et harpe en *ut* majeur

KV 299, destiné au comte de Guines – alors gouverneur de l'Artois et auparavant ambassadeur de France à Berlin puis à Londres – et à sa fille, et qui ne lui fut jamais payé. Mais le plus remarquable est la sonate en *la* mineur pour piano KV 310, sorte de sœur jumelle de celle en *mi* mineur pour piano et violon KV 304, et le récitatif et air *Popoli di Tessaglia... Io non chedo* KV 316, sur un texte tiré du livret de l'*Alceste* de Gluck, destiné à Aloysia Weber sera terminé, à Munich le 8 janvier 1779.

En août, Mozart eut la joie de revoir Johann Christian Bach, venu de Londres à Paris préparer les représentations, prévues pour l'année suivante, d'un opéra en français qui devait être son dernier : *Amadis de Gaule*, sur une version quelque peu révisée d'un livet de Quinault utilisé par Lully en 1684, et dont le rôle-titre devait échoir à Legros. « Le maître de chapelle Bach sera bientôt là, je crois qu'il va écrire un opéra, les Français sont et restent des ânes, ils ne sont capables de rien et doivent avoir recours à des étrangers », avait écrit Wolfgang à Leopold le 9 juillet. Et le 27 août : « M. Bach de Londres est déjà ici depuis quinze jours. [...] Vous pouvez facilement vous imaginer sa joie et la mienne lorsque nous nous sommes revus, peut-être sa joie n'est-elle pas si sincère, mais il faut reconnaître que c'est un homme honnête qui rend justice à autrui. Comme vous le savez, je l'aime de tout mon cœur et l'estime beaucoup, quant à lui, il a vraiment fait mon éloge, à moi-même ou à d'autres, sans exagérer comme certains, mais très sérieusement. » Raaff avait chanté plusieurs fois au Concert-Spirituel, en particulier le 18 juin, au même concert que la symphonie n° 31, la version Johann Christian de *Non sò d'onde viene*, ce qui avait conduit Mozart à déclarer à Leopold, dans sa lettre du 12 juin, qu'il s'agissait de sa « pièce favorite ». Johann Christian Bach allait disparaître à Londres le 1er janvier 1782, et le 10 avril suivant, Wolfgang écrivit de Vienne à Leopold : « Vous savez sûrement que le Bach anglais est mort – Quelle perte pour le monde musical ! » Quelques mois plus tard, en décembre 1782, il cita dans l'Andante du concerto pour piano n° 12 en *la* majeur KV 414 le volet central (Andante grazioso) de l'ouverture de *La Calamità de' Cuori* (1763) de Johann Christian. Durant l'été 1785, il reçut à

Vienne la visite d'un certain John Pettinger (1759-1831), agent de plusieurs éditeurs londoniens, lequel nota ensuite : « Il [Mozart] n'avait pas été à Londres depuis son enfance mais s'en souvenait apparemment fort bien, il m'a parlé de son vieil ami Bach, mort trois ans auparavant, et s'est montré très intéressé par mes relations d'affaires avec lui. »

MOZART, HAYDN ET LE MONDE EXTÉRIEUR : SALZBOURG VERSUS VIENNE

On reproche parfois aux Français de ne pas avoir accueilli en 1778 Mozart à bras ouverts. Mais au nom de quoi l'auraient-ils fait ? Depuis dix ans, aucune œuvre de lui n'avait retenti à Paris, où il n'était au mieux qu'un souvenir. Leopold, qui en avait parfaitement conscience, écrivit à son fils à la fin du séjour : « Gluck a plus de 60 ans, et il n'y a que 26 à 27 ans qu'on parle de lui, et tu voudrais que le public français et les directeurs de spectacles soient convaincus de ta science en matière de composition, alors qu'ils n'ont rien entendu de leur vie et ne te connaissent que comme un enfant jouant remarquablement du clavier et doté d'un génie particulier. Fais donc les efforts nécessaires pour percer et pouvoir te manifester comme compositeur dans tous les genres ! » (27 août 1778). Que se serait-il passé si, au lieu de retourner à Salzbourg, Mozart était resté à Paris et avait accepté le poste d'organiste à Versailles qu'à l'en croire on lui avait proposé ? Aurait-il écrit d'autres symphonies pour le Concert-Spirituel ou d'autres organisations comme le Concert des Amateurs ? Le genre l'intéressait-il assez pour cela, lui qui en arrivant avait quelques symphonies anciennes dans ses bagages mais ne réussit (ou ne songea) à en faire publier aucune ?

Ces questions méritent d'autant plus d'être posées que c'est exactement à cette époque (1778) que Haydn réussit sa percée décisive au Concert-Spirituel. La première exécution d'une de ses symphonies – probablement celle en *ut* majeur n° 41 – au Concert-Spirituel s'était produite le 7 avril 1773, alors que l'institution avait comme directeurs François-Joseph Gossec (1734-

1829), Simon Leduc (1742-1777) et Pierre Gaviniès (1755-1816). Toutes les autres eurent lieu pendant la direction Legros (1777-1790). On joua du Haydn à 191 des 335 concerts que comporta cette direction, et même à 124 concerts sur 139 durant la période 1785-1790. Il s'agissait pratiquement toujours de symphonies : souvent deux au même concert, parfois même trois ! On sait que celle en *ut* majeur n° 56, composée en 1774, fut entendue le 25 mars 1777 (deuxième concert de la direction Legros), et le *Stabat Mater* (1767) le 9 avril 1781. « Monsieur Le Gros, directeur du Concert-Spirituel, m'a écrit tout un tas de belles choses sur mon Stabat Mater, qu'on a donné là-bas quatre fois avec le plus grand succès, ces messieurs m'ont demandé l'autorisation de le faire graver » (Haydn à Artaria, 27 mai 1781). On compara l'ouvrage à celui de Pergolèse, et il en résulta des exécutions encore plus fréquentes des symphonies, ainsi que la commande vers 1784-1785 – par le Concert de la Loge olympique, organisation rivale du Concert-Spirituel – des six symphonies dites *Parisiennes* (n°s 82-87).

Haydn reçut cette commande à Eszterháza, sans avoir eu besoin de se déplacer. Il ne mit d'ailleurs jamais les pieds à Paris. Si en revanche Mozart obtint celle de la symphonie n° 31, dite *Paris*, ce fut grâce à sa présence physique dans la capitale française, et sans doute aussi grâce à Grimm. Jusqu'en 1790, il ne fut programmé comme symphoniste au Concert-Spirituel qu'une quinzaine de fois. Là encore, il ne faut pas accuser les Parisiens de l'époque. À la mort de Mozart, seules trois de ses symphonies avaient été publiées : en *ré* majeur n° 31 KV 297 à Paris, comme nous venons de le voir, en *si* bémol majeur n° 33 KV 319 (Salzbourg 1779) et en *ré* majeur n° 35 KV 385, dite *Haffner* (Vienne 1782) en 1785, à Vienne chez Artaria. Seules ou presque, ces trois symphonies avaient donc la possibilité d'être jouées à Paris ou à Londres. Elles le furent, ce dont témoigne en particulier le fait que le 1er janvier 1788, l'éditeur londonien Longman & Broderip, correspondant d'Artaria, offrit à la vente KV 319 et KV 385. L'une des deux fut entendue dans la capitale britannique le 11 février suivant. D'autres symphonies de Mozart, comme celle en *ut* majeur n° 36 KV 425, dite *Linz* (1783), circulèrent largement, mais sous forme de manuscrits, et ne furent que très peu diffusées, voire pas du tout, hors des pays de langue allemande. Quant à celles composées jusqu'en 1774, elles étaient trop liées au milieu salzbourgeois. Au contraire, toutes les symphonies de Haydn postérieures à 1774, ainsi que beaucoup parmi les précédentes, furent éditées de son vivant hors d'Autriche, plus ou moins correctement il est vrai.

Avant la fin des années 1770, Mozart n'eut rien à offrir de comparable aux symphonies de Haydn au plan sinon de la qualité, du moins de la quantité, de la variété et de l'originalité (au sens « génie original » tel que les contemporains l'appliquèrent d'emblée à Carl Philipp Emanuel Bach et à Haydn). La différence de quantité devait subsister : de 1782 à 1788, Mozart ne composa que six symphonies (ses dernières), mais Haydn dix-huit de 1781 à 1789, et encore douze de 1791 à 1795. En outre, contrairement à Haydn, Mozart resta longtemps en dehors des circuits modernes de diffusion. Par rapport à Vienne, lieu d'ébullition, carrefour entre le Sud (l'Italie) et le Nord (Bohême comprise) d'une part, l'Ouest (l'Allemagne catholique) et l'Est (le monde slave et magyar) d'autre part, Salzbourg faisait figure de cité provinciale : raison pour laquelle Mozart fit tout pour s'en échapper. Elle était certes un lieu de rencontre, mais simplement entre l'Italie du Nord et un coin d'Allemagne. En s'installant à Salzbourg après 1760, au lieu de rester dans l'orbite directe de Vienne, le jeune Michael Haydn avait accompli un geste rare qui s'avéra l'une des causes de la non-publication de presque toutes ses œuvres. De Salzbourg, malgré Michael Haydn et le jeune Mozart, ne sortit à la longue, dans le domaine instrumental, ni synthèse ni style propre. Dans le domaine religieux, il en alla pour un temps différemment, mais avec comme figure de proue non pas Mozart mais Michael Haydn. Comme Mannheim, Salzbourg n'était au début du XIXe siècle plus rien au plan de la création musicale. Il était en outre devenu difficile d'écrire l'histoire de la musique – en particulier instrumentale – produite dans cette ville par des compositeurs autres que Mozart et Michael Haydn, les archives ayant été détruites ou dispersées du fait des guerres napoléoniennes et de la sécularisation de l'archidiocèse.

Dès le dernier tiers du XVIIIᵉ, la musique salzbourgeoise, considérée comme peu originale, fut très peu recherchée, diffusée et éditée : moins que celle de Vienne, mais aussi que celle d'Italie, dont beaucoup d'opéras circulaient en copies manuscrites, et que celle de Mannheim, éditée ailleurs que dans cette ville, en particulier à Paris. À en croire le catalogue Breitkopf, la plus diffusée était celle de Vienne, moins spectaculaire et moins portée vers le sensationnel que celle de Mannheim, mais plus propre – par sa synthèse de nouveauté, de qualité et de solidité – à un développement autonome. Les voyages de Mozart en Italie et les opéras qu'il y composa – mais qui ne furent ni repris à Milan ni représentés ailleurs – s'avérèrent très utiles pour sa formation, moins pour sa réputation hors de la péninsule. On doit aussi tenir compte de l'attitude de Leopold face à aux symphonies composées par son fils jusque vers 1780, à une époque où en Allemagne du Sud et en Autriche, l'édition musicale restait très modeste et où dans les autres pays leur auteur était peu connu : il tenta parfois de les diffuser, mais conseilla également à Wolfgang (lettre du 24 septembre 1778) de les conserver par-devers soi pour qu'elles ne tombent pas en n'importe quelles mains ! Haydn n'eut jamais à se poser de telles questions : les éditeurs répondirent à sa place, et sa musique fut jouée un peu partout en Europe. Leopold ne réussit jamais à faire éditer des symphonies de Wolfgang par Breitkopf, éditeur au demeurant peu intéressé par ce genre de musique, et en matière de diffusion, il dut se borner à envoyer des copies manuscrites à des personnalités qu'il connaissait bien.

En 1778, la situation de Mozart sur la scène européenne n'avait malgré tout rien d'anormal ni de tragique. À Paris, il eut toutefois le tort de fréquenter surtout la colonie allemande, et d'émettre à l'égard des Français des remarques désobligeantes, ce qui sans doute lui nuisit. Plus tard, à Londres, dans un contexte fort différent il est vrai, Haydn sut au contraire se mêler de près – ses Carnets en témoignent – à la société anglaise, ce qui le fit apprécier en tant qu'homme et renforça du même coup son statut de compositeur. On possède à ce sujet une note manuscrite de la fille du violoniste d'origine française François

Hippolyte Barthélémon (1741-1808) sur une copie d'un air de Haydn : « Mio caro Maestro Haydn m'a donné cet air quand j'étais Maria Caecilia Barthélémon (maintenant Hinchcliffe). Souvent je me suis trouvée assise à ses côtés quand il jouait ses charmantes Canzonettes et habituellement il fondait en larmes en chantant *The Season comes when first we met but you return no more* [« La saison arrive où nous nous sommes rencontrés pour la première fois mais tu ne reviens pas », début des paroles de la canzonet anglaise *Recollection* Hob. XXVIa.26] et je lui disais *Papa Haydn, pourquoi pleures-tu ?* et il disait *Ô ma chère enfant ! Je suis malheureux d'avoir à quitter mes amis anglais, ils sont si bons pour moi !* »

LA MORT DE LA MÈRE

Leopold avait emprunté les 300 florins ayant contribué à financer le voyage de Wolfgang à l'abbé Franz Joseph Johann Nepomuk Bullinger (1744-1810), un ancien jésuite. Arrivé à Salzbourg vers 1774-1776, Bullinger y gagnait sa vie comme précepteur du jeune comte Leopold Ferdinand von Arco (1764-1832), neveu de la comtesse Lodron. Rapidement devenu un ami intime des Mozart, il jouait volontiers aux cartes avec Nannerl. C'est à Bullinger que le 3 juillet 1778, jour de la mort de sa mère, Mozart écrivit de Paris en lui demandant de préparer Leopold à la terrible nouvelle. Le même jour, il se borna à annoncer à Leopold que Maria Anna était très malade, et le 9 juillet, ne lui cacha plus la vérité. Leopold reçut la lettre de son fils datée du 3 juillet le matin du 13, alors qu'il était en train d'écrire à sa femme pour sa fête. Cette lettre occasionna chez Nannerl une crise de vomissements, comme dix mois auparavant lorsqu'elle avait vu partir frère et mère. Plus tard dans la journée, Bullinger montra à Leopold la missive que lui-même avait reçue. Complètement désarçonné, Leopold ne put s'empêcher de rejeter une partie au moins de la responsabilité de la disparition de Maria Anna sur son fils : invoquée par ce dernier, la volonté de Dieu était indéniable, mais si Wolfgang, à cause d'Aloysia Weber, n'avait pas fait tant de difficultés pour se rendre à Paris, Maria Anna serait revenue à Salzbourg, où elle ne serait certainement pas morte, et si lui-même, Leopold, avait été présent dans la capitale française, il n'aurait pas attendu cinq jours pour appeler un médecin !

Le 31 juillet, dans une lettre au comte Ignaz Joseph von Spaur, prince-évêque de Brixen, Leopold désigna au contraire comme responsable Colloredo. Il évoqua les « horribles et tyranniques événements » qui avaient forcé son fils à « quitter sa patrie », ajoutant : « Atteint d'une maladie de poitrine, j'ai dû supporter la douleur de voir partir ma femme et mon fils. Une famille a été déchirée, dont les membres vivaient ensemble non comme parents et enfants, mais comme amis, et qui non seulement n'avait rien fait pour attirer sur elle un destin si cruel, mais s'était toujours efforcée de mériter les faveurs du prince et l'estime du public – dont tout indique qu'elle pouvait se prévaloir. Mais les heures de l'homme étant comptées, le prince est devenu l'instrument malheureux qui a fait que pour obéir à la volonté divine, la plus honnête des femmes et la meilleure des mères est allée chercher son tombeau à Paris. » Le 31 juillet, à sa demande, Wolfgang lui donna tous les détails sur les derniers jours de Maria Anna, mais il n'hésita pas, le 27 août, à communiquer à son fils, pour le culpabiliser encore plus, un post-scriptum confidentiel que le 5 février, à Mannheim, Maria Anna avait joint à une lettre rédigée par Wolfgang la veille : « En un mot comme en cent, il [Wolfgang] préfère la compagnie des autres à la mienne, je lui fais de temps à autre des observations sur ce qui ne me plaît pas, mais il ne le supporte pas, décide toi-même ce qu'il faut faire, le voyage à Paris avec les Wendling est à déconseiller, je préfère l'accompagner moi-même plus tard. »

Mozart ne pouvait dans ces conditions qu'envisager avec appréhension ses retrouvailles avec son père. Il fit part à Leopold, pour le réconforter, du succès de la symphonie *Paris* et de la prochaine édition des sonates pour piano et violon KV 301-306, mais adressa le 29 juillet à Fridolin Weber une longue lettre où il n'était à peu près question que d'Aloysia et où il offrait pratiquement ses services à la famille Weber. N'excluant pas de passer la prochaine saison à Paris, il espérait y faire engager

Aloysia, ou à défaut la retrouver à Mannheim, Mayence (où Sickingen lui avait fait espérer un poste) ou Munich. Dans sa lettre à Fridolin, il eut ces phrases : « D'après ce que j'ai raconté de la musique d'ici [à Paris], vous comprendrez facilement que je m'y plais peu, et que j'essaie de partir le plus vite possible. [...] Si je n'avais pas un père et une sœur pour lesquels je dois vivre plus que pour moi-même et dont je dois assurer les besoins, je me désintéresserais totalement et avec joie de mon propre destin pour ne songer qu'au vôtre, car quand j'y pense bien, ce sont votre bien-être, votre plaisir, votre bonheur, qui font tout mon bonheur. »

Changements à Salzbourg

Depuis le départ de Wolfgang, bien des événements s'étaient produits à Salzbourg. En décembre 1777, Adlgasser était mort subitement. Son successeur à l'orgue de l'église de la Trinité avait été immédiatement nommé en la personne de Michael Haydn, ce que Leopold avait eu quelque difficulté à avaler. Le 1er novembre précédent, Michael Haydn avait dirigé à la cathédrale son importante *Missa Sancti Hieronymi* MH 254. L'appellation était de toute évidence un hommage à Colloredo. Dans sa lettre à Wolfgang du même jour, Leopold décrivit en détail l'exécution de cette « Messe des hautbois » (elle en utilise six, dont deux comme solistes), précisant que cette musique lui avait « énormément plu » et exprimant l'espoir que serait bientôt créé à la cathédrale un poste de maître de chapelle ou de vice-maître de chapelle. Sans doute estimait-il que dans ce cas, il irait à Michael Haydn. Le poste ne fut de toute façon pas créé. La disparition d'Adlgasser avait également rendu vacant celui d'organiste à la cathédrale. Colloredo cherchait quelqu'un pouvant en outre jouer du clavecin, accompagner à la cour et assez bien se tenir pour donner des leçons à des dames. Leopold et certains aristocrates estimaient que si Mozart n'avait pas quitté Salzbourg, il aurait été le meilleur candidat. Le poste de maître de chapelle de la cour était également devenu vacant, Giacomo

Rust très malade ayant, après quelques mois seulement de présence – et plusieurs demandes –, fini par recevoir l'autorisation
de retourner en Italie pour y mourir (il devait en réalité vivre
encore neuf ans). À la mi-juin 1778, les deux postes n'étaient
toujours pas pourvus. Pour celui de maître de chapelle de la
cour, Michael Haydn était apparemment hors jeu, car – comme
le rapporta non sans joie sournoise Leopold – sa belle-sœur
Judith Lipp (1756-1800) avait donné naissance en mars 1778 à
une fille illégitime dont le père était le violoniste Antonio Bru-
netti (1744-1786). Les fautifs avaient par-dessus le marché été
vus au foyer de Michael Haydn, ce qui aggravait son cas ! La fille
ne vécut qu'un mois, sur quoi ses parents se marièrent et eurent
d'autres enfants.

De nouvelles possibilités s'ouvraient ainsi à Salzbourg, et
dans la perspective d'un retour de son fils, Leopold n'avait
aucun intérêt à voir croître les prérogatives de Michael Haydn.
Le 11 août 1778 mourut l'ancien maître de chapelle Giuseppe
Lolli. Leopold posa sa candidature à ce poste, mais essuya un
refus de Colloredo. Personne cependant ne fut nommé, et Leopold dut une fois de plus assumer dans les faits une charge dont
officiellement il n'était pas titulaire, avec seulement une augmentation de 100 florins par an due à la mort de Lolli, dont il
n'était plus nécessaire de verser le salaire. Ce « provisoire »
devait durer quatre ans, jusqu'à la prise de fonctions en 1782
du dernier maître de chapelle de la cour de Salzbourg : Luigi
Gatti (1740-1817), comme d'habitude un Italien. Il semble
qu'avant d'accepter de venir, Gatti se soit fait longtemps prier
par Colloredo : Salzbourg n'attirait décidément personne !
« L'archevêque a expédié des lettres partout en Italie, mais
n'arrive pas à trouver un maître de chapelle », avait écrit
Leopold à Wolfgang le 11 juin.

Dans ses manœuvres pour récupérer son fils, Leopold fut
assisté par la comtesse Lodron. En juin 1778, elle lui fit savoir
que si Wolfgang revenait, il serait nommé *Konzertmeister* et
organiste avec comme salaire annuel la somme appréciable
de 600 florins. Avec les 454 florins que touchait désormais
Leopold, cela faisait plus de 1 000 florins pour la famille ! Par

diplomatie, Leopold resta réservé et surtout insista sur les succès remportés par son fils à Paris, mais plus tard dans le mois, il discuta longuement des mérites de Wolfgang – ainsi que de la paresse et des insuffisances réelles ou supposées de Michael Haydn en tant qu'organiste – avec le comte Franz Joseph Stahremberg (1748-1819), chanoine à la cathédrale. « Il a dit [...] que tous les étrangers passés par la cour de Salzbourg *n'avaient admiré que le jeune Mozart*. [...] Je n'écris pas tout cela, mon cher Wolfgang, pour te persuader de rentrer à Salzbourg, car je n'accorde aucune confiance aux paroles de l'archevêque et n'ai pas échangé un mot à ce sujet avec la comtesse » (29 juin, à sa femme et à son fils). Leopold poursuivait en réalité son objectif avec acharnement, mais Wolfgang était moins que jamais disposé à se soumettre : plus se concrétisaient les possibilités et même les avantages d'un retour à Salzbourg, plus lui apparaissaient attrayants Mannheim, Mayence, Munich et même Paris !

Leopold – que les événements récents avaient fortement rapproché de Nannerl – finit par estimer le temps venu de crier holà. Une lettre du baron Grimm datée du 27 juillet et mettant fortement en doute l'aptitude de Wolfgang à réussir à Paris le confirma dans cette résolution : « Il est trop confiant, peu actif, trop aisé à attraper, trop peu occupé des moyens qui peuvent conduire à la fortune. Ici, pour percer, il faut être retors, entreprenant, audacieux. Je lui voudrais pour sa fortune la moitié moins de talent et le double plus d'entregent. » Le 27 août, Leopold insista sur les avantages de Salzbourg par rapport à Mannheim et Mayence (meilleure musique d'église, proximité de l'Italie), et aussi sur le fait que pour assurer le bonheur de la famille Weber, il fallait de l'argent : or Wolfgang n'en possédait pas, et lui-même, Leopold, avait contracté 500 florins de dettes. Et il renforça sa pression : « L'archevêque te laissera sans aucun doute voyager tous les deux ans en Italie, il dit en effet lui-même qu'il faut bien entendre quelque chose de temps en temps. [...] La comtesse [Lodron] craint, comme le vieil Arco [le père de la comtesse], *que je ne m'en aille moi-aussi*. Ils n'ont personne pour enseigner le clavier. » Quatre jours après, Leopold donnait l'estocade : « Grâce à ma vaillance et à ma persévérance, je n'ai pas seulement tout obtenu, l'archevêque ne m'a pas seulement tout accordé, à moi et à toi, tu as 500 florins [en juin, la comtesse Lodron avait parlé de 600 florins], mais par-dessus le marché il s'est excusé de ne pouvoir te faire dès maintenant maître de chapelle, tu pourrais cependant, si c'était trop pénible pour moi ou si j'étais frappé d'incapacité, me remplacer, il t'avait toujours destiné un meilleur salaire, etc. [...] L'archevêque s'est déclaré prêt, au cas où tu voudrais écrire un opéra, à te laisser partir où que ce soit, il a dit pour s'excuser de nous avoir l'an dernier interdit de voyager qu'il ne pouvait souffrir de voir les gens traîner sur les routes comme des mendiants. Tu seras à Salzbourg à deux pas de Munich, de Vienne et de l'Italie. Il te sera plus facile d'écrire un opéra pour Munich que d'y obtenir un poste. [...] Le prince et tous les autres sont étonnamment entichés de Mlle Weber, ils voudront absolument l'entendre, ils pourront habiter chez nous, le père ne me semble pas l'homme de la situation, je saurai mieux lui faciliter les choses. » Le 3 septembre, il demanda perfidement à son fils pourquoi il voulait rester dans une ville aussi haïssable que Paris, et lui fit comprendre que s'il hésitait plus longtemps, il réduirait père et sœur à l'état de mendiants. Il lui certifia qu'à Salzbourg il n'aurait plus à jouer du violon, mais simplement à diriger du clavier, ajouta qu'en passant par Munich, Wolfgang pouvait toujours voir si des conditions meilleures qu'à Salzbourg lui étaient offertes, et pour finir se déclara prêt à s'installer éventuellement avec Nannerl dans la capitale bavaroise. Quant aux relations avec Aloysia, il n'avait évidemment rien contre.

RETOUR EN APPARENCE PEU GLORIEUX
EN RÉALITÉ, WOLFGANG A CHANGÉ

Mozart finit par quitter Paris le 26 septembre, non sans s'être quelque peu brouillé avec Grimm, chez qui il avait logé. Pour ne pas se mettre définitivement le baron à dos, il avait renoncé, bien qu'invité par Sickingen, à prolonger légèrement son séjour comme hôte de ce dernier. Il avait en effet souhaité ne pas partir avant la parution chez Sieber des six sonates pour piano et violon KV 301-306, ce qui lui aurait permis tout à la fois d'en corriger les épreuves, de toucher ses honoraires et d'offrir lui-même ce corpus en mains propres à sa dédicataire l'électrice palatine. Grimm paya le trajet jusqu'à Strasbourg, mais en choisissant le moyen de transport le meilleur marché. L'état d'esprit de Wolfgang était toujours « N'importe où plutôt qu'à Salzbourg ! » À Paris, il avait en fin de compte peu composé, et il fit tout pour que son père ne s'en aperçoive pas trop tôt. Leopold avait planifié en détail son voyage de retour, mais étant donné la lenteur du courrier et d'autres impondérables, il perdit souvent la trace de son fils, ce qui le plongea chaque fois dans une véritable panique, d'autant que Wolfgang ne suivit pas toujours le trajet recommandé. Il prit à Nancy un moyen de transport plus rapide, donna trois concerts à Strasbourg et, contrairement à ce que lui avait ordonné Leopold, repassa par Mannheim, où il arriva le 6 novembre. Il n'y revit pas les Weber, Aloysia ayant été engagée à Munich, mais y entreprit une symphonie concertante en *ré* majeur pour piano et violon malheureusement inachevée (KV 315f). Il y composa également le mélodrame *Semiramis* (perdu). D'aucuns lui firent croire que Karl Theodor et sa cour abandonneraient fatalement Munich et reviendraient s'installer au confluent du Rhin et du Neckar. Il reçut une lettre de Leopold se plaignant d'avoir très mal passé la journée du 21 novembre, celle de son 31e anniversaire de mariage, et quitta Mannheim sans avoir reçu les sonates KV 301-306.

À Munich, où il arriva le 25 décembre, Aloysia Weber le reçut très froidement : entre eux, tout était fini ! Sur les rives de l'Isar, la situation n'était guère plus favorable qu'à Mannheim. Les musiciens étaient en surnombre, ceux de Mannheim étant venus s'ajouter à ceux de Munich, et à leur tête se trouvait tout naturellement Cannabich. On était en outre en pleine guerre de Succession de Bavière, et comme le souligna Leopold, ce conflit risquait de s'étendre à toute l'Europe : « Les grands Messieurs auront alors d'autres soucis que la musique et les musiciens. Mieux vaut attendre la fin de cette grande affaire dans un coin

tranquille [sous-entendu Salzbourg], d'autant que la Prusse
soulève tout l'Empire contre l'Autriche, et l'Autriche contre
la Prusse. [...] Tu as quitté Paris le 26 septembre. Si tu t'étais
dirigé directement vers Salzbourg, j'aurais déjà remboursé
– c'est-à-dire *pu rembourser* – 100 florins de nos dettes. [...]
Crois-moi, je me suis exprimé clairement, sinon je prendrai
moi-même la poste et viendrai te chercher» (28 décembre).
Leopold souhaitait autant que son fils tourner le dos à Salzbourg, mais si pour ce dernier «être ailleurs» primait tout, pour
lui seul comptait la sécurité financière : or Salzbourg, grâce à lui,
la garantissait. Wolfgang avait eu sa chance, mais n'avait pas
su la saisir.

Ayant enfin, le 7 janvier, fait hommage des six sonates KV 301-
306 à la princesse électrice, Mozart n'avait plus aucune raison
«valable» de rester à Munich. Il en repartit le 11 janvier 1779, et
quelques jours après se retrouva – contre son gré – à Salzbourg.
Il adressa immédiatement à Colloredo une pétition – sûrement
préparée par Leopold – le priant de bien vouloir le nommer,
comme successeur d'Adlgasser, organiste de la cour. La nomina-
tion intervint le 17 janvier 1779, et Leopold poussa certainement
un soupir de soulagement. Rappelons que le 1er du même mois,
Haydn avait signé avec les Esterházy le nouveau contrat le libérant largement de son ancienne «servitude» ! Wolfgang était
censé jouer de l'orgue à la cour, à la cathédrale et à la chapelle, et
aussi instruire les petits chanteurs. Il reprit du service dans des
conditions nettement moins favorables que celles que lui avait
fait miroiter Leopold dans ses lettres. Son salaire n'était que de
450 florins par an, il n'était pas question d'une éventuelle promotion au poste de maître de chapelle, la musique à la cour
demeurait routinière, on n'y montait pas d'opéra, etc. Les trois
membres survivants de la famille Mozart étant réunis, on ne
possède plus aucune lettre avant novembre 1780, mais seulement le journal de Nannerl. Elle n'y dit rien de l'état d'esprit de
son frère, mais il est sûr que plus que jamais, ce dernier comptait
bien prendre le large à la première occasion.

SALZBOURG 1779-1780

Plusieurs grandes œuvres naquirent dans les quelque vingt mois qui suivirent. La première fut la messe en *ut* majeur KV 317, datée du 23 mars 1779, dite *Messe du Couronnement* et probablement entendue à la cathédrale pour les fêtes de Pâques. C'est la plus belle de toutes les messes salzbourgeoises de Mozart, avec son Agnus Dei si proche du «*Dove sono*» de la comtesse dans *Figaro*, et Salieri devait la diriger lors des cérémonies du couronnement de Leopold II comme roi de Bohême à Prague en 1791 : d'où son titre. Une autre – la dernière messe complète de Mozart – suivit un an plus tard : en *ut* majeur KV 337 (mars 1780). Il y eut trois symphonies, et tout d'abord celle en *sol* majeur n° 32 KV 318 (26 avril 1779), très courte, en trois mouvements enchaînés dont le dernier n'est autre qu'une reprise abrégée du premier. Rien ne prouve qu'elle ait été destinée à l'origine au théâtre, mais à Vienne en 1785, elle servit d'ouverture – avec l'aval de Mozart – à une production de *La villanella rapita* de Francesco Bianchi (v. 1752-1810). La symphonie en *si* bémol majeur n° 33 KV 319 (9 juillet 1779) n'avait à l'origine que trois mouvements : le Menuetto fut rajouté à Vienne, sans doute en 1785 peu avant la publication de l'ouvrage par Artaria. La «chanson populaire» colorée par les vents servant de thème conclusif au finale ressemble à l'idée entendue au même endroit dans une symphonie de Haydn de très peu antérieure : n° 71, dans la même tonalité (1778-1779). La symphonie en *ut* majeur n° 34 KV 338 (29 août 1780), la dernière écrite par Mozart à Salzbourg, fut sans doute créée le 2, le 3 ou le 4 septembre, dates auxquelles, nous apprend le journal de Nannerl, Wolfgang se produisit à la cour. Massive et puissante, la symphonie n° 34 est le pendant mozartien de celle en *ut* majeur MH 188 de Michael Haydn (23 août 1773), dont il a déjà été question, mais contrairement à elle se limite à trois mouvements. Mozart commença un Menuetto, mais l'abandonna au bout de quatorze mesures. D'aucuns ont vu dans le menuet en *ut* majeur KV 409, composé à Vienne en mai 1782, un «complément» à KV 338, mais c'est très peu plausible.

Avec la splendide sérénade en *ré* majeur KV 320, dite *Posthorn* (3 août 1779), Mozart composa son ultime *Finalmusik*. Son titre provient de l'utilisation, dans le second trio du second menuet, de signaux de cor de postillon (cf. chez Haydn la symphonie en *ré* majeur n° 31 de 1765). En 1779 ou 1780, vraisemblablement sur commande de Georg Siegmund Robinig von Rottenfeld (1760-1823), dernier des quatre enfants d'une famille amie, Mozart écrivit le divertimento en *ré* majeur KV 334, pour la même formation – quatuor à cordes et deux cors – que KV 247 et KV 287, destinés en 1776 et 1777 aux Lodron, mais plus ample et plus profond qu'eux. Il y eut aussi, sans doute au cours de l'été 1779, la symphonie concertante en *mi* bémol majeur pour violon et alto KV 364, partition essentielle dotée d'un Andante en *ut* mineur aux accents tragiques, la première de Mozart mettant en valeur l'alto. Le singspiel inachevé *Zaide* KV 344 (1779-1780) est quant à lui une turquerie annonçant de près, par son sujet et sa musique, *L'Enlèvement au sérail*. L'œuvre comprend un mélodrame, mais nous est parvenue sans titre, sans ouverture, sans dialogues parlés et sans scène finale. Son nom lui fut attribué par l'éditeur André lorsqu'il la publia en 1838. Une autre symphonie concertante – en *la* majeur pour violon, alto et violoncelle KV 320ᵉ – est restée à l'état de fragment.

IDOMENEO

On ne sait dans quelles conditions Mozart reçut de Munich la commande de l'opéra *Idomeneo, rè di Creta* (KV 366), mais il est sûr qu'elle résulta des contacts qu'il avait noués à la cour de Karl Theodor à Mannheim durant l'hiver 1777-1778 puis à Munich au tournant de 1778 et 1779. Anton Raaff et Christian Cannabich jouèrent sans doute un rôle déterminant, et Colloredo ne put élever la moindre objection. Le sujet fut peut-être suggéré par Mozart lui-même. Pour le livret, Wolfgang et Leopold s'adressèrent au chapelain de Colloredo, Gianbattista Varesco (1735-1805). Mozart commença son travail à Salzbourg à la fin de l'été ou au début de l'automne 1780. Nul besoin pour lui d'être immédiatement sur place à Munich, car il avait déjà entendu les voix de la plupart des chanteurs, en particulier celles du ténor Anton Raaff (Idomeneo) et des sopranos Dorothea Wendling (Ilia) et Elisabeth Wendling (Elettra), épouse et belle-sœur du flûtiste Johann Baptist Wendling. Il quitta Salzbourg le 5 novembre, sans se douter qu'il ne reverrait sa ville natale qu'une seule fois, près de trois ans plus tard, et arriva à Munich le lendemain. Pour la première fois, il avait voyagé seul : heureusement pour la postérité, car il en résulta une volumineuse correspondance avec son père rendant compte de la genèse de l'ouvrage avec un luxe de détails unique pour un opéra du XVIIIe siècle, Leopold servant d'intermédiaire entre Wolfgang et Varesco. Le 29 novembre, l'impératrice Marie Thérèse mourut à Vienne, mais à Munich, contrairement à ce qu'avait craint Leopold, les préparatifs de la représentation d'*Idomeneo* ne furent pas interrompus pour autant. Dans les derniers jours de janvier 1781, Colloredo quitta Salzbourg pour Vienne, pour rendre visite à son père malade et aussi pour assister aux cérémonies d'accession de Joseph II, qui désormais régnait seul. Leopold et Nannerl en profitèrent pour partir eux aussi, et arrivèrent dans la capitale bavaroise le 25. *Idomeneo* y fut créé le 29. Œuvre-clé, tournant dans la carrière de Mozart, *Idomeneo* est son premier « grand » opéra. Varesco était un émule de Métastase, et par ses airs et ses recitativos seccos, l'ouvrage découle indiscutablement – avec le génie mozartien en plus – de l'opéra métastasien. Il s'en écarte cependant de façon bien plus fondamentale par d'autres traits issus à la fois de la tragédie lyrique française et de la tradition de Mannheim : importance du récitatif accompagné et du chœur, souci de la continuité dramatico-musicale, légèreté de certains épisodes, recours au ballet, splendeur orchestrale.

Rupture définitive avec Colloredo

Wolfgang, Nannerl et Leopold restèrent à Munich jusqu'à début mars, puis séjournèrent à Augsbourg. Là, ils se séparèrent, Leopold et Nannerl pour retourner à Salzbourg en compagnie d'un élève de onze ans nommé Heinrich Marchand, fils du directeur du théâtre de la cour de Munich, et Wolfgang pour gagner Vienne, où Colloredo l'avait convoqué. Leopold et lui se remirent à espérer qu'il y dénicherait un poste. En fait, Wolfgang était bien décidé à y rester quoi qu'il arrive, alors que Leopold pensait que si Wolfgang ne trouvait rien, il devrait rentrer à Salzbourg. Arrivé à Vienne le 16 mars 1781, Mozart fut logé avec d'autres membres de la suite de l'archevêque et participa à plusieurs concerts donnés par sa « musique » : dès le 16 chez Colloredo lui-même, le lendemain 17 chez le prince Galitzine, ambassadeur de Russie, le 24 chez le conseiller impérial Johann Gottlieb von Braun, etc. Le 3 avril, la *Tonkünstler-Societät* programma l'oratorio *Die Pilgrime auf Golgotha* (Les pèlerins au Golgotha) d'Albrechtsberger et « une symphonie de la composition du chevalier Wolfgang Amadi Mozart, au service de Sa Grâce le prince-archevêque de Salzbourg », lui-même se produisant au piano. Après lui avoir refusé l'autorisation de participer à cette manifestation, Colloredo avait fini par céder. Ce fut la première apparition publique de Mozart à Vienne. Le 8, il dut jouer chez le père de l'archevêque, le programme comprenant notamment le rondo pour violon et orchestre en *ut* majeur KV 373 et la sonate pour violon et piano en *mi* bémol majeur KV 380 : cette prestation l'empêcha de se produire le même jour chez la comtesse Wilhelmine von Thun-Hohenfeld (1744-1800) en présence de l'empereur et de gagner en une soirée la moitié de son salaire annuel à Salzbourg ! La « musique » de Colloredo se fit entendre pour la dernière fois à Vienne, avec participation de Mozart, le 27 avril, tout le monde étant ensuite censé rejoindre Salzbourg.

La situation devenait intenable : Mozart ne pouvait, au vu et au su de la haute société viennoise, en même temps servir Colloredo et tout faire pour s'en affranchir. Le 1er ou le 2 mai, accomplissant un premier geste d'indépendance, il alla – en principe pour une semaine seulement – loger chez les Weber, installés à Vienne depuis le mariage en 1780 d'Aloysia avec l'acteur Joseph Lange (1751-1831), futur auteur d'un magnifique portrait (inachevé) de son beau-frère Wolfgang (1789-1790). Le 9 mai, lors d'une entrevue orageuse avec Colloredo, Mozart demanda son congé. « J'étais l'individu le plus dévergondé qu'il connaissait, personne ne le servait aussi mal que moi, il m'a enjoint de partir [pour Salzbourg] dès aujourd'hui, autrement il écrirait pour qu'on retienne mon salaire, impossible de placer un mot, il allait et venait hors de lui, j'ai tout écouté sans broncher, il m'a jeté au visage un gros mensonge (mon salaire serait de 500 florins), il m'a traité de misérable, de pouilleux, de polichinelle, je ne puis tout vous répéter par écrit, finalement mon sang n'a fait qu'un tour et j'ai dit "Votre Excellence n'est donc pas contente de moi ?" [et lui] "Prenez la porte, je ne veux plus rien avoir à faire avec quelqu'un comme vous" alors j'ai dit "Ni moi avec quelqu'un comme vous", "alors partez", et moi en partant "Restons-en là, demain vous recevrez une demande écrite". N'ai-je pas, mon très cher père, prononcé ces paroles trop tard et non trop tôt ? Sachez-le, mon honneur m'est plus cher que tout, et je sais qu'il en va de même pour vous » (à Leopold, 9 mai).

Le 10, Mozart déposa sa demande officielle auprès du comte Karl Joseph von Arco (1743-1830), chambellan, conseiller et « maître des cuisines » de l'archevêque et un des frères de feu la comtesse Lodron. À Salzbourg, Leopold discuta certainement de la situation avec le vieux comte Johann Georg, père de Karl Joseph. Il écrivit même à Karl Joseph une lettre aujourd'hui perdue. Sur quoi Karl Joseph – qui certainement aurait préféré ne pas être mêlé à cette affaire – prodigua à Wolfgang des conseils bien intentionnés, de toute évidence dictés par Leopold : « Ici [à Vienne], la réputation d'un homme ne dure pas longtemps, au début il n'entend que des compliments, c'est vrai, mais pour combien de temps ? Au bout de quelques mois, les Viennois veulent quelque chose de nouveau. » Le 8 juin, perdant patience, Arco signifia son congé à Mozart avec un coup de pied au derrière qui depuis a fait couler beaucoup d'encre. Il ne s'agissait cependant pas d'un congé officiel ! Mozart n'était pas renvoyé au sens juridique du terme, mais c'était tout comme. De Salzbourg, Leopold avait suivi ces événements avec effarement. Wolfgang, fit-il remarquer, n'était âgé que de vingt-cinq ans et pouvait attendre. Mais il était cette fois dépourvu de tout moyen de pression. Ses arguments ne produisirent sur son fils aucun effet. La vie de Mozart bascula, et comme dix-sept ans auparavant Wilhelm Friedemann Bach (1710-1784), le fils aîné de Johann Sebastian, il entama une carrière de musicien indépendant. Ses plus grandes œuvres datent de la période qui s'ouvrait devant lui : trois cents environ en portent témoignage.

En passant de Salzbourg à Vienne, Wolfgang quitta la « province » pour une « métropole », comme Leopold en 1737, lorsqu'il était passé d'Augsbourg à Salzbourg. Au début, son train de vie fut assez modeste. Il donna des leçons, en particulier à Josepha Barbara von Auernhammer (1758-1820), fille d'un conseiller économique et excellente pianiste. Il la trouva très laide et très collante, mais composa pour elle et lui, en septembre, la sonate pour deux pianos et *ré* majeur KV 448. Ils jouèrent aussi ensemble le concerto pour deux pianos en *mi* bémol majeur KV 365, et il lui dédia six sonates pour piano et violon : deux qui existaient déjà, en *ut* majeur KV 296 et en *si* bémol majeur KV 372, et quatre nouvellement composées, en *sol* majeur KV 379, en *fa* majeur KV 376, en *fa* majeur KV 377 et en *mi* bémol majeur KV 380 (celle jouée chez Colloredo père). Écrites entre avril et l'été 1781, ces quatre sonates sont les premières grandes œuvres produites par Mozart après son installation à Vienne. Les six parurent en décembre chez Artaria, avec une dédicace à une pianiste, non à un violoniste ou à un mécène. Il s'agissait de la première publication de Mozart à Vienne.

JOSEPH II ET LE THÉÂTRE ALLEMAND
LEOPOLD TOUJOURS INQUIET

Joseph II s'était toujours intéressé au théâtre et, pour contrebalancer l'influence française, avait fondé en 1776 à Vienne un Théâtre national allemand (pour le théâtre parlé), suivi en 1778 d'un *Nationalsingspiel* ou Opéra allemand (pour le théâtre avec musique). Ce *Nationalsingspiel* connut immédiatement des problèmes de répertoire, car le « grand opéra allemand » n'existait pas. On disposait d'un répertoire de farces, mais il était jugé indigne du Burgtheater, principal théâtre de la cour, et l'on dut avoir recours à des adaptations en allemand d'opéras-comiques français (surtout de Grétry) et d'opéras bouffes italiens. Dans une de ses premières lettres de Vienne à Leopold (18 avril 1781), Mozart déclara que dans cette ville, on préférait les ouvrages comiques. Cette affirmation est corroborée par l'évolution du répertoire du *Nationalsingspiel*, où les adaptations de l'italien prirent de plus en plus d'importance. Tout cela devait aboutir, le 4 mars 1783, à la suppression du *Nationalsingspiel* et au retour de l'opéra bouffe italien au Burgtheater, avec comme première œuvre donnée *La scuola de' gelosi* de Salieri. On doit cependant à l'existence éphémère du *Nationalsingspiel* une grande partition : *L'Enlèvement au sérail* de Mozart. Ce dernier montra son singspiel inachevé *Zaide* à Gottfried Stephanie, dit le Jeune (1741-1800), principal adaptateur et confectionneur de livrets pour le *Nationalsingspiel*. Aux yeux de Mozart, Stephanie possédait deux qualités : il « peut tout auprès de l'empereur » et « s'y connaît en théâtre » (à Leopold, 16 juin 1781). Finalement, Stephanie remit à Mozart le 30 juillet un livret ressemblant à celui de *Zaide* et qui, après modifications, devint celui de *L'Enlèvement au sérail*. Le travail sur cet opéra dura plus longtemps que prévu. La création n'intervint pas dès septembre 1781, comme l'avait espéré Mozart, mais seulement le 16 juillet 1782.

Le 10 août 1781, récrivant quelque peu l'histoire, Leopold s'adressa à l'éditeur Breitkopf à Leipzig : « En ce qui concerne mon fils, il n'est plus en service ici. [...] Étant donné [qu'à Vienne] Son Excellence [Colloredo] l'a fort mal traité, alors qu'au contraire la haute noblesse tout entière l'a beaucoup honoré, elle [la haute noblesse] a pu aisément le convaincre d'abandonner un service si mal rétribué et de rester à Vienne. » En réalité, ses craintes n'étaient pas apaisées. Plus que jamais enchaîné à Salzbourg, car de toute évidence son fils n'avait pas de quoi le faire venir à Vienne, il s'inquiétait en particulier de savoir Wolfgang installé à demeure chez les Weber : ne risquait-il pas de se voir contraint par la mère d'épouser une des trois filles encore célibataires, en particulier l'avant-dernière,

Constance, dont dans ses lettres il parlait avec une admiration croissante ? Le 5 septembre ou peu avant, pour faire taire les ragots, Wolfgang déménagea.

Première rencontre avec Haydn ?

Ses succès dans la société étaient quant à eux bien réels : commande de *L'Enlèvement au sérail*, composition en octobre 1781, dans sa version originale pour 2 clarinettes, 2 cors et 2 bassons, de la sérénade en *mi* bémol majeur KV 375. En décembre, Mozart envisagea de se porter candidat aux fonctions de professeur de clavecin de la princesse Élisabeth de Wurtemberg, alors âgée de quatorze ans et tout juste fiancée à un neveu de Joseph II, le futur empereur François II (1768-1835), âgé quant à lui de treize ans. Mais le poste fut attribué à Salieri, qui pouvait aussi enseigner le chant. Comme pianiste, la réputation de Mozart à Vienne était en tout cas fermement établie. D'où le concours de piano organisé par Joseph II le 24 décembre 1781, et qui l'opposa à Muzio Clementi (1752-1832). Installé en Angleterre depuis 1766 ou 1767 et à Londres depuis 1773 ou 1774, Clementi – dont la brillante carrière de compositeur-interprète servit de modèle aux innombrables pianistes virtuoses du début du XIXᵉ siècle – séjournait alors à Vienne dans le cadre de sa première grande tournée européenne (1780-1783). « Clementi joue bien, du moins quand il s'agit de la main droite, les passages en tierce sont sa force, pour le reste il n'a pas un sou de sentiment ni de goût, en un mot une simple mécanique » (à Leopold, 12 janvier 1782). Rien n'exclut que ces remarques désobligeantes – qui ne manquèrent pas de causer à Clementi, lorsqu'il en entendit parler au soir de sa vie, un véritable choc – aient été en partie dictées à Mozart par l'envie et par son manque de compréhension envers un style pianistique qui plus tard impressionna au contraire fortement Beethoven. Le duel Mozart-Clementi marqua Joseph II, qui au demeurant appréciait ce genre de confrontation. Un an plus tard, il en parlait encore, comme en témoigne le journal de Zinzendorf : « Chez la comtesse

v. Pergen. [...] J'y restois jusque vers 9h, n'ayant pu partir à cause de l'arrivée de l'Empereur, qui parla infiniment musique, du combat entre Mozhardt [*sic*] et Clementi» (5 décembre 1782).

Le lendemain ou le surlendemain de cette joute, Haydn faisait entendre à la même assemblée de hauts personnages quelques-uns de ses tout récents quatuors opus 33. Peut-être n'avait-il alors jamais entendu parler de Mozart, ni entendu la moindre note sortie de sa plume. On ignore, redisons-le, si oui ou non les deux compositeurs se rencontrèrent alors pour la première fois.

CHAPITRE VIII

Destins parallèles

Haydn et Mozart de 1782 à décembre 1784

Le chanteur irlandais Michael Kelly (1762-1826), créateur des rôles de Don Basilio et de Don Curzio dans *Le Nozze di Figaro* de Mozart (1786), relate dans ses *Reminiscences* (Mémoires) – parus en 1826 et non rédigés par lui-même! – un événement qui, à l'en croire, eut lieu à Vienne dans l'été 1784, peu avant la création au Burgtheater de l'opéra de Paisiello *Il Rè Teodoro in Venezia*: «Storace [le compositeur anglais Stephen Storace, 1762-1796] organisa pour ses amis une séance de quatuors. Les interprètes étaient acceptables, aucun n'excellait sur son instrument, mais ils n'étaient pas dépourvus de science, ce qu'on reconnaîtra volontiers quand je les aurai nommés:

Premier violon	Haydn
Second violon	Baron Dittersdorf
Violoncelle	Vanhall
Alto	Mozart

Le poète Casti [l'abbé Giovanni Battista Casti, 1724-1803, librettiste rival de Da Ponte] et Paisiello étaient dans l'auditoire. J'y étais, et comme festin, on ne saurait rien imaginer de plus grand ni de plus remarquable. [...] Sitôt le festin musical terminé, nous nous sommes installés devant un excellent dîner, ce qui nous a rendus très gais et pleins d'entrain.»

LES RENCONTRES ENTRE HAYDN ET MOZART
INCERTITUDES

La séance de quatuors à laquelle, selon Michael Kelly, Haydn
et Mozart participèrent durant l'été 1784, n'est autre que la
première rencontre des deux compositeurs dont nous soyons
tant soit peu « informés ». On ne sait rien de leurs relations
personnelles de 1781 à la première moitié de 1784, et on ignore
aussi quand exactement eut lieu cette séance de quatuors et
quelles œuvres y furent jouées. Venant de Saint-Pétersbourg,
Paisiello arriva à Vienne le 1er mai 1784. Le 13 juin, Mozart
et son élève Barbara Ployer jouèrent en sa présence, et le
23 août, fut créé au Burgtheater son opéra *Il Rè Teodoro*, sur
un livret de l'abbé Casti d'après un épisode de *Candide* de Voltaire. C'était le premier opéra italien commandé par Joseph II.
Durant la représentation, Mozart fut atteint d'une crise de
colique néphrétique, et le même jour, Nannerl épousait à Saint-
Gilgen, lieu de naissance de sa mère, Franz von Berchtold zu
Sonnenburg (1736-1801), fonctionnaire déjà deux fois veuf
et père de cinq enfants ! En poste en Silésie, Dittersdorf – qui
n'avait pas encore écrit ses six quatuors à cordes – séjourna
quant à lui tous les ans à Vienne de 1781 à 1786, sauf en 1783. La
séance décrite par Kelly peut donc très bien avoir été organisée
en 1784. Mais Vanhal – auteur de nombreux quatuors à cordes
– n'était pas violoncelliste, et l'on imagine plutôt Dittersdorf,
violoniste virtuose, comme premier violon, et Haydn comme
second violon.
    Pour les années 1784-1790, on est à peine mieux renseigné.
Fort peu nombreuses sont pour cette période les rencontres
Haydn-Mozart dont on connaît les circonstances exactes. Après
celle mentionnée par Kelly, il n'y en eut à proprement parler
que deux, ou plutôt deux séries, connues respectivement grâce à
des lettres de Leopold Mozart à Nannerl et de Mozart à son ami
Johann Michael Puchberg (1741-1822). Elles prirent place les
unes en janvier-février 1785 (auditions des six quatuors de
Mozart dédiés à Haydn plus tard dans l'année), et les autres en

décembre 1789 et janvier 1790 (répétitions et premières représentations de *Cosi fan tutte* et reprise des *Nozze di Figaro*). On trouve en outre, durant cette même période, des allusions à Mozart dans trois lettres de Haydn de 1789-1790, et l'on sait qu'en 1789, Haydn projeta de monter l'année suivante *Figaro* à Eszterháza. En dehors de cela, même pour les ultimes entrevues de novembre-décembre 1790, juste avant le premier départ de Haydn pour Londres, les témoignages sont tous de seconde main, et plus tardifs que les événements qu'ils sont censés relater. Bien que nombreux et concordants, ils ne doivent pas tous être pris au pied de la lettre. Ils font état de diverses rencontres, et surtout des sentiments d'estime et d'admiration réciproques qui unissaient les deux compositeurs – « qui pourtant vivaient dans la même ville », comme ne manquèrent pas de le souligner certains de ces chroniqueurs. Ce n'était d'ailleurs pas tout à fait exact, car Haydn passait le plus clair de son temps à Eszterháza.

HAYDN EN 1782 – LA MESSE DE MARIAZELL – ORLANDO PALADINO – PREMIÈRES OFFRES DE SÉJOUR EN ANGLETERRE

En 1782, il dut s'occuper des quatuors opus 33, dont dès le 29 décembre 1781 Artaria avait annoncé la parution prochaine. Pour ne pas mécontenter les souscripteurs n'ayant pas encore reçu leur exemplaire, la publication fut repoussée jusqu'en avril. Un mois plus tard, l'éditeur Hummel les faisait paraître à Berlin. Peut-être les avait-il reçus de Haydn lui-même. Artaria se montra évidemment mécontent de voir son « exclusivité » si rapidement battue en brèche, et Haydn fut bien obligé, vers le 25 juillet, de mêler les excuses aux reproches : « J'avais prévu dès le début les fâcheuses conséquences de la participation de Monsieur Humel à la vente des quatuors, [...] j'espère que vous réaliserez que cette affaire n'est due qu'à votre annonce prématurée, et que c'est précisément elle qui m'a forcé à offrir mes quatuors aux quatre coins du monde. »

Le 24 juillet 1782, pour la première fois, une symphonie de Haydn parut chez un éditeur viennois, Christoph Torricella :

celle en *ré* majeur n° 73, composée à la fin de 1781 et dite *La Chasse*. Son finale n'est autre que l'ouverture de l'opéra *La fedeltà premiata*, où apparaît la déesse Diane. Haydn dirigea cette année-là pour son prince un total de quatre-vingt-dix représentations d'opéras, dont huit premières et quatre reprises. À l'occasion d'une visite à Eszterháza du grand-duc et de la grande-duchesse de Russie, de retour en Autriche après quelques mois passés en Italie, il composa le plus vaste et le plus complexe de tous ses opéras : *Orlando Paladino*. Contraints toutefois de regagner Saint-Pétersbourg plus tôt que prévu, le grand-duc et la grande-duchesse renoncèrent à leur séjour à Eszterháza, et *Orlando Paladino* ne fut créé que le 6 décembre, pour la fête de Nicolas le Magnifique.

Plus tôt dans l'année, Haydn composa à la demande d'un militaire en retraite souhaitant célébrer son anoblissement, Anton Liebe von Kreutzner, la messe en *ut* majeur Hob. XXII.8, dite *Missa Cellensis* ou *Messe de Mariazell*. On ne sait si c'est Kreutzner ou Haydn qui eut l'idée de dédier l'ouvrage au sanctuaire de Mariazell en Styrie, mais l'authenticité du titre de *Missa Cellensis* est garantie par l'autographe. Ce titre avait déjà été porté par une autre messe de Haydn, également en *ut* majeur (Hob. XXII.5 de 1766), mais seule celle de 1782 est traditionnellement appelée *Messe de Mariazell*. Cette partition termine brillamment la série des huit premières messes de Haydn, étalées sur une trentaine d'années et fort différentes de conception, de dimensions et de facture, tout en annonçant de près le groupe plus homogène et plus concentré dans le temps des six dernières (1796-1802), inauguré après une pause de quatorze ans.

Cette pause résulta notamment de la politique religieuse de Joseph II, comparable à celle menée à Salzbourg par Colloredo. Il n'y eut jamais d'interdiction pure et simple de jouer de la musique religieuse dans les églises, mais, en 1783, une série de réformes furent édictées concernant la vie religieuse en général et en particulier le culte, et qui ne manquèrent pas d'affecter cette musique en tant que telle. Il s'agissait pour Joseph II d'uniformiser, d'économiser et de simplifier, de borner la musique à un rôle essentiellement fonctionnel. Le décret du 25 février 1783 redélimitant les paroisses à Vienne réglementa avec une extrême précision la nature et la « splendeur » des offices, y compris au plan musical, d'après la taille desdites paroisses, le nombre de prêtres qu'elles employaient, etc. Si certains genres comme celui de la messe solennelle avec orchestre se trouvèrent limités de fait, d'autres, comme celui de la messe avec orgue, furent de plus en plus demandés. Les musiciens travaillant dans les diverses églises de Vienne craignirent tout naturellement pour leur pain quotidien, et le 21 mai 1783 adressèrent à l'empereur une pétition rédigée par notre ancienne connaissance Carl Friberth. D'où, un mois plus tard (21 juin), un décret enjoignant aux paroisses, églises et couvents de la ville de dresser une liste des musiciens employés par eux avec fonctions, salaires, etc. Beaucoup de ces musiciens cessèrent d'avoir leur existence assurée. Les listes existent toujours, et on y trouve les noms de près de trois cents contemporains de Haydn et Mozart !

Toujours en 1782, Haydn songea pour la première fois à se rendre à Londres, et alla jusqu'à composer, pour les présenter en personne là-bas, les trois symphonies en *mi* bémol majeur n° 76, en *si* bémol majeur n° 77 et en *ut* mineur n° 78. « Le Shakespeare de la musique est attendu d'un moment à l'autre », put-on lire le 23 novembre dans le *Morning Herald*. Deux jours plus tard cependant, le même journal se montra moins affirmatif : « Le monde musical s'alarme, craignant que le célèbre Haydn ne décline l'invitation qui lui a été faite de visiter l'Angleterre. Les gens distingués sur le continent souhaitent tant le voir rester là où il est, ses occupations et ses problèmes domestiques l'accaparent tant, que Lord Abingdon [mécène, flûtiste et compositeur, 1740-1799], directeur des nouveaux concerts Festino, n'a pas la moindre assurance en ce qui concerne sa venue. » Lord Abingdon n'était pas le seul à essayer d'attirer Haydn à Londres en 1782-1783. Une tentative analogue et tout aussi vaine fut alors menée conjointement par Giovanni Battista (Sir John) Gallini (1728-1805), alors le principal « manager » du King's Theatre, et Charles Burney. Ce dernier s'en fit l'écho dans une lettre : « J'ai suggéré qu'on fasse venir ici Haydn comme compositeur d'opéras – mais chut ! – une correspondance est tout de même engagée, et il y a de grandes chances pour que la chose se fasse, à moins qu'intrigues et litiges ne ruinent notre opéra complètement.» Déçus, les Anglais n'en continuèrent pas moins d'espérer une prochaine visite de Haydn : « Le grand Haydn viendra à Londres l'automne prochain. Le flegme, et pour toutes les questions financières une extrême prudence, sont parmi les caractéristiques principales de ce grand compositeur ; faute d'avoir obtenu des assurances spéciales, il n'a pu en effet se laisser persuader, l'hiver dernier, d'envoyer ses nouvelles œuvres au Grand Concert de Lord Abingdon » (*Morning Post* du 19 juillet 1783). Londres devait ainsi attendre, de plus en plus impatiemment, jusqu'aux premiers jours de 1791.

Haydn en 1783 – Un contrat avec l'Espagne

Faute de laisser Haydn partir pour Londres, le prince Esterházy lui donna à diriger en 1783 un total de cent cinq représentations de dix opéras différents : quatre reprises et six premières, dont *L'Italiana in Londra* de Cimarosa et, de Sarti, *Giulio Sabino* et *Fra i Due Litiganti il terzo gode*, œuvre à succès que Mozart devait citer dans la scène du festin de *Don Giovanni*. Le 15 juillet, Haydn écrivit pour la première fois à un éditeur étranger, en l'occurrence Boyer à Paris. Haydn, à qui Boyer avait demandé des œuvres inédites en exclusivité, se montra dans cette lettre homme d'affaires avisé, faisant état d'obstacles plus ou moins réels avant d'offrir finalement les symphonies n°s 76, 77 et 78 : « J'ai écrit l'année dernière trois symphonies magnifiques, superbes et pas trop longues, pour 2 violons, alto, basse, 2 cors, 2 hautbois, 1 flûte et 1 basson, le tout très facile et sans trop d'éléments *concertante*, pour les Anglais, et comptais les emporter et les présenter moi-même là-bas, mais diverses circonstances ont réduit ce projet à néant, et je suis prêt à céder ces trois symphonies. N.B. Pour le moment, personne ne les a, ayez donc la bonté de m'indiquer au plus vite ce que vous pouvez m'en donner, c'est-à-dire ce à quoi vous pouvez vous engager, car étant donné ma situation je livre mes œuvres au plus offrant.

Cela dit, je vous assure que ces trois symphonies se vendront très bien. » Boyer eut la mauvaise surprise de s'apercevoir, alors qu'il s'apprêtait à les faire paraître, que les symphonies n°s 76, 77 et 78 étaient déjà en vente chez Forster à Londres et chez Torricella à Vienne.

Pendant ce temps, Artaria s'apprêtait à publier des symphonies en réduction pour piano, non sans avoir décidé, pour des raisons commerciales que Haydn comprit fort bien, d'attribuer à l'une d'elles – celle en *ut* majeur n° 69 (1775-1776), toujours inédite sous quelque forme que ce soit – le surnom de *Laudon*. Deux lettres du compositeur, datées respectivement du 20 mars et du 8 avril, ont trait à l'affaire : « Vous aurez lundi la symphonie (elle est pleine de fautes) et aussi quelques lieder. » Et : « Ci-joint la symphonie. J'ai trouvé tant de fautes [dans les épreuves que vous m'avez envoyées] qu'on devrait passer le plus rude des savons à quiconque l'a écrite ainsi. Le dernier (4e) mouvement ne va pas au piano, moi aussi je trouve inutile de l'inclure dans cette édition. Le mot Laudon fera plus pour la vente que dix finales. » Le baron Ernst Gideon von Laudon (*recte* Loudon) (1716-1790) était, rappelons-le, un des plus populaires parmi les chefs d'armée autrichiens de l'époque. Héros des guerres de Sept Ans et de Succession de Bavière, il devait arracher aux Turcs, en octobre 1789, la forteresse de Belgrade.

Peu après, Haydn renforça ses liens avec l'Espagne en signant avec un gentilhomme de ce pays, à Eszterháza le 20 octobre 1783, un contrat par lequel il s'engageait à livrer un certain nombre d'œuvres à la comtesse-duchesse de Benavente y Osuna (1752-1834). Première dame d'honneur à la cour de Madrid, elle entretenait deux orchestres privés. Au moins jusqu'en 1789, Haydn lui envoya beaucoup de musique, mais il semble que pour l'essentiel, il ne se soit pas agi de compositions originales perdues depuis : pour répondre à la demande, Haydn râcla sûrement ses fonds de tiroir. On sait néanmoins qu'en 1784, il envoya à la maison Benavente deux quatuors à cordes, et au même moment deux autres (ou les mêmes) à un autre commanditaire espagnol, le treizième duc d'Albe (1756-1796). Deux siècles plus tard, les archives Benavente ayant disparu et la collection musicale du duc d'Albe n'ayant jamais été retrouvée, ces « quatuors espagnols » restent entourés de mystère.

En 1783 fut composé pour le grand virtuose Anton Kraft (1749-1820), en poste à Eszterháza depuis 1777, un des plus fameux concertos de Haydn : celui pour violoncelle en *ré* majeur Hob. VIIb.2. Il va plus loin que celui en *ut* majeur Hob. VIIb.1, composé une vingtaine d'années auparavant pour Joseph Weigl, dans l'exploration des possibilités techniques de l'instrument. Il est possible que Haydn, en l'écrivant, ait reçu quelques conseils de Kraft, comme Brahms un siècle plus tard de la part de Joseph Joachim pour son concerto pour violon. Mais ce n'est pas prouvé, et il faut noter que vers 1792, Kraft devait publier comme opus 4 un concerto en *ut* majeur de son propre cru nettement moins difficile que celui en *ré* de Haydn, son professeur de composition. L'autre concerto écrit à cette époque, celui en *ré* majeur pour clavecin ou piano Hob. XVIII.11, est de 1780 au plus tard. Il est célèbre par son finale, un Rondo all'Ungarese (à la hongroise) qu'un contemporain qualifia de « danse cosaque ».

HAYDN EN 1784 – REPRISE D'*IL RITORNO DI TOBIA*

Armida, le dernier opéra écrit par Haydn pour son prince, inaugura le 26 février 1784 la saison à Eszterháza : cent quatre représentations de treize opéras différents, dont six premières et sept reprises. Une liste de tous les spectacles donnés en mars au théâtre d'Eszterháza nous apprend qu'il y eut comédie, opéra ou répétition tous les jours du 1er au 21, puis comédie le 30. Dans l'intervalle, Haydn séjourna à Vienne pour y préparer la reprise, les 28 et 30 mars à la *Tonkünstler-Societät*, de son oratorio de 1775 *Il ritorno di Tobia*. Il avait pour l'occasion raccourci l'ouvrage, mais l'avait aussi augmenté de deux nouveaux chœurs. À l'exception du toujours fidèle Carl Friberth, les chanteurs qui se produisirent alors dans *Tobia* sous la direction de Haydn sont tous connus pour leur participation aux créations de *L'Enlèvement au sérail* (1782) et des *Nozze di Figaro* (1786) de Mozart. On entendit en effet, dans le rôle d'Anna,

Nancy Storace (1765-1817), sœur de Stephen Storace et première Suzanne dans *Figaro*; dans celui de Raffaele, Catarina Cavalieri (1761-1801), première Constance dans *L'Enlèvement* et plus tard titulaire des rôles d'Elvire lors de la première viennoise de *Don Giovanni* (1788) et de la comtesse lors de la reprise de *Figaro* (1789); dans celui de Sara, Theresia Teyber (1760-1830), première Blonde dans *L'Enlèvement*; dans celui de Tobit, Steffano Mandini (1736-1824), premier comte dans *Figaro*; et dans celui de Tobie, le 28 mars Valentin Adamberger (1743-1804), premier Belmonte dans *L'Enlèvement*, et le 30 Carl Friberth. À ces deux exécutions d'*Il ritorno di Tobia* prirent part un orchestre d'environ quatre-vingts instrumentistes, dont quarante violonistes, et un chœur de soixante chanteurs.

Le 25 octobre 1784, Haydn proposa à Boyer une nouvelle transaction: «Étant donné que vous, Noble Monsieur, avez accepté l'an dernier trois de mes nouvelles symphonies [nos 76, 77 et 78], je m'offre à vous faire parvenir d'ici la fin novembre, pour 15 ducats, trois nouvelles symphonies, écrites avec soin et proprement et correctement copiées.» Il s'agissait des symphonies en *fa* majeur n° 79, en *ré* mineur n° 80 et en *sol* majeur n° 81, les dernières avant les *Parisiennes*. Échaudé par ses mésaventures de 1783, Boyer ne les accepta pas. Il n'avait pas tort d'être méfiant, car Haydn s'était déjà arrangé pour les faire parvenir à Forster à Londres. Elles parurent également en 1785 à Vienne chez Torricella et Artaria. Haydn publia aussi en 1784 trois sonates en deux mouvements, simples d'apparence mais très subtiles: en *sol* majeur n° 54, en *si* bémol majeur n° 55 et en *ré* majeur n° 56 (Hob. XVI.40-42). En 1788, ces trois sonates parurent dans une transcription pour trio à cordes qui n'était pas de Haydn lui-même. Toujours en 1784 furent composés et publiés les premiers de ses très nombreux trios pour piano, violon et violoncelle des années 1780 et 1790: treize (n° 18-30 Hob. XV.5-17) naquirent de 1784 à 1790 (dans les trois derniers, le violon peut-être remplacé par une flûte), et quinze (n° 31-45 Hob.18-32) de 1792 à 1796. Au plan pianistique, ces splendides trios ont chez Haydn la même importance que les concertos chez Mozart.

Mozart en 1782 – L'enlèvement au sérail
Constance Mozart, née Weber

Dans sa lettre à son père datée du 15 décembre 1781, Mozart lui annonça d'une part que le poste de maître de musique de la princesse de Wurtemberg était allé à Salieri, et d'autre part qu'il avait l'intention d'épouser Constance Weber (1762-1842). Elle était devenue, à l'en croire, une martyre au sein de sa famille, et valait bien mieux que ses deux sœurs aînées Josepha et Aloysia : il traita l'une de « personne paresseuse, grossière et fausse », et l'autre de « coquette ». La dernière, Sophie, était « encore trop jeune pour pouvoir être quelque chose, elle n'est rien d'autre qu'une bonne mais légère créature, que Dieu la garde de la tentation ». Il vanta en revanche le bon sens et les qualités de ménagère de Constance : « Elle n'est pas laide, mais rien moins que belle, toute sa beauté réside dans deux petits yeux noirs et dans sa taille bien faite, elle n'a pas de répartie, mais elle est assez raisonnable pour remplir ses devoirs d'épouse et de mère, elle n'a aucun penchant pour le luxe, elle est au contraire habituée à être mal habillée. » Il ne précisa cependant pas qu'il avait mené assez loin ses relations avec elle. Or Leopold en avait été informé par le compositeur Peter (von) Winter (1754-1825), qui après avoir étudié à Vienne avec Salieri était passé par Salzbourg en retournant à Munich, son port d'attache. Winter dut en outre raconter à Leopold que la situation de Wolfgang à Vienne n'était pas très brillante, que l'aristocratie ne l'appréciait pas, et que donc ses perspectives d'avenir paraissaient sombres. Leopold rapporta certainement à son fils la teneur de ses conversations avec Winter (rappelons que toutes ses lettres à Wolfgang postérieures à l'installation de ce dernier à Vienne ont disparu), car dans une nouvelle missive, datée du 22 décembre, Mozart traita Winter de menteur et se porta garant de la moralité de Constance. Leopold s'était en outre rappelé que jadis, pour des raisons financières, il avait dû attendre longtemps avant d'épouser Maria Anna. Wolfgang tenta également de le rassurer sur ce point. Il écrivit qu'à revenu égal, il se tirerait mieux d'affaire avec Constance que sans elle, et s'efforça de gagner Nannerl à sa cause : par exemple en lui envoyant le rondo pour piano et orchestre en *ré* majeur KV 382, entendu le 3 mars 1782 avec des extraits d'*Idomeneo* comme finale de remplacement pour le concerto n° 5 KV 175 de 1773.

BACH ET HAENDEL DÉCOUVERTS GRÂCE À VAN SWIETEN

De nouvelles découvertes l'attendaient. À son retour de son ambassade à Berlin en 1777, Gottfried van Swieten avait été nommé directeur de la bibliothèque impériale. En 1782, il devint président de la commission de l'Éducation et de la Censure, fonctions qu'il exerça dans un sens libéral et qui le firent participer activement à la politique de réformes de Joseph II. Il avait à cœur de faire connaître aux Viennois la grande musique du Nord. Ces derniers ne l'ignoraient d'ailleurs pas tout à fait. Wagenseil avait par exemple utilisé le *Clavier bien tempéré* dans son enseignement, et en juillet 1778, Albrechtsberger avait copié de sa main toutes les fugues du Livre II. « Je vais tous les dimanches à midi chez le baron von Suiten [van Swieten], on n'y joue que du Haendel et du Bach. Je me constitue une collection des fugues de Bach, aussi bien de Sebastian que d'Emanuel et Friedemann Bach […] et voudrais faire entendre au baron celles d'Eberlin » (à Leopold, 10 avril 1782). Et à Nannerl, le 20 avril : « Le baron von Suiten [van Swieten], chez qui je vais tous les dimanches, m'a prêté […] toutes les œuvres de Haendel et de Sebastian Bach. Quand Constance a entendu les fugues, elle en est tombée amoureuse, elle ne veut plus entendre que des fugues […] de Haendel et Bach. M'ayant souvent entendu improviser des fugues, elle m'a demandé si j'en avais couché sur le papier, je lui ai répondu non, et elle m'a accusé de refuser d'écrire ce qu'il y a de plus savant et de plus beau en musique. » Il fallait bien montrer à père et sœur à quel point Constance était bonne musicienne !

La découverte du contrepoint de Bach et Haendel grâce à Swieten bouleversa Mozart : au plan de l'écriture polyphonique, elle devait marquer ses plus grandes œuvres, du finale du quatuor à cordes en *sol* majeur KV 387 (décembre 1782) à celui de la *Jupiter* (août 1788), en passant par la messe en *ut* mineur KV 427 et par le menuet et trio de l'étonnante sérénade en *ut* mineur pour huit instruments à vent KV 388 (juillet 1782 ou fin 1783): ce menuet et son trio sont en canon, et dans le trio, la seconde voix est en outre le renversement de la première! Pour le moment, Mozart entreprit et abandonna un grand nombre de fugues. Ne fut mené à bien que le prélude et fugue en *ut* majeur pour piano KV 394: dans sa lettre à Nannerl, Wolfgang précisa qu'il avait écrit la fugue – elle rappelle celle en *ut* majeur du premier livre du *Clavier bien tempéré* – en songeant au prélude! Restèrent inachevées la suite en *ut* majeur «dans le style de Haendel» (titre apocryphe) KV 399 et deux fantaisies: en *ut* mineur KV 396 et en *ré* mineur KV 397. Mozart arrangea en outre pour quatuor à cordes (KV 405) cinq fugues du Livre II du *Clavier bien tempéré*. Existent aussi, précédés chaque fois d'un prélude, des arrangements pour trio à cordes de cinq autres fugues de Johann Sebastian et d'une de Wilhelm Friedemann (KV 404a), mais il semble bien que ces arrangements proviennent aussi bien d'Albretchsberger que de Mozart. Il y eut aussi la fugue en *ut* mineur pour deux pianos KV 426 (décembre 1782 ou 1783), que plus tard, en juin 1788, Mozart devait transcrire pour quatuor à cordes en lui adjoignant un prélude digne d'elle (Adagio et Fugue en *ut* mineur KV 546).

L'*Enlèvement au sérail*

Créé le 16 juillet, *L'Enlèvement au sérail* KV 384 s'inscrit dans une tradition d'œuvres musicales et littéraires scrutant l'Orient avec les yeux de l'Occident. À Vienne, en raison des événements de 1683, cette tradition était particulièrement ancrée dans les esprits. Les œuvres en question insistaient en général à la fois sur le côté cruel et despotique et sur l'aspect exotique et sensuel de l'Orient, et traitaient avec diverses variantes de la délivrance de captifs européens. En particulier dans *L'Enlèvement*, ce n'est toutefois pas un vrai «Turc» qui exerce la clémence, mais un rénégat originaire d'Occident, ce qui – comme les fières déclarations de Blonde sur sa qualité d'Anglaise, et sans oublier les imprécations d'Osmin – interdit de voir là une nouvelle mouture du « Turc généreux » des *Indes galantes* de Rameau (1735). Comme l'a fait remarquer Nicholas Till, l'Autriche entretint tout au long du XVIIIe siècle des hostilités plus ou moins symboliques contre les Turcs, « culminant dans la guerre futile et désastreuse déclenchée par Joseph II en 1788. [...] Le livret de *L'Enlèvement* ne fut en toute probabilité pas choisi, ainsi qu'on le suggère le plus souvent, comme expression des Lumières bourgeoises dans ce qu'elles avaient de libéral, d'humanitaire et de tolérant, mais comme une histoire à mettre au service de la propagande de l'empereur contre les Turcs. [...] Et c'est ainsi que très certainement les Viennois entendirent la musique turque de *L'Enlèvement* : comique certes, mais néanmoins grossière et barbare ». *L'Enlèvement au sérail* est l'opéra de Mozart qui, de son vivant, connut le plus grand succès. Les précédents n'avaient pas « survécu » à leurs premières représentations, alors que *L'Enlèvement* fut donné à Vienne en 1782 onze fois – le 6 août à la demande de Gluck, et le 8 octobre devant le grand-duc et la grande-duchesse de Russie, Mozart dirigeant lui-même – puis repris deux fois en 1783, trois fois en 1785, onze fois en 1786, neuf fois en 1787 et une fois en 1788. Il fut en outre représenté jusqu'en 1791 dans une quarantaine de villes, presque toutes en Allemagne. Plus que tout autre, l'ouvrage contribua à faire connaître aux quatre coins du pays le nom de son créateur. On le vit en polonais à Varsovie le 25 novembre 1783, et à Salzbourg le 17 novembre 1784 : « L'archevêque nous a prodigué la grande grâce de dire *Ce n'est vraiment pas mal* » (Leopold à Nannerl, 19 novembre).

À propos de l'air de Belmonte « O wie ängstlich », et sans pour autant minimiser la question des livrets, Mozart prit le contre-pied des théories de Gluck, qui pourtant l'avait influencé, notamment dans *Idomeneo* : « Dans un opéra, la poésie doit être en définitive la servante obéissante de la musique. Pourquoi les opéras bouffes italiens plaisent-ils partout malgré leurs livrets misérables, même à Paris, comme j'ai pu le constater

moi-même ? Parce que la musique y domine, et fait oublier tout
le reste » (à Leopold, 13 octobre 1781). Cette profession de foi
détermine aussi, dans *L'Enlèvement*, les rapports entre épisodes
chantés et dialogues parlés, Mozart employant toutes sortes de
moyens pour ne pas donner l'impression d'une simple « comédie avec musique ». *L'Enlèvement au sérail* projeta l'opéra allemand à un niveau qu'il n'avait jamais atteint auparavant, sans
renoncer pour autant à ce qui avait fait la force du *seria* et du
buffa, ces deux traditions « à l'italienne ». Le quatuor terminant
l'acte II (« Ach, Belmonte, Ach, mein Leben ») n'est autre, chez
Mozart, que le premier finale à l'italienne totalement maîtrisé.

CONSTANCE MOZART, NÉE WEBER

Malgré le triomphe remporté, *L'Enlèvement au sérail* – son
principal personnage féminin porte le nom de Constance – ne
valut à Mozart aucun poste à la cour. Le 4 août 1782, trois
semaines après la première de l'ouvrage, et au terme de longues
et assez obscures péripéties, il épousa « sa » Constance à la
cathédrale Saint-Étienne. Après la cérémonie, la baronne Elisabeth von Waldstätten (1744-1811), dont Wolfgang avait fait la
connaissance en 1781, leur offrit un souper magnifique, « plus
princier que baronique » (à Leopold, 7 août). L'autorisation de
Leopold arriva le lendemain 5 août, et dans les semaines qui suivirent, la baronne fit de son mieux pour apaiser son courroux !
De ce mariage apparemment heureux, et qui pour Wolfgang
compta beaucoup, six enfants naquirent, dont quatre morts en
bas âge. Ne survécurent que le deuxième et le dernier, deux fils
prénommés respectivement Carl Thomas (1784-1858) et Franz
Xaver Wolfgang (1791-1844). L'aîné devait mener une carrière
de fonctionnaire à Milan, le cadet – sous le nom de Wolfgang
Amadeus – celle de musicien professionnel, et ce très honora-
blement. Mozart et Constance envisagèrent immédiatement une
visite à Salzbourg, mais au grand déplaisir de Leopold, la
repoussèrent plusieurs fois sous des prétextes plus ou moins
valables : Constance était enceinte, des concerts étaient prévus,

crainte de Wolfgang, qui n'avait pas reçu officiellement son congé, d'être arrêté par Colloredo, etc. La visite n'intervint qu'en 1783 de juillet à octobre. On ne possède malheureusement aucune lettre de Constance datant de ses années de mariage avec Wolfgang, sauf une adressée à Nannerl le 19 juillet 1783, juste avant la visite à Salzbourg. Assez bonne musicienne, elle se révélera après la mort de Mozart femme d'affaires avisée, comme en témoigne la correspondance qu'elle échangea aux alentours de 1800 avec les éditeurs Breitkopf & Härtel (Leipzig) et André (Offenbach-sur-le-Main). En vertu d'un contrat signé à Vienne le 8 novembre 1799, André lui acheta pour 3 150 florins un grand nombre de manuscrits de Mozart. Elle devait survivre un demi-siècle à ce dernier et mourir en 1842 à Salzbourg, où elle s'était installée en 1821 avec son second mari, le diplomate danois Georg Nikolaus Nissen (1761-1826).

Retour au quatuor à cordes et au concerto pour piano

La fin de l'année 1782 vit Mozart revenir à deux genres importants. Le 31 décembre, il termina le quatuor à cordes en *sol* majeur KV 387, plus tard fortement révisé et premier d'une série de six. Il pensait terminer rapidement cette série entreprise sous le coup de la révélation de l'opus 33 de Haydn, car dès le 26 avril 1783, il offrit à l'éditeur parisien Sieber « six quatuors pour 2 violons, alto et basse. […] Je ne puis m'en séparer pour moins de 50 Louis d'or ». Il ne se doutait pas que pour la mener à bien, il lui faudrait plus de deux ans, ni qu'elle ne paraîtrait qu'en septembre 1785, chez Artaria à Vienne, avec une dédicace à Haydn ! Reflet de sa découverte de Bach, le finale du quatuor en *sol* majeur combine de façon magistrale l'écriture en *fugato* avec la forme sonate, le style sévère avec le style bouffe. Son Andante cantabile cite quant à lui avec insistance la formule cadentielle placée par Haydn à la base du premier mouvement de son opus 33 n° 5, dans la même tonalité. Naquirent en même temps, destinés à des concerts par souscription prévus pour le carême

1783, trois concertos pour piano, les premiers des dix-sept que Mozart devait produire à Vienne : n° 11 en *fa* majeur KV 413, n° 12 en *la* majeur KV 414 (le premier terminé et le plus réussi) et n° 13 en *ut* majeur KV 415. Mozart les offrit également à Sieber, et c'est à leur propos qu'il eut ces phrases significatives : « Ils sont à mi-chemin entre le trop facile et le trop difficile, très brillants, agréables à l'oreille, naturels sans tomber dans le vide, ici et là *seuls les connaisseurs* pourront en tirer satisfaction, mais de façon à ce que les non-connaisseurs puissent eux aussi se montrer satisfaits, sans savoir pourquoi » (à Leopold, 28 décembre 1782). Dans ces trois concertos, les cordes peuvent se limiter à un instrument par partie, et les vents sont *ad libitum* : versions « de chambre » valables aussi pour un quatrième concerto pour piano entrepris par Mozart au cours de l'hiver 1782-1783, mais terminé seulement un an plus tard, en février 1784 : celui en *mi* bémol majeur n° 14 KV 449.

Mozart en 1783 – L'ultime séjour à Salzbourg

Le 4 janvier, Mozart demanda à Leopold de lui envoyer « le plus vite possible » pour ses concerts les quatre symphonies en *ré* majeur KV 204 (tirée de la *Finalmusik* d'août 1775), en *la* majeur n° 29 KV 201, en *si* bémol majeur n° 24 KV 182 et en *sol* mineur n° 25 KV 183. Il ajouta, pensant aux concerts du dimanche chez Swieten : « Y a-t-il dans la dernière messe ou dans les dernières Vêpres de [Michael] Haydn des fugues importantes ? » Le 11 mars, dans le cadre d'une académie au bénéfice de son ancienne passion Aloysia Lange, née Weber, il dirigea au Burgtheater la symphonie *Paris* et joua le concerto en *ut* majeur KV 415 ainsi que (deux fois) le rondo en *ré* majeur KV 382. Aloysia chanta *Alcando lo confesso... Non sò d'onde viene* KV 294. En 1783, Mozart ne composa pas moins de trois nouveaux airs de concert pour elle. Le 16 mars, il dîna avec Constance chez Gluck, et le dimanche 23 donna à son propre bénéfice, en présence de Joseph II, une grande académie au Burgtheater : concerto intercalaire pour vents de la sérénade

Posthorn KV 320, concertos pour piano en *ut* majeur KV 415 et en *ré* majeur KV 175, fugue au piano, variations improvisées au piano sur des thèmes de Paisiello (KV 398) et de Gluck (KV 455), airs chantés par Thérèse Teyber, Aloysia Lange et Valentin Adamberger, première audition de la symphonie en *ré* majeur n° 35 KV 385, dite *Haffner*, avec les trois premiers mouvements en début de concert et le dernier – Mozart le voulait joué « aussi vite que possible » – à la fin ! Cette brillante symphonie – celle de Mozart dont on connaît le mieux la genèse – provenait d'une sérénade envoyée en juillet-août de l'année précédente à Salzbourg, et alors destinée à célébrer l'anoblissement de Sigismund Haffner junior. Pour la version « symphonie », Mozart supprima les reprises du premier mouvement, et afin de renforcer les *tutti*, ajouta dans les mouvements extrêmes deux flûtes et deux clarinettes. Le Burgtheater était plein à craquer, et Joseph II fit parvenir à Mozart 25 ducats, soit un peu plus de 100 florins. Cette somme tomba bien, car Mozart venait de contracter sa première dette connue. Le 15 février, il avait en effet prié par écrit la baronne von Waldstätten de l'aider à « ne pas perdre [son] honneur et [sa] réputation, précisant : « Je ne puis payer maintenant, pas même la moitié ! » Son créancier, le libraire et éditeur Johann Thomas von Trattner, avait menacé – à l'en croire – de le traîner en justice.

En mai, Mozart composa le premier en date de ses quatre concertos pour cor, tous destinés à Joseph Leutgeb : le n° 2 en *mi* bémol majeur KV 417. Et le 17 juin naquit son premier enfant, Raimund Leopold. Plus tard, Constance devait déclarer que le deuxième des futurs quatuors « à Haydn », celui en *ré* mineur KV 421, avait été couché sur le papier juste avant son accouchement : d'où sa datation traditionnelle (juin 1783), que rien d'autre ne vient confirmer. Son finale, un Allegretto à 6/8 au rythme de sicilienne et traité en variations, provient en droite ligne de celui de l'opus 33 n° 5 de Haydn. Au quatuor en *mi* bémol majeur KV 428, quatrième dans l'ordre de publication, Mozart travailla apparemment en même temps qu'à celui en *ré* mineur : on le situe donc en juin-juillet 1783. Son menuet, avec ses chutes d'octave puis de septième, s'inspire manifestement de celui de l'opus 33 n° 2 de Haydn, dans la même tonalité, et son Andante con moto, merveille d'écriture verticale à quatre voix, du mouvement correspondant de l'opus 20 n° 1, lui aussi en *la* bémol majeur. Commencé comme les deux précédents au printemps ou dans l'été 1783, le quatuor en *si* bémol majeur KV 458, dit *La Chasse* en raison de la mesure à 6/8 de son Allegro vivace assai initial, ne devait être achevé qu'un an et demi plus tard, le 9 novembre 1784.

L'ultime séjour à Salzbourg et la Messe en ut mineur

Dans sa lettre à Leopold du 4 janvier 1783, Mozart annonça qu'il avait terminé la moitié d'une messe, et que cette messe résultait d'un vœu en relation avec Constance. Avait-il fait le vœu d'écrire une messe s'il parvenait à épouser Constance ? Si elle guérissait de maladie ? On ne sait. Un des exercices vocaux (KV 393 n° 2) écrits pour Constance en 1782 annonce le Christe de la messe, et il est probable que Mozart voulut ainsi préparer sa femme à chanter l'ouvrage. Avant le 29 juillet 1783, il arriva avec Constance à Salzbourg, pour son dernier séjour dans sa ville natale. Une semaine auparavant, Constance avait adressé à Nannerl la missive déjà mentionnée, et à dire vrai assez convenue : « Mon cher époux a bien reçu votre lettre, et il s'est réjoui autant que moi d'apprendre que vous souhaitiez ardemment nous voir. Seul l'a irrité le soupçon que vous portez à notre égard de ne pas éprouver le même désir, et de fait, cela m'a peinée moi-même. » Wolfgang et Constance avaient laissé leur fils en garde à Vienne. Cette visite ne semble pas avoir été très heureuse. Selon la tradition, Mozart composa alors les deux duos pour violon et alto en *sol* majeur KV 423 et en *si* bémol majeur KV 434 pour venir en aide à Michael Haydn, à qui avaient été commandés six ouvrages de ce type mais qui n'était venu à bout que de quatre : MH 335-338 en *ut* majeur, *ré* majeur, *mi* majeur et *fa* majeur. Est-ce pour qu'on ne s'aperçoive pas de la supercherie que Mozart ne data ni ne signa ses deux autographes ? Le 26 octobre, après une répétition générale le 23 (dates connues grâce au journal de Nannerl), la messe en *ut* mineur KV 427 était créée à l'église Saint-Pierre. Constance chanta une des parties de soprano le 23, et probablement aussi le 26. Du type messe-cantate, l'œuvre est inachevée, et on ne sait par quoi on la « compléta » le 26 octobre 1783. Mozart composa le Kyrie, le Gloria (en sept sections), le Credo jusqu'à l'Incarnatus compris, le Sanctus et le Benedictus. Manquent donc le Credo à partir du Crucifixus et tout l'Agnus Dei. En outre, dans le superbe Incarnatus, Mozart n'écrivit que la partie vocale (soprano solo), les trois instruments à vent obligés (flûte, hautbois et basson) et la basse, et dans l'Osanna pour double chœur, seulement le premier des deux chœurs. Pour ces deux épisodes, un travail de reconstruction s'est révélé nécessaire. L'œuvre magnifie aussi bien la tradition de Bach (« Qui tollis » en *sol* mineur) et Haendel (« Gloria in excelsis Deo ») que la tradition italienne (épisodes pour solistes vocaux). En 1840, l'éditeur André la publia telle qu'il l'avait trouvée à Salzbourg sur les indications de Constance. En 1901, le musicologue Alois Schmitt la fit paraître avec en complément des pages tirées de diverses compositions d'église de Mozart (dont une en réalité d'Eberlin), la sauvant ainsi de l'oubli total dans lequel elle était tombée.

LA SYMPHONIE N° 36 « LINZ »

Le 27 octobre, Wolfgang et Constance reprirent le chemin de Vienne. Wolfgang ne devait plus revoir ni Salzbourg, ni Nannerl. Le 30, ils arrivèrent à Linz, où ils bénéficièrent de l'hospitalité du « vieux » comte Johann Joseph von Thun-Hohenstein (1711-1788), et d'où Mozart écrivit à son père : « Mardi 4 novembre, je donnerai ici un concert au théâtre, et comme je n'ai pas avec moi la moindre symphonie, j'en compose une nouvelle à toute vitesse. » Le jour dit, il dirigea en première audition la symphonie n° 36 en *ut* majeur KV 425, dite *Linz* : sa première à comporter une introduction lente et la seule à utiliser trompettes et timbales dans son mouvement lent. Elle est plus vaste et plus ample que n'importe laquelle des précédentes. Dès l'introduction Adagio, avec ses rythmes pointés, on est plongé dans l'univers des ultimes chefs-d'œuvre de Mozart. L'Allegro spiritoso qui suit contient de puissants accords semblant provenir, par l'intermédiaire du Gloria de la messe en *ut* mineur, de l'Alleluia du *Messie* de Haendel ! Quant au finale (Presto), il cite au passage le thème du mouvement correspondant du quatuor à cordes opus 9 n° 1 de Haydn (1769-1770), dans la même tonalité. Mozart devait diriger la symphonie *Linz* au Burgtheater de Vienne le 1er avril 1784. Il envoya ensuite l'autographe à son père, qui dirigea à son tour l'ouvrage à Salzbourg le 15 septembre 1784, avant d'en faire mention dans une lettre à Nannerl – qui depuis son mariage le mois précédent vivait à Saint-Gilgen – comme de « l'excellente symphonie de ton frère » (17 septembre) : Leopold critiqua souvent la conduite de son fils, mais jamais sa musique ! De la symphonie en *fa* majeur n° 13 KV 112 (Milan novembre 1771) à la *Jupiter* de 1788, la *Linz* est la seule de Mozart dont l'autographe a disparu. Peut-être Leopold en fit-il cadeau à une de ses connaissances salzbourgeoises. La principale source de l'œuvre fut longtemps les parties séparées envoyées par Mozart à Donaueschingen en 1786. Mais il faut aussi tenir compte de celles préparées par Leopold à partir de l'autographe perdu : elles présentent une version de l'ouvrage quelque peu différente de celle que l'on entend habituellement.

Selon la légende, Mozart dirigea aussi à Linz, après lui avoir ajouté une introduction lente, une récente symphonie de Michael Haydn : en *sol* majeur MH 334, achevée à Salzbourg le 23 mai 1783. Il en existe en effet une copie partiellement de sa main, ce qui explique qu'au xixe siècle, l'œuvre ait été qualifiée de « Symphonie n° 37 KV 444 de Mozart », alors que seule l'introduction lente était de lui ! En réalité, Mozart dirigea cette symphonie de Michael Haydn non pas à Linz, mais à Vienne en février-avril 1784. Il avait souvent recours, pour ses concerts, aux œuvres d'autrui, raison pour laquelle, sans doute, il nota à cette époque, probablement avant son départ à Salzbourg, les débuts de trois symphonies de Joseph Haydn : en *ré* majeur n° 75 (1779), en *sol* majeur n° 47 (1772) et en *ré* majeur n° 62 (1780). On ne sait s'il les dirigea, mais en composant la symphonie *Linz*, il se

souvint apparemment de deux d'entre elles : son introduction
lente contient des échos assez nets de celle de la symphonie
n° 75, et les puissants accords – dont il vient d'être question – de
son Allegro spiritoso se trouvent à peu près tels quels dans le
finale de la symphonie n° 62.

On a longtemps pensé que les quatre belles sonates pour
piano en *ut* majeur KV 330 (de caractère intime), en *la* majeur
KV 331 (celle contenant la célèbre « Marche turque »), en *fa*
majeur KV 332 (ample et dramatique) et en *si* bémol majeur
KV 333 avaient été écrites à Paris en 1778. En réalité, elles datent
de 1783. Publiées par Artaria en 1784 comme opus VI, les trois
premières furent en toute probabilité menées à bien à Salzbourg,
et la quatrième à Linz et à Vienne. Virtuose mais profonde, également publiée à Vienne en 1784, la sonate en *si* bémol majeur
KV 333 transcende l'esprit et l'atmosphère propres à Johann
Christian Bach, dont elle rappelle deux des sonates opus 17 : celle
en *sol* majeur n° 4 par le début de son Allegro initial, celle en *si*
bémol majeur n° 6 par son allure générale. Les variations en *ut*
majeur KV 265 sur « Ah vous dirai-je, Maman » et celles en *mi*
bémol majeur KV 353 sur « La belle Françoise » ne furent pas,
elles non plus, composées à Paris, mais à Vienne en 1781 ou 1782.

MOZART EN 1784, ANNÉE À SUCCÈS
SIX CONCERTOS POUR PIANO

À leur retour de Salzbourg, Mozart et Constance apprirent la
mort de leur fils, survenue le 19 août pendant leur absence. De
décembre 1783 à septembre 1784, ils logèrent au Trattnerhof sur
le Graben, chez Johann Thomas von Trattner et sa femme Theresa (1758-1793). Au début de 1784, la plus brillante et la plus
mondaine de ses années viennoises, et la plus dominée par le
piano, Mozart fit l'acquisition d'un cahier à couverture rose sur
lequel, à partir du 9 février et jusqu'à sa mort, il devait noter,
avec la date de leur achèvement et leurs deux premières mesures,
à peu près toutes ses nouvelles compositions. Parmi les rares qui
n'y figurent pas, le concerto pour cor n° 3 KV 447 et le Rondo

pour piano en *ré* majeur KV 485. La première qu'il y inscrivit est le concerto pour piano n° 14 en *mi* bémol majeur KV 449. La date indiquée, celle du 9 février 1784, se trouve également sur l'autographe, ce qui ne devait pas toujours être le cas, notamment parce que certaines entrées furent portées sur le catalogue par Mozart de mémoire. La présence d'un concerto pour piano en tête dudit catalogue a quelque chose de symbolique, car s'il est un genre instrumental auquel Mozart fit passer le seuil de la « modernité », c'est bien celui-là ! Six devaient être composés en 1784, trois en 1785 et encore trois en 1786 : ensemble de douze à mettre en parallèle avec les douze *Symphonies londoniennes* (n° 93-104) de Haydn, postérieures de quelques années (1791-1795). Du 14ᵉ concerto au 25ᵉ, tous composés entre la symphonie *Linz* et la suivante, la *Prague*, l'évolution est étonnante, en particulier parce que dans l'intervalle survint un événement capital dans la carrière de Mozart : la composition et la création des *Nozze di Figaro* (1ᵉʳ mai 1786). Les six concertos de 1784 se divisent en deux groupes : les quatre premiers (n° 14 à n° 17) d'une part, assez rapprochés dans le temps et tous envoyés par Mozart à Salzbourg pour y être copiés et joués par Nannerl, les deux derniers (n° 18 et n° 19) d'autre part, plus tardifs et plus isolés.

Les quatre concertos du printemps 1784

Mozart destina le concerto n° 14 à son élève Barbara (Babette) Ployer (1765-v. 1810), dont il reçut en paiement une somme appréciable. Babette en eut l'exclusivité, exception faite naturellement de Wolfgang et de Nannerl : il ne fut donc pas publié du vivant du compositeur. Le 17 mars, lors d'un concert à son bénéfice chez les Trattner, Mozart le joua lui-même avec grand succès. Il le qualifia, paraphrasant volontairement ou non les lettres-circulaires de Haydn concernant l'opus 33, de « concerto dans un style entièrement nouveau, avec orchestre plutôt réduit ». Trois autres concertos suivirent en deux mois : un (n° 17) de nouveau pour Babette Ployer, et deux (n° 15 et n° 16) pour Mozart lui-même, qui pour cette raison les parsema de difficultés, en particulier le n° 15. Il s'agit d'une trilogie de « grands concertos » que Mozart destina à l'usage exclusif de lui-même et de ses mécènes. Sans doute joua-t-il le concerto n° 15 en *si* bémol majeur KV 450 le 24 mars, de nouveau chez les Trattner. Les instruments à vent y sont indispensables, et bien mis en valeur dès les premières mesures dominées par des sonorités de hautbois et de bassons évoquant quelque sérénade ou divertissement et soutenues par la seule ligne de basse.

Le concerto n° 16 en *ré* majeur KV 451 du 22 mars 1784 symbolise lui aussi cette période heureuse au cours de laquelle Mozart, en à peine plus d'un mois, du 26 février au 3 avril, participa à plus de vingt concerts. Il l'interpréta sans doute pour la première fois lors d'un concert privé le 31 mars, toujours chez les Trattner. Ce second concerto « mettant en nage » fut un des rares publiés du vivant de Mozart, à Paris vers 1785. Ses sonorités d'ouverture sont massives, non « de chambre » comme dans le n° 15, et les contemporains attirèrent l'attention sur les difficultés de sa partie d'orchestre. Le concerto n° 17 en *sol* majeur KV 453, le seul de Mozart dans cette tonalité, fut terminé quant à lui le 12 avril 1784. Le père de Babette Ployer, Gottfried Ignaz von Ployer, agent à Vienne de la cour de Salzbourg, engagea un orchestre, et le concerto n° 17 fut créé par Babette le 13 juin dans la résidence d'été de Gottfried Ignaz à Döbling, un des faubourgs de Vienne. Étaient présents Paisiello et bien sûr Mozart en personne, qui joua avec son élève l'inévitable sonate pour deux pianos en *ré* majeur KV 448. Bien que moins virtuose que les deux précédents, le concerto n° 17 montre que Mozart ne faisait plus de distinction fondamentale entre ceux destinés à lui-même et ceux destinés à ses élèves. Son finale est un « thème et variations » débouchant sur une coda marquée Presto, d'allure endiablée et en style d'opéra bouffe : on croirait entendre Papagena et Papageno !

Pour bien faire saisir à Leopold l'étendue de ses succès à Vienne, Wolfgang lui envoya le 20 mars la longue liste des personnalités qui avaient souscrit à ses trois concerts chez les

Trattner. Ses conquêtes en matière de concerto pour piano profitèrent à d'autres genres. Inscrit sur le catalogue le 30 mars 1784, mais peut-être terminé quelques jours auparavant, le quintette en *mi* bémol majeur pour piano et vents KV 452 est étroitement lié dans le temps et l'espace aux quatre concertos n° 14 à n° 17. Comme eux, il traite en soliste l'instrument à clavier, mais réalise en outre la synthèse de genres très nombreux : concerto, musique de chambre, symphonie concertante, sérénade pour vents. Il fut entendu pour la première fois le 1er avril 1784 lors d'un grand concert donné par Mozart à son propre bénéfice, lui-même jouant la partie de piano. On entendit aussi diverses pièces vocales et trois symphonies, dont la *Haffner* et la *Linz*. « Je le considère comme ma meilleure œuvre jusqu'ici », écrivit Wolfgang le 10 avril à Leopold à propos du quintette. Il savait qu'il avait produit quelque chose d'unique, non seulement en opposant au piano quatre vents (hautbois, clarinette, cor et basson), mais en se limitant à un seul instrument de chaque type, alors que les sérénades traditionnelles, y compris chez lui KV 375 en *mi* bémol majeur et KV 388 en *ut* mineur, faisaient appel à deux hautbois, deux clarinettes, etc. Pour qu'on entende bien les quatre vents, il leur confia d'assez nombreux accords sans soutien pianistique, et les opposa au piano en des combinaisons diverses, sans donner à tel ou tel d'entre eux une importance disproportionnée.

Datée du 21 avril 1784, d'une semaine postérieure au concerto n° 17, la sonate pour piano et violon en *si* bémol majeur KV 454 est la première des trois « grandes » composées par Mozart à Vienne. L'œuvre fut destinée à la violoniste italienne Regina Strinasacchi (1764-1839). « Elle joue avec beaucoup de goût et de sentiment » (Wolfgang à Leopold, 24 avril). La sonate KV 454 fut créée par Strinasacchi et Mozart le 29 avril lors d'un concert au Théâtre de la Porte de Carinthie, un des deux théâtres impériaux de Vienne. Plus tard, Constance raconta que Mozart, n'ayant pas eu le temps de noter la partie de piano, avait joué devant une page blanche, à la fois de mémoire et en improvisant, et que Joseph II, présent au concert, s'en était aperçu. Cette histoire est corroborée par l'état du manuscrit autographe : la partie de piano fut écrite plus tard que celle de violon, avec une encre différente, et Mozart eut du mal à caser toutes ses notes, plus nombreuses que dans celle de violon, dont les barres de mesure étaient trop rapprochées. L'ouvrage parut dès l'été 1784 chez Torricella à Vienne avec les sonates pour piano en *ré* majeur KV 284 et en *si* bémol majeur KV 333. Leopold entendit Regina Strinasacchi à Salzbourg en décembre 1785, et retira de son jeu la même impression que Wolfgang : « Elle joue la moindre mélodie avec sentiment, [...] personne n'est capable de jouer un Adagio avec plus de sentiment et d'émotion qu'elle. [...] J'estime d'ailleurs que quand elle a du talent, une femme joue avec plus de sentiment qu'un homme » (à Nannerl).

Autre partition unique en son genre : la splendide sérénade en *si* bémol majeur pour douze instruments à vent (2 hautbois, 2 clarinettes, 2 cors de basset, 4 cors, 2 bassons) et contrebasse KV 361, dite *Gran Partita* (dénomination due à un éditeur). On affirma longtemps, à tort, qu'elle avait été composée à Munich au début de 1781. Elle naquit en toute probabilité entre le milieu de 1783 et le 23 mars 1784, date d'un concert organisé à son propre bénéfice par le clarinettiste Anton Stadler (1753-1812). Pour ce merveilleux musicien, Mozart devait écrire en 1786 son trio en *mi* bémol majeur pour clarinette, alto et piano KV 498, baptisé « Trio des quilles », en 1789 son quintette en *la* majeur KV 581 et en 1791 son concerto en *la* majeur KV 622. Anton Stadler et son frère Johann (1755-1804), également clarinettiste, s'étaient établis à Vienne sur les instances de Joseph II. Engagés dans l'orchestre de la cour le 8 février 1782, ils étaient ainsi devenus les premiers clarinettistes professionnels de la capitale autrichienne. À son concert du 23 mars 1784, Anton joua quatre des sept mouvements de la sérénade KV 361. Aucun document antérieur ne fait référence à l'œuvre. Comme le quintette KV 452 et la sonate KV 454, elle comporte une solennelle introduction lente. Mozart n'avait auparavant jamais utilisé le cor de basset, sorte de clarinette grave, l'instrument maçonnique par excellence, ni exploré à ce point le registre grave et chantant de la clarinette. Avec six instruments pour les voix supérieures, quatre cors pour les voix médianes et la plénitude harmonique, et trois instruments pour les basses, il put se livrer à des combinaisons sonores inouïes.

LES DEUX DERNIERS CONCERTOS DE 1784

Le 21 septembre naquit Carl Thomas, deuxième enfant du couple Mozart et futur fonctionnaire à Milan. Une semaine après, Wolfgang et Constance s'installèrent dans un luxueux appartement au n° 846 de la Grosse Schulerstrasse (actuellement n° 5 de la Domgasse), près de la cathédrale Saint-Étienne, contre un loyer de 450 florins par an. Pour ses huit pièces de la Hannibalplatz à Salzbourg, Leopold ne payait que 90 florins! Le 31 octobre, ils organisèrent un concert chez eux. Daté du 30 septembre mais probablement terminé un peu plus tôt, le concerto pour piano n° 18 en *si* bémol majeur KV 456 fut en toute probabilité destiné à la pianiste aveugle Maria Theresia Paradies (1759-1824), une élève du compositeur Leopold Kozeluh (1747-1818) dont Mozart avait fait la connaissance à Salzbourg en août 1783. Le concerto n° 18 retrouve par moments, surtout dans ses mouvements extrêmes, l'allégresse du n° 15, dans la même tonalité, mais l'Andante en *sol* mineur, en forme de thème et variations, pousse à l'extrême les côtés sombres du n° 17: Mozart ne s'était jamais montré aussi angoissé dans un concerto!

Terminé le 11 décembre 1784, trois jours avant l'adhésion du compositeur à la franc-maçonnerie, le concerto n° 19 en *fa* majeur KV 459 est quant à lui le premier ouvrage avec orchestre où à la face du monde, Mozart proclama avoir assimilé en profondeur à la fois Joseph Haydn et Johann Sebastian Bach. Il s'ouvre par un rythme déjà utilisé au début des concertos n° 13 et n°s 16 à 18: très « mozartien », en particulier par son côté « marche distinguée », ce rythme provient des premières mesures de la symphonie en *sol* majeur n° 47 de Haydn, une des trois dont Mozart avait noté le début en 1783. C'est de toute évidence dans le concerto n° 19 que Mozart se souvint le plus de cette symphonie. Dans les ultimes mesures du développement central de son Allegro initial, le rythme en question prend une saveur harmonique inoubliable qui elle aussi provient tout droit de la symphonie n° 47 de Haydn. Les deux pages ont en outre en commun une idée secondaire avenante en triolets de croches, entendue chez Mozart dans l'introduction orchestrale à la flûte, aux hautbois et aux bassons. Dans le finale du concerto n° 19, les formes les plus légères et les plus denses de la musique sont miraculeusement synthétisées : thème initial tiré du finale de la symphonie en *ut* mineur n° 78 de Haydn (1782), puis immédiatement fugue magistrale à tout l'orchestre, et plus loin motif conclusif citant d'avance le duo Papageno-Papagena de *La Flûte enchantée*. Virtuosité pianistique, écriture symphonique, tournures contrapuntiques, style d'opéra, tout est là ! On a rarement remarqué que dans sa *Plaisanterie musicale* KV 522 de juin 1787, Mozart s'était moqué non seulement d'autrui (des mauvais compositeurs et des mauvais interprètes), mais aussi de lui-même : le finale de KV 522, également en *fa* majeur, est une véritable parodie de celui de KV 459 ! Et comment ne pas être frappé, au centre du finale du concerto n° 19, par la double fugue en *ré* mineur juxtaposant le thème de fugue déjà entendu et celui des toutes premières mesures, l'esprit de Bach et celui de Haydn en quelque sorte ? Cette double fugue, par sa tonalité et son climat, fait le lien avec le concerto suivant, celui en *ré* mineur n° 20 KV 466 du 10 février 1785.

CHAPITRE IX

Un duo harmonieux

La rencontre Haydn – Mozart en 1785

Du 5 novembre 1784 au 6 février 1785, une troupe dirigée par Emanuel Schikaneder et par le ténor Hubert Kumpf (1757-1811) se produisit au Théâtre de la Porte de Carinthie. Elle débuta avec *L'Enlèvement au sérail*, en présence de Joseph II, et le 18 décembre donna *Die belohnte Treue*, version allemande de *La fedeltà premiata* de Haydn. Joseph II et sa cour étaient de nouveau là. « Il y avait tant de monde dès six heures que malgré les dimensions de la salle, plus de six cents personnes n'ont pu entrer » (*Wiener Zeitung* du 22).

Mozart et Haydn adhèrent à la franc-maçonnerie
Mémorable séance de quatuor

Le 14 décembre 1784, pour mener plus loin sa « quête de liberté du cœur et de l'art » (Jean Massin), Mozart adhéra à la franc-maçonnerie, se faisant initier au grade d'apprenti dans la loge viennoise *Die Wohltätigkeit* (la Bienfaisance). En soi, cette démarche ne faisait de lui ni un marginal ni un rebelle ! Quelques jours après, Haydn se décida lui aussi à accomplir un geste tout à fait compatible avec sa foi catholique et que, en raison notamment de sa fréquentation du salon Greiner, il envisageait depuis quelque temps déjà. Le 29 décembre, il adressa une lettre de candidature à son futur parrain Franz Philipp von Weber, fonctionnaire impérial et maître de cérémonie à la loge *Zur wahrer Eintracht* (De la vraie concorde). Cette loge était la plus importante des huit existant alors à Vienne, et son grand maître était Ignaz von Born. La candidature de l'aspirant Haydn fut soumise aux membres de *Zur wahren Eintracht* le 10 janvier 1785 et acceptée le 25, la cérémonie d'initiation étant fixée au vendredi 28.

Entre-temps, Mozart avait été promu au grade de compagnon, et surtout avait fait entendre à Haydn, le samedi 15 janvier, les six quatuors à cordes qu'il devait lui dédier quelques mois plus tard : séance amicale dont nous sommes informés grâce à une lettre de Leopold à Nannerl. « Salzbourg, 22 janvier 1785. [...] Je reçois à l'instant dix lignes de ton frère, il écrit que ses concerts par souscription commenceront le 11 février et se poursuivront tous les vendredis, [...] que je devrais venir bientôt, que samedi dernier, il a fait entendre à son cher ami Haydn et à d'autres bons amis ses six quatuors, ajoutant qu'il les avait vendus à Artaria pour 100 ducats [450 florins]. Pour finir, il dit *Maintenant je me remets au concerto déjà commencé* [n° 20 en *ré mineur* KV 466]. *Adieu !* » Mozart avait terminé les deux derniers de ses six quatuors très peu de temps auparavant : celui en *la* majeur KV 464 le 10 janvier, celui en *ut* majeur KV 465, dit *Les Dissonances*, le 14 janvier.

Le vendredi 28, Mozart se rendit à la loge *Zur wahren Eintracht* pour assister à l'initiation de Haydn. Mais ce dernier, reparti pour quelques jours à Eszterháza sur ordre de son prince, n'avait pu être prévenu à temps. D'où la lettre d'excuses que le 2 février, de Hongrie, il adressa à son deuxième parrain, le comte Anton Georg Apponyi (1751-1817) : « Suite à la négligence de nos hussards, je n'ai pas reçu en temps voulu la lettre d'invitation, de sorte qu'on a remis la cérémonie à vendredi prochain [4 février]. » L'initiation de Haydn, encore retardée d'une semaine, eut finalement lieu le vendredi 11 février 1785, jour de l'arrivée chez son fils de Leopold Mozart venant de Salzbourg via Munich et accompagné de Heinrich Marchand. La cérémonie se déroula en l'absence d'Ignaz von Born et probablement de Mozart, retenu par le premier de ses six concerts par souscription de la saison, au cours duquel il joua en présence de son père son nouveau concerto n° 20 en *ré* mineur KV 466.

Ce fut la première et dernière apparition de Haydn, qui ne dépassa jamais le grade d'apprenti, à la loge *Zur wahren Eintracht*. Il faut dire qu'à la suite de la *Freimaurerpatent* (Lettres patentes sur la franc-maçonnerie) édictée par Joseph II dix mois plus tard exactement (11 décembre 1785), la franc-maçonnerie déclina rapidement en Autriche, après un apogée d'environ cinq ans. Le nombre de loges viennoises fut ramené de huit à deux. Dissoute le 28 décembre, la loge *Zur wahren Eintracht* fusionna avec deux autres pour former, toujours avec comme grand maître Ignaz von Born, la loge *Zur Wahrheit* (de la Vérité). Haydn fut inscrit comme membre de cette loge, qui tint sa séance inaugurale le 6 janvier 1786, mais sans jamais s'y rendre. Il ne fut néanmoins jamais rayé des listes. Ignaz von Born quitta la franc-maçonnerie le 21 août 1786, et *Zur Wahrheit* ne tint aucune session entre le 8 juin 1787 et sa dissolution en 1789. Ces circonstances indépendantes de la volonté de Haydn, qui en outre était le plus souvent à Eszterháza, expliquent aisément ses absences. Contrairement à Mozart, il ne composa aucune œuvre spécifiquement maçonnique, mais sa bibliothèque musicale contenait des hymnes destinées à *Zur wahren Eintracht* et qui, après sa mort, furent confisqués par la censure (la franc-maçonnerie fut interdite en Autriche le 2 janvier 1795, pour n'y être autorisée à nouveau qu'en 1918).

NOUVELLE SÉANCE DE QUATUOR – HAYDN PRONONCE
DEVANT LEOPOLD L'ÉLOGE DE MOZART

C'est le samedi 12 février 1785, lendemain de l'initiation de Haydn, qu'eut lieu chez Mozart la fameuse séance de quatuors à l'issue de laquelle Haydn prononça ses paroles les plus souvent citées, et qui elles aussi sont connues grâce à une lettre de Leopold à Nannerl : « Vienne, le 16 février 1785. [...] Samedi soir M. Joseph Haydn et les deux barons Tindi [les barons Anton et Bartholomäus von Tinti, membres de la loge *Zur wahren Eintracht*] sont venus chez nous, on a joué les nouveaux quatuors, mais seulement les trois nouveaux [KV 458, 464 et 465] qu'il [Wolfgang] a ajoutés aux trois que nous avons déjà, ils sont un peu plus faciles mais remarquablement composés. Monsieur Haydn m'a dit: *Je vous le dis devant Dieu, en honnête homme, votre fils est le plus grand compositeur que je connaisse, en personne ou de nom, il a du goût, et en outre la plus grande science de la composition.* »

Dans ce qu'il admirait chez Mozart, Haydn distingua à bon escient la « science de la composition », qui peut s'apprendre, du « goût », qu'on possède ou qu'on ne possède pas mais qui ne s'acquiert pas. Quant à Leopold, il souligna soigneusement, dans sa lettre à sa fille, les paroles de Haydn. Nannerl devait les citer textuellement en avril 1792 dans une lettre à Friedrich Schlichtegroll (1765-1822), qui préparait sa nécrologie de Mozart, et Franz Xaver Niemtschek (1766-1849) dans sa biographie de Mozart, parue à Prague en 1798 avec une dédicace à Haydn. Cette déclaration de Haydn ne put que remplir Leopold de fierté: c'était le couronnement de sa carrière, la juste récompense de tout ce qu'il avait fait pour son fils! Quant à Wolfgang, elle le toucha encore plus profondément, car avec ses six quatuors, il avait voulu non seulement rendre hommage à son aîné, mais gagner son estime et son admiration: la lettre de dédicace du 1er septembre l'indique clairement. Comme l'a écrit Wolfgang Hildesheimer, « il voulait être admiré de l'homme qu'il admirait, et c'est avec satisfaction que nous constatons qu'il fut exaucé ». Mozart, dans cette affaire, eut de la chance, dans sa quête de reconnaissance au plus haut niveau, de tomber sur un Haydn. On s'imagine à quel point il aurait été déçu et blessé s'il n'avait récolté qu'incompréhension de celui qui à cette étape de sa carrière s'était imposé à lui comme modèle, d'autant qu'il lui avait « soumis » des œuvres complexes, des plus personnelles et auxquelles il tenait tout particulièrement. Il faut savoir gré à Haydn de s'être montré, là comme en d'autres occasions, tout à fait à la hauteur d'une situation qui pourtant le mettait en « concurrence » avec un « confrère » de vingt-quatre ans son cadet.

Si Haydn, dans les premières semaines de 1785, put participer à Vienne à tant d'activités exaltantes, c'est que la saison d'opéra ne débuta cette année-là à Eszterháza que le 5 avril : quatre-vingt-neuf représentations de dix ouvrages différents, dont quatre premières et six reprises, parmi lesquelles *La vera costanza* de Haydn et *La villanella rapita* de Bianchi. En juin vint séjourner à Eszterháza un des meilleurs amis de Michael Haydn, le père Werigand Rettensteiner (1751-1822). Curé de diverses paroisses proches de Salzbourg, Rettensteiner échangea des années durant avec Michael Haydn de nombreuses visites et une abondante correspondance, avant de dresser un catalogue (perdu) de ses œuvres et d'officier lors de ses funérailles à Saint-Pierre de Salzbourg en 1806 puis lors de l'inauguration de son monument dans cette église en 1821. Joseph lui remit un exemplaire de la toute récente édition des sonates n°s 54-56 (Hob. XVI.40-42), mais on ignore tout d'un éventuel message transmis à cette occasion par Michael à Joseph ou par Joseph à Michael. Les deux frères restèrent toujours des plus dévoués l'un à l'autre, mais ne se rencontrèrent que rarement. À la fin de l'été 1771, Michael avait demandé à Schrattenbach un congé pour aller visiter son frère malade à Vienne, faisant remarquer qu'il avait la faveur « d'être en service depuis huit ans déjà ». La permission lui avait été accordée avec salaire payé « jusqu'à la Toussaint », et il semble en avoir fait usage, car en 1798, partant de nouveau pour Vienne, Michael devait déclarer n'avoir pas vu Joseph « depuis vingt-sept ans » ! L'état d'esprit de Michael en 1785 transparaît dans une lettre expédiée par lui à Donaueschingen le 3 janvier. Il y annonce que peut-être, si quelque chose lui tombait sous la main, il enverrait quelque chose de lui ou du « Heyden viennois », ajoutant : « Mais en ce qui me concerne, il n'y a pas grand espoir, à cause de mon âge, et je suis au bout de mon rouleau. » Voilà à quoi Salzbourg pouvait réduire un homme de quarante-sept ans seulement, et dont en réalité la carrière était loin d'être terminée !

En ces premières semaines de 1785, Leopold continua de suivre à Vienne les succès de Wolfgang et ses frénétiques activités de carême : six concerts par souscription à la Mehlgrube, et beaucoup d'autres ailleurs. Le 13 février, il l'entendit jouer le concerto en *si* bémol majeur n° 18, et dans sa lettre à Nannerl déjà citée du 16, rapporta : « Lorsque ton frère a quitté la scène, l'empereur lui a fait le chapeau à la main un compliment et crié *Bravo Mozart.* […] Hier le 15 nouveau concert […] ton frère a joué le nouveau grand concerto en *ré* [mineur]. Magnifique etc. » Wolfgang, Constance et Leopold sortirent beaucoup, au théâtre et pour dîner, en particulier chez Joseph et Aloysia Lange. Leopold nota avec horreur que l'appartement de Stephanie le Jeune, bien que de modestes dimensions, lui coûtait 500 florins par an sous prétexte qu'il était près du Burgtheater ! Le 10 mars, Wolfgang joua le concerto n° 21 en *ut* majeur KV 467, terminé la veille. L'œuvre est parfois affublée de nos jours de l'appellation *Elvira Madigan* : il n'est ni inconvenant ni inutile de rappeler que ce nom n'est pas celui d'une petite amie de Mozart, mais de l'héroïne d'un film suédois des années 1960 utilisant comme « musique » le sublime mouvement lent de KV 467 ! Le 13 mars fut entendu à la *Tonkünstler-Societät* l'oratorio *Davidde penitente* KV 469, presque entièrement décalqué de la messe en *ut* mineur KV 427. Le librettiste était peut-être Lorenzo da Ponte, et le concert avait commencé avec la « nouvelle » symphonie en *ré* mineur n° 80 de Haydn. Le 18, Mozart donna son sixième et dernier concert à la Mehlgrube : « Je pense que mon fils peut maintenant déposer 2 000 florins à la banque *s'il n'a pas de dettes à payer* » (Leopold à Nannerl, 19 mars). Le 6 avril, Leopold fut reçu comme apprenti dans la loge *Zur Wohltätigkeit*, et le 24 assista avec son fils à la loge *Zur wahren Eintracht* à une cérémonie en l'honneur d'Ignaz von Born au cours de laquelle fut exécutée la cantate pour ténor solo, chœur d'hommes et orchestre *Die Maurerfreude* (La joie du maçon) KV 471, une des plus belles partitions maçonniques de Wolfgang. Le lendemain 25 avril, Leopold quittait Vienne avec Heinrich Marchand pour Salzbourg, via Munich. Lui et Wolfgang ne se reverraient plus. Pendant son absence, Nannerl s'était rendue trois fois de Saint-Gilgen à Salzbourg, la troisième fois pour pouvoir l'accueillir à son retour. Le 27 juillet, elle donnait

naissance – à Salzbourg, dans l'appartement de la Hannibalplatz
– au premier de ses trois enfants, un fils prénommé Leopold
Alois Pantaleon (1785-1840). Cinq semaines plus tard, elle
retourna seule à Saint-Gilgen, laissant son « Leopoldl » (petit
Leopold) à Salzbourg avec son grand-père. Il y resta jusqu'à la
mort de Leopold Mozart deux ans plus tard.

À la visite chez Mozart de John Pettinger durant l'été 1785,
dont il a déjà été question, on doit un précieux portrait du compositeur : « Il faisait chaud, mais Mozart était soigneusement
habillé. Il avait travaillé dur à quelques compositions pour quatuor à cordes [correction des épreuves des Quatuors à Haydn ?],
mais notre arrivée impromptue ne sembla pas le déranger. De
fait, il continua durant notre conversation à coucher quelques
notes sur le papier. J'ai été surpris, lorsqu'il s'est levé, de constater qu'il n'avait pas plus de cinq pieds quatre pouces [1,
63 mètre, en réalité probablement moins]. Sa main était froide,
mais sa poigne ferme. Son visage n'avait rien de particulièrement
frappant, plutôt mélancolique avant qu'il ne se mette à parler,
mais alors ses traits s'animèrent et il parut se détendre, tandis
que ses yeux, fixant alternativement Klein [l'interprète de Pet-
tinger] et moi-même, le montraient soucieux de savoir quelles
étaient nos activités, il nous questionna à leur sujet avec un intérêt évident. »

UNE LETTRE DE DÉDICACE À NULLE AUTRE PAREILLE

En septembre parurent chez Artaria, comme opus X, les six
quatuors que Mozart avait fait entendre à Haydn en janvier.
L'édition était précédée de la fameuse lettre de dédicace en italien révélant au grand jour la part prise par Haydn dans la
genèse de ces chefs-d'œuvre, et dont la formulation, en particulier le tutoiement, indique bien un maçon s'adressant à un
maçon :

« À mon cher ami Haydn.

« Un père, ayant résolu d'envoyer ses fils dans le vaste monde,
a estimé devoir les confier à la protection et à la direction d'un

homme alors très célèbre, et qui, par une heureuse fortune, était de plus son meilleur Ami. – Ainsi donc, homme célèbre et ami très cher, je te présente mes six fils. – Ils sont, c'est vrai, le fruit d'un long et laborieux effort, mais l'espérance, que plusieurs amis m'ont donnée, de le voir, en partie du moins, récompensé, m'encourage, et me persuade que ces enfants me seront un jour de quelque consolation. – Toi-même, Ami très cher, lors de ton dernier séjour dans cette capitale, tu m'as exprimé ta satisfaction. – Ce suffrage de ta part est ce qui m'anima le plus, c'est pourquoi je te les recommande, en espérant qu'ils ne te sembleront pas indignes de ta faveur. – Veuille donc les accueillir avec bienveillance, et être leur Père, leur Guide et leur Ami ! De ce moment, je te cède mes droits sur eux, et te supplie donc de considérer avec indulgence les défauts que l'œil partial de leur père peut m'avoir cachés, et de conserver, malgré eux, ta généreuse Amitié à celui qui t'apprécie tant, car je suis de tout cœur, Ami très cher, ton très sincère Ami,

» W. A. Mozart

» Vienne, le 1ᵉʳ septembre 1785 »

Le 17 septembre, Artaria passa dans la *Wiener Zeitung* une annonce précisant que les six quatuors étaient en vente au prix de 6 florins 30 kreutzer : « Les œuvres de Mozart n'ont nul besoin d'éloges, leur en décerner serait donc tout à fait superflu, assurons simplement qu'il s'agit de chefs-d'œuvre. On s'en persuadera d'autant plus aisément que l'auteur a dédié le recueil à son ami Joseph Haydn, qui l'a honoré des applaudissements dont seuls sont vraiment dignes les hommes de grand génie. » Au même moment, l'éditeur Torricella offrit en copies manuscrites les *Quatuors viennois* KV 168-173.

C'était la deuxième fois – et non la dernière, car il devait y en avoir seize en tout – qu'un compositeur dédiait des quatuors à Haydn. Le premier avait été Ignaz Pleyel, avec ses six quatuors opus 2 (B.307-312), publiés en décembre 1784 à Vienne chez Graeffer. Ses six quatuors opus 1 (B.301-306) avaient paru un an auparavant, en novembre 1783, également chez Graeffer, et suscité chez Mozart une étrange réaction : « Viennent de paraître des quatuors d'un certain Pleyel, un élève de Joseph Haydn. Si vous ne les connaissez pas, tâchez de vous les procurer, ils en valent la peine. Ils sont très bien écrits, et très agréables, vous y reconnaîtrez d'ailleurs tout de suite son maître. Bonne et heureuse chose pour la musique si Pleyel était en état, avec le temps, de nous remplacer Haydn ! » (à Leopold, 24 avril 1784). Cinq ans plus tard, le nombre des quatuors de Pleyel dépassait largement celui des quatuors de Haydn. De 1785 à 1800, Pleyel fut sans doute le compositeur le plus fréquemment joué et édité en Europe et en Amérique ! En 1791, reflétant l'opinion générale, un journal londonien écrivit que par rapport à Haydn, Pleyel possédait « moins de science », mais était, pour cette raison, « plus populaire comme compositeur ». La prédiction de Mozart, qui ne soupçonnait évidemment pas que Haydn lui survivrait dix-huit ans, n'en était pas moins osée. Dès 1787, Burney allait faire montre de plus de clairvoyance : « Je pense […] que si les trésors et les ressources de Pleyel […] sont considérables, sa veine reste toujours la même, alors que les veines de Haydn vont dans toutes les directions, baignant tous les styles et toutes les composantes du système musical, comme les artères et les grands vaisseaux sanguins en venant du cœur. » Sans doute Mozart n'aurait-il pas repris à son compte, un an plus tard, sa déclaration d'avril 1784. Quant au « remplaçant » de Haydn, ce devait être vingt ans plus tard, vers 1802-1804, non pas Pleyel mais Beethoven !

Haydn et Mozart en 1785

En 1785, à cinquante-trois ans, Haydn jouissait d'une solide réputation internationale, bien qu'ayant toujours vécu en sédentaire, alors qu'à vingt-neuf ans, malgré ses voyages passés, Mozart n'était encore qu'une gloire locale autrichienne. Les relations exceptionnelles qui s'établirent entre eux furent facilitées par le haut niveau artistique auquel, indépendamment l'un de l'autre, ils étaient tous deux parvenus au début des années 1780. Leurs styles respectifs étaient solidement fixés. Il n'y eut jamais entre eux de relations maître-élève, comme dans les années 1790 entre Haydn et Beethoven, lequel, pour s'affirmer, dut à la fois s'appuyer sur Haydn et s'opposer à lui. Les trente-six années de la vie de Mozart (1756-1791) sont entièrement comprises dans les soixante-dix-sept de celle de Haydn (1732-1809) et, pour éclairer leurs personnalités respectives, il faut prendre en compte, outre leur différence de génération, l'expérience de leurs premières années. Les premières impressions musicales de Haydn furent uniquement viennoises, et Vienne, lorsqu'il y arriva à l'âge de huit ans, était encore tout imprégnée d'esprit baroque. Les cuivres perçants, la férocité rythmique, les bonds en avant et les irrégularités formelles de Haydn, ainsi que parfois l'écriture de ses parties de basse, proviennent pour une part de ce contact direct avec le baroque. Il parvint à intégrer ces traits, sans les sacrifier pour autant, dans un équilibre et une cohérence à grande échelle, marqués cependant – c'est essentiel – par le dynamisme et le dramatisme ainsi que par les surprises, les asymétries et les aspérités de la forme sonate telle qu'il la pratiqua. «De tous les compositeurs de son temps, Haydn fut le plus conscient, à mon avis, du fait qu'être parfaitement symétrique signifie être parfaitement mort», a écrit Stravinsky, faisant ainsi un bel éloge du musicien d'Eszterháza. En gros, Mozart eut à résoudre un problème inverse. Pour lui, le baroque fut moins une expérience vécue qu'une portion de l'héritage transmis d'abord par son père et par Salzbourg, puis par Gottfried van Swieten à Vienne. Ayant grandi dans un monde d'*Empfindsamkeit* (de «sentiments») et de style galant qui risquait de verser dans l'académisme, il s'attacha à dynamiser et à monumentaliser un équilibre et une cohérence qu'il possédait pour ainsi dire de naissance. Dans cette quête, l'exemple de Haydn fut pour lui décisif.

Ajoutons (ou plutôt rappelons) que les origines de Haydn étaient villageoises et celles de Mozart bourgeoises ; que Haydn naquit aux limites du monde slave et magyar, et Mozart presque en Bavière ; et que Haydn ne quitta pour la première fois les alentours de Vienne qu'à cinquante-huit ans, en décembre 1790, pour se rendre à Londres, alors que dans les années 1760, Mozart enfant avait déjà parcouru une partie de l'Europe et fréquenté ses salons. Mozart travailla dur dès son plus jeune âge, mais au sein de sa famille et toujours en contact avec les milieux « cultivés ». Haydn connut une enfance tout aussi laborieuse, mais dès l'âge de huit ans se trouva presque entièrement livré à lui-même, tant pour se former que pour élargir son horizon. Il se soucia beaucoup moins que son cadet de la tradition et surtout des convenances : ce n'est pas seulement en Allemagne du Nord qu'on lui reprocha – le mot est d'Alfred Einstein (1880-1952), le musicologue spécialiste de Mozart – de « travailler en bras de chemise ». Ce reproche lui est encore parfois adressé de nos jours ! Sa pensée, rapide et concentrée, procédant par ellipses, d'essence épique, le fit exceller dans le quatuor à cordes, la symphonie, l'oratorio. Celle de Mozart, d'essence dramatique, le rendit inégalable dans l'opéra, dans le concerto pour piano et dans certaines pages mettant en jeu un protagoniste soliste particulièrement éloquent, le spécimen-type étant le quintette pour clarinette et cordes en *la* majeur KV 581 de septembre 1789. Avec les réserves d'usage, on peut dire que Mozart représente et que Haydn raconte.

Haydn et Mozart : une émulation réciproque

Affirmer que Haydn et Mozart ont profité l'un de l'autre est depuis toujours monnaie courante. Certains de leurs thèmes ou motifs, par exemple, sont trop ressemblants pour qu'il n'y ait pas eu emprunt : ainsi les thèmes des finales des quatuors en *mi* bémol majeur opus 33 n° 2 de Haydn (1781) et en *si* bémol majeur KV 589 de Mozart (1789-1790), ou encore du quatuor à cordes en *mi* bémol majeur opus 64 n° 6 de Haydn (1790) et du quintette en *mi* bémol majeur KV 614 de Mozart (1791). L'intéressant est que jusqu'en 1791, ces emprunts sont tous le fait de Mozart. Ce n'est qu'après la mort de ce dernier que Haydn, de façon d'ailleurs moins voyante, devait à l'occasion le citer : le mouvement lent de la *Jupiter* (1788) dans celui de la symphonie en *si* bémol majeur n° 98 (1792), le « Tuba mirum » du *Requiem* (1791) dans le « Qui tollis » de la *Nelsonmesse* (1798), ou encore le « Quam olim Abrahae » du *Requiem* dans la fugue du trio avec chœur « Sei uns gnädig » des *Saisons* (1801).

On dit de certaines pages de Mozart qu'elles sont « haydniennes » parce que monothématiques (finale de la symphonie en *mi* bémol majeur n° 39 KV 543 de 1788), lapidaires (introduction lente de la symphonie en *ut* majeur n° 36 KV 425, dite *Linz*, de 1783), ou projetées en avant par la verve populaire (finale du concerto pour piano n° 16 en *ré* majeur de 1784). Inversement, certaines pages de Haydn passent pour « mozartiennes » à cause de leurs chromatismes (mouvement lent de la symphonie en *ré* majeur n° 86 de 1786) ou de leur souplesse et de leur séduction mélodiques (mouvements lents des quatuors en *ré* mineur opus 42 de 1785 ou en *fa* majeur opus 50 n° 5 de 1787). Il est cependant à peu près sûr que sans l'existence de Mozart, ces pages auraient quand même existé, telles quelles ou presque. Dans la mesure où, à partir de 1784-1785, ils élargirent l'un et l'autre de façon irréversible les techniques et l'éventail expressif de ce qu'à tort ou à raison on appelle le « style classique viennois », pour en faire un langage à portée universelle, Haydn et Mozart ne pouvaient manquer de se rencontrer ici et là, chaque fois différemment. Or ces rencontres, loin de diluer leurs personnalités respectives, les renforcèrent. Il est vrai que Mozart put apprendre de Haydn, comme il l'affirma lui-même, comment écrire des quatuors, le genre qui tout au long de sa carrière lui causa le plus de difficultés, et Haydn de Mozart comment marquer pour de bon sa musique du rythme de l'opéra bouffe. Mais rien n'est plus faux que le dicton qui, paraît-il, courait à Vienne et selon lequel « le lundi, Haydn compose comme Mozart, et le mardi Mozart comme Haydn ».

Jusqu'en 1790-1791, Haydn et Mozart écrivirent parallèlement des œuvres qui, bien que fort différentes et ne relevant pas toujours des mêmes genres, apparaissent contemporaines au sens fort. C'est ainsi que l'année 1786 vit simultanément la naissance des symphonies en *ut* majeur n° 82, dite *L'Ours*, et en *ré* majeur n° 86 de Haydn, et du concerto pour piano en *ut* majeur n° 25 KV 503 et de la symphonie en *ré* majeur n° 38 KV 504, dite *Prague* de Mozart. De même, en 1790-1791, Haydn composa le quatuor en *mi* bémol majeur opus 64 n° 6, et Mozart le quintette à cordes en *mi* bémol majeur KV 614. Il s'agit dans chaque cas d'ouvrages dans la même tonalité, comme très souvent à l'époque pour des partitions pouvant être rapprochées les unes des autres, qui illustrent trois types de rapports. La symphonie *L'Ours* n° 82 et le concerto n° 25 se rejoignent en profondeur dans leurs premiers mouvements respectifs : sonorités massives, usage d'un motif martelé sur une seule note, travail thématique serré, densité formelle, quoique avec d'un côté la pulsation nerveuse de Haydn, son incomparable dialectique contraction-expansion, et de l'autre l'ampleur équilibrée de Mozart. Les deux ouvrages s'achèvent en outre sur un finale en contredanse d'une puissance inouïe : assez élégante malgré tout chez Mozart, dotée d'une basse de musette chez Haydn, et se métamorphosant peu à peu en une « carmagnole révolutionnaire » emportant tout sur son passage. Dans le même ordre d'idées, le musicologue Cecil Gray n'a pas hésité à évoquer, à propos du trio en mineur du quatuor en *ut* majeur opus 54 n° 2 de 1788, « une troupe de sans-culottes forçant les portes d'un salon aristocratique » ! La symphonie n° 86 et la *Prague*, bien qu'appartenant au même genre, n'ont quant à elles pratiquement en commun que d'être en *ré* majeur, de posséder une introduction lente d'un poids inconnu auparavant, et d'illustrer avec splendeur et précision l'année 1786. Le martèlement de trois notes parcourant brutalement l'Allegro spiritoso initial de la symphonie n° 86 – et se transformant dans son finale Allegro con spirito en un martèlement de six notes – est inconcevable chez Mozart. C'est vrai aussi de son mouvement lent, un Capriccio marqué Largo de forme inhabituelle, *sui generis* et proche de l'improvisation. Les deux œuvres de Mozart (concerto n° 25 et symphonie n° 38), terminées début décembre 1786, sont en toute vraisemblance postérieures de quelques mois aux deux de Haydn (symphonies n° 82 et n° 86), mais cela importe peu pour notre propos. Il en va de même de la question de savoir si Mozart, en composant le concerto n° 25 et la symphonie *Prague*, connaissait ou non les symphonies n° 82 et n° 86 de Haydn.

Qu'il ait écrit le quintette à cordes KV 614 sans connaître le quatuor opus 64 n° 6 apparaît en revanche, si l'on se penche sur leurs finales respectifs, tout à fait exclu : Mozart composa d'évidence le sien avec celui de Haydn dans l'oreille, et sans en égaler le niveau, sans son élan ni ses surprises dramatiques. En cherchant bien, on décèle dans la symphonie *Prague* quelques traits haydniens, mais ils relèvent probablement de l'inconscient, et sont complètement absorbés par la personnalité de Mozart. Parmi ces traits, les gammes qui dans le premier mouvement de la *Prague* s'élancent en fusée. On en trouve l'équivalent bien plus souvent chez Haydn, dont c'est presque une signature, que chez Mozart : dans le finale du concerto en *ut* majeur pour violoncelle (1762-1765), ou encore dans celui de la symphonie en *mi* majeur n° 29 (1765). Mais ces œuvres avaient vingt ans d'âge, et pour de multiples raisons, Mozart en 1786 ne pouvait les avoir en tant que telles à l'esprit. De la complexité de ces rapports, des incertitudes qui les entourent et des interrogations qu'ils suscitent témoignent aussi les surprenants points de contact de l'Allegro initial de la *Prague* avec le finale Presto (en *ré* majeur) de la symphonie en *ré* mineur n° 80 de Haydn, dont on sait que Mozart l'entendit à la *Tonkünstler-Societät* le 13 mars 1785. Ces deux pages ont en commun de constantes syncopes, inaugurées dans chaque cas à la mesure 1 sur la tonique *ré*, et un motif rythmique incisif de cinq notes, mais pour le reste, elles diffèrent du tout au tout.

MALGRÉ L'ADMIRATION QU'IL LUI PORTE,
HAYDN NE SE LAISSE PAS DÉROUTER PAR MOZART

La rencontre de Mozart fit courir à Haydn certains risques : il était en effet le plus âgé, et donc en principe le moins apte à se renouveler ; et il avait par ailleurs moins l'habitude – et éprouvait moins la nécessité – que son cadet d'aller chercher son inspiration chez autrui. Or au défi lancé par Mozart, Haydn ne pouvait demeurer indifférent. Mais il courait le même danger que jadis Mozart face à ses propres quatuors opus 20 de 1772 : celui de voir sa personnalité se diluer plus ou moins. Le défi était donc considérable, et Haydn faute de le relever, aurait pu voir sa carrière de grand compositeur brutalement terminée. Cet « accident » arriva à l'époque à nombre de ses contemporains moins doués, comme par exemple Carl Stamitz (1745-1801), fils de Johann : absorbés en quelque sorte par le fleuve mozartien, ils se perdirent en lui. Le fait qu'à peu près au même moment que sa rencontre avec Mozart soit intervenue la commande des *Symphonies parisiennes* nᵒˢ 82-87 ne fut probablement pas sans importance pour Haydn. Toujours est-il qu'il sut faire face, mais en ne laissant Mozart exercer sur lui qu'une influence limitée, bien moins grande que celle dont – faute d'une bonne connaissance de sa musique antérieure à 1785 – ont fait état des générations de musicologues. L'opinion jadis répandue selon laquelle la rencontre de Mozart aurait modifié en profondeur le style de Haydn n'est plus défendable. Peut-être la réaction de Haydn fut-elle en partie de repli. Après 1784, il cessa d'écrire des opéras et des concertos pour piano, et dans nombre de ses symphonies et quatuors, par exemple dans sa grandiose symphonie n° 88 en *sol* majeur de 1787, une des plus concentrées jamais sorties de la plume d'un éminent symphoniste, il se montra très peu mozartien. Ce faisant, il rendit possible Beethoven, car s'il avait succombé devant Mozart, Haydn n'aurait pu avoir sur Beethoven l'influence décisive qui fut la sienne.

CHAPITRE X

Entre Vienne et Prague

Mozart de 1785 à octobre 1787

À partir d'août 1785, et jusqu'en février 1787, Mozart eut comme élève Thomas Atwood (1765-1838), organiste et compositeur anglais. Les exercices de théorie et de composition d'Atwood ont survécu : ils contiennent de la main de Mozart de nombreuses corrections, intéressantes par ce qu'elles révèlent de son enseignement. Fondé sur une interprétation « modernisée » du *Gradus ad Parnassum* de Fux, cet enseignement était proche, par son contenu et ses méthodes, de celui que Haydn dispensait à ses propres élèves. Atwood devait mener en Angleterre, où il tenta plus d'une fois de faire venir Mozart, une carrière assez brillante : nommé en 1795 organiste à Saint-Paul de Londres, il écrivit des hymnes pour les couronnements de George IV (1821) et de Guillaume IV (1831), deux oncles de la reine Victoria. En 1786, Mozart eut comme autre élève un compositeur important de la génération montante : Johann Nepomuk Hummel (1778-1837).

En juillet 1785, il composa pour un rituel de maîtrise prévu pour le 12 août à la loge *Zur wahren Eintracht* une œuvre pour chœur d'hommes à l'unisson, 2 hautbois, clarinette, cor de basset, 2 cors et cordes. Le chœur y chante en *cantus firmus* un choral grégorien associé aux lamentations du prophète Jérémie sur la destruction de Jérusalem. Cette composition n'est autre que la version originale de la *Musique maçonnique funèbre* (ou *Ode funèbre*) en *ut* mineur KV 477, entendue le 17 novembre à la loge *Zur gekrönten Hoffnung* lors d'une cérémonie à la mémoire de deux frères maçons récemment décédés, le duc Georg August von Mecklenburg-Strelitz et le comte Franz Esterházy. Dans la version définitive, la partie vocale est remplacée par 2 cors de basset et un contrebasson supplémentaires. Marquée Adagio, cette page extraordinaire se termine par un soudain accord d'*ut* majeur, symbole *des* lumières plus encore que de *la* lumière.

Autre ouvrage d'exception de l'année 1785 : la fantaisie pour piano en *ut* mineur KV 475, terminée le 20 mai, en six parties jouées sans interruption mais bien distinctes. Quelques mois auparavant, le 14 octobre 1784, avait été menée à bien la sonate pour piano KV 457, également en *ut* mineur. La sonate et la fantaisie – dédiées l'une et l'autre à Theresa von Trattner – furent publiées ensemble, avec la fantaisie précédant la sonate, comme opus XI par Artaria à la fin de 1785. On peut les interpréter séparément, et il n'est même pas sûr que Mozart ait prévu une exécution conjointe. Que la sombre et violente sonate KV 457 ait eu pour lui une signification particulière apparaît évident. En témoignent sa tonalité rare d'*ut* mineur, sa publication comme sonate isolée, et non comme élément d'une série de trois ou de six, sa composition juste après son départ du Trattnerhof, son achèvement la veille de la fête de Theresa (15 octobre), et enfin la nécessité qu'il ressentit de lui adjoindre une page (la fantaisie) étroitement apparentée au plan psychologique. On raconte qu'avec les deux œuvres, Mozart envoya à Theresa plusieurs billets les commentant et que plus tard, cette dernière refusa obstinément de les communiquer à Constance. Est-ce à dire que les relations entre Wolfgang et Theresa dépassèrent la simple amitié ?

Le quatuor pour piano et cordes (violon, alto et violoncelle) en *sol* mineur KV 478 est daté « juillet 1785 » sur le catalogue de Mozart et « 16 octobre 1785 » sur le manuscrit autographe. La date la plus ancienne est sans doute celle des premières esquisses, l'autre celle d'achèvement. Avec KV 478, Mozart aborda pour la dernière fois de sa vie un genre nouveau. Il n'avait dans le domaine du quatuor avec piano que très peu de prédécesseurs, et aucun parmi eux n'avait écrit d'ouvrages comparables aux deux que lui-même composa. La commande de trois quatuors avec piano lui était venue du compositeur et éditeur Franz Anton Hoffmeister (1754-1812), qui publia KV 478 en décembre comme élément d'une série d'œuvres de musique de chambre de divers compositeurs, dont une d'Albrechtsberger pour la même formation. Le quatuor suivant, en *mi* bémol majeur KV 493, ne fut terminé que le 3 juin 1786, un mois après la création des *Nozze de Figaro*. Hoffmeister, après avoir commencé à le graver, renonça à le publier, car le premier lui avait fait perdre de l'argent. Il ne parut qu'en juillet 1787 chez Artaria. Quant au troisième, il ne fut jamais écrit.

LES TROIS CONCERTOS POUR PIANO DE L'HIVER 1785-1786

Le 23 décembre 1785, Mozart interpréta à la *Tonkünstler-Societät*, entre les deux parties de l'oratorio *Esther* de Dittersdorf, le premier de ses trois grands concertos pour piano de l'hiver 1785-1786 : n° 22 en *mi* bémol majeur KV 482, terminé le 16, le plus long de tous ceux qu'il écrivit, et dont l'Andante fut bissé. Situés dans le voisinage immédiat des *Nozze di Figaro*, ces trois concertos sont les seuls à utiliser – de façon bien plus originale que dans les symphonies *Paris* et *Haffner* – deux clarinettes. Ces instruments remplacent les deux hautbois dans les concertos n° 22 et n° 23 et s'ajoutent à eux dans le concerto n° 24. Contrairement aux deux précédents dans la même tonalité (n° 9 et n° 14), le concerto n° 22 fait usage des trompettes et timbales. Il n'existe pas, dans les concertos de Mozart, d'introduction orchestrale plus massive et plus riche en éléments thématiques (pas moins de onze) que la sienne, et l'on songe, en l'écoutant, au finale du deuxième acte de *Figaro*, lui aussi en *mi* bémol majeur.

Daté du 2 mars 1786, le concerto suivant – n° 23 en *la* majeur KV 488 – eut une genèse compliquée. Il fut entrepris dès le début de 1785, voire en 1784, et ensuite abandonné pendant un an ou même deux. Il renonce aux trompettes et aux timbales et comportait à l'origine deux hautbois, que Mozart, lorsqu'il reprit l'ouvrage, remplaça par deux clarinettes. Plus précisément, l'œuvre marque l'émergence décisive chez Mozart de la clarinette en *la*, instrument qui devait trouver son épanouissement dans le quintette de 1789 et le concerto de 1791 : le concerto n° 23 en tire des sonorités et un climat plus éloignés de la sérénade et du divertimento que ceux des concertos n° 24 et surtout n° 22, avec leurs clarinettes plus sonores en *si* bémol. Avant de parvenir à la version du concerto n° 23 que nous connaissons, Mozart esquissa en outre un mouvement lent en *ré* majeur s'ouvrant à l'orchestre, et pas moins de trois finales, dont un à 6/8 au rythme de sicilienne. Le finale définitif est à 2/2. Quant au mouvement lent définitif, un poignant Adagio à 6/8 dans la tonalité rare de *fa* dièse mineur et s'ouvrant au piano, il fut sans doute composé en dernier. La succession d'un mouvement lent et d'un finale tous deux à 6/8 était de toute façon exclue ! Le concerto n° 23 est une suite ininterrompue de mélodies baignant dans un lyrisme « entre le rire et les larmes », sans toutefois que disparaisse pour de bon une sorte de lumière bienfaisante, discrète et radieuse à la fois. Le passage de l'Adagio à l'Allegro assai terminal, en forme de rondo, est un des « retours sur terre » les plus abrupts de toute la production mozartienne. Le thème est énoncé par le piano. L'orchestre le reprend et en aligne cinq autres, qu'on ne réentendra plus avant la coda. L'esprit de l'opéra règne en maître, en particulier (deuxième couplet) avec un thème espiègle de clarinette en *ré* majeur semblant tomber du ciel. On a une impression de perpétuelle aventure sans un regard en arrière, d'autant qu'entre les deuxième et troisième couplets, le refrain est escamoté : on passe directement d'un couplet à l'autre. Haydn devait reprendre cette démarche dans le finale de la symphonie en *ré* majeur n° 101, dite *L'Horloge* (1794), à ceci près que chez lui, le couplet escamoté est remplacé par un silence prolongé, surmonté d'un point d'orgue.

Contraste total avec le concerto n° 24 en *ut* mineur KV 491, terminé le 24 mars 1786 et créé le 7 avril, lors du dernier concert jamais donné par Mozart au Burgtheater. L'absence de concerts de ce genre dans les années suivantes n'implique pas nécessairement un déclin de la popularité de Mozart! Le concerto n° 24 – le plus richement orchestré de tous – fait appel aux timbales, aux hautbois, aux clarinettes et aux bassons, mais à une seule flûte. C'est avec le n° 20 le seul dans le mode mineur : raison pour laquelle ces deux concertos rencontrèrent au XIXᵉ siècle une faveur spéciale. L'Allegro moderato, d'un poids exceptionnel et au thème principal fantomatique, est un des premiers mouvements de concerto pour lesquels Mozart n'a laissé aucune cadence. Le finale, en forme de thème et variations, se termine en mineur, alors que le concerto n° 20 avait pris fin sur une coda en majeur. Le manuscrit autographe de l'ouvrage contient de nombreux signes de hâte, de lutte et d'indécision. Remarquable coïncidence : le 22 mars, avant-veille de l'achèvement du concerto n° 24, Heinrich Marchand avait donné la première salzbourgeoise de celui en *ré* mineur n° 20, Michael Haydn lui tournant les pages!

Le Nozze di Figaro

Pour le retour de l'opéra bouffe italien au Burgtheater en avril 1783, Joseph II avait rassemblé une troupe d'une qualité sans doute unique en Europe et dont le principal élément, était Francesco Benucci (v. 1745-1824). Également remarquable acteur, Benucci chanta à Vienne (avec quelques brèves interruptions) de 1783 au milieu des années 1790, et occupa durant toute cette période une position dominante, interprétant les principaux rôles de basse bouffe. Il créa les rôles de Figaro dans les *Nozze*, de Leporello lors de la première production viennoise de *Don Giovanni* et de Guglielmo dans *Cosi fan tutte*. En mai 1789, il chanta au King's Theatre de Londres avec Nancy Storace le duo « *Crudel! perche finora* » des *Nozze*, inséré dans *La vendemmia* de Gazzaniga. À noter à ce propos que le Burgtheater et le King's Theatre n'avaient pas du tout le même statut. À Londres, le King's Theatre ne dépendait en rien ni de la cour ni de la noblesse : établissement purement commercial, il n'en recevait aucune subvention, et était dirigé par des impresarios risquant à tout moment et très personnellement la débâcle financière, voire la prison pour dettes. Joseph II exerça au contraire un contrôle strict sur les activités de « son » Opéra italien, non sans parfois, étant donné son peu de goût pour les dépenses, mettre son avenir en danger. Dans les *Reminiscences* de Michael Kelly, on peut lire : « Comme le théâtre se trouvait dans le palais, l'empereur honorait quelquefois les répétitions de sa présence, et s'entretenait familièrement avec les interprètes. Il parlait italien comme un Toscan. [...] Il venait presque tous les soirs à l'opéra, accompagné de son neveu François [le futur empereur François II], alors un enfant. Il pénétrait d'ordinaire dans sa loge au début de l'œuvre, mais s'il n'était pas là au moment précis, il fallait quand même lever le rideau ; il avait ordonné qu'on ne l'attende jamais. » La capacité du Burgtheater était de 1 000 à 1 350 places.

Cet essor de l'*opera buffa* à Vienne incita tout naturellement Mozart à revenir au genre. Parmi les compositeurs présents dans la capitale autrichienne, il était avec Salieri – que Joseph II réinstalla dans ses fonctions de directeur de la musique à l'Opéra, dont il avait été suspendu durant l'épisode du *Nationalsingspiel* – le principal spécialiste en la matière. Un troisième larron devait bientôt se joindre à eux : Vincente Martin y Soler. Ce regain d'intérêt se traduisit tout d'abord chez Mozart par deux ouvrages inachevés. Le premier fut *L'oca del Cairo* KV 422, sur un livret de Varesco, sans doute entrepris à Salzbourg dans l'été 1783 et abandonné en février 1784. Le second, *Lo sposo deluso* KV 430, d'après *Le donne rivali* de Cimarosa (Rome, 1780). Mozart commença à y travailler au plus tôt en mai-juin 1784, pour s'en détourner dans le courant de 1785, lorsque *Figaro* apparut à l'horizon. Au début de cette année-là en effet, une troupe de comédiens conduite par Emanuel Schikaneder mit en répétition une version allemande du *Mariage de Figaro* de Beaumarchais (1732-1799). Violente satire d'un système social proche de sa fin, cette pièce avait néanmoins été donnée à Paris l'année précédente. Sur instructions de Joseph II, la censure viennoise permit sa publication intégrale, ce qui ne se serait jamais produit du temps de Marie Thérèse, mais n'autorisa sa représentation que dans une version expurgée (ce qui toutefois n'eut jamais lieu). Il faut dire qu'ayant vu et apprécié au théâtre une version allemande du *Barbier de Séville* et à l'opéra *Il Barbiere di Siviglia* de Paisiello, les Viennois étaient impatients de connaître la suite! C'est sur ordre exprès de Joseph II, grand admirateur de Paisiello, qu'*Il Barbiere di Siviglia* était entré au répertoire de l'opéra italien le 13 août 1783, pour s'y maintenir cinq saisons de suite et plus ou moins frayer la voie aux *Nozze di Figaro* de Mozart (KV 492). Au plan musical, les deux partitions entretiennent d'ailleurs des rapports étroits: pour plaire à l'empereur, et aussi parce qu'il disposait là d'une partition dans laquelle puiser, Mozart sut en composant les *Nozze* se souvenir du *Barbiere*.

Quelques détails sur la genèse des *Nozze* se trouvent dans les *Memorie* (Mémoires) de son librettiste Lorenzo da Ponte (1749-1838), document très vivant, mais rédigé bien plus tard, aux États-Unis, et publié à New York de 1823 à 1827. Il ne faut pas tout y prendre au pied de la lettre, en particulier en ce qui concerne *Figaro*! Ordonné prêtre, banni pour quinze ans de Venise en 1779 pour adultère, Da Ponte était arrivé à Vienne au tournant de 1781 et de 1782. En 1783, il avait été nommé par Joseph II librettiste officiel de l'opéra italien grâce à la recommandation de Salieri, avec qui il devait toutefois se brouiller. Il écrivit des livrets – une quarantaine en tout, dont beaucoup d'adaptations, car sa culture littéraire était vaste – pour bien d'autres que Mozart: pour Salieri, ou encore pour Vincente Martin y Soler (1754-1806), compositeur espagnol à succès installé à Vienne de 1785 à 1788. Le premier livret de Da Ponte fut destiné à Salieri: *Un ricco d'un giorno* (6 décembre 1784). Celui de *Figaro* est son quatrième. Deux opéras de Da Ponte et Martin y Soler furent créés à Vienne en 1786, l'un quatre mois avant *Figaro* et l'autre six mois après: *Il burbero di buon cuore* (4 janvier), d'après *Le bourru bienfaisant* de Goldoni et qui n'obtint qu'un succès limité, puis surtout *Una cosa rara* (17 novembre), dont le triomphe éclipsa *Figaro*. Mozart en citera un extrait, tiré du finale de l'acte I, dans la scène du festin de *Don Giovanni*.

Mozart entreprit son chef-d'œuvre avec le plein accord, voire la complicité, de Joseph II, de qui probablement était venue la commande. Il y travailla durant l'automne 1785, et avait toutes les raisons d'être optimiste : étant donné sa réputation déjà acquise de virtuose, le succès escompté ne pouvait que l'établir fermement à Vienne. La cour était parfaitement au courant : le comte Rosenberg (1723-1796), vice-directeur des théâtres impériaux, demanda plus d'une fois à Mozart de finir au plus vite, et Joseph II assista à plusieurs répétitions des *Nozze di Figaro*, le plus long et le plus compliqué de tous les opéras jamais montés au Burgtheater. Après avoir été plusieurs fois retardée, la création eut lieu avec succès le 1er mai 1786. Il y eut en tout neuf représentations. Lors des trois premières, plusieurs numéros furent applaudis et bissés, ce qui conduisit Joseph II à n'autoriser pour les six suivantes – afin qu'elles ne se terminent pas trop tard dans la nuit – les bis que pour les airs ! Plus tôt dans l'année, on avait entendu à l'orangerie de Schönbrunn, en même temps que *Prima la musica e poi le parole* de Salieri, *Der Schauspieldirektor* (Le directeur de théâtre) KV 486, satire des milieux du théâtre (7 février), et en représentation privée chez le prince Auersperg une version quelque peu révisée d'*Idomeneo*, la seule reprise de l'œuvre du vivant de Mozart (13 mars).

L'intrigue des *Nozze* est la même, en plus concentré, que celle du *Mariage*. Certains épisodes ouvertement subversifs manquent, comme la critique en règle des institutions (noblesse, gouvernants, magistrats, censeurs) constituant l'essentiel du fameux monologue de Figaro à la scène 3 de l'acte V de la pièce. Da Ponte et Mozart ne conservèrent que l'attaque contre les femmes qui chez Beaumarchais avait servi de prétexte à cette critique. Offrent cependant ample matière à compensation, là comme ailleurs, l'impertinence, les accents revendicatifs et les éléments de critique sociale dont déborde la musique de Mozart, et qui au demeurant étaient monnaie courante dans l'*opera buffa*. S'étant emparé d'une œuvre dramatique de très haut niveau, Mozart parvint à la traduire avec minutie en langage musical. Si chez lui Figaro ne dépasse que de peu les dimensions d'un valet bouffe traditionnel, les personnages de

Suzanne, du comte et de la comtesse, sans oublier celui de Chérubin, ont une dimension humaine et psychologique bien plus grande que chez Beaumarchais et que reflètent en particulier leurs relations mutuelles. Les ensembles, notamment le vaste finale de l'acte II, sont à cet égard d'une complexité dont auparavant on n'avait pas eu la moindre idée, et témoignent de la faculté que possédait Mozart de s'identifier dans ses opéras à chacun des protagonistes. Comme pour *L'Enlèvement*, Mozart toucha pour *Figaro* 450 florins, alors que pour *Il Rè Teodoro*, Paisiello en avait perçu 1350.

L'ÉDITEUR HOFFMEISTER : LES QUATUORS À CORDES KV 499 DE MOZART ET OPUS 42 DE HAYDN

Depuis 1784, le concerto pour piano avait été au centre des préoccupations de Mozart. À partir de *Figaro*, ce fut l'opéra, mais un an et demi devait s'écouler avant la création du suivant, *Don Giovanni*. Il composa en juin le deuxième en date de ses quatre concertos pour cor (n° 4 en *mi* bémol majeur KV 495), et produisit ensuite plusieurs ouvrages pour petite formation : en juillet le trio pour piano, violon et violoncelle en *sol* majeur KV 496, en août celui en *mi* bémol majeur KV 498 pour piano, clarinette et alto, dit « Trio des quilles », et la sonate pour piano à quatre mains en *fa* majeur KV 497, harmoniquement des plus audacieuses, et en novembre le trio en *si* bémol majeur KV 502. Une place spéciale doit être accordée au quatuor à cordes en *ré* majeur KV 499, daté du 19 août et dit *Hoffmeister* car résultant d'une nouvelle commande du compositeur-éditeur de ce nom. En novembre 1785, Hoffmeister s'était lancé dans la publication par abonnement d'œuvres de chambre, les abonnés recevant chaque mois un cahier contenant trois ou quatre compositions « originales ». C'est dans ce cadre que parut en septembre ou octobre 1786 le quatuor KV 499 de Mozart.

L'ouvrage avait été précédé d'un autre quatuor à cordes isolé de première importance, également commandé par Hoffmeister et publié par lui : le « laconique » opus 42 en *ré* mineur de Haydn

(1785), paru fin février 1786 avec un quintette de Johann Franz Xaver Sterkel (1750-1817) et un quatuor de Hoffmeister lui-même. Le compositeur-éditeur avait à cœur, dans ses divers cahiers, de ne pas s'oublier! L'opus 42 de Haydn, dont les quatre mouvements ne dépassent pas au total une quinzaine de minutes, est un quatuor tout à fait extraordinaire. Le premier mouvement (Andante ed innocentemente) se déroule sans ostentation, un peu comme une introduction. Le menuet (Allegretto) en *ré* majeur, de proportions parfaites, annonce celui du célèbre opus 64 n° 5, dit *L'Alouette*, le bref trio retrouvant quant à lui *ré* mineur. L'Adagio e cantabile en *si* bémol majeur est d'un type que l'on associe trop exclusivement au nom de Mozart. Une ample mélodie à caractère d'hymne s'y déroule d'un seul souffle, sans la moindre reprise. On peut y voir un ancêtre direct du prélude du second acte de *La Flûte enchantée*, à ceci près que ce prélude est fait de deux parties bien distinctes, séparées par une double barre de reprise. Le finale (Presto) en *ré* mineur, lui aussi très concis, combine la technique du fugato avec la forme sonate.

Les amis anglais de Mozart – Nancy Storace

Le cercle des amis de Mozart comptait une petite colonie anglaise : Thomas Atwood, Michael Kelly, Nancy Storace et son frère Stephen. De ce dernier, le Burgtheater créa le 26 décembre 1786 l'opéra *Gli equivoci*, sur un livret de Da Ponte d'après *The Comedy of Errors* de Shakespeare. Au début de 1787, ces musiciens anglais regagnèrent leur pays. Il s'arrêtèrent à Salzbourg, où ils rendirent visite à Leopold. Mozart avait envisagé de les accompagner et l'avait fait savoir autour de lui. Il dut y renoncer, en particulier parce que Leopold refusa d'héberger, pendant l'absence de ses parents, Carl Thomas âgé de deux ans. Ce grand-père avait déjà chez lui Leopoldl, le fils de Nannerl! Il semble en outre avoir désapprouvé l'idée d'un voyage en Angleterre, sans doute parce que selon lui, la carrière de Wolfgang à Vienne en aurait souffert. Le refus d'hébergement fut en toute probabilité, de sa part, un moyen de pression.

C'est dans ce contexte que Mozart composa à l'intention de Nancy Storace et de lui-même un de ses plus beaux airs de concert, page faisant comme nulle autre le lien entre le concerto et l'opéra : la scène avec rondo *Ch'io mi scordi di te ?... Non temer, amato bene* KV 505, pour soprano (Nancy), piano (Wolfgang) et orchestre. Datée du 26 décembre 1786, l'œuvre fut entendue lors du concert d'adieux de Nancy Storace au Théâtre de la Porte de Carinthie le 23 février 1787. Pour l'air *Non temer, amato bene* (Ne crains rien, mon bien-aimé), Mozart reprit les paroles de la scène (KV 490) composée quelques mois auparavant pour la reprise d'*Idomeneo*. Le texte du récitatif *Chio mi scordi di te ?* (Que je puisse t'oublier ?) est tout aussi significatif. Les enlacements du piano et de la voix, et ce qu'on a supposé – à tort ? – des sentiments réciproques de Mozart et de Nancy Storace, indiquent un document personnel de première importance, comparable à ce qu'avait été l'air *Popoli di Tessaglia* KV 316 écrit pour Aloysia Weber en 1778-1779. Au même concert, Mozart interpréta son concerto en *ré* mineur KV 466. Première Suzanne des *Nozze*, Nancy avait brillé à l'opéra italien de Vienne depuis sa création en avril 1783, chantant alors le rôle de la comtesse dans *La scola de' gelosi* de Salieri. « Mlle Storace, l'inglesina, jolie figure voluptueuse, belle gorge, bien en bohémienne. [...] L'inglesina chanta comme un ange », avait alors écrit Zinzendorf dans son journal. Stephen Storace lui aussi témoigna de son attachement envers Mozart. Il publia à Londres plusieurs de ses œuvres, et dans son opéra *The Siege of Belgrade* (1791), pour moitié composé par lui-même et pour moitié tiré de *Una cosa rara* de Martin y Soler, il utilisa comme musique de ballet (« Danse des soldats turcs »), transcrite en *ré* mineur, la marche turque de la sonate KV 331 !

LE PREMIER SÉJOUR À PRAGUE

Le 4 décembre 1786, Mozart mena à bien un des plus massifs de ses concertos pour piano : celui en *ut* majeur n° 25 KV 503, le dernier des douze de 1784-1786, et le seul né isolément. L'œuvre avait cependant été commencée dès 1784-1785. Faute de pouvoir se rendre à Londres, il accepta d'aller visiter Prague, où *Figaro* remportait un triomphe. Invité à assister à une représentation, il y arriva avec Constance le 11 janvier 1787, pour le premier de ses quatre séjours dans cette ville. Reçu avec beaucoup d'égards par le comte Thun, qui en novembre 1783 lui avait déjà donné l'hospitalité à Linz, il participa chez ce dernier à des concerts de musique de chambre. Le 13, il vit à l'opéra *Le gare generose* de Paisiello. Dans une lettre du 15, après avoir participé à un bal, Mozart fit part à son ami Gottfried von Jacquin de l'énorme succès des *Nozze* à Prague : « J'ai observé avec plaisir comment tous ces gens sautaient et dansaient avec enthousiasme sur la musique de mon *Figaro* transformée en contredanses et en allemandes. Ici en effet on ne parle que de – *Figaro* ; on ne joue, souffle, chante et siffle que – *Figaro*. On ne voit à l'opéra que – *Figaro*. Certainement un grand honneur pour moi. » Il assista à une représentation le 17, et dirigea l'ouvrage en personne le 22 au Théâtre Nostitz. Trois jours auparavant, le 19, il avait donné un concert avec notamment une improvisation sur l'air – très à la mode à Prague – « Non più andrai » des *Nozze*, et en première audition la symphonie en *ré* majeur n° 38 KV 504, dite *Prague*.

Composée à Vienne, puisque datée du 6 décembre 1786, cette symphonie est plus difficile à exécuter que n'importe laquelle des précédentes. C'est extérieurement la plus hétérogène de toutes celles de Mozart, et elle reflète les progrès considérables réalisés dans les années 1780 en matière d'instruments à vent. De même que la *Linz*, elle possède une introduction lente, grandiose avec ses dramatiques plongées en mineur. Synthèse magistrale d'éléments très divers, à peu près tous du genre « sérieux », le premier mouvement dans son ensemble annonce de près l'ouverture de *Don Giovanni*. L'Andante en *sol* majeur relève du monde de la pastorale, et le finale (Presto) de celui de l'opéra bouffe. Comme thème principal de ce mouvement, Mozart reprit en effet un motif des *Nozze de Figaro* : celui de l'épisode de l'acte II où Chérubin saute par la fenêtre. Ce troisième mouvement semble avoir été composé avant les deux autres, sans doute pour servir de nouveau finale à la symphonie *Paris*. Peut-être est-ce après s'être aperçu qu'avec ce mouvement de remplacement, la *Paris* ne formait plus un ensemble satisfaisant que Mozart se décida pour une symphonie entièrement neuve et composa les deux premiers mouvements de la *Prague*: ce qui pourrait expliquer l'absence de menuet dans la *Prague*, la *Paris* n'en comportant pas non plus.

C'est alors que le succès des *Nozze* poussa les directeurs du Théâtre Nostitz, Pasquale Bondini (v. 1737-1789) et Domenico Guardasoni (v. 1731-1806), à commander à Mozart un nouvel opéra : le futur *Don Giovanni*. La représentation étant prévue pour l'automne, Mozart s'y attela dès son retour à Vienne vers le 12 février 1787, de nouveau en collaboration avec Da Ponte. En même temps que celui de *Don Giovanni*, Da Ponte mit sur pied deux autres livrets : pour Martin y Soler *L'arbore di Diana*, le seul pour lequel il se prévalut d'une originalité totale (création le 1er décembre 1787), et pour Salieri *Axur, Rè d'Ormus* (création le 8 janvier 1788 avec dans le rôle-titre Francesco Benucci). Adaptation « dépolitisée », sans régicide ni déposition du souverain, de *Tarare* d'après Beaumarchais (Paris, 8 juin 1787), *Axur* devint l'opéra favori de Joseph II.

Un jeune homme venu de Bonn : Ludwig van Beethoven

Étant donné le travail sur *Don Giovanni*, les premiers mois de 1787 furent relativement peu féconds pour Mozart. En mars, on entendit au moins à trois occasions une de ses symphonies au Théâtre de la Porte de Carinthie. C'est alors que se présenta chez lui un jeune homme de seize ans venu de Bonn, sur le Rhin : un certain Ludwig van Beethoven. Après avoir obtenu un congé de son patron le prince électeur de Cologne, qui n'était autre que l'archiduc Maximilian Franz, Beethoven avait quitté Bonn vers le 20 mars, s'arrêtant en route chez le prince von Oettingen-Wallerstein. Il ne séjourna à Vienne que moins de deux semaines, du 7 au 20 avril environ, et au début de mai était de retour à Bonn, à temps pour y voir mourir sa mère le 17 juillet. Presque trop extraordinaire pour être vraie, cette unique et très

brève rencontre entre Mozart et Beethoven donna lieu au
XIXᵉ siècle à des «comptes rendus» plus ou moins contradictoires de la part d'Anton Schindler (1798-1864), Ferdinand Ries
(1784-1838) et d'autres anciens «amis» de l'auteur de *Fidelio*.
Dans sa biographie de Mozart, Otto Jahn écrivit par exemple, en
se fondant sur un récit non exempt d'erreurs flagrantes du compositeur et chef d'orchestre Ignaz von Seyfried (1776-1841):
«Beethoven [...] fut emmené chez Mozart, et à sa demande lui
joua quelque chose dont ce dernier, croyant que c'était une pièce
de virtuosité préparée pour l'occasion, fit un éloge plutôt froid.
S'en étant aperçu, Beethoven demanda à Mozart de lui proposer
un thème sur lequel improviser. [...] Il joua de façon telle que
Mozart, dont l'attention et l'intérêt allaient croissant, finit par se
diriger en silence vers des amis assis dans la pièce voisine et leur
dit vivement: *Faites attention à celui-là, un jour il fera parler de
lui dans le monde.*» Mettre de telles paroles dans la bouche de
Mozart plus d'un demi-siècle après l'événement, et alors que la
gloire de Beethoven surclassait celle de tous ses prédécesseurs,
n'avait rien que de très banal! D'autres jeunes prodiges ne manquèrent pas de recevoir de la part de Mozart des compliments
du même ordre. Après sa mort, et alors qu'il était de bon ton de
se réclamer de Beethoven, ni sa veuve Constance, ni sa sœur
Nannerl ni son fils Franz Xaver Wolfgang ne firent jamais mention de la visite du «jeune homme venu de Bonn»! Beethoven
devait revenir à Vienne en novembre 1792, moins d'un an après
la mort de Mozart, cette fois comme élève de Haydn et pour s'y
installer définitivement.

Virent cependant le jour, au printemps de 1787, plusieurs partitions essentielles: le rondo pour piano en *la* mineur KV 511 le
11 mars, et surtout, les 17 avril et 16 mai respectivement, les
quintettes à cordes en *ut* majeur KV 515, au premier mouvement d'une ampleur inhabituelle, même chez Mozart, et en *sol*
mineur KV 516, très tragique par endroits, mais doté aussi d'un
trio d'une extraordinaire sérénité, peut-être lointainement inspiré de l'épisode correspondant du quintette en *sol* majeur
MH 189 de Michael Haydn. Globalement, le quintette KV 516

apparaît comme le pendant chez Mozart du quatuor en *sol* mineur opus 20 n° 3 de Haydn. Pour obtenir un groupe de trois, Mozart transcrivit l'hiver suivant pour quintette à cordes (KV 406) la relativement ancienne sérénade pour huit instruments à vent en *ut* mineur KV 388. Il ne réussit cependant à vendre à Artaria que les deux quintettes originaux.

LA MORT DU PÈRE

Du 4 avril 1787 est datée la dernière lettre adressée à Leopold par Wolfgang, qui avait appris la détérioration de son état de santé. Beau spécimen de respect filial, cette lettre est parsemée de réflexions sur la mort considérée comme « le véritable but de notre vie, la meilleure amie de l'homme et la *clé* [c'est Mozart qui souligne] de notre vraie félicité » : réflexions pour une bonne part empruntées au *Phédon ou De l'immortalité de l'âme* du philosophe Moses Mendelssohn (1729-1786), grand-père du compositeur Felix Mendelssohn-Bartholdy, mais dont on ne peut douter que Wolfgang les fit siennes. Le 28 mai, Leopold mourut à Salzbourg, après s'être montré actif presque jusqu'au bout et avoir accompli du 10 au 23 février un dernier voyage à Munich. Les 26 et 27 février, il avait conduit à travers Salzbourg les amis anglais de son fils, et Nancy Storace avait chanté devant Colloredo. À la mi-mars, Nannerl était venue le soigner. Tenu informé, Wolfgang n'avait quant à lui pas quitté Vienne, à cause de ses problèmes financiers et de la surcharge de travail occasionnée par *Don Giovanni*. Il s'était effectivement, le 24 avril, installé dans un logement de faubourg meilleur marché que celui de la Schulerstrasse ! Le décès survint très rapidement, le 28 mai à six heures du matin. Nannerl, retournée à Saint-Gilgen, n'était pas présente. Cette disparition la laissa devant un grand vide : depuis son mariage, Leopold l'avait aidée en bien des points, et servi d'intermédiaire entre elle, plus ou moins cloîtrée à Saint-Gilgen, et le monde extérieur, en particulier Vienne et son frère. Le jour même, Dominikus Hagenauer nota dans son journal : « Aujourd'hui, lundi de Pentecôte, est mort le vice-maître de chapelle Leopold Mozart, qui il y a environ vingt ans, avec ses deux enfants, a tout particulièrement honoré Salzbourg. [...] La mère est morte à Paris, lorsqu'elle s'y est rendue pour la seconde fois avec son fils. Le père, mort aujourd'hui, était un homme de beaucoup d'esprit de beaucoup d'intelligence, et qui aurait pu rendre à l'État de grands services, pas seulement en musique. [...] Il était né à Augsbourg, a passé la plus grande partie de son existence ici au service de la cour, mais a eu la malchance d'y être toujours persécuté, on ne l'appréciait pas, et de loin, autant qu'en d'autres lieux de première importance en Europe. À atteint l'âge de 68 ans.» La vente aux enchères des effets de Leopold eut lieu du 25 au 28 septembre. Comme portion d'héritage, Wolfgang – qui avait besoin d'espèces sonnantes et trébuchantes – se vit attribuer 1 200 florins, qu'il toucha pendant son séjour à Prague pour *Don Giovanni*. Nannerl conserva quant à elle l'essentiel des reliques, de la musique et de la correspondance familiales.

La *Plaisanterie musicale* en *fa* majeur KV 522 pour 2 violons, alto, basse et 2 cors, formation reprise de nombre de musiques salzbourgeoises, porte dans le catalogue de Mozart la date du 14 juin 1787, soit deux semaines environ après la mort de son père, et dix jours après celle de son moineau (4 juin), à la mémoire duquel il rédigea un petit poème. De nombreux biographes s'en sont étonnés, et ont vu dans KV 522, satire des mauvais compositeurs et des mauvais interprètes, une réaction bizarre, voire scandaleuse, à la disparition de Leopold, conforme à la «sécheresse» des lettres envoyées à Nannerl juste après l'événement. Or la date du 14 juin est erronée: Mozart avait entrepris la *Plaisanterie musicale* dès la fin de 1786, bien avant la maladie de Leopold, et ne se consacra sérieusement à son quatrième mouvement que dans les derniers jours d'août 1787, bien après sa mort. Il parodia dans ce mouvement non seulement le finale de son propre concerto en *fa* majeur n° 19 KV 459, mais aussi un exercice de fugue en *ut* majeur auquel un an auparavant, en août 1786, s'était livré Atwood. On ne sait ce qui poussa Mozart à écrire KV 522, œuvre aussi saugrenue à sa manière que la symphonie *Il Distratto* de Haydn, à ceci près que chez Haydn, personne ne joue faux ni ne tombe dans des banalités. Quand en outre, au début du sixième et dernier mouvement de Haydn, les violonistes s'aperçoivent qu'ils ont mal accordé leur instrument, ils s'arrêtent d'eux-mêmes, en musiciens professionnels (et non « de village ») qu'ils sont, pour immédiatement s'accorder et redémarrer !

On ne sait rien non plus de la genèse de la sérénade en *sol* majeur KV 525 pour 2 violons, alto, violoncelle et contrebasse, dite *Petite musique de nuit*. Datée du 10 août 1787, elle est exactement contemporaine de l'achèvement de la *Plaisanterie musicale*, avec laquelle elle forme une paire. L'inscription *Eine kleine Nacht-Musik* portée par Mozart sur son catalogue signifie à proprement parler « Un bref nocturne », et ne doit pas être considérée comme un titre, ce qu'elle n'a pas manqué de devenir. Si la sérénade KV 525 nous est parvenue en quatre mouvements, elle en avait à l'origine cinq, avec en deuxième position un premier menuet. Le musicologue Alan Tyson estime que si « Tombeau musical pour Leopold » il y eut, ce put fort bien être, dans l'esprit de Wolfgang, cette œuvre aussi parfaite que mystérieuse.

De 1787 ou 1788 est daté le troisième en date – et le plus célèbre – des concertos pour cor de Mozart : le n° 3 en *mi* bémol majeur KV 447. Dans la même tonalité que les deux précédents (KV 417 et KV 495), il est doté comme eux – et comme nombre de concertos pour cor de l'époque, par exemple ceux d'Antonio Rosetti (v. 1750-1792) – d'un finale à 6/8 à allure de chasse. Toujours soucieux de ne pas faire deux fois la même chose, Haydn n'aurait jamais produit trois partitions aussi semblables, alors que Mozart pouvait à l'occasion se montrer routinier. Le grand corniste britannique Dennis Brain (1921-1957) osa l'affirmer. À propos du concerto en *ré* majeur Hob. VIId.3 de Haydn, il écrivit le 19 avril 1956 à l'impresario Walter Legge (1906-1979), qui lui avait suggéré de l'enregistrer : « L'écriture de son deuxième mouvement est bien plus aventureuse que chez Mozart, et son finale n'est pas à 6/8 ! » Un arrangement pour cor et quatuor à cordes de la romance (Andante) du concerto KV 447 est attribué à Michael Haydn (vers 1802, MH 806).

DON GIOVANNI

Datée du 24 août 1787, la sonate pour violon et piano en *la* majeur KV 526, la plus grande de Mozart, est contemporaine des derniers travaux sur *Don Giovanni*. Mozart et Constance partirent pour Prague le 1er octobre, et à leur arrivée logèrent à la villa Bertramka, résidence d'été des Duschek. La première de *Don Giovanni* était prévue pour le 14, car ce jour-là séjournèrent à Prague un neveu (le futur François II) et une nièce de Joseph II. Mais à cette date, *Don Giovanni* n'était pas prêt, et Mozart, sur ordre de l'empereur, dirigea à sa place *Figaro*. L'achèvement de *Don Giovanni* en fut encore retardé. Contrairement à celui de *Figaro*, le sujet de *Don Giovanni* n'avait rien de neuf. *Figaro* avait été destiné à un public de connaisseurs dans une société en mouvement où les conventions d'ancien régime coexistaient avec un nouvel intérêt pour l'égalitarisme : d'où un parfum de scandale donnant d'avance le frisson à un auditoire sachant qu'il serait mis en contact avec un matériau potentiellement subversif. Les milieux « cultivés » considéraient au contraire le sujet de *Don Giovanni* comme rebattu et convenant à la « populace ». Le *Don Giovanni Tenorio* de Giovanni Bertati (1735-1815) pour le livret et de Giuseppe Gazzaniga (1743-1818) pour la musique, créé à Venise en février 1787 et qui servit partiellement de modèle à Da Ponte, contient un prologue où la pièce proprement dite est qualifiée de *una bella e stupenda porcheria* (une belle et superbe cochonnerie) ! Avec ses éléments surnaturels et comiques, le sujet était extrêmement prisé dans les milieux plus modestes.

Outre celui de Bertati et Gazzaniga, pas moins de quatre opéras sur ce thème furent donnés dans la décennie précédant celui de Mozart. On a peut-être là une des raisons du choix du thème en question pour un opéra destiné à Prague, ville relativement provinciale et où avait déjà été monté, en 1776, *Il convitato di pietra ossia Il dissoluto punito* de Vincenzo Righini (1756-1812). Vienne elle aussi avait vu plusieurs *Don Juan*, dont en 1761 le ballet de Gluck, mais jamais sous forme d'un opéra de cour, et l'on imagine difficilement Joseph II commandant à Mozart et à Da Ponte un ouvrage sur ce sujet. Tout cela ne signifie pas que Mozart n'ait pas été attiré par cette intrigue dramatique, en particulier par ses côtés démoniaques, mais explique qu'il ait eu des doutes – qui devaient se révéler en partie fondés – quant à la réussite de *Don Giovanni* à Vienne. Il n'en réalisa pas moins ce qui est sans doute la plus grande réussite du théâtre lyrique. C'est assurément dans *Don Giovanni* que son exceptionnel génie dramatique se manifeste de la façon la plus contrastée. Dès les premières mesures de l'ouverture, on s'aperçoit qu'il avait de l'ouvrage une conception essentiellement tragique, et malgré le nombre et la qualité des épisodes bouffes, cette impression demeure. Quant aux gestes de défi du rôle-titre au cours du second finale, dans la scène du festin puis surtout dans la confrontation avec le Commandeur, nul doute qu'au fond de lui-même, le fier Mozart les fit siens.

La première représentation de *Il dissoluto punito, ossia Il D. Giovanni* eut lieu au Théâtre Nostitz de Prague le 29 octobre 1787. Le premier Don Ottavio, le ténor Antonio Baglioni, avait été le premier Don Giovanni de Gazzaniga : qu'il ait parlé de cet ouvrage à Mozart est tout à fait plausible, et l'on constate entre les deux *Don Giovanni* – celui de Gazzaniga et celui de Mozart – quelques analogies de surface. Da Ponte s'était de son côté plus ou moins inspiré de Bertati pour la première moitié de son acte I et la seconde moitié de son acte II, plus précisément pour les actes I et IV de sa conception originale en quatre actes. Il puisa parfois ailleurs : l'échange d'habits au début de l'acte II se trouve en particulier chez Molière. Il avait mené à bien l'essentiel du livret à Vienne, mais y ajouta à Prague, à l'instigation de Mozart, quelques piquants éléments de dialogue. Les musicologues Tomislav Volek et Daniel Heartz ont fait remarquer que la mise en valeur des paroles « Ah che piatto saporito » (Ah quel plat savoureux) dans la scène du festin peut être comprise comme une allusion non seulement à Teresa Saporiti (1763-1869), créatrice du rôle de Donna Anna, mais à la « dégustation savoureuse », au début de l'ouvrage, de Donna Anna par Don Giovanni ! Même remarque à propos du mot « cuoco » (cuisinier) dans « Si eccellente e il cuoco mio » (Mon cuisinier est si excellent) : la réduction pour piano de *Figaro* avait été « excellemment » réalisée à Prague, et celle de *Don Giovanni* était en train de l'être, par un musicien nommé Jan Krtitel Kuchar (1751-1828). Or en tchèque, « kuchar » signifie « cuisinier » !

Deux livrets furent imprimés, l'un incomplet à Vienne, puis l'autre à Prague. Aucun des deux ne contient les exclamations de Leporello, toujours dans la scène du festin, à l'audition des trois citations musicales tirées respectivement de *Una cosa rara* de Martin y Soler, de *Fra i due litiganti* de Sarti et de *Figaro* (l'air « Non più andrai ») : Mozart, après les avoir judicieusement sélectionnées, les introduisit au dernier moment. La scène finale elle aussi (celle faisant suite à la descente aux enfers du héros) ne prit son aspect définitif qu'à Prague. On remarque que le livret de Vienne, destiné à la censure impériale, ne contient pas la seconde moitié de l'acte I : il s'arrête au milieu du quatuor « Non ti fidar, o misera ». Manquent donc, entre autres paroles, le fameux « Viva la libertà » chanté par Don Giovanni à l'arrivée de ses hôtes masqués et ensuite repris par eux, juste avant l'épisode des trois orchestres superposés. Da Ponte craignait-il la censure ? Savait-il déjà à quel point Mozart insisterait sur ces paroles ? Toujours est-il qu'à Prague, on en comprit fort bien la portée : lors de représentations ultérieures, mais toujours du vivant de Mozart, on devait les faire reprendre, pour accroître leurs poids, non par les protagonistes du drame mais par le chœur tout entier ! *Don Giovanni* et ses personnages ne manquèrent pas de susciter, auprès de la postérité, bien des interprétations complémentaires ou contradictoires, mais personne ne mit jamais en doute son côté subversif.

Les répercussions de Don Giovanni
De nouveau Mozart et Haydn

On ignore s'il existe un lien entre la création de *Don Giovanni* et la lettre que peu après, Haydn adressa à Franz Rott, haut fonctionnaire et mélomane praguois. Cette lettre souvent citée parut pour la première fois dans la biographie de Mozart par Niemtschek (1798), dont elle constitue d'ailleurs l'unique source, Niemtschek indiquant comme date d'envoi décembre 1787 :

« Les plus célèbres compositeurs reconnurent la grandeur du génie de Mozart et admirèrent ses œuvres. Joseph Haydn, ce favori des Grâces, qui même dans un âge avancé témoigne encore de sentiments de jeune homme [en 1798, Haydn avait 65 ans et fit entendre pour la première fois *La Création*], est certainement en la matière le juge le plus compétent et le plus écouté. Son jugement est exempt de tout parti pris, car il est connu comme un homme honnête ; en outre, la gloire de Mozart ne pouvait nuire à la sienne. Dès 1785, alors que le père de Mozart vivait encore, J. Haydn lui déclara lors d'une rencontre à Vienne : "Je vous le dis devant Dieu, en honnête homme, votre fils est le plus grand compositeur que je connaisse, en personne ou de nom, il a du goût, et en outre la plus grande science de la composition." En décembre 1787, ce même grand homme écrivit à un ami de Prague, avec lequel il était en correspondance depuis longtemps et qui lui avait demandé un opéra, la lettre remarquable que voici :

» "Vous me demandez un *opera buffa* ; volontiers, si vous souhaitez posséder pour vous seul une de mes œuvres vocales. Mais s'il s'agit de la présenter sur le théâtre de Prague, je ne saurais pour cette fois vous être agréable, car mes opéras sont tous destinés à notre personnel à nous (à Esterhaz en Hongrie), et ne produiraient jamais l'effet calculé par moi en fonction de conditions locales. La question changerait du tout au tout si j'avais le bonheur insigne de mettre en musique pour votre théâtre un tout nouveau livret. Mais dans ce cas également, ce serait très risqué pour moi, car à côté du grand Mozart, pratiquement personne ne peut se montrer. Si seulement je pouvais graver dans l'esprit de tous les amis de la musique, et en particulier des grands de ce monde, les inimitables travaux de Mozart avec la profondeur, la compréhension musicale et l'émotion avec lesquelles je les comprends et les ressens moi-même, alors les nations rivaliseraient pour posséder dans leurs murs un tel joyau. Prague se doit de retenir un homme aussi précieux – mais aussi de le récompenser ; car autrement le sort des grands génies est bien triste, et ne donne à la postérité que peu d'encouragements à de nouveaux efforts ; c'est pourquoi, malheureusement, on voit succomber tant d'esprits pleins de promesses. J'enrage à la pensée que Mozart, cet être unique, n'ait pas encore été engagé par une cour impériale ou royale. Pardonnez-moi de dérailler ainsi : c'est que j'aime trop cet homme. Je suis, etc. Joseph Haydn. N.B. À l'orchestre de Prague et aux virtuoses de la ville mes plus sincères compliments *." »

Quand un Haydn prononce un tel jugement, parle avec tant d'enthousiasme – un Haydn qui seul de tous les compositeurs pourrait nous consoler de sa perte [la perte de Mozart], que peuvent bien signifier les criailleries de quelques esprits mesquins qui, de la gloire de Mozart, ne veulent que se parer eux-mêmes ? »

Professeur de philosophie à l'université de Prague à partir de 1802, Franz Xaver Niemtschek se chargea, après la mort de Mozart, de l'éducation de son fils aîné Carl Thomas. Dans sa biographie, rédigée en collaboration avec Constance, il voulut notamment montrer qu'à Prague, comme lui-même en avait été le témoin, Mozart avait toujours été mieux traité qu'ailleurs : « En Bohême, la perfection artistique de Mozart fut unanimement reconnue de son vivant, et appréciée à sa juste valeur, mais il vécut trop peu pour jouir de sa gloire à son apogée. Même à

» * Je dois ce précieux monument, édifié par une âme dont nul n'ignore la noblesse, à la bonté de Monsieur Roth, *Proviantoberverwalter* à Prague (et destinataire de la lettre), qui me l'a gracieusement communiqué. Je remercie ici publiquement ce noble ami de Haydn et ce distingué connaisseur de l'art des sons. Cette lettre est une des plus belles couronnes répandues sur la tombe de l'artiste qui nous a si tôt été arraché – et un fleuron de cette biographie. Estimant qu'elle honore l'esprit et le cœur de son auteur tout autant que Mozart lui-même, je l'ai reproduite ici mot à mot d'après l'original, et espère avoir fait ainsi aux innombrables amis de ce digne vieillard [Haydn âgé de soixante-cinq ans], particulièrement ici à Prague, un cadeau qu'ils sauront apprécier. [Note de Niemtschek.]

Vienne, son lieu de résidence, seuls les connaisseurs rendaient justice à son génie.» La lettre de Haydn citée par lui a toutes chances d'être authentique. Comme celle de 1779 à la *Tonkünstler-Societät* et comme l'esquisse autobiographique de 1776, elle apparaît comme un modèle d'organisation rhétorique.

LES « ANECDOTES » DE ROCHLITZ
ENCORE MOZART ET HAYDN

D'autres documents des alentours de 1800 ayant trait à Mozart et à ses rapports avec Haydn sont quant à eux plus discutables, sinon toujours par ce qu'ils affirment, du moins dans leur formulation. C'est le cas en particulier des célèbres « Anecdotes de Rochlitz ». Rédacteur en chef du journal *Allgemeine Musikalische Zeitung* édité à partir de 1798 à Leipzig par Breitkopf & Härtel, Johann Friedrich Rochlitz (1769-1842) y publia du 10 octobre 1798 au 27 mai 1801 une série de vingt-sept histoires sur Mozart globalement intitulée « Anecdotes certifiées exactes tirées de la vie de Wolfgang Gottlieb Mozart. Contribution à une meilleure connaissance de cet homme comme être humain et comme artiste ». Vingt-deux anecdotes parurent dès 1798, une en 1799 et quatre en 1801. Certaines n'avaient auparavant été racontées nulle part, alors que pour d'autres, Rochlitz puisa en les enjolivant dans la biographie de Niemtschek (1798), elle-même parfois sujette à caution.

L'auteur de *Don Giovanni* commençait alors à se métamorphoser en mythe. Il s'agissait, pour Rochlitz et son employeur Breitkopf & Härtel, d'intéresser le public à la personne et à la musique de Mozart, voire de renforcer et de propager le mythe, afin de promouvoir l'édition « complète » des œuvres du compositeur que Breitkopf & Härtel s'apprêtait à lancer. Leur motivation était donc largement commerciale. Il fallait, pour capter le public, bâtir la légende d'un Mozart méconnu de ses contemporains, abandonné par ses mécènes, victime de la jalousie de ses confrères, exploité par ses impresarios, incapable de gérer ses propres affaires, mais bon fils de l'Église et prêt à tous les

sacrifices pour servir son empereur bien-aimé Joseph II. Dans
cette entreprise de mythification, Haydn – toujours bien vivant
et dont la renommée était à son zénith – servit à l'occasion de
locomotive. Niemtschek, rappelons-le, lui dédia sa biographie.
Rochlitz se réclama de l'autorité de Constance, mais le 18 mai
1799, Griesinger, le futur biographe de Haydn, se vit contraint
d'écrire de Vienne à Breitkopf & Härtel : « On dit que la veuve
Mozart refuse de garantir l'authenticité des anecdotes publiées
dans la Musik Zeitung. » À moins que les objections de
Constance n'aient été dirigées contre une autre série tout juste
parue dans l'*Allgemeine Musikalische Zeitung* : « Quelques
anecdotes de la vie de Mozart, telles qu'elles nous ont été rapportées par sa veuve » ! Les anecdotes de Rochlitz devaient être
reprises, paraphrasées, étendues, soumises à exégèse, dans des
publications de toutes sortes sur Mozart durant environ deux
siècles, gagnant par là une grande notoriété et un fort cachet
d'authenticité. Or il faut les manier avec la plus extrême prudence, le bon grain étant parfois difficile à séparer de l'ivraie.
Rochlitz ne cite jamais ses sources. Il devait plus tard, dans un
autre écrit, évoquer une rencontre entre Mozart et Carl Philipp
Emanuel Bach à Hambourg en 1789, oubliant que ce dernier
était mort en 1788 et que Mozart n'avait jamais mis les pieds à
Hambourg ! En une autre occasion, il confondit Constance avec
sa sœur Aloysia, et *Idomeneo* avec *L'Enlèvement au sérail*. Il
alla jusqu'à affirmer – anecdote n° 22, 19 décembre 1798 – que
Mozart avait terminé son *Requiem* : sans doute par distraction,
car en 1798, l'état d'inachèvement du *Requiem* à la mort de
Mozart n'était un secret pour personne.

Haydn entre en scène avec l'anecdote n° 6, parue dans l'*Allgemeine Musikalische Zeitung* le 24 octobre 1798 : « Au début,
Don Giovanni ne plut pas particulièrement à Vienne. Après une
ou deux représentations, le prince R..., bien connu comme ami
des arts, réunit chez lui une nombreuse compagnie. La plupart
des musiciens de la ville étaient présents, y compris Joseph
Haydn. Mozart n'était pas venu. Après que ces beaux messieurs
et ces belles dames eurent bien bavardé là-dessus, quelques
connaisseurs prirent la parole. Tous tombèrent d'accord pour

dire que c'était l'œuvre estimable d'un riche génie, et qu'elle témoignait d'une imagination inépuisable, mais pour l'un elle était démesurée, pour l'autre trop chaotique, pour un troisième pas assez mélodique, pour un quatrième trop inégale, etc. On ne peut nier que, globalement, tous ces jugements contenaient un fond de vérité. Tout le monde s'était prononcé, sauf Vater Haydn. Enfin, on demanda à cet artiste toujours modeste de dire ce qu'il en pensait. Il répondit alors avec sa coutumière circonspection. *Je ne puis vider le débat. Mais ce que je sais,* ajouta-t-il avec vivacité, *c'est que Mozart est le plus grand compositeur que le monde possède actuellement.* Ce qui fit taire ces messieurs et dames.»

Don Giovanni connut quinze représentations à Vienne du 7 mai au 15 décembre 1788. Le succès fut moindre que pour *L'Enlèvement au sérail*, *Figaro* ou *La Flûte enchantée*, mais ce ne fut pas un échec, malgré la remarque de Joseph II au comte Rosenberg : « La musique de Mozard [*sic*] est bien trop difficile pour le chant. » Mozart toucha une somme appréciable, ce qui n'était pratiquement jamais le cas pour un opéra non créé à Vienne. Zinzendorf assista à six des quinze représentations. Le 7 mai, il trouva la musique « agréable et très variée », et le 12 nota : « M[adam]e de la Lippe trouve la musique savante, peu propre au chant. » On cite toujours sa remarque du 23 juin : « Le soir je m'ennuyois beaucoup à l'opéra *Don Giovanni.* » Il ne faut cependant pas oublier que Zinzendorf et d'autres aristocrates considéraient le Burgtheater aussi bien comme un salon que comme une salle de spectacle, et Dexter Edge observe à ce propos que Zinzendorf fut problablement ennuyé non par la musique de Mozart, mais par les gens qui l'entouraient, voire par le manque de compagnie ! Pour en revenir à Haydn, quasiment bloqué à Eszterháza, rien n'indique qu'il ait assisté à l'une des quinze représentations. Qu'il lui soit arrivé de prendre, en son absence, la défense de Mozart à propos ou non de *Don Giovanni*, est en revanche fort plausible.

Le compositeur Franz Seraph von Destouches (1772-1844), élève de Haydn vers 1787, « rapporta » en 1815 une autre phrase sujette à caution : « Haydn lui a dit [à Mozart] : Si tu n'avais fait

que *Don Juan*, ce serait suffisant ! » On put même lire, dans un
petit volume paru en 1803 et intitulé *Mozarts Geist* (L'esprit de
Mozart), que Haydn ayant trouvé des fautes dans l'ouverture de
Don Giovanni, Mozart la soumit à révision ! De Rochlitz proviennent d'autres déclarations mises telles quelles dans la
bouche de Mozart par des générations de commentateurs
comme avec l'anecdote 7, du 24 octobre 1798 : « Envers Haydn,
Mozart n'agissait pas autrement. On sait qu'il lui dédia une série
de quatuors qui comptent parmi les plus beaux non seulement
de Mozart, mais de tout ce qui existe dans le genre. […] *C'était
un devoir pour moi*, disait-il, *car c'est de Haydn que j'ai vraiment appris comment écrire des quatuors* [phrase très belle et
non dépourvue de vérité, mais apparemment inventée par
Rochlitz]. Jamais Mozart ne parlait sans la plus grande estime de
ce maître, bien qu'ils vécussent tous deux dans la même ville et
qu'il ne manquât ni à l'un ni à l'autre de prétextes à jalousie réciproque. Un certain compositeur alors en train de se faire
connaître, pas malhabile mais sans grand génie, et dont depuis la
réputation s'est accrue, ne perdait pas une occasion de dénigrer
Haydn, et le fait sans doute encore aujourd'hui. Cet homme
agrippait souvent Mozart, il lui apportait par exemple des symphonies ou des quatuors de Haydn, et lui montrait d'un air
triomphant les petites négligences qui, très rarement il est vrai,
avaient échappé à cet artiste. Mozart détournait ou interrompait
la conversation. Mais bientôt c'en fut trop pour lui : *Monsieur*,
lui dit-il avec une vivacité extrême, *quand bien même on
nous fondrait tous les deux ensemble, il faudrait encore longtemps pour qu'il en sortît un Haydn.* » Rochlitz s'inspira ici
de Niemtschek, où l'on peut lire : « On joua un jour dans une
assemblée privée une nouvelle œuvre de Joseph Haydn. Outre
Mozart, plusieurs musiciens étaient présents, parmi lesquels
L[eopold] K[ozeluh], qui n'avait encore loué personne d'autre
que lui-même. Il s'approcha de Mozart et se mit à critiquer
ceci et cela. Mozart l'écouta un moment avec patience, mais il
en eut assez, et lorsque notre censeur s'écria, content de soi,
"Je n'aurais jamais fait cela ainsi", Mozart répliqua : *Moi non
plus, et savez-vous pourquoi ? Parce que ni vous ni moi n'aurions*

frappé aussi juste ! Par cette réplique, il se fit un ennemi implacable de plus. »

Et Rochlitz de poursuivre : « Ainsi les véritables grands hommes ont-ils toujours su rendre justice aux autres grands hommes. Seuls ceux qui au fond d'eux-mêmes se sentent faibles essaient de trouver une faiblesse chez celui qui les dépasse, et font tout pour l'abaisser jusqu'à eux, étant eux-mêmes incapables de s'élever jusqu'à lui. » Et dans l'anecdote n° 14 (21 novembre 1798), s'appuyant peut-être sur des faits réels mais n'en donnant pas moins libre cours à son imagination : « Je l'ai entendu [Mozart] parler très favorablement de Paisiello, dont il connaissait très bien les œuvres. *Pour ceux qui ne cherchent dans la musique que des plaisirs légers, les ouvrages de cet homme sont insurpassables*, disait-il. [...] Il eut l'idée d'insérer dans son *Don Giovanni* un air dans le style de Haendel [peut-être « Ah fuggi il traditor »], et de l'inscrire en toutes lettres sur la partition [affirmation fausse]. À ma connaissance, on a supprimé cet air chaque fois que l'opéra a été représenté [affirmation grotesque]. [...] De Martin y Soler, qui alors que Mozart se trouvait à Leipzig commençait à ensorceler tous les amateurs, il [Mozart] déclara : *Ce qu'il fait est vraiment très joli, mais dans dix ans personne n'y prêtera plus la moindre attention.* Cette prophétie s'est à peu de chose près réalisée [Martin y Soler faisait fureur à Vienne bien avant le séjour de Mozart à Leipzig en 1789, et l'on se demande pourquoi Rochlitz éprouvait le besoin de se réclamer de Mozart pour le dénigrer en 1798]. *Mais personne*, ajouta-t-il, *ne peut tout faire – amuser et bouleverser, provoquer le rire, le trouble et la profonde émotion, et tout cela en même temps – aussi bien que Joseph Haydn.* » Il semble qu'on ait là, plutôt qu'une citation textuelle de Mozart, une sorte de paraphrase de Gerber (cf. *supra*, page 171) : « Il [Haydn] possède le grand art de paraître, dans ses œuvres, très souvent familier. C'est pourquoi, par-delà tous les artifices contrapuntiques qui s'y trouvent, il sera toujours populaire et agréable aux amateurs ».

Haydn, qui en 1798 recevait gratuitement l'*Allgemeine Musikalische Zeitung*, ne put manquer de lire les anecdotes de Rochlitz. Même sans correspondre strictement à la réalité, celles

ayant trait à lui-même et à Mozart le touchèrent profondément.
Écrites comme la plupart des autres dans un style mélodrama-
tique et fleuri typiquement « début XIXᵉ », elles le reportaient
d'une décennie en arrière. Or, le souvenir brûlant de ses années
d'amitié avec Mozart le marquèrent jusqu'à son dernier souffle.
Mais retrouvons-le en 1785, date à laquelle nous l'avons quitté.

CHAPITRE XI

Sur les cimes

Haydn 1785 – 1789 – Mozart 1787 – 1789

En 1785, l'Angleterre attendait toujours Haydn. Le 17 janvier, le *Gazetter & New Daily Advertiser* proposa des mesures radicales pour faire traverser la mer au «Shakespeare de la musique» : «Il s'accommode de vivre emmuré en un lieu à peine plus supportable qu'un donjon, livré à la domination d'un roitelet et aux récriminations d'une femme acariâtre. Ne serait-ce pas, pour des jeunes gens ambitieux, un véritable pèlerinage que de réaliser l'exploit de l'arracher à sa mauvaise fortune et de le transplanter en Grande-Bretagne, le pays pour lequel sa musique semble être faite ? » Le rapt n'eut pas lieu, mais le 16 septembre, le *Morning Herald* renchérit, non sans une sorte d'humour noir coupé de la réalité : «On prête de nouveau au célèbre Haydn l'intention de visiter ce pays. Mais ceux qui le connaissent bien estiment qu'il n'honorera jamais de sa présence cette terre d'*hérésie*. En matière de cérémonies religieuses, ce grand génie est un si grand bigot qu'il consacre tous ses loisirs à célébrer la messe et à contempler le purgatoire, mais ce qui l'attriste encore plus, c'est la mauvaise humeur de sa femme – cette brave créature n'a aucun goût pour les beautés de *l'harmonie*, sa voix n'est pas du genre mélodieux – les joies du mariage sont donc pour lui réduites au minimum – et il est trop heureux de se consoler dans le *giron* de l'Église. » Le 2 novembre, le même journal annonça qu'une fois de plus, Haydn avait renoncé à se rendre en Angleterre, « car le roi [George III], lui a-t-on dit, n'aime pas beaucoup sa musique ». C'est pourtant à ce moment-là que la presse londonienne annonça que Haydn était en train d'écrire des œuvres pour le Professional Concert, organisation active dans la capitale britannique de 1783 à 1793 sous la direction du violoniste d'origine allemande Wilhelm (William) Cramer (1745-1799), et ainsi nommée parce que ne s'y produisaient que des musiciens professionnels. Bien sûr, il n'en était rien, mais ce genre d'incident, en se répétant, devait à la longue créer entre le compositeur et le Professional Concert, toujours nourri d'espoir et toujours déçu, d'assez sérieuses difficultés. On a là une des raisons de l'hostilité du Professional Concert envers Haydn lorsqu'en janvier 1791, il arriva à Londres pour le compte d'une entreprise rivale, celle de Johann Peter Salomon.

Symphonies parisiennes n° 82 à n° 87 (1785-1786)

Au tournant de 1785 et 1786, Haydn travaillait néanmoins pour une capitale étrangère, en l'occurrence Paris. Des six *Symphonies parisiennes*, les trois plus « élégantes » – n° 87 en *la* majeur, n° 83 en *sol* mineur, dite *La Poule*, et sans doute aussi n° 85 en *si* bémol majeur, dite *La Reine* – furent composées en 1785, et les trois plus « monumentales » – n° 84 en *mi* bémol majeur, n° 86 en *ré* majeur et n° 82 en *ut* majeur, dite *L'Ours* – en 1786. Ces œuvres avaient été commandées à Haydn par Claude François Marie Rigoley, comte d'Ogny (1757-1790), principal promoteur du Concert de la Loge olympique à Paris. Cette association de concerts semi-maçonnique, qui avait succédé en 1780-1781 au Concert des Amateurs fondé en 1769 par Gossec, comprenait dans ses rangs des professionnels mais aussi des amateurs parmi lesquels d'Ogny, qui jouait du violoncelle. Les contacts avec Haydn furent probablement noués par l'intermédiaire du fameux chevalier de Saint-Georges (1739-1799), alors chef d'orchestre à la Loge olympique. La correspondance échangée a disparu, mais on sait que le Concert de la Loge olympique s'était engagé à verser à Haydn 25 louis d'or par symphonie, « ce qui [lui] avait paru un prix colossal, car jusque-là ses symphonies ne lui avaient rien rapporté ». L'ordre de numérotation actuel, issu de l'édition Artaria de décembre 1787, ne correspond pas à celui de composition. Dans une lettre à l'éditeur viennois du 2 août 1787, Haydn indiqua un ordre qui est peut-être celui de composition, mais qu'on ne retrouve dans aucune édition d'époque : 87, 85, 83, 84, 86, 82. À Paris, les six symphonies parurent en janvier 1788 chez Jean-Jérôme Imbault (1753-1832) avec comme mentions « du Répertoire de la Loge olympique » et « Gravé d'après les Partitions Originales ». Annonçant cette édition, le *Mercure de France* écrivit : « Ces symphonies du plus beau caractère & d'une facture étonnante ne peuvent manquer d'être recherchées par ceux qui ont eu le bonheur de les entendre. Le nom de Haydn répond de leur mérite extraordinaire. »

L'orchestre du Concert de la Loge olympique, avec ses quarante violons et dix contrebasses, était plus fourni que celui d'Eszterháza, limité quant à lui à vingt-quatre exécutants. Les premières exécutions publiques des *Parisiennes* eurent lieu sans doute dans la saison de 1787, tant à la Loge olympique qu'au Concert-Spirituel. Parmi les interprètes se trouvait le jeune Luigi Cherubini (1760-1842), qui en reçut le choc de sa vie. Particulièrement appréciée de Marie Antoinette, la symphonie en *si* bémol majeur n° 85 reçut dès l'édition Imbault l'appellation *la Reine de France*. Par sa synthèse d'élégance et de vigueur, de savant et de populaire, elle illustre à merveille les fastes et surtout la douceur de vivre des dernières années de l'Ancien Régime. C'est vrai en particulier de son deuxième mouvement, une romance marquée Allegretto et traitant en variations une chanson française intitulée, paraît-il, *La gentille et jeune Lisette*. Les rythmes pointés de sa brève introduction lente (Adagio) évoquent les solennités de l'ancienne ouverture à la française, et le Vivace qui suit s'ouvre sur un envoûtant rythme de valse, comme trois ans plus tard l'épisode correspondant de la symphonie en *mi* bémol majeur n° 39 KV 543 de Mozart. Les symphonies en *ré* majeur n° 86 et en *ut* majeur n° 82, dite

L'Ours, sont au contraire puissantes et massives, agressives parfois : elles marquent dans l'évolution de Haydn symphoniste un nouveau sommet. Celle en *la* majeur n° 87 possède un magnifique Adagio au thème principal à caractère d'hymne et de structure quasi rhapsodique. La symphonie en *sol* mineur n° 83, dite *La Poule*, forme une paire avec celle en *ré* mineur n° 80 de 1784. C'est une des plus célèbres, grâce à son surnom, dû au rythme caquetant de hautbois soutenant le « second thème » de son Allegro spirituoso initial. Moins connue, la symphonie en *mi* bémol majeur n° 84 débute par une introduction lente d'une ampleur et d'une majesté rares, et se poursuit par une de ces pages monothématiques dont Haydn avait le secret. Peut-être est-ce à propos de cet Allegro que le *Mercure de France* écrivit le 5 avril 1788 : « On a exécuté [l'année dernière] à tous les concerts des Symphonies de M. Haydn. Chaque jour on sent mieux, & par conséquent on admire davantage, les productions de ce vaste génie, qui, dans chacun de ses morceaux, sait si bien, d'un sujet unique, tirer des développements si riches & si variés ; bien différent de ces compositeurs stériles, qui passent continuellement d'une idée à l'autre, faute d'en savoir présenter une sous des formes variées, & entassent mécaniquement des effets sur des effets, sans liaison & sans goût. »

Décidément persévérants, les Anglais espéraient toujours une prochaine arrivée de Haydn. Ayant fait savoir en octobre 1786 que Sir John Gallini se trouvait à Vienne « dans le seul but d'engager le célèbre Haydn comme compositeur à l'opéra [au King's Theatre] pour la prochaine saison », le *Morning Post* précisa en novembre : « *Haydn !* Le monde musical sera bientôt gratifié de la venue en Angleterre du célèbre HAYDN. Ce Shakespeare de la musique a promis aux dirigeants du Concert de Hanover Square de se rendre à Londres en janvier prochain. Un contrat a été signé à Vienne au début de ce mois, et il doit composer pour chaque concert une nouvelle ouverture [symphonie] ou un nouveau concerto. Nous aurons donc, de ce grand maître, douze pièces originales. Il touchera pour ce service, outre de substantiels bénéfices, quatre cents guinées. » Fin janvier 1787, pour bien montrer à quel point Haydn profiterait d'un séjour en

Angleterre, le *Public Advertiser* rendit compte en noircissant délibérément le tableau d'une récente visite à Eszterháza du jeune Gaetano Bartolozzi, fils du graveur Francesco Bartolozzi et futur époux de la pianiste Thérèse Jansen : « Dans son propre pays, semble-t-il, un musicien est aussi peu honoré qu'un prophète. Le célèbre Haydn en fournit une preuve remarquable. Le prince Esterházy, dont ce grand compositeur est maître de chapelle, affecte pour les œuvres de Haydn, qu'il a en permanence à son service, la plus grande admiration, mais sa seule récompense est un salaire de misère qu'à Londres le dernier joueur de violon refuserait avec dédain, ainsi qu'au quartier un misérable appartement où se trouvent son lit et une vieille épinette, ou clavicorde. C'est dans cette situation indigne de son génie que Haydn a été découvert par M. Bartolozzi, qui lui a rendu visite récemment. Il a semblé ravi de ce que M. Bartolozzi lui a dit des encouragements prodigués à la musique en Angleterre, et de la haute estime qu'on y porte à ses œuvres. »

Les sept dernières Paroles de Notre Sauveur sur la Croix (1786-1787)

En fait, durant toutes ces semaines, Haydn travaillait une fois de plus pour un autre pays étranger : l'Espagne, d'où il avait reçu, à la fin de 1785 ou dans le courant de 1786, la très importante commande des *Sept Dernières Paroles du Christ en Croix*. En 1801, en vue de la publication par Breitkopf & Härtel de la version vocale de l'ouvrage, devait être rédigée par Griesinger, d'après les propres paroles (*ipsissima verba*) de Haydn, une célèbre préface, digne de foi à quelques détails près : « On avait [...] l'habitude, à la cathédrale de Cadix, d'exécuter tous les ans, durant le carême, un oratorio dont l'effet se trouvait singulièrement renforcé par les circonstances que voici. Les murs, fenêtres et piliers de l'église étaient tendus de noir, seule une grande lampe suspendue au centre rompait cette sainte obscurité. À midi on fermait toutes les portes, et alors commençait la musique. Après un prélude approprié, l'évêque montait en chaire, prononçait une des sept Paroles et la commentait. Après quoi il descendait de la chaire, et se prosternait devant l'autel. Cet intervalle de temps était rempli par la musique. L'évêque montait en chaire et en descendait une deuxième, une troisième fois, etc. Et chaque fois l'orchestre intervenait à la fin du sermon. J'ai dû dans mon œuvre tenir compte de cette situation. La tâche consistant à faire se succéder sans lasser l'auditeur sept Adagios devant durer chacun environ dix minutes n'était pas des plus faciles. »

Les *Sept Paroles* furent destinées non à la cathédrale de Cadix, mais à l'église de Santa Cueva, construite à l'intérieur d'une grotte sous l'église paroissiale du Rosario (Rosaire). Depuis 1756, on s'y livrait à des exercices de piété. L'ouvrage fut mené à bien non pas avant les *Parisiennes*, comme on le crut longtemps, mais après, durant l'hiver 1786-1787, et exécuté pour la première fois à Santa Cueva de Cadix dans sa version originale pour orchestre le Vendredi saint (6 avril) de 1787. Auparavant, on l'avait entendu le 26 mars à Vienne chez le prince Auersperg, et le 30 mars à Bonn. À ce dernier concert, donné par l'orchestre du prince électeur Maximilian Franz, le jeune Beethoven, qui d'ordinaire y jouait de l'alto, ne put participer, car il se trouvait ce jour-là sur le chemin de Vienne. Plus tard dans l'année, une autre exécution eut lieu à Vienne chez le comte Franz von Walsegg-Stuppach (1763-1827), futur commanditaire du *Requiem* de Mozart.

Le succès des *Sept Paroles* fut tel que le 7 juillet 1787, Artaria annonça en même temps la version originale pour orchestre, la version pour quatuor à cordes, réalisée par Haydn lui-même (opus 51), et la version pour piano, seulement approuvée par lui. La diffusion cette année-là des *Sept Paroles* puis des *Parisiennes* (dans l'ordre inverse de celui de composition) accrut encore la renommée de Haydn en Europe. Il envoya à Forster à Londres en juin les *Sept Paroles* accompagnées d'une lettre en français, puis en août les *Parisiennes*, en précisant bien – ce qui ne correspondait nullement à la réalité – que ces symphonies n'étaient « pas encore sorties de [sa] main » ! Forster eut évidemment vent de l'édition Artaria de décembre 1787, mais continua d'espérer être le premier à publier les *Parisiennes* à Londres. Or en janvier 1788, il se fit doubler par Longman & Broderip, représentant d'Artaria dans la capitale britannique. Forster protesta violemment, et Haydn s'excusa du mieux qu'il put. À propos de cette affaire et d'autres, Forster et Longman & Broderip se traînèrent mutuellement plusieurs fois en justice, au moins de janvier 1788 à novembre 1792. En octobre 1784 par exemple, Haydn avait envoyé à Forster, en les faisant passer pour siens, deux trios de Pleyel : en *ut* majeur Hob. XV.3 et en *fa* majeur Hob. XV.4. Forster les avait publiés sous le nom de Haydn − avec un troisième trio quant à lui authentique, n° 18 (Hob. XV.5) en *sol* majeur − comme opus 40 en février 1785. D'autres éditeurs avaient suivi, parmi lesquels Longman & Broderip ! À Londres en 1791-1792, aussi bien Haydn que Pleyel devaient être cités comme témoins devant les tribunaux compétents, l'un par Forster et l'autre par Longman & Broderip.

En 1787, Haydn dirigea à Eszterháza quatre-vingt-dix-huit représentations de quatorze opéras différents : cinq premières, dont *Le gare religiose* de Paisiello (que Mozart avait vu à Prague au début de l'année) et neuf reprises. Par égard pour Cadix, il conjura en février Artaria de ne pas faire paraître les *Sept Paroles* avec une dédicace au nouveau roi de Prusse Frédéric Guillaume II (1744-1797). Neveu de Frédéric II et monté sur le trône l'année précédente, ce monarque mélomane et bon violoncelliste reçut toutefois sous forme de manuscrits et apprécia fort les six *Parisiennes*, ce dont il remercia Haydn, en avril, par une lettre accompagnée d'une bague. Lui furent finalement dédiés les six quatuors à cordes opus 50, dits parfois, pour cette raison, *Quatuors prussiens*.

Quatuors à cordes opus 50 (1787)

La correspondance avec Artaria montre que les deux premiers − en *si* bémol majeur et en *ut* majeur − étaient terminés le 7 mars, que l'ensemble des six l'était le 16 septembre, et que l'ordre de numérotation actuel est celui voulu par Haydn, ce qui n'est le cas ni de l'opus 20 ni de l'opus 33. On y apprend aussi que les quatuors en *fa* dièse mineur n° 4 (il se termine par une fugue) et en *fa* majeur n° 5 (le dernier achevé) causèrent des difficultés à Haydn, et que pour le compositeur, corriger les épreuves d'une œuvre signifiait notamment la faire jouer par ses musiciens. La lettre de Haydn du 12 juillet contient une phrase des plus intéressantes : « Ci-joint le 6ᵉ quatuor [opus 50 n° 6 en *ré* majeur]. Je n'ai pas encore eu le temps d'écrire au propre une partition du 5ᵉ [opus 50 n° 5 en *fa* majeur], mais il est déjà composé. » Pour « écrire au propre » et « composer », Haydn utilisa respectivement les verbes allemands *setzen* et *componieren*. On a là un écho de la démarche créatrice en trois étapes qu'il décrivit à Griesinger : *improvisieren, componieren, setzen* (improviser au piano, composer, écrire au propre), *componieren* pouvant aussi se rendre par « écrire un premier jet », et *setzen* par « terminer dans les détails ».

Avec les quatuors opus 50, parus chez Forster en novembre 1787 puis chez Artaria en décembre, Haydn écrivit sa première série de six depuis l'opus 33 de 1781, sa première série dédiée à un mécène, et sa première série postérieure aux quatuors « à Haydn » de Mozart. L'opus 50 inaugura en outre sa période de production intense en ce domaine : quatre autres séries de six en 1788 (opus 54/55), 1790 (opus 64), 1793 (opus 71/74) et 1797 (opus 76), et encore deux quatuors en 1799 (opus 77), sans oublier le quatuor inachevé de 1802-1803 (opus 103). James Webster dresse à propos de l'opus 50 un bilan des plus limpides : « Jusque-là, les problèmes stylistiques et techniques auxquels Haydn s'était trouvé confronté avaient été résolus différemment par chacun des trois groupes de quatuors à cordes produits par lui : les œuvres en cinq mouvements, miniatures mais magistrales, de la fin des années 1750 (*Quatuors à Fürnberg*) ; les cycles en quatre mouvements, plus vastes et aux prétentions esthétiques plus élevées (traits qui dorénavant devaient caractériser le genre) des environs de 1770 (opus 9, 17 et 20); et enfin l'opus 33, avec ses éléments plus franchement populaires, son ton ostensiblement plus léger et ses dimensions plus réduites. Dans l'opus 50, nous voyons réunis pour la première fois les traits essentiels du quatuor classique tel que nous le concevons : synthèse du sérieux et des vastes dimensions de l'opus 20 d'une part, du style populaire et de l'érudition de l'opus 33 d'autre part, placement définitif ou presque du menuet en troisième position, mouvements lents en général chantants, finales de plus de poids mais généralement au ton de comédie. Rien d'étonnant à ce que l'opus 50 ait inauguré chez Haydn la période de production continue de quatuors à cordes (1787-1799). »

MOZART OBTIENT UNE POSITION OFFICIELLE À LA COUR DE VIENNE

Le 3 novembre 1787, cinq jours après la création de *Don Giovanni*, Mozart termina à Prague, à l'intention de Josepha Duschek, le magnifique air de concert *Bella mia fiamma... Resta, o cara* KV 528. Le 15, veille de son retour dans la capitale autrichienne, Gluck mourut à Vienne à l'âge de soixante-treize ans. Un poste était à pourvoir, et le 7 décembre, Joseph II nomma Mozart *Kammerkomponist* (compositeur de la chambre impériale et royale) avec un salaire annuel de 800 florins, un peu moins que ce que Haydn touchait chez les Esterházy. Gluck en avait perçu 2000, mais seulement depuis l'âge de soixante ans. Mozart n'occupa jamais d'autre poste officiel à Vienne. Parmi ses mécènes et admirateurs, aucun ne songea à lui confier un emploi stable. Sans doute son caractère « rebelle » et son esprit d'indépendance y furent-ils pour quelque chose. Contrairement à Haydn et à Salieri, il n'était connu et apprécié ni pour ses talents de diplomate, ni pour ses qualités d'administrateur et d'organisateur ! Comme *Kammerkomponist*, sa seule obligation était de composer tous les ans, durant la période de carnaval, des danses pour les bals masqués de la cour dans les salles de la Redoute. Deux contredanses (en *ré* majeur KV 534 et en *ut* majeur KV 535) et six danses allemandes (KV 536) naquirent dès janvier 1788, les contredanses avec chacune un titre : *Das Donnerwetter* (L'orage avec tonnerres et éclairs) pour KV 534, *La Bataille* pour KV 535. Le 19 mars, la *Wiener Zeitung* annonça KV 535 avec un autre

titre : *Die Belagerung Belgrads* (Le siège de Belgrade). En février
en effet, en partie par respect des clauses d'un traité signé en 1781
avec Catherine II de Russie, Joseph II avait déclaré la guerre à la
Turquie. La prise de Belgrade par les troupes d'Ernst Gideon von
Loudon (Laudon) n'intervint cependant qu'en octobre 1789 ! Ce
conflit devait avoir sur la vie musicale à Vienne des effets néfastes,
sans pour autant, du moins au début, se révéler impopulaire. Et
l'on vit Mozart participer à la propagande guerrière avec deux
chants patriotiques : *Ich möchte wohl der Kaiser sein* (J'aimerais
bien être l'empereur) KV 539 (5 mars), doté d'une percussion *alla
turca* et qualifié par la *Wiener Zeitung* du 19 mars de « Nouveau
chant guerrier d'un soldat allemand », et *Beim Auszug in das Feld*
(Départ pour le champ de bataille) KV 552 (11 août), aux paroles
manifestement belliqueuses.

Les 26 février et 4 mars chez le comte Johann Baptist Esterházy (1748-1800), connu dans la famille sous le sobriquet de
« Jean le Rouge » à cause de la couleur de sa chevelure, puis le
7 mars en public, Mozart dirigea l'oratorio de Carl Philipp
Emanuel Bach *Auferstehung und Himmelfahrt Christi* (Résur-
rection et Ascension de Jésus), tout juste publié en partition par
Breitkopf. Dans un journal de l'époque, on put lire que ces exécutions avaient été données « par un orchestre de 86 personnes,
en présence et sous les auspices de ce grand connaisseur de la
musique qu'est le baron van Swieten, et sous les applaudissements unanimes d'une assistance choisie. Le Kapellmeister
impérial et royal, M. Mozart, battait la mesure et dirigeait le
tout ». Auparavant, Mozart avait quelque peu arrangé l'ouvrage,
avec ajout d'une flûte et d'un hautbois à la partie de trompettes
d'un air de ténor, transposition d'un air de basse de *la* bémol
majeur à *sol* majeur, tonalité plus « facile », et simplification des
parties de trompettes d'un chœur : traitement moins rude que
celui qu'à la même époque, toujours sous les auspices de Swieten, il fit subir à quatre oratorios de Haendel, parmi lesquels *Le
Messie*. Peut-être programma-t-il entre les deux parties de l'oratorio son concerto pour piano n° 26 en *ré* majeur KV 537, dit *du
Couronnement*, terminé le 24 février 1788 mais vraisemblement
entrepris un an plus tôt, au début de 1787.

Un personnage peu recommandable.
Les symphonies n°s 88 et 89 (1787).

Pendant ce temps, Haydn ne restait pas inactif. Depuis mars 1783, l'orchestre Esterházy comptait parmi ses membres un second violon nommé Johann Tost (v. 1755-1831). Une lettre adressée par Tost le 1er mai 1787 au maître de chapelle de l'électeur de Trèves indique qu'il avait monté à Eszterháza une entreprise de copie plus ou moins clandestine offrant aux quatre coins de l'Europe, contre espèces sonnantes et trébuchantes, la musique jouée chez Nicolas le Magnifique, en particulier celle de Haydn! Tost quitta Eszterháza en avril 1788. Au plus tard début septembre, avant son départ pour Paris, il reçut de Haydn, à charge pour lui de les faire publier dans la capitale française, les six quatuors à cordes opus 54 (les trois premiers) et 55 (les trois derniers), tout juste terminés, et deux symphonies: en *sol* majeur n° 88 et en *fa* majeur n° 89.

Relativement peu connue, la symphonie n° 89 est datée de 1787, alors que la « célèbre » symphonie n° 88 est la seule, parmi les vingt-trois dernières de Haydn (n°s 82-104), dont le manuscrit autographe n'ait laissé aucune trace. Elle est probablement aussi de 1787. On ne saurait imaginer deux partitions plus différentes. La 89e provient en partie d'un des concertos pour deux *lire organizzate* (sorte de vielle à roue dotée de petits tuyaux d'orgue) composés en 1786 pour Ferdinand IV de Naples. Vigueur et tournures populaires y sont tempérées par l'élégance, et son Vivace initial est quant à sa structure un des mouvements les plus originaux de Haydn. La forme sonate « scolaire » y est littéralement subvertie de l'intérieur: le développement central module beaucoup, mais énonce les thèmes de l'exposition dans le même ordre qu'elle et à peu près tels quels, alors que la réexposition, tout en affirmant la tonique fa majeur, retravaille les thèmes et les présente dans un ordre différent!

La 88e, un des sommets du répertoire, est au contraire, comme il a été dit, l'œuvre la plus vigoureusement concentrée jamais sortie de la plume d'un symphoniste : c'est dû au strict monothématisme de chacun des mouvements, et à un esprit d'aventure parvenant à énoncer – en une démarche typiquement haydnienne – un maximum de choses en un minimum de temps. Trompettes et timbales n'interviennent qu'à partir du deuxième mouvement : pour la première fois, Haydn en fit usage dans un mouvement lent de symphonie. Brahms admirait fort ce magnifique Largo en *ré* majeur, entièrement fondé sur une mélodie à caractère d'hymne : « Je voudrais que celui de ma *Neuvième Symphonie* soit ainsi », aurait-il déclaré. Le menuet est une danse paysanne d'une robustesse peu commune : on a pu le comparer à un tableau de Bruegel le Vieux. Dans le trio central, on perçoit de savoureux effets de cornemuse (tenues des deux bassons puis aussi des deux cors à intervalle de quinte). Le finale (Allegro con spirito) pousse à l'extrême le parfum populaire d'une part, la science compositionnelle d'autre part.

QUATUORS À CORDES OPUS 54/55 (1788)

Composé en 1788, l'opus 54/55 est un recueil de quatuors à la fois très public (virtuosité de la partie de premier violon) et très expérimental. Les deux premiers comptent parmi les plus joués de Haydn. L'opus 54 n° 1 en *sol* majeur débute par un Allegro con brio énergique et concentré alignant en douze mesures une série de motifs. Les huit *ré* successifs du premier motif, sauvagement piétinés en staccato, sont inconcevables chez Mozart : on n'en trouve l'équivalent, au XVIIIe siècle, que chez Rameau ! Le deuxième mouvement contient un épisode harmoniquement des plus extraordinaires et des plus aventureux : ses modulations donnent le vertige, et il est possible que Haydn se soit inspiré ici du début du quatuor de Mozart en *ut* majeur KV 465, dit *Les Dissonances* (le dernier des six qu'il avait reçus en dédicace). L'Adagio (en mineur) de l'opus 54 n° 2 en *ut* majeur est quant à lui très étrange. Une mélodie désolée de huit mesures est énoncée au début par le premier violon soutenu par les trois autres instruments, puis reprise trois fois, comme un cantus firmus, au second violon (parfois en doubles cordes) soutenu par l'alto et le violoncelle, sous des figurations rhapsodiques parsemées de rubatos (écrits et non improvisés) du premier violon. Il en résulte une succession de dissonances douloureuses, et on peut voir dans cette page une profonde assimilation du style tzigane ! Nouvelles surprises avec le finale. Il s'ouvre dans un tempo lent (Adagio), mais contrairement à ce qu'on imagine, il ne s'agit pas d'une simple introduction : ce tempo se maintient longtemps, en *ut* majeur puis mineur. Soudain s'élance un Presto. Quelques mesures de transition conduisent à une reprise abrégée de l'Adagio, et c'est dans ce tempo lent et dans la nuance *pianissimo* que prend fin ce quatuor d'exception. Haydn aurait fort bien pu, comme plus tard Beethoven ses deux sonates opus 27, le sous-titrer « Quasi una fantasia » ! Le cinquième quatuor de la série, l'opus 55 n° 2 en *fa* mineur, est parfois appelé – à tort – « Quatuor du rasoir ».

À Paris, Tost eut un comportement très douteux. Avant son départ, il tenta de vendre pour son propre compte à Artaria les six quatuors et les deux symphonies. D'où la lettre que le 22 septembre 1788, Haydn très inquiet adressa à l'éditeur viennois : « J'ai appris ces jours derniers que vous, cher Monsieur, auriez acheté à M. Tost mes six derniers quatuors ainsi que deux nouvelles symphonies, comme pour diverses raisons je voudrais bien savoir si c'est vrai ou non, je vous demande poliment de me tenir informé par le premier courrier. » De Paris, Tost finit par informer Haydn de la perspective d'un accord avec l'éditeur Sieber, mais il laissa traîner les choses en longueur. Des rumeurs alarmantes circulèrent, selon lesquelles Tost, soucieux de tirer de ses transactions au nom de Haydn le plus grand profit personnel possible, traitait avec plusieurs éditeurs à la fois, leur faisait des promesses inconsidérées, ou leur présentait comme étant de Haydn des œuvres d'autres compositeurs. À Sieber, Tost offrit apparemment, outre les 88e et 89e, deux (ou même quatre) autres symphonies, ainsi que six sonates pour piano. Or ces œuvres n'étaient même pas composées par Haydn, et ne devaient jamais l'être ! Le 5 avril 1789, Haydn de plus en plus

inquiet écrivit à Sieber que sous certaines conditions, il était prêt
à composer pour lui quatre nouvelles symphonies, ajoutant
cependant: «Quant aux six sonates pour piano, M. Tost n'a
aucun droit sur elles. Il vous a donc trompé. […] Maintenant
dites-moi sincèrement comment et de quelle façon M. Tost s'est
comporté à Paris, s'il avait un amour là-bas, s'il vous a vendu
aussi, et si oui à quel prix, les six quatuors [opus 54/55], et enfin,
si les quatuors et les deux symphonies [n° 88 et n° 89] doivent
bientôt paraître. Veuillez m'informer de tout cela au plus vite.»
Non sans de nouvelles péripéties, les symphonies n° 88 et n° 89
et les quatuors opus 54/55 parurent en 1789-1790 à la fois chez
Sieber à Paris, Artaria à Vienne et Longman & Broderip à
Londres.

SYMPHONIES N° 90 ET N° 91 (1788)
SYMPHONIE N° 92 « OXFORD » (1789)

Outre deux grandes pièces pour pianoforte, la fantaisie en *ut*
majeur Hob. XVII.4 et la sonate en *ut* majeur n° 58 (Hob.
XVI.48), Haydn composa bien deux nouvelles symphonies en
1788: en *ut* majeur n° 90 et en *mi* bémol majeur n° 91. Elles
résultèrent cependant d'une nouvelle commande du Concert de
la Loge olympique et du comte d'Ogny à Paris. La Loge olympique ayant souhaité trois symphonies, une autre – la dernière
écrite à Eszterháza – suivit en 1789: en *sol* majeur n° 92, dite
Oxford, ainsi nommée parce que deux ans plus tard, le 7 juillet
1791, veille du jour où il fut fait docteur de l'université de cette
ville, Haydn la dirigea à Oxford. Il arriva à Haydn d'égaler
l'*Oxford*, mais ni lui ni aucun autre symphoniste n'ont jamais
fait mieux. Sans pour autant dépasser en longueur les normes
de l'époque, l'*Oxford* rebondit perpétuellement: d'où l'impression d'ampleur laissée en particulier par son premier mouvement, régi jusque dans ses recoins les plus cachés par le nombre
d'or, et par le trio de son menuet, avec ses lancinants (et syn-
copés) appels de cors. L'introduction de vingt mesures (Adagio
à 3/4) est teintée de mélancolie. L'Allegro spiritoso qui suit,

prodigieuse extension de la « forme sonate », frappe par sa grandeur épique, et le mouvement lent (Adagio à 2/4) par sa sérénité
automnale, avec cependant un féroce épisode central en mineur.
Les divers mouvements de l'ouvrage sont unis par des liens subtils et étroits. Les vigoureux sauts ascendants de l'Allegro spiritoso se retrouvent par exemple, énoncés avec une grande
délicatesse et séparés par des points d'orgue, à la fin du mouvement lent, puis au début du menuet (Allegretto). Le début de la
seconde partie du menuet est en *sol* mineur, et vite interrompu
par un silence : double démarche reprise au début du développement central du finale. Quant aux syncopes de ce même
passage, elles annoncent celles du trio, épisode étonnamment
étiré en longueur et entrecoupé de silences dramatiques. Même
démarche, deux ans auparavant, dans un autre trio de menuet :
celui du quatuor à cordes en *ré* majeur opus 50 n° 6.

Tout comme les deux symphonies « Tost » (n° 88 et 89 de
1787), les trois symphonies « d'Ogny » (n° 90 à 92 de 1788-1789)
causèrent quelques soucis à Haydn homme d'affaires. Le 16 janvier 1788, le prince von Oettingen-Wallerstein avait en effet
demandé à son agent à Vienne d'obtenir du compositeur plusieurs ouvrages, dont trois symphonies toutes nouvelles qu'à
part lui personne ne posséderait. Le prince attendit plus d'un an
et demi, et en octobre 1789, Haydn surmené finit par lui envoyer,
en lui faisant croire qu'il en était l'unique possesseur, les trois
symphonies « d'Ogny ». Oettingen-Wallerstein comprit vite que
les œuvres enfin reçues par lui circulaient ailleurs, mais n'en tint
pas trop rigueur à Haydn. Il lui commanda derechef, et en exclusivité, trois autres symphonies. Il n'eut cette fois à les partager
avec personne, car elles ne furent jamais composées.

Maria Anna von Genzinger

Juin 1789 fut pour Haydn une date très importante au plan
personnel, car c'est alors que débutèrent ses relations épistolaires avec Maria Anna (Marianne) von Genzinger, une femme
qui de toute évidence compta beaucoup pour lui. Née en 1754
ou 1755, elle avait épousé vers 1772 le docteur Peter Leopold

von Genzinger, qui remplissait, entre autres fonctions, celle de médecin personnel de Nicolas le Magnifique. Depuis le début des années 1780, les Genzinger, qui avaient dix enfants, habitaient à Vienne dans le Schottenhof, et leur salon musical, où Mozart, dit-on, se produisit plus d'une fois, était l'un des plus en vue de la capitale. Haydn non seulement y fut reçu, mais pour la première fois depuis son départ de Rohrau un demi-siècle plus tôt trouva dans la maison Genzinger un véritable foyer : il y fut en effet considéré non comme un simple artiste de passage, mais comme un fidèle ami de la famille. Marianne était assez bonne musicienne pour réduire pour piano, instrument dont elle jouait fort bien, une partition d'orchestre. La musicographe anglaise Rosemary Hughes a écrit à son propos : « Jamais auparavant [Haydn] n'avait rencontré une femme dont la beauté s'alliait à une telle culture, une telle compréhension, une telle bonté, une telle chaleur. Enfin quelqu'un avec qui il pouvait communiquer sans réserve ! »

De fait, les lettres qu'en trois ans et demi, jusqu'à décembre 1792, il adressa à Mme von Genzinger comptent parmi les plus intimes et les plus émouvantes de ton et de contenu que nous possédions de lui. Elles sont au nombre de vingt-six, dont quatorze datées des derniers mois à Eszterháza et dix du premier séjour à Londres. Des lettres que, de son côté, Mme von Genzinger adressa à Haydn, n'ont été conservés que quatre premiers jets, tous de 1789-1790. C'est avec l'un d'eux que débuta leur correspondance : le 10 juin 1789, Marianne envoya à Haydn la réduction pour piano, réalisée par elle-même, d'un Andante de sa composition. Haydn répondit le 14 : « La surprise de loin la plus agréable que m'a jamais value ma correspondance a été de lire, d'une si belle écriture, tant de choses aimables, mais j'ai surtout admiré la pièce jointe – cet Adagio si bien transcrit que n'importe quel éditeur pourrait sans rien y changer l'envoyer au graveur. »

Par une extraordinaire coïncidence, un document administratif signé par Haydn et ayant trait notamment aux *Nozze di Figaro* porte comme date celle de la prise de la Bastille ! C'est en effet le 14 juillet 1789 qu'arrivèrent à Eszterháza ou à Eisenstadt les matériels de trois opéras, parmi lesquels celui de Mozart, que Haydn apparemment comptait monter en 1790. Des récents événements de Paris, une lettre à Sieber – datée du 28 août et due comme d'autres aux remous causés par Johann Tost – montre que dans sa lointaine Hongrie, Haydn avait fini par avoir vent : « Étant maintenant certain que les quatre symphonies qu'il me faut composer vous sont destinées, je vais faire de mon mieux pour qu'elles soient prêtes le plus tôt possible, et vous les enverrai les unes après les autres dès achèvement. [...] N. B. J'aimerais qu'une de ces quatre symphonies porte comme titre *Symphonie nationale*. » Rappelons que ces quatre symphonies ne furent jamais composées, et notons que dans la correspondance de Mozart, la Révolution française n'est mentionnée nulle part.

Les trois dernières symphonies de Mozart : n° 39, n° 40 et n° 41 « Jupiter » (1788)

Dans l'été 1788, un an avant l'*Oxford* de Haydn, naquirent les trois dernières symphonies de Mozart : n° 39 en *mi* bémol majeur KV 543 (26 juin), n° 40 en *sol* mineur KV 550 (25 juillet) et n° 41 en *ut* majeur KV 551, dite *Jupiter* (10 août). Il est de tradition d'affirmer qu'elles furent composées pour des concerts par souscription évoqués dans une lettre à Puchberg de juin 1788, prévus pour l'automne mais qui n'eurent jamais lieu, et que par conséquent elles ne furent jamais exécutées du vivant de l'auteur. En d'autres termes, Mozart ne les aurait jamais entendues ! On estime maintenant qu'au contraire, ces concerts – ou du moins certains d'entre eux – eurent bien lieu, et qu'au moins une des trois symphonies, celle en *sol* mineur, y fut jouée. Peut-être est-ce aussi pour ces concerts que Mozart entreprit en 1788, puis mit de côté pour trois ans, le concerto pour piano en *si* bémol majeur n° 27 KV 595. Il est en outre probable que Mozart fit entendre les trois symphonies, ou au moins l'une des trois, lors de ses tournées en Allemagne de 1789 (Prague, Dresde, Leipzig, Berlin) et de 1790 (Francfort, Mannheim, Munich). Il faut aussi signaler que les trois furent annoncées en manuscrits au catalogue de l'éditeur berlinois Johann Christoph Westphal en avril 1790, quelques mois après le séjour de Mozart dans la capitale prussienne. Elles ne furent publiées qu'en 1793 (n° 41), 1794 (n° 40) et 1797 (n° 39), mais tout indique qu'elles furent entendues et diffusées du vivant de Mozart. L'une d'entre elles, vraisemblablement celle en *sol* mineur n° 40, semble même avoir été donnée sous la direction de Salieri à la *Tonkünstler-Societät* les 16 et 17 avril 1791. Haydn quant à lui les connut apparemment avant son départ pour Londres en décembre 1790 : l'Andante de sa symphonie en *si* bémol majeur n° 98, qu'il composa dans la capitale britannique au début de 1792, juste après avoir appris la mort de Mozart, cite en effet celui de la *Jupiter*.

Il faut se persuader qu'en soi, l'ignorance par la postérité de l'existence de tel ou tel concert durant les dernières années viennoises de Mozart ne veut pas dire que ce concert n'a pas eu lieu. Et que de même, les difficultés financières qu'il rencontra et la diminution du nombre des concerts qu'il donna, notamment en public, n'impliquent pas nécessairement une chute de sa popularité comme compositeur et interprète. D'autres compositeurs subirent des avatars de cet ordre, dus pour une bonne part aux conditions générales de la musique à Vienne à la fin des années 1780.

Contrairement aux deux suivantes, la 39e symphonie n'est pas entrée dans la légende. C'est la moins commentée des trois, et elle ne comporte aucune partie de hautbois : d'où ses sonorités à la fois massives et feutrées. Dans la 40e, les conflits sont à la fois violents et intimes. Il n'y a ni trompettes ni timbales, mais dans une seconde version, réalisée peu de temps après l'originale, Mozart ajouta des parties de clarinettes et révisa celles de hautbois : autre indice en faveur d'une exécution dès 1788. Quant à la symphonie n° 41, elle était connue en Allemagne vers 1800 sous le nom de « symphonie avec finale fugué », ou encore de « symphonie géante ». Son surnom de *Jupiter* fut apparemment inventé dans les premières années du XIXe siècle par l'impresario Johann Peter Salomon (1745-1815), connu pour avoir réussi à attirer Haydn en Angleterre. La première apparition de ce surnom sur un programme de concert intervint à Edimbourg en 1819, la deuxième à Londres en 1821. La première édition portant ledit surnom (une réduction pour piano due à Muzio Clementi) est quant à elle de 1822 ou 1823.

Le surnom *Jupiter* vint sans doute à l'esprit de Salomon en raison de la « pompe olympienne », des sonorités de trompettes et timbales et des majestueux rythmes pointés du premier mouvement. Ce mouvement contient un « deuxième thème lyrique » bien distinct, et aussi un thème « conclusif » citant l'air pour basse *Un bacio di mano* KV 541, composé par Mozart peu auparavant pour être inséré dans l'opéra d'Anfossi *Le Gelosie fortunate* (Vienne, 2 juin 1788). L'air est chanté par un Français spirituel, Monsieur Giro, mettant en garde un jeune homme sans expérience, Pompeo, contre les dangers auxquels on s'expose en faisant la cour aux femmes : « Vous êtes vraiment innocent, mon cher Pompeo, allez étudier les usages du monde. » C'est ici le ton populaire qui fait irruption, mais dans le développement, ce « thème conclusif » est traité en contrepoint savant et serré. Le finale de la *Jupiter* n'est pas une fugue, mais une forme sonate avec coda et des épisodes en fugato dans l'exposition, le développement et la coda. Par là, il se situe dans la descendance du finale du quatuor à cordes en *sol* majeur KV 387 de décembre 1782, le premier de ceux dédiés à Haydn. Il n'y a pas moins de six thèmes principaux, dont le premier – quatre notes en valeurs longues, déjà utilisé par Haydn (symphonie en *ré* majeur n° 13 de 1763) et par Mozart lui-même (Credo de la messe en *fa* majeur KV 192 de 1774) – possède une connotation religieuse. Dans la coda, cinq de ces thèmes s'unissent en un extraordinaire contrepoint, le sixième forçant la conclusion en un puissant geste homophone.

Un des thèmes du finale de la *Jupiter* provient en droite ligne du mouvement correspondant, lui aussi en fugato, d'une des plus remarquables symphonies de Michael Haydn, également en *ut* majeur : MH 384 du 28 septembre 1784. De toute évidence, Mozart s'en inspira d'assez près. La symphonie en *ut* majeur MH 384 avait été publiée par Artaria en 1785, avec deux autres également de 1784 : en *si* bémol majeur MH 358 et en *ré* mineur 393 (la seule de Michael Haydn dans ce mode). Peut-être Mozart joua-t-il un rôle dans cette transaction. Ce fut la seule fois que des symphonies de Michael Haydn parurent de son vivant sous son propre nom ! C'est en vain que par une lettre du 9 novembre 1786, Michael Haydn en proposa à Artaria trois autres, récemment composées : en *fa* majeur MH 405, en *ré* majeur MH 420 et en *si* bémol majeur MH 425.

Autres ouvrages importants de l'année 1788 : l'Adagio pour piano en *si* mineur KV 540 (19 mars), le trio avec piano en *mi* majeur KV 542 (22 juin), les sonates en *fa* majeur KV 533 (3 janvier) et en *ut* majeur KV 545, dite « Sonate facile » (26 juin), et surtout le divertimento en *mi* bémol majeur pour violon, alto et violoncelle KV 563 (27 septembre), dit « Trio à Puchberg » alors que l'appellation pourrait aussi bien s'appliquer à KV 542. Il existe des trios à cordes de Haydn, Boccherini, Pichl et autres, et il y eut aussi, dans les années 1790, l'opus 3, l'opus 8 et surtout l'opus 9 de Beethoven. Aucune œuvre pour violon, alto et violoncelle de l'époque classique ne peut toutefois se comparer à KV 563 de Mozart. Un des miracles de la partition est qu'elle réussit à concentrer, dans les limites fixées par trois voix seulement, la densité d'écriture des quatuors et les vastes dimensions des quintettes précédents. Cela sans oublier ses relents d'opéra, ni l'hommage rendu, par sa dénomination et par sa structure en six mouvements, au genre qu'on aurait pu croire révolu du divertimento. Il convient néanmoins de rappeler qu'en Autriche, jusque vers 1775, on avait eu tendance à nommer « divertimento » toute musique instrumentale non orchestrale. Haydn, par exemple, qualifia de la sorte aussi bien ses premières sonates que ses premiers quatuors. Mozart écrivit KV 563 à l'intention de son ami et frère en maçonnerie, le négociant Michael Puchberg, à la fois pour le remercier de ses prêts d'argent et pour ses soirées musicales privées. Il commença un ouvrage en *sol* majeur (KV 562e), puis se ravisa et écrivit celui que nous connaissons, dans une tonalité plus riche de significations et à résonances maçonniques. Il marqua du sceau de l'intimité, du sérieux et de la musique de chambre au sens fort une structure

globale qui auparavant avait plutôt relevé de la « musique de
détente ».

Durant l'hiver suivirent, pour les bals de la cour, de nouvelles
séries de danses : six allemandes KV 567 (6 décembre), douze
menuets KV 568 (24 décembre), six allemandes KV 571 (21 janvier 1789. Il y eut aussi, en février, la sonate en *si* bémol majeur
KV 570, publiée en 1796 avec un accompagnement de violon
apocryphe. Pour en revenir à la musique de danse, on constate
avec surprise que le 22 mars, d'Eszterháza, Haydn adressa au
compositeur Joseph Eybler (1765-1846), un de ses cousins éloignés, une lettre le priant de composer pour lui, Haydn, « trois
menuets à danser, mais attention, chacun avec trio ». Haydn
avait vraisemblablement l'intention de diffuser ces trois
menuets – ne serait-ce que provisoirement et dans des cercles
restreints – sous son propre nom, comme déjà deux trios de
Pleyel. Sa lettre à Eybler se termine ainsi : « Embrassez pour moi
les deux grands hommes Mozart et Albrechtsberger. » À
Vienne, Eybler fréquentait Mozart et étudiait avec Albrechtsberger. Aussi bien Mozart (30 mai 1790) que Haydn (8 juin
1790) rédigèrent à la fin de ses études une lettre de recommandation en sa faveur. C'est lui qui, à la mort de Mozart, fut le premier à entreprendre de terminer le *Requiem,* et qui à celle de
Haydn mit en ordre sa bibliothèque musicale.

Mozart en tournée à Prague, Dresde, Leipzig et Berlin (avril-juin 1789)

Le 8 avril 1789, Mozart quitta Vienne avec le prince Carl
Lichnowsky (1756-1814), un autre de ses frères en maçonnerie,
pour une expédition qui le mena à Prague, Dresde, Leipzig,
Potsdam et Berlin. Futur protecteur de Beethoven, pour qui au
début de 1796 il devait organiser une tournée analogue, Lichnowsky se rendait sans doute dans son domaine de Grätz, près
de Troppau en Haute-Silésie. On ne sait ce qui le poussa à se
faire accompagner par Mozart, dont il avait été l'élève, ni ce que
ce dernier espérait d'un tel voyage. À Dresde, Mozart donna le

13 avril un concert privé auquel participèrent le violoncelliste Anton Kraft, en congé d'Eszterháza, et Josepha Duschek, qui chanta des extraits de *Figaro* et de *Don Giovanni*. Suivit le 14 un concert à la cour de l'électeur Frédéric Auguste III de Saxe, avec notamment le concerto pour piano en *ré* majeur n° 26 KV 537. Mozart se mesura à l'orgue le 14, puis au piano le 15, avec le compositeur Johann Wilhelm Hässler (1747-1822), qu'il jugea « incapable de jouer une fugue correctement [...] ce n'est pas, et de loin, un Albrechtsberger » (à Constance, 16 avril). À Londres, après avoir joué le 11 mai 1792 un de ses concertos, Hässler – décidément malchanceux – devait s'attirer de la part du *Times* de sérieuses remontrances : « Nous suggérons [à M. Salomon] de proscrire à l'avenir les concertos de M. Hässler. Nous n'avons jamais entendu au pianoforte d'exécution aussi misérable que la sienne. On pouvait parler d'habileté, mais l'harmonie brillait par son absence. » Il faut préciser qu'au même concert, Haydn s'était une fois de plus imposé avec sa grandiose symphonie en *ut* majeur n° 97.

À Leipzig, Mozart improvisa le 22 avril sur l'orgue de la Thomaskirche, les registres étant manipulés par le cantor Johann Friedrich Doles (1715-1797), ancien élève de Bach, et par l'organiste Karl Friedrich Görner, dont le père Johann Gottlieb (1697-1778) avait occupé le même poste du temps de Bach. Vers le 25, il était à Potsdam. Il se fit annoncer auprès du roi Frédéric Guillaume II, mais ne fut reçu que par Jean-Pierre Duport (1741-1818), violoncelliste français au service de la cour de Prusse. Sur un menuet de ce dernier, il composa des variations pour piano (en *ré* majeur KV 573). De nouveau à Leipzig du 8 au 17 mai, il donna le 12 un grand concert au Gewandhaus, cette fois aussi avec la participation de Josepha Duschek. Elle interpréta avec Mozart au piano la scène en rondo *Ch'io mi scordi di te ?... Non temer, amato bene* KV 505, ainsi que sans doute *Bella mia fiamma... Resta, o cara* KV 528. Parmi les autres œuvres programmées, deux symphonies, dont peut-être une de celles composées l'été précédent, et deux concertos pour piano qu'on peut identifier grâce à Rochlitz, qui était présent : en *si* bémol majeur n° 18 KV 456 et en *ut* majeur n° 25 KV 503. Du

16 mai est datée la miraculeuse « petite gigue » pour piano en *sol*
majeur KV 574, aux harmonies recherchées : hommage à Bach,
mais ne rappelant en rien, sauf par son contrepoint serré, le style
de ce dernier. À en croire Rochlitz (anecdote n° 15), le cantor
Doles aurait fait exécuter devant Mozart le motet *Singet dem
Herrn ein neues Lied* BWV 225, et Mozart, enthousiasmé
(«Voilà quelque chose où l'on peut encore apprendre»), en
aurait demandé une copie. L'exclamation mise dans la bouche de
Mozart par Rochlitz est plus ou moins de l'invention de ce dernier, mais il existe, conservé à Vienne, un manuscrit du motet de
Bach avec des annotations de la main de Mozart.

C'est alors que le compositeur et Lichnowsky se séparèrent :
Mozart poursuivit son voyage seul. Le 19 mai, il arriva à Berlin,
où le soir même il assista à une représentation de *L'Enlèvement
au sérail*. Le 23, il se rendit à un concert de son ancien élève
Johann Nepomuk Hummel, âgé de onze ans et qui, accompagné
de son père, entamait comme pianiste une tournée européenne
qui dura trois ans et au cours de laquelle il se produisit à
Londres à certains des concerts de Haydn. Le 26, Mozart se fit
entendre à la cour, et reçut du roi environ 900 florins. Dans son
anecdote n° 2, Rochlitz « relate » un dialogue des plus invrai-
semblables entre le compositeur et Frédéric Guillaume II : « Un
jour que lui-même [Mozart] et le roi étaient seuls, le roi lui
demanda ce qu'il pensait de l'orchestre de la cour de Berlin.
Mozart, à qui rien n'était plus étranger que la flatterie, répondit :
"Vous avez la plus grande collection de virtuoses au monde, et je
n'ai jamais entendu un aussi bon quatuor qu'ici, mais quand ils
jouent tous ensemble, ils pourraient faire encore mieux." Frédéric Guillaume apprécia cette sincérité, et répondit en riant : "Restez ici avec moi – vous pourrez les faire progresser ! Vous aurez
un salaire annuel de 3000 thalers. – Comment abandonner mon
bon empereur ?", soupira le digne Mozart, pour ensuite rester
silencieux et perdu dans ses pensées. Il faut rappeler que le bon
empereur que Mozart ne voulait pas quitter le laissait toujours
mourir de faim. Le roi lui aussi fut ému : "Pensez-y, je tiendrai
parole, même si vous décidez de ne venir ici que dans un an et un
jour !", poursuivit-il au bout d'un moment. » Niemtschek ne

mentionne quant à lui aucune offre de poste, tout comme
Mozart lui-même, du moins dans celles qui ont été conservées
parmi les lettres intimes et passionnées qu'il envoya alors à
Constance.

Les trois quatuors à cordes KV 575, 589 et 590 et la sonate KV 576 (1789-1790)

C'est néanmoins à cette occasion qu'il reçut de Frédéric
Guillaume II, excellent violoncelliste amateur, la commande de
six sonates faciles pour sa fille aînée la princesse Frederike Charlotte Ulrike, et de six quatuors à cordes pour lui-même. Il quitta
Berlin le 28 mai, et atteignit Vienne le 4 juin. Il avait alors déjà
mené à bien, à quelques détails près, le premier des quatuors
commandés par Frédéric Guillaume II (en *ré* majeur KV 575) et
les deux premiers mouvements du deuxième (en *si* bémol majeur
KV 589). Seuls ces six mouvements font plus ou moins la part
belle au violoncelle. Le reste causa à Mozart d'énormes difficultés. Ce n'est qu'un an plus tard, après avoir composé dans
l'intervalle le quintette avec clarinette KV 581 et *Cosi fan tutte*,
qu'il vint à bout en mai 1790 de KV 589, puis en juin 1790 du
troisième quatuor (en *fa* majeur KV 590), après avoir travaillé
alternativement à ces deux ouvrages en hésitant et en se reprenant beaucoup. Les trois autres quatuors ne furent jamais
composés, et c'est sans la moindre dédicace qu'en 1791, KV 575,
589 et 590, parfois appelés – comme l'opus 50 de Haydn, et pour
la même raison – *Quatuors prussiens*, parurent chez Artaria.
L'Andante de KV 575 contient en ses dernières mesures une
allusion discrète au thème principal du mouvement correspondant de l'opus 55 n° 1 de Haydn, et son menuet se souvient du
trio de l'opus 50 n° 6. Les premières mesures de KV 589 font
entendre au violoncelle un motif descendant en rythmes pointés
tiré du menuet de l'opus 50 n° 6, et son finale provient directement de celui de l'opus 33 n° 2, sans pour autant retrouver ses
subtilités. Le finale de KV 590, sans doute le morceau le plus
déroutant de Mozart, commence par un thème « à la Haydn »
pour ensuite verser dans la douleur et le désarroi.

Quant à Frederike Charlotte Ulrike, elle ne reçut rien du tout. Mozart composa bien une sonate pour piano – KV 576 en *ré* majeur, sa dernière – en juillet 1789, mais sans la lui destiner. Cette sonate n'a d'ailleurs rien de « facile ». C'est au contraire une des plus difficiles : parsemée de tournures contrapuntiques, elle témoigne – comme déjà la « petite gigue » en *sol* majeur KV 574 – de la « seconde découverte » de Bach par Mozart.

Reprise des *Nozze di Figaro*
Le quintette avec clarinette KV 581

Le 12 juillet, Constance pour la cinquième fois enceinte tomba malade, ce qui conduisit Wolfgang à demander à Puchberg un prêt de 500 florins : les soins dont avait besoin Constance coûtaient cher. Il ne reçut aucune réponse. Le 17, Mozart renouvela sa demande, et reçut cette fois 500 florins. En août, Constance partit en cure à Baden près de Vienne, où Mozart lui rendit visite vers le milieu du mois. Le 19 août, il assista à la première répétition de la nouvelle production viennoise des *Nozze di Figaro*. Le première eut lieu le 29 août au Burgtheater sous la direction de Joseph Weigl junior, filleul de Joseph Haydn, et l'ouvrage devait connaître jusqu'au 9 février 1791 vingt-neuf représentations, soit trois fois plus qu'en 1786, en un laps de temps plus long il est vrai. Zinzendorf assista à dix-huit d'entre elles ! Pour cette reprise, Mozart composa deux nouveaux airs pour le personnage de Suzanne, chanté cette fois par Adriana Gabrieli, dite (d'après sa ville natale de Ferrare) Adriana Ferrarese del Bene (v. 1755 – après 1799) : *Un moto di gioia mi sento* KV 579 et *Al desio di chi t'adora* KV 577, avec deux cors de basset, qui remplacèrent respectivement *Venite inginocchiatevi* et *Deh vieni non tardar*. Future créatrice du rôle de Fiordiligi dans *Cosi fan tutte*, maîtresse de Da Ponte, la Ferrarese avait débuté à Vienne en octobre 1788 dans *L'arbore di Diana* de Martin y Soler, s'affirmant d'un seul coup comme l'une des plus brillantes vedettes de la troupe de chanteurs italiens active au Burgtheater.

Daté du 29 septembre 1789, le quintette pour clarinette et cordes en *la* majeur KV 581 est la deuxième des trois grandes partitions instrumentales mozartiennes traitant cet instrument en soliste. Dans KV 581, Mozart unit pour la première fois dans l'histoire de la musique la clarinette à un quatuor à cordes, alors que dans ses ouvrages analogues, Carl Stamitz s'était limité à un trio à cordes. La clarinette se garde en outre de réduire les cordes à un simple rôle d'accompagnement, comme plus tard dans le quintette de Weber. La première audition connue fut donnée par Anton Stadler à la *Tonkünstler-Societät* le 22 décembre 1789, entre les deux parties de l'oratorio *Il natale d'Apollo* de Vincenzo Righini (1756-1812). Le même mois, Mozart composa en tant que *Kammerkomponist* de nouvelles musiques de danse : les douze menuets KV 585, les douze allemandes KV 586, et la contredanse en *ut* majeur KV 587, dite *Der Sieg vom Helden Coburg* (La victoire du héros Coburg), célébration de la victoire remportée à la tête d'une armée austro-russe, le 22 septembre à Martinesti dans l'actuelle Roumanie, par le maréchal prince von Coburg-Saalfeld.

CHAPITRE XII

Adieux

Haydn et Mozart en 1789 et 1790

Depuis septembre 1789 au plus tard, Mozart travaillait à *Cosi fan tutte* (KV 588). Vienne n'était plus alors la ville qui en 1786 avait vu naître *Figaro*. Dans la seconde moitié de 1789, la politique de réformes de Joseph II appartenait au passé, et ce pour plusieurs raisons : échecs en politique extérieure, guerre sans succès contre les Turcs, mécontentements suscités par les réformes elles-mêmes, effets de la Révolution française. Des troubles avaient surgi en Hongrie et aux Pays-Bas. Il n'était plus question de créer au Burgtheater un opéra sentant le soufre, que ce soit à la manière de *Figaro* ou à celle de *Don Giovanni*.

COSI FAN TUTTE

Les renseignements de première main sur la genèse de *Cosi fan tutte* sont pratiquement inexistants. Dans ses *Memorie*, Da Ponte – pourtant incliné à s'auréoler de la gloire de Mozart – n'y consacre que deux lignes, qui au demeurant ont plutôt trait à la Ferrarese, sa maîtresse d'alors : « J'écrivis pour elle [...] *La scola degli Amanti*, mis en musique par Mozart, drame tenant chronologiquement la troisième place parmi les sœurs nées de ce très célèbre père de l'harmonie. » La correspondance de Mozart n'en

apprend guère plus. Comment Da Ponte et Mozart furent-ils
conduits à traiter un sujet que la postérité ne devait pas tarder à
trouver indigne du compositeur ? Chez Niemtschek, on peut
lire : « On se demande comment un tel esprit a pu s'abaisser à
répandre sur un texte aussi misérable ses radieuses et divines
mélodies. Il n'était pas en son pouvoir de refuser la commande,
et le texte lui fut expressément imposé. » Par qui ? Niemtschek
n'en souffle mot, pas plus que Nissen, le second mari de
Constance, sous le nom duquel une biographie de Mozart parut
en 1828. En 1837 seulement, renchérissant sur ses deux prédécesseurs, un certain Friedrich Heinse affirma que le commanditaire avait été Joseph II en personne, et que ce dernier avait
choisi le sujet en référence à un incident réel survenu peu auparavant. Cette version des faits fut ultérieurement largement
reprise, alors qu'en toute vraisemblance, on est là en pleine
fable. Dans les notes adressées par le monarque au comte
Rosenberg, il n'est fait nulle mention de *Cosi fan tutte*, et il est
même possible que Joseph II, malade durant toute l'année 1789
au point d'avoir reçu, le 16 avril, les derniers sacrements, n'ait
jamais entendu parler de l'ouvrage. Niemtschek voulut-il tout
simplement, en affirmant que le sujet lui avait été imposé,
« excuser » Mozart de l'avoir traité ?

Da Ponte décida sans doute de lui-même du sujet de *Cosi fan
tutte* (« Toutes font ainsi »), ou plutôt de *La scola degli amanti*
(« L'école des amants »), titre sous lequel il désigna toujours
l'ouvrage, mais le noyau de l'histoire n'est pas de son invention
personnelle. L'intrigue apparaît comme la fusion réalisée par Da
Ponte, à la lumière de la mode théâtrale de son temps, de deux
thèmes traditionnels et déjà souvent utilisés : d'une part le pari
(un homme proclame publiquement sa foi en la fidélité de
sa femme, et gage que personne ne parviendra à la séduire), et
d'autre part le faux départ, le retour sous un déguisement et la
séduction réussie. Dans *Cosi*, les moteurs de l'action sont la
vanité (non la jalousie) et le pari. Pour disposer d'un éventail
plus large de situations et de sentiments, Da Ponte mit en scène
non pas un seul couple mais deux, chaque jeune homme déguisé
faisant en outre la cour non à sa propre fiancée, mais à celle de

l'autre. Pour que l'histoire racontée puisse prendre toute sa portée, pour qu'au-delà de la chute de rideau clôturant le second
acte sur un retour artificiel à l'ordre établi on puisse imaginer les
prolongements les plus cruels, il fallait deux couples non pas de
mariés, mais de fiancés disposant encore théoriquement d'une
possibilité de choix. En ce qui concerne les «vrais» et les
«faux» couples, Da Ponte et Mozart avaient à leur disposition,
entre autres sources d'inspiration, l'opéra de Salieri – sur un
livret de Giovanni Battista Casti, le rival de Da Ponte – *La
grotta di Trofonio*, créé à Vienne en 1785. On y voit deux sœurs,
Daphné et Phaedra, l'une sérieuse et l'autre frivole, et leurs
amants Amintas et Dorilas, semblablement contrastés mais attachés chacun à la jeune fille de caractère opposé : les «vrais»
couples se découvrent grâce à la grotte du magicien Trofonio,
qui a la propriété de changer le caractère de ceux qui y péné-
trent. *La grotta di Trofonio* connut vingt-six représentations à
Vienne de 1785 à 1788, mais ne fut ensuite jamais repris.

Typiques de la fin du xviiie siècle sont les côtés non seulement
ironiques, mais cyniques, antisentimentaux, du livret de Da
Ponte, que rien n'interdit de rapprocher du roman *Les Liaisons
dangereuses* (1782), où «Valmont et la marquise de Merteuil
exploitent sans scrupules à leurs propres fins les passions d'autrui» (Andrew Steptoe). Autre caractéristique de ce livret, et
plus encore de la musique de Mozart : l'ambivalence entre passion réelle et passion simulée. La complexité des personnages et
de leurs rapports mutuels se réflète dans le grand nombre des
ensembles que contient *Cosi* : six duos, cinq trios, un quatuor,
deux quintettes et un sextuor, sans compter les deux finales
d'acte, permettant les combinaisons vocales les plus diverses.
Ces ensembles comptent parmi les plus hauts sommets de tout
le répertoire d'opéra.

Haydn et Mozart à nouveau ensemble
Salieri et Cosi fan tutte

Les premières répétitions de *Cosi* eurent lieu chez Mozart lui-même. Arrivé la veille d'Eszterháza, Haydn assista avec Puchberg à celle du 31 décembre 1789 : « Jeudi [31 décembre] je vous invite (mais vous seul) chez moi à dix heures du matin à une petite répétition d'opéra ; je n'y invite que vous et Haydn. Je vous parlerai de vive voix des cabales de Salieri, d'ailleurs déjà toutes tombées à l'eau », avait écrit Mozart à Puchberg quelques jours auparavant. Il semble en effet qu'à l'origine, Da Ponte avait destiné le livret de *La scola degli amanti* non à Mozart mais à Salieri, sans doute comme séquelle de *La scuola de' gelosi* (« L'école des jaloux »), l'opéra de Salieri par lequel, en 1783, avaient débuté les activités de la troupe italienne de Joseph II. Toujours est-il que Salieri mit en musique, en les séparant par quelques mesures de récitatif, les deux premiers numéros du livret de Da Ponte, à savoir les trios « La mia Dorabella capace non è » (Allegro en *si* bémol majeur à 3/4, chez Mozart Allegro en *sol* majeur à 4/4) et « È la fede delle femmine » (Un poco andante en *ré* majeur à 6/8, chez Mozart Allegro en *mi* majeur à 2/2). Il abandonna ensuite ce projet. Constance ne devait pas oublier l'affaire. Après un entretien avec elle à Salzbourg en 1829, l'éditeur londonien Vincent Novello (1781-1861) nota dans son journal : « L'animosité de Salieri résulta du fait que Mozart composa le *Cosi fan tutte* qu'il avait entrepris puis abandonné comme indigne d'être mis sérieusement en musique ». Son épouse Mary Novello nota quant à elle : « Salieri s'attaqua le premier à cet opéra mais échoua, et l'on dit que le grand succès remporté par Mozart en accomplissant ce devant quoi il avait dû capituler excita sa jalousie et sa haine et fit naître son animosité et sa malveillance envers Mozart. » Jusqu'à la découverte de l'autographe de Salieri en 1994 à Vienne, ces déclarations de Constance reprises par les Novello furent considérées comme invention pure et simple. Il ne faut toutefois pas les prendre au pied de la lettre. Homme du XVIIIᵉ siècle, Salieri ne trouva

certainement pas le livret de Da Ponte « indigne d'être sérieusement mis en musique », ni ne « capitula » devant lui. John
A. Rice estime qu'à la fin de 1789, il n'avait tout simplement
aucune envie de composer un nouvel opéra italien, mais qu'il
aurait pu mener plus tard *La scola degli amanti* à bien si Mozart
ne s'en était pas emparé pour créer sous le titre principal de *Cosi
fan tutte* un chef-œuvre que lui-même, Salieri, était bien incapable d'égaler. Il est fort possible, ajoute Rice, que ce faisant,
Mozart ait excité « sa jalousie et sa haine ».

La première répétition avec orchestre de *Cosi fan tutte,
/ossia, / La scola degli amanti* eut lieu au Burgtheater le 21 janvier 1790. « Haydn s'y rendra avec moi – si vos affaires vous le
permettent, et si vous souhaitez vous aussi assister à cette répétition, ayez tout simplement la bonté de vous trouver demain
matin à dix heures chez moi », avait écrit la veille Mozart à
Puchberg. Comme pour *L'Enlèvement au sérail* et pour *Figaro*,
il avait touché officiellement pour *Cosi* 450 florins, peut-être en
réalité le double. La création eut lieu le 26 janvier. Deux autres
représentations suivirent le 28 et le 30. Peut-être Haydn assista-
t-il à au moins l'une des trois avant son retour à Eszterháza
début février. Le 8 janvier, il avait entendu au Burgtheater
Figaro, et le 29, il participa chez les Genzinger à une séance de
quatuors à cordes. Peut-être Mozart était-il présent lui aussi. Le
1er février, *Figaro* fut redonné : on imagine que Haydn fit tout
pour être présent dans la salle.

HAYDN CONDAMNÉ À LA SOLITUDE

Il se trouvait dans la capitale depuis un peu plus d'un mois
quand une fois de plus, ce séjour particulièrement dense et intéressant fut brutalement interrompu par la volonté de son prince.
L'année précédente, dans les mêmes circonstances, il avait écrit à
Artaria (8 mars 1789) : « Mon prince ayant soudain décidé de
quitter Vienne, qu'il hait, j'ai dû me rendre en toute hâte à Estoras [Eszterháza], ce qui m'a empêché de prendre congé de la
plupart de mes amis, vous voudrez bien m'en excuser. Le jour de

mon départ, j'ai eu une migraine si violente que j'en suis resté indisposé trois semaines, mais maintenant Dieu merci je me sens mieux, et vous promets de vous envoyer la troisième sonate {le trio en *ut* mineur n° 26 Hob. XV.13] dans huit jours.» Cette fois, c'est à Marianna von Genzinger qu'il se confia : « Autant j'ai été flatté de la toute dernière invitation, reçue hier, à me rendre chez Votre Grâce ce soir, autant je regrette de ne pouvoir vous remercier pour tout ce que j'ai reçu de vous. [...] Pour moi c'en est fini, demain je retourne à ma triste solitude ! Que Dieu m'accorde tout simplement la santé, mais je crains le contraire, car aujourd'hui je ne me sens vraiment pas bien. Que Dieu protège Votre Grâce, Son cher époux et tous – Vos beaux enfants » (Vienne, 3 février 1790). D'aucuns ont vu là et dans d'autres épisodes de la vie de Haydn une forte tendance de sa part à somatiser ses angoisses.

À peine arrivé à Eszterháza, devenu une sorte de prison dorée, Haydn – la tête pleine de *Cosi*, de *Figaro* et de tout ce qu'il avait vécu et apprécié à Vienne – reprit la plume pour rédiger, avec un humour assez grinçant, la plus souvent citée de toutes ses lettres à Marianne von Genzinger : « [Estoras, 9 février 1790]. Très Noble, Très Estimée – très chère Madame von Genzinger ! Eh bien ! – me voici dans ma solitude – abandonné – comme un pauvre orphelin – presque sans compagnie humaine – triste – plein du souvenir des jours heureux passés – oui, hélas, bien passés – et qui sait quand reviendront [...] toutes ces belles soirées musicales auxquelles on ne peut que penser sans parvenir à les décrire ? [...] J'ai trouvé chez moi tout sens dessus dessous, pendant trois jours je n'ai pu savoir si j'étais maître de chapelle ou garçon de chapelle, [...] mon logis tout entier était en désordre, mon pianoforte, que d'habitude j'aimais tant, m'était infidèle et ne m'obéissait plus, il m'irritait plus qu'il ne me calmait, je n'ai pu dormir que très peu, même mes rêves m'ont persécuté, en effet, alors qu'en rêve j'écoutais béatement l'opéra *Le Nozze di Figaro*, ce maudit vent du Nord m'a réveillé en sursaut, et presque arraché mon bonnet de nuit. J'ai maigri de vingt livres en trois jours, car la bonne nourriture viennoise s'est perdue en chemin, oui oui, me disais-je en mangeant dans ma pension au lieu d'une délicieuse tranche de bœuf un morceau de vache d'au moins cinquante ans, au lieu d'un ragoût aux boulettes un vieux mouton aux carottes, au lieu d'un faisan à la bohémienne une tranche de cuir rôtie, au lieu de ces oranges si bonnes et si délicates une de ces ratatouilles qu'on appelle grass Sallat, au lieu de pâtisseries des chaussons aux pommes bien desséchés et des noisettes, et le tout à l'avenant – oui oui me disais-je, si seulement j'avais une petite provision de ce que je n'ai pu dévorer à Vienne – ici à Estoras personne ne me demande, prenez du chocolat – avec ou sans lait, commandez du café, noir ou à la crème, que puis-je vous servir, mon bon Haydn, voulez-vous une glace à la vanille ou à l'ananas ? [...] Pardonnez-moi, très chère et très gracieuse dame, de vous faire perdre votre temps pour la première fois avec de telles sornettes et de si misérables barbouillages, pardonnez-le à un homme envers qui les Viennois se sont montrés trop bons, mais je commence déjà à me réhabituer peu à peu à la campagne, hier j'ai étudié pour la première fois, et de façon assez haydnienne. Votre Grâce aura certainement été plus studieuse que moi. Le plaisant Adagio du quatuor aura certainement trouvé sous vos doigts sa juste expression. [...] Daignez transmettre, etc. »

Mort de Joseph II – Les goûts de son frère et successeur Leopold II

Le 20 février, un peu moins de dix ans après sa mère Marie Thérèse, l'empereur Joseph II mourut à Vienne. Son frère, auparavant grand-duc de Toscane, lui succéda sous le nom de Leopold II. Il avait pour le théâtre et l'opéra des idées bien à lui, estimant notamment que sous le règne de son prédécesseur, on avait trop dépensé, en particulier en personnel, et négligé aussi bien le ballet que les pièces parlées en allemand. En matière de théâtre lyrique, il appréciait surtout l'*opera seria* et, contrairement à Joseph II, les opéras destinés à l'origine à des théâtres napolitains du type *La pastorella nobile* de Guglielmi : créée à Vienne le 24 mai 1790, trois mois après l'avènement de

Leopold II, cette œuvre y fut jusqu'en mars 1791 une des plus représentées. On renvoya au printemps 1791 Da Ponte, un des piliers du Burgtheater sous Joseph II, et avec lui la Ferrarese, tranchant de la sorte le lien le plus solide qui depuis six ou sept ans avait uni Mozart à la cour. Salieri conserva son poste de maître de chapelle impérial, qu'il occupait depuis 1788 comme successeur de Giuseppe Bonno, mais fut déchargé de la direction musicale de l'Opéra au Burgtheater, qui passa à Weigl. Les compétences de ce dernier se virent toutefois limitées à la mise en répétition et à la direction des œuvres, sans pouvoirs administratifs ni de décision quant à la distribution des rôles. La « napolitanisation » de l'opéra italien à Vienne sous le règne de Leopold II culmina avec *Il matrimonio segreto* (Le mariage secret) de Cimarosa, sur un livret de Giovanni Bertati, créé le 7 février 1792, trois semaines avant la disparition inattendue du monarque, avec Francesco Benucci dans le rôle du comte Robinson. On sait qu'enthousiasmé par ce qu'il avait vu et entendu, Leopold II fit immédiatement – après avoir fait boire et manger la troupe – reprendre l'ouvrage tout entier : *Il matrimonio segreto* est bien le seul opéra du répertoire à avoir été redonné le soir même de sa première ! Cette « napolitanisation » eut des effets durables : aucun des trois opéras « Da Ponte » de Mozart ne fut représenté au Burgtheater en 1792 et dans les années qui suivirent, et de ceux de Salieri, seul survécut *Axur*.

Le 25 février 1790, cinq jours après Joseph II, disparut à Eisenstadt la princesse Maria Elisabeth, épouse de Nicolas le Magnifique. Si discrète qu'ait été sa présence aux côtés du prince, l'événement emplit celui-ci d'une grande tristesse que Haydn tenta de dissiper en organisant force concerts et spectacles. Sa lettre du 14 mars à Mme von Genzinger indique qu'on respirait alors à Eszterháza une atmosphère de fin de règne : « Que Votre Grâce me pardonne mille fois d'avoir tant tardé à répondre à Sa lettre si aimable. Ce n'est pas dû à de la négligence de ma part [...] mais à tout ce que j'ai dû faire pour mon gracieux prince dans la triste situation qui est la sienne aujourd'hui, la mort de sa défunte femme a tant affecté le prince que nous

avons dû mettre à contribution jusqu'à nos dernières forces
pour tirer Son Altesse de sa dépression, j'ai donc organisé les
trois premiers soirs de la musique de chambre à grands effectifs,
mais sans rien de chanté. Le pauvre prince, en entendant lors du
premier concert son Adagio favori en *ré*, n'en est pas moins
tombé dans une telle mélancolie que j'ai eu le plus grand mal à
l'en tirer par d'autres morceaux. Nous avons donné le quatrième jour un opéra, le cinquième une comédie, et finalement
nos spectacles quotidiens comme d'habitude, j'ai ordonné dans
l'intervalle qu'on prépare *L'Amor artigiano*, vieil opéra de Gassmann, car le prince m'avait dit peu avant qu'il aimerait bien le
voir, j'ai composé pour cet opéra trois nouveaux airs que l'enverrai sous peu à Votre Grâce, non pour leur beauté, mais pour
montrer à Votre Grâce que j'ai vraiment travaillé. [...] Sachant
malgré mon indignité que Votre Grâce s'intéresse à tout ce qui
me concerne, j'informe Votre Grâce que la semaine dernière j'ai
reçu en cadeau du prince Oetting v. Wallerstein [von Oettingen-
Wallerstein] une tabatière en or contenant 34 ducats avec une
invitation à me rendre chez lui cette année à ses frais, car Son
Altesse souhaite énormément me connaître personnellement
(tout à fait ce qu'il faut pour me remonter le moral). Quant à
savoir si je me résoudrai à accomplir ce voyage, c'est une autre
question. En vous priant de me pardonner cette lettre écrite à la
hâte, etc.»

LES OPÉRAS DE MOZART ET CEUX DES AUTRES :
ÉLÉMENTS POUR UN RÉEXAMEN DE CERTAINES IDÉES REÇUES
QUANT À LA POPULARITÉ DE MOZART À VIENNE

À Vienne, la mort de Joseph II entraîna la fermeture des
théâtres et la suppression des concerts de carême. *Cosi fan tutte*
– l'ultime grande partition de Mozart expressément conçue
pour plaire aux milieux de la cour – n'avait connu auparavant
que cinq représentations. Les théâtres rouvrirent en avril. *Cosi*
fut redonné cinq fois durant l'été, Mozart dirigeant lui-même le
12 juin, puis disparut pour plusieurs années du répertoire à

Vienne, après dix représentations donc. Zinzendorf assista à huit d'entre elles ! Certains documents concernant cet ouvrage et d'autres sont de ceux permettant de réviser l'idée reçue selon laquelle à la fin de sa vie, la popularité de Mozart aurait fortement chuté. En travaillant sur les livres de comptes indiquant les recettes et dépenses des théâtres de la cour de Vienne de février 1789 à mars 1797, le musicologue Dexter Edge est parvenu à d'intéressantes observations. Cette période couvre toutes les représentations de *Cosi* en 1790 et de *Figaro* en 1789-1791. Durant les deux saisons 1789-1790 et 1790-1791 furent représentés au Burgtheater vingt-trois opéras différents : quatorze en 1789-1790, quinze en 1790-1791, et six (ceux ayant rapporté le maximum de recettes) dans les deux saisons. Il y eut deux créations mondiales lors de la première saison, *Cosi fan tutte* et *La cifra* de Salieri, et une seule durant la seconde, *La caffetiera bizarra* de Joseph Weigl junior, sur un livret de Da Ponte, pour la visite de Ferdinand IV de Naples en septembre. *Cosi fan tutte*, on l'a vu, fut entendu cinq fois lors de la première saison (janvier-février 1790) et de nouveau cinq fois durant la seconde (juin-août 1790), soit dix fois en tout seulement. Si cependant l'on s'en tient à la moyenne des recettes, *Cosi fan tutte* fut des quatorzes opéras de la première saison, celui qui obtint le plus de succès. La première représentation de *Cosi* le 26 janvier 1790 apporta même pour cette saison le maximum de recette (533 florins) ! Pour la seconde, ce fut le cas de *La caffetiera bizarra* de Weigl (616 florins). Les deux opéras de Mozart perdirent l'un et l'autre du terrain durant la saison 1790-1791, mais ce fut aussi le cas de *La cifra* de Salieri et de *L'arbore di Diana* de Martin y Soler : sans doute a-t-on là un reflet des goûts du nouvel empereur Leopold II. La courbe de popularité de *Cosi* et de *Figaro* en 1789-1791 semble en tout cas avoir été très peu déterminée par le fait que ces opéras étaient sortis de la plume de Mozart. Ajoutons que parmi les vingt-trois opéras donnés durant les deux saisons, *Figaro* atteignit quant au nombre de représentations un rang très enviable : le deuxième.

L'ÉDITEUR LONDONIEN JOHN BLAND
À LA CONQUÊTE DU MARCHÉ VIENNOIS

À Londres, on se préoccupait toujours de Haydn mais aussi de Mozart, et des événements importants se préparaient. Un nouvel éditeur occupait de plus en plus le devant de la scène : John Bland (v. 1750-v. 1840). De septembre 1788 à janvier 1789, Bland entreprit sur le continent un voyage au cours duquel il conclut avec Hoffmeister à Vienne un accord faisant de lui le correspondant et distributeur de ce dernier à Londres, comme Longman & Broderip l'était d'Artaria. Fin 1787 et début 1788, Longman & Broderip avait été en mesure d'annoncer beaucoup d'ouvrages de Mozart parus chez Artaria, dont les deux symphonies KV 319 et KV 385 et les six quatuors « à Haydn ». On envisageait alors une prochaine venue de Mozart à Londres par l'intermédiaire d'Atwood. Désormais, Bland eut lui aussi, grâce à Hoffmeister, accès à un grand nombre d'œuvres viennoises de chambre et pour piano. En février 1788 déjà, il avait publié les variations pour piano à quatre mains en *sol* majeur KV 501. En janvier 1789, il lança par souscription une série de publications intitulée globalement « Le Tout Ensemble », et l'ouvrit par le récent trio avec piano en *sol* majeur KV 496 : le genre était un des plus demandés ! De nombreuses autres œuvres de Mozart – surtout pour ou avec piano – suivirent chez lui plus tard dans l'année et en 1790. Bland semble avoir toujours considéré Mozart comme une valeur commerciale sûre, alors qu'au contraire, l'intérêt de Longman & Broderip pour ce dernier diminua nettement à partir du début de 1789, en raison notamment de critiques adverses adressées à des partitions perçues comme difficiles. Il est certain que la vigoureuse expansion de Bland sur le marché londonien de la musique de chambre viennoise se fit au détriment de Longman & Broderip. Bland s'imposa également face aux entreprises éditoriales de Stephen Storace.

Comme élément de sa stratégie de conquête du marché, Bland fit alliance avec un impresario londonien dont les affaires périclitaient : Johann Peter Salomon, rival de Wilhelm Cramer et du Professional Concert. Le Professional Concert, qui tenait ses séances à Hanover Square, avait toujours échoué dans ses efforts pour attirer Haydn à Londres, mais n'en avait moins fait entendre, au cours de sa saison 1789, les *Symphonies parisiennes*. Dès avril 1788, on avait cependant pu lire dans *The World* : « Il y a quelque raison d'espérer que M. Haydn va se rendre à Londres et composer pour un autre Concert [que le Professional]. » Cet « autre Concert » était celui que durant trois saisons successives, de 1785 à 1787, Salomon avait dirigé au Pantheon Theatre dans Oxford Street. En juillet 1789, renchérissant sur son confrère, le *Morning Star* crut pouvoir annoncer : « La rivalité entre les Concerts de Hanover Square et du Pantheon nous vaudra probablement, l'hiver prochain, une musique meilleure que toutes celles entendues dans cette ville depuis la disparition de [Johann Christian] Bach et d'Abel. L'un et l'autre auront comme principal objectif de faire venir Haydn comme compositeur. Le Professional Concert l'a tenté plus d'une fois, mais, pour *diverses raisons*, n'a jamais réussi. Ces raisons, nous l'espérons, n'existent plus, et la ville sera gratifiée d'œuvres spécialement composées par le premier musicien du moment. » L'inspirateur de cette annonce n'était autre que Salomon : il n'avait dirigé au Pantheon Theatre ni en 1788 ni en 1789, et espérait bien, en engageant Haydn pour 1790, redresser ses finances et son prestige. Lors de sa seconde tournée sur le continent, à la fin de 1789, Bland lui servit d'émissaire, comme en témoigne la visite qu'en novembre, il rendit à Haydn à Eszterháza.

Bland agit également pour son propre compte. Il se proposait surtout, durant ce second voyage, de commander directement et personnellement des œuvres nouvelles à Haydn et à d'autres auteurs à la mode, parmi lesquels Leopold Kozeluh, alors considéré comme le principal compositeur viennois de musique pour clavier (sonates) ou avec clavier (trios). Comme l'écrit Ian Woodfield, « la rencontre de Bland avec Haydn en novembre 1789 marqua un tournant décisif dans sa lutte avec Longman & Broderip et par conséquent dans sa fortune. » Haydn fit part de cette rencontre à Artaria dans une lettre du 15 novembre, avec

un malin plaisir et non sans mauvaise foi : « Comme vous avez
souvent fait preuve d'amabilité envers moi, et que je suis votre
débiteur, je vous assure que vous aurez toujours la préférence
pour mes œuvres. J'ai plusieurs pièces nouvelles dont je vous
parlerai dès ma prochaine arrivée à Vienne. La semaine dernière,
j'ai reçu chez moi M. Bland, un Anglais, il voulait m'acheter
divers morceaux, mais pour ne pas vous froisser je ne lui ai rien
donné du tout. » C'était techniquement exact, mais en réalité,
Bland ne repartit pas les mains vides. Haydn lui promit en effet
la cantate pour soprano et piano *Arianna a Naxos*, composée
plus tôt dans l'année, et deux séries instrumentales à venir, à
savoir trois trios et six quatuors : le futur opus 64. À propos des
trios, Haydn ne tarda pas à négocier parallèlement avec Artaria.
De Vienne, il lui écrivit le 11 janvier 1790 : « Je vous informe que
juste aujourd'hui, j'ai reçu de Londres une lettre de M. Bland me
demandant des sonates pour piano avec accompagnement de
violon et de violoncelle, mais cette fois je vous donne la préférence. » Il annonça à Artaria par la même lettre l'envoi « dès
maintenant » du magnifique trio en *la* bémol majeur n° 27 (Hob.
XV.14), puis poursuivit la composition des trois commandés par
Bland : en *ré* majeur n° 28, en *sol* majeur n° 29 et en *fa* majeur
n° 30 (Hob. XV.16, 15 et 17), particulièrement populaires de nos
jours en raison de la possibilité de les interpréter soit au violon,
soit à la flûte. Finalement, Artaria et Bland publièrent en 1790
chacun trois trios : Artaria les n° 27-29, parus en octobre, Bland
les n° 28-30.

Le « Quatuor du Rasoir » de Haydn
ou la retraite dorée d'un éditeur

À la visite de Bland à Eszterháza est associée l'anecdote du
« quatuor du Rasoir », ouvrage traditionnellement identifié,
mais à tort, comme l'opus 55 n° 2 en *fa* mineur. Dans le volume
II de sa biographie de Haydn (1882), Pohl raconte que Bland,
ayant trouvé le compositeur en train de se raser, l'entendit
s'exclamer : « Je donnerais bien mon meilleur quatuor pour une

bonne paire de rasoirs anglais ! » Sur quoi Bland se serait précipité dans son auberge, en aurait rapporté ses propres rasoirs et les aurait offerts à Haydn, recevant en échange un quatuor « tout juste composé (n° 5 des Quatuors Tost) et connu depuis sous la dénomination de *Quatuor du Rasoir* ». L'anecdote contient un noyau de vérité. En témoigne une lettre de Haydn à Bland découverte en 1982 seulement, datée du 12 avril 1790, confirmant que Bland avait été l'émissaire de Salomon et indiquant qu'à Vienne, Nancy Storace avait impressionné Haydn tout autant que Mozart. Après avoir évoqué les trois trios commandés, Haydn poursuivit : « Vous recevrez par la même occasion une cantate toute nouvelle et très belle à l'intention de M. Salomon, transmettez-lui mes meilleurs sentiments et remerciez-le pour son message. [...] Outre cette cantate, je lui ferai parvenir une nouvelle et magnifique symphonie, mais à condition que M. Salomon la conserve pour lui seul et ne la communique à personne d'autre. [...] Dans huit jours, j'enverrai d'ici [Eszterháza] cette symphonie et la cantate [sans doute *Miseri noi, misera patria* Hob. XXIVa.7] avec vos sonates [trios] pour piano, j'espère qu'en échange M. Salomon tiendra parole quant aux 40 ducats. Cette cantate est pour la voix de ma chère [Nancy] Storace, embrassez-la mille fois de ma part. [...] J'ai bien reçu les rasoirs. » Que Bland ait ou non offert des rasoirs à Haydn à Eszterháza, il est certain qu'il lui en envoya de Londres. Lui-même et Salomon ne négligeaient décidément aucun effort pour amadouer Haydn et le décider à venir ! Et que pouvait-on imaginer de mieux, pour charmer le public anglais, qu'une nouvelle cantate de Haydn chantée par Nancy Storace ?

La trace la plus ancienne du quatuor « du Rasoir » est de 1836. Le *Musical World* publia alors la lettre d'un lecteur qui avait entendu de la bouche de Bland une version de l'histoire ensuite enjolivée par Pohl. Bland ne précisa évidemment pas de quel quatuor il s'agissait. Ce ne saurait être l'opus 55 n° 2, œuvre avec laquelle cet éditeur n'eut absolument rien à voir. Bland publia toutefois en 1792 l'opus 64, plaçant en première position l'ouvrage connu par la postérité, et donc par Pohl, comme « opus 64

n° 5 ». Sa position en tête de l'édition Bland conduisit Pohl à voir
en lui le fameux quatuor « du Rasoir ». Or l'opus 64, comme
l'opus 54/55, peut être associé à Johann Tost. D'où la précision
de Pohl : n° 5 des quatuors Tost ». Cette dénomination pouvant
aussi bien s'appliquer à l'opus 55 n° 2, un curieux transfert
s'opéra au xxᵉ siècle. Ainsi naissent les légendes ! On ne connaîtra sans doute jamais le dernier mot de l'histoire, et rien ne
prouve que, si quatuor « du Rasoir » il y eut, ce fut bien l'opus
64 n° 5, dit *L'Alouette*. Fort intéressantes apparaissent en
revanche les dernières phrases de la lettre du lecteur du *Musical
World*. Elles confirment que du temps de Haydn, un éditeur de
musique pouvait très bien faire fortune : « Bland est toujours en
vie, et (bien qu'octogénaire) a récemment rendu visite à l'actuel
propriétaire de son ancienne firme, et lorsqu'on lui a demandé
pourquoi il s'était retiré des affaires si tôt (il y a quarante ans), il
a répondu qu'il avait gagné des sommes considérables, et qu'à
son avis l'art musical avait atteint (il y a quarante ans !) le sommet de sa popularité. Cet art ne pouvait donc que se décliner,
lui-même risquant de perdre tout ce qu'il avait investi. » Bland
s'était effectivement retiré des affaires dès 1795 ! Au même
interlocuteur, il déclara s'être rendu en Allemagne « pour assurer les services de Haydn aux concerts de Salomon ».

Au milieu de 1790, Bland annonça la prochaine publication
des trios n° 28-30 de Haydn : « [Ils] ont été écrits suite à une
demande expresse présentée par l'éditeur lors de sa récente rencontre avec M. Haydn, il a alors noué des relations avec lui ainsi
qu'avec MM. Hoffmeister, Kozeluch, Mozart, Vanhal etc. etc.,
dont les œuvres paraîtront de la même façon le plus rapidement
possible. [...] M. Bland espère que la présente annonce suffira à
dissuader les autres éditeurs de pirater ces œuvres. » Comme
d'autres, Kozeluh sut exploiter la rivalité entre Longman &
Broderip et Bland. D'une entrevue de Bland avec Mozart à la fin
de 1789, on ne possède aucune trace. Mozart, alors en train de
composer *Cosi fan tutte*, avait peu d'ouvrages de chambre à
offrir : le quintette avec clarinette en *la* majeur KV 581 pouvait
difficilement – du moins sous son aspect original – intéresser un
éditeur londonien, les quintettes à cordes en *ut* majeur KV 515

et en *sol* mineur KV 516 se trouvaient entre les mains d'Artaria, et les *Quatuors prussiens* n'étaient pas terminés. Mozart n'acheva les deux derniers – KV 589 en *si* bémol majeur et KV 590 en *fa* majeur – qu'en mai et en juin 1790 respectivement, sans avoir rien produit d'autre depuis *Cosi fan tutte* : l'année 1790 fut la moins féconde de toute sa carrière ! Pour la troisième fois cependant, des quatuors à cordes furent suivis chez lui de quintettes à cordes. Dès la fin de l'été, avant son départ pour Francfort le 23 septembre, il termina à peu de choses près les premier, deuxième et quatrième mouvements du quintette en *ré* majeur KV 593.

Tournée de Mozart à Francfort, Mayence, Mannheim et Munich (septembre-novembre 1790) Éventualité d'un séjour en Angleterre

Mozart se rendit avec son beau-frère Franz Hofer à Francfort – sans y avoir été invité – dans le contexte des cérémonies du couronnement de Leopold II comme empereur romain germanique (9 octobre). Le 15 octobre, il donna à Francfort un concert qui lui rapporta « beaucoup d'honneurs mais peu d'argent », avec des airs, une symphonie et deux concertos : n° 19 en *fa* majeur KV 459, peut-être dans la version perdue avec trompettes et timbales, et en *ré* majeur n° 26 KV 537, seul le second étant habituellement qualifié de *Concerto du Couronnement*. Deux symphonies avaient été prévues, mais la seconde ne fut pas donnée, « puisqu'il était presque deux heures et que chacun soupirait après le dîner », écrivit un témoin, qui précisa : « Mr. Mozart est un petit homme de figure assez agréable, il avait un habit satin brun [...] bien brodé. » Dans une lettre du 8 à Constance, Mozart évoqua les « affaires en cours » avec Hoffmeister. Le quintette en *ré* majeur KV 593, alors en cours de composition, était-il un élément de ces « affaires » ? En d'autres termes, cette œuvre et d'autres à l'état de projet étaient-elles destinées à Hoffmeister, en partie pour couvrir une dette de 1 000 florins contractée par Mozart avant son départ de Vienne ?

Et si oui, Bland se tenait-il derrière Hoffmeister ? On est porté à la croire. De Francfort, Mozart gagna Mayence, Mannheim, où il assista le 24 octobre à la première représentation dans cette ville de *Figaro* (en allemand), Augsbourg, et enfin Munich, où le 4 ou 5 novembre il se produisit devant le roi Ferdinand IV de Naples : « Grand honneur pour la cour de Vienne, que le roi doive m'entendre dans un pays étranger » (à Constance, 4 novembre). Le 10 novembre, sans être passé ni par Salzbourg ni par Saint-Gilgen, où demeurait Nannerl, il était de retour à Vienne. Il y trouva une lettre de Londres datée du 26 octobre. Cette lettre en français émanait de Robert May O'Reilly, directeur d'Opéra. Le King's Theatre ayant brûlé le 17 juin 1789, le répertoire italien était passé au Pantheon Theatre. C'est Thomas Atwood qui avait poussé O'Reilly, un des directeurs de cet établissement, à s'adresser à Mozart : « Par une personne attachée à S. A. R. le Prince de Galles [Atwood], j'apprends votre dessein de faire un voyage en Angleterre. [...] Si vous êtes donc en état de vous trouver à Londres vers la fin du mois de décembre prochain 1790 pour y rester jusqu'à la fin de juin 1791 et dans cet espace de temps composer deux opéras ou sérieux ou comiques, selon le choix de [la] Direction, je vous offre trois cents livres sterling avec l'avantage d'écrire pour le concert de la profession [le Professional Concert] ou toute autre salle de concert à l'exclusion seulement des autres Théâtres. Si cette proposition peut vous être agréable et [si] vous êtes en état de l'accepter faites-moi la grâce de me donner une réponse à vue et cette lettre vous servira pour un Contrat. » On ignore ce que Mozart répondit, et même s'il répondit. Toujours est-il qu'il ne donna pas suite, craignant sans doute, s'il s'absentait de Vienne pendant six mois, de laisser passer des occasions d'y améliorer sa situation. Il se remit au genre du quintette à cordes, et termina en décembre celui en *ré* majeur KV 593, puis le 12 avril 1791 celui en *mi* bémol majeur KV 614. Deux autres restèrent à l'état de fragment : en *fa* majeur KV 515a et en *la* mineur KV 515c. Que Bland ait conclu pour ces œuvres un accord avec Mozart, ou plutôt avec Hoffmeister, est fort possible. C'est cependant chez Artaria que KV 593 et KV 614 devaient paraître à titre posthume en 1793, avec comme indication – sans doute à l'initiative de Constance – « Composto per un Amatore Ongarese ». Cet « amateur hongrois » n'était autre que Johann Tost !

L'incendie du King's Theatre ne mit pas fin à Londres à la concurrence en matière d'opéra. Sir John Gallini, son seul directeur depuis 1785, poursuivit en effet ses activités ailleurs, tout en espérant, dès sa reconstruction, en reprendre la tête. Il semble que durant l'été 1790, lui-même et Salomon aient envisagé – Haydn étant toujours indisponible – de recruter Mozart comme compositeur d'opéras, ce qui pourrait expliquer le bout de phrase d'un O'Reilly soucieux de damer le pion à son concurrent « J'apprends votre dessein de faire un voyage en Angleterre ». C'est du domaine de l'hypothèse, mais Ian Woodfield attire à ce propos l'attention sur un extrait du journal de voyage de Vincent Novello immédiatement postérieur à un entretien à Salzbourg en juillet 1829 avec le fils cadet de Mozart, Franz Xaver : « Haydn lui a raconté [à Franz Xaver] que s'il [Mozart] était allé le premier en Angleterre, *comme Salomon l'avait un moment souhaité* [c'est nous qui soulignons], il aurait été inutile pour lui [Haydn] de s'y rendre, car "rien n'est acceptable après les œuvres de Mozart". Haydn leur a souvent rendu visite [à Constance et à ses deux enfants après la mort de Mozart] et toujours déclaré que Mozart était le plus grand génie musical ayant jamais existé. » Déclaration plus crédible que cette autre, mise quelques jours après, à Vienne, par Mary Novello dans la bouche de l'abbé Maximilian Stadler (1748-1833), compositeur et historien de la musique : « Mozart déclarait toujours que son style devait beaucoup à Haydn, mais ce dernier l'estimait si supérieur qu'il fit tout pour aller à Londres le premier [*sic*], autrement il n'aurait pas osé succéder à Mozart, les Anglais ne l'auraient pas toléré. » Reste que dès qu'il eut appris que Haydn était enfin disponible, Salomon n'hésita plus.

HAYDN PLUS QUE JAMAIS ENFOUI DANS SA SOLITUDE
LA SONATE « GENZINGER »

Haydn trouvait la vie à Eszterhàza de plus en plus pesante.
« Si seulement je pouvais être avec Votre Grâce ne serait-ce
qu'un quart d'heure pour oublier auprès d'Elle tous mes ennuis
et trouver consolation, j'ai éprouvé ces derniers temps à notre
cour bien des contrariétés dont je ne puis souffler mot ici. [...]
N'en veuillez pas à votre Haydn, qui tant que son prince n'aura
pas quitté Estoras ne recevra jamais, même pour vingt-quatre
heures, la permission de se rendre à Vienne, on a peine à y croire,
mais ce refus est toujours couché dans les termes les plus polis,
si polis que je n'ai plus le cœur d'insister. Eh bien, comme Dieu
le veut ! Ce temps passera à son tour, et viendra celui qui me
vaudra la joie d'être assis au piano près de Votre Grâce, d'écouter les chefs-d'œuvre de Mozart, et de vous baiser les mains
pour tant de belles choses. Dans cet espoir, etc » (à Marianne
von Genzinger, 30 mai 1790).
Marianne lui commanda une nouvelle sonate pour piano, ce
dont il prit acte le 6 juin : celle en *mi* bémol majeur n° 59 (Hob.
XVI.49), dite parfois *Sonate Genzinger*. Il la lui fit parvenir
– ainsi que le trio en *fa* majeur n° 30 (Hob. XV.17), qu'à la même
époque il envoya à Bland – le 20 juin, accompagnée d'un intéressant commentaire : « J'avais dès l'année dernière destiné cette
sonate à Votre Grâce, je viens seulement d'y ajouter un nouvel
Adagio que je recommande tout particulièrement à Votre Grâce,
il est chargé de signification, ce que je vous expliquerai en détail
à l'occasion. Il est assez difficile mais plein de sentiment, dom-
mage seulement que Votre Grâce ne possède pas de pianoforte
de Schanz [Wenzel Schanz, célèbre constructeur de pianos vien-
nois]. Votre Grâce en tirerait deux fois plus d'effet. [...] Oh
comme j'aimerais vous jouer cette sonate une ou deux fois, je
pourrais ensuite me résoudre à rester un certain temps dans mon
désert. » Il en ressort que les deux mouvements extrêmes de la
sonate n° 59, une des plus belles et des plus jouées de Haydn,
caractérisée en particulier par de spectaculaires passages de

HAYDN ET MOZART

main, furent composés en 1789, et l'Adagio en *si* bémol majeur en 1790. Des « explications » détaillées de Haydn, on ne possède aucune trace. Sans doute furent-elles données oralement.

Dans ses deux lettres suivantes, il revint à la fois sur la question du piano et sur sa solitude, allant jusqu'à utiliser le mot « esclave » pour décrire sa situation. « À mon avis, Votre Grâce devrait céder son piano *(Flügl)*, malgré sa valeur [...], et se procurer un nouveau pianoforte. Vos mains si belles et si agiles en sont dignes, et méritent encore davantage. Je sais que j'aurais dû, en composant cette sonate, tenir compte de votre piano *(Clavier)*, mais c'était impossible, car je n'y suis plus du tout habitué. Une fois de plus, je suis forcé de rester ici, Votre Grâce imagine facilement tout ce que j'y perds. Il est triste de toujours devoir être esclave, mais la Providence le veut ainsi. Je suis un pauvre diable ! Toujours surchargé de travail, peu de loisirs, des amis ? Que dis-je – un véritable ami ? Il n'y a plus de véritables amis – une amie ? oh oui, il en reste une sans doute. Mais elle est loin. Bref, je me distrais en pensées, que Dieu vous bénisse, et fasse que nous ne m'oubliiez pas ! En attendant, etc. » (27 juin).

« Je suis très heureux que mon prince ait offert à Votre Grâce un nouveau pianoforte, d'autant que j'y suis pour quelque chose, [...] il suffira que Votre Grâce en choisisse un qui convienne à ses mains et à son goût. Il est certain que mon ami M. Walther [le facteur de pianos Anton Walter, 1752-1826, dont Mozart appréciait particulièrement les instruments] est très célèbre, et que d'un bout à l'autre de l'année cet homme me traite très civilement, mais entre nous, et très sincèrement, de tous ses instruments, un sur dix seulement est vraiment bon, et par-dessus le marché ils sont très chers, [ils sont trop lourds] pour la main de Votre Grâce, on ne peut tout jouer avec la délicatesse nécessaire, c'est pourquoi j'aimerais que Votre Grâce essaie un pianoforte de M. Schanz, ses pianoforte ont une légèreté qui leur est propre et un mécanisme agréable. Il faut absolument que Votre Grâce possède un bon pianoforte, et ma sonate y gagnera certainement. [...] En toute hâte, etc. » (4 juillet).

Le 19 septembre 1790, un triple mariage fut célébré à la cour
de Vienne. Les mariés, deux fils et une fille de l'empereur Leopold II et de l'impératrice Maria Luisa, ainsi que deux filles et un
fils de Ferdinand IV de Naples et de la reine Marie Caroline,
étaient tous doublement cousins germains, puisque aussi bien
Leopold et Marie Caroline que Ferdinand et Maria Luisa étaient
frère et sœur. L'archiduc François, futur empereur François II,
épousa ainsi la princesse napolitaine Maria Teresa (Marie Thérèse), l'archiduc Ferdinand, nouveau grand-duc de Toscane, une
autre princesse napolitaine, et l'archiduchesse Marie Clémentine
le prince héritier de Naples. Arrivé à Vienne le 15 septembre,
Ferdinand IV assista le soir même à la création de *La caffetiera
bizzarra* de Joseph Weigl. Le 20, toute la cour honora de sa présence une représentation d'*Axur, rè d'Ormus* de Salieri. Le 19,
lors du banquet consécutif à la triple cérémonie, Salieri avait
dirigé un concert avec notamment, nous apprend un journal,
« une symphonie de Haydn que le roi de Naples [qui la connaissait par cœur] accompagna d'un bout à l'autre en fredonnant ».
Le 18, Ferdinand IV avait reçu Haydn « avec la plus extrême
bienveillance », lui passant commande des œuvres (on en possède huit) connues actuellement sous le titre de *Nocturnes pour
le roi de Naples* (Hob. II.25-32).

LA MORT DE NICOLAS LE MAGNIFIQUE DÉBLOQUE
ENFIN LA SITUATION

En vue de son audience du 18 septembre auprès du roi de
Naples, Haydn apparemment put s'échapper d'Eszterháza, pro-
fitant de ce que son prince, souffrant, s'était lui-même rendu à
Vienne. La maladie évolua de façon foudroyante, et le 28 septembre, jour de l'arrivée de Mozart à Francfort, Nicolas le
Magnifique mourut dans la capitale à l'âge de soixante-dix-sept
ans. Pour Eszterháza, la disparition de son créateur eut des
conséquences immédiates et brutales. Du jour au lendemain, et
pratiquement pour toujours, toute vie de cour s'y arrêta. Arrêt
symbolisé par l'état des parties de cor d'*Il Rè Teodoro* de

Paisiello, qu'était en train de préparer le copiste Johann Schellinger. Dès l'annonce de la mort du prince, Schellinger interrompit son travail : les parties de cor en question ne figurent que dans l'introduction de l'opéra. Instrumentistes, chanteurs, acteurs et personnels de théâtre connaissaient le peu de goût pour la musique du fils et successeur de Nicolas, le prince Anton (1738-1794), et son intention de réduire fortement les dépenses en ce domaine. Et de fait, à peine Anton avait-il pris ses fonctions qu'il décida de congédier tout le monde sauf Haydn, Tomasini, la musique militaire et la *Chor-Musik* à Eisenstadt. Les virtuoses qui avaient tant contribué à la splendeur d'Eszterháza perçurent leur salaire de septembre puis se dispersèrent aux quatre coins de l'Europe. « Ce fut pour eux une grande recommandation que de s'être perfectionnés sous la direction de Haydn » (Dies).

Par testament, Nicolas avait prévu des pensions annuelles de 1 000 florins pour Haydn (500 à sa veuve en cas de décès) et de 400 pour Tomasini. À Haydn, le prince Anton attribua en outre un salaire de 400 florins, en vertu d'un décret qu'il signa le 1er novembre à Eisenstadt, dont il avait immédiatement décidé de refaire sa résidence principale en dehors de Vienne. En contrepartie de ces 1400 florins par an, Haydn devait continuer à porter le titre de maître de chapelle princier des Esterházy. Mais il n'avait plus, en principe, la moindre obligation à remplir, devenant en quelque sorte un général sans armée. Il fit tout pour s'installer le plus vite possible à Vienne, laissant derrière lui à Eszterháza presque toutes ses affaires. On ne sait toutefois rien de lui avant le 9 novembre, veille du retour de Mozart à Vienne : il signa à cette date dans la capitale un document administratif. Le 15 novembre, il dirigea à Presbourg, lors des cérémonies du couronnement de Leopold II comme roi de Hongrie, quelques instrumentistes à vent des chapelles Grassalkovics et Esterházy.

Il acheva alors les *Nocturnes pour le roi de Naples* et les six quatuors opus 64, dont les cinq manuscrits autographes ayant survécu (manque celui du n° 4) sont datés de 1790. Le n° 5 dans l'ordre de numérotation actuel (et peut-être le dernier composé) est le célèbre quatuor en ré majeur *L'Alouette*, dont il y déjà été question. Plus que dans toute autre œuvre du genre existant à cette date, y compris chez Mozart, on peut y voir l'essence même du quatuor à cordes « classique » en tant que « conversation entre gens intelligents et égaux ». Le traitement des quatre instruments est unique : tantôt proches les uns des autres, en une masse assez compacte, tantôt répartis sur tout l'espace sonore, de l'extrême grave à l'extrême aigu, en « ménageant des espaces aérés » mais sans pour autant perdre le contact. L'œuvre tire son surnom de la mélodie apparaissant de façon inattendue dans l'aigu à la mesure 8 de l'Allegro moderato initial, au premier violon sur sa corde de *mi*. Ce thème se superpose alors à un motif bien scandé qui, aux trois autres instruments, avait occupé dans le medium les sept premières mesures, avec comme résultat une nette polyrythmie. Début inoubliable ! Les quatuors en *si* mineur n° 2 et en *mi* bémol majeur n° 6 ne sont pas moins réussis. Le menuet du n° 6 est une sorte d'hommage à celui du quatuor en *ré* majeur KV 575 de Mozart, lui-même issu du trio de l'opus 50 n° 6, et son finale, on l'a vu, inspirera de près celui du quintette en *mi* bémol majeur KV 614.

« Je suis Salomon de Londres… »

Comme celle de Mozart près de dix ans plus tôt, la vie de Haydn avait basculé, et les propositions ne tardèrent pas à affluer. Il refusa celles du roi de Naples et du prince Grassalkovics. « C'est alors, raconte Dies, qu'un étranger qu'il n'attendait pas pénétra dans sa chambre et dit brièvement : Je suis Salomon de Londres, et je viens vous chercher ; demain nous conclurons un accord. » Griesinger relate de son côté que, à la mort du prince Nicolas, « Salomon se trouvait à Cologne, sur le chemin du retour vers Londres, après avoir engagé plusieurs musiciens allemands pour Gallini. À peine eut-il appris la mort du prince Esterházy qu'il se précipite à Vienne. Un soir on frappe à la porte de Haydn. Salomon fait son entrée, et ses premières paroles furent : Faites vos bagages, dans quinze jours nous partons ensemble pour Londres. Haydn résista pour commencer à cette proposition, attirant l'attention sur son ignorance de la langue anglaise et sur son inexpérience des voyages. Mais ses objections se trouvèrent bientôt balayées. On convint que Haydn toucherait 3 000 florins pour un opéra, et 100 florins pour chaque nouvelle œuvre de lui qu'il dirigerait en vingt concerts. Il avait donc déjà une garantie de 5 000 florins, somme qui, dès qu'il aurait mis le pied sur le sol anglais, serait déposée par Gallini chez le banquier Fries à Vienne. »

On ne connaît ces montants, à supposer qu'ils soient exacts, que par Griesinger. Officiellement, Haydn devait diriger pour Salomon en 1791-1792 vingt-quatre concerts répartis en deux saisons de douze concerts chacune. En réalité, ses apparitions dans la capitale britannique furent bien plus nombreuses. Il fut encouragé à partir par l'ambassadeur de Grande-Bretagne à Vienne, le général Charles Jerningham, que Bland, par lettre, avait prié d'intervenir. Pour soigner sa publicité, Salomon rédigea le 8 décembre une lettre ouverte qui parut dans la presse anglaise le 29 décembre puis le 1er janvier 1791 : « M. Salomon [...] informe très respectueusement *Nobility* et *Gentry* qu'il a effectivement signé un contrat avec M. Haydn ; en conséquence, ils quitteront Vienne dans quelques jours, et espèrent **être** à Londres avant la fin décembre, date à laquelle M. Salomon aura l'honneur de soumettre au public un projet de concerts par souscription dont il espère bien qu'il rencontrera son approbation et ses encouragements. »

Par un juste retour des choses, Salomon veilla dans la capitale autrichienne aux intérêts de Bland, encourageant par exemple les compositeurs Leopold Kozeluh et Paul Wranitzky (Pavel Vranicky), lui aussi d'origine tchèque (1756-1808), à lui envoyer des œuvres.

Pour l'ambassadeur de Naples à Londres, le prince Castelcicala, Haydn obtint quant à lui de Ferdinand IV – à qui il avait promis de se rendre à Naples à son retour d'Angleterre – une lettre de recommandation. Il en reçut deux autres pour l'ambassadeur d'Autriche, le comte Stadion (1763-1824), l'une du chancelier Kaunitz (1711-1794), l'autre de Van Swieten. En tant qu'ambassadeur à Paris, Kaunitz avait en 1750-1752 préparé avec le gouvernement de Louis XV le « renversement des alliances » : la France et non plus la Prusse, était devenue l'alliée de l'Autriche, une des raisons pour lesquelles, en 1770, le futur Louis XVI avait épousé Marie Antoinette. Il écrivit à Stadion : « Herr Joseph Haydn, Kapellmeister princier des Esterházy, et compositeur universellement célèbre, a été appelé à Londres et y restera quelque temps. Avant son départ, il m'a demandé pour Votre Excellence une lettre de recommandation que je lui donne d'autant plus volontiers qu'il s'agit d'un homme qui, grâce aussi bien à son talent exceptionnel qu'à sa personnalité attachante, mérite les plus chaudes recommandations. Que Votre Grâce le reçoive donc avec la plus grande courtoisie, et le fasse bénéficier de toute l'assistance nécessaire » (13 décembre).

Et Swieten, en français : « Haydn n'a certainement pas besoin de vous être recommandé par moi, Monsieur le Comte. Ses rares talens vous sont connus et doivent lui assurer la meilleure réception de votre part. [...] J'aurais bien mieux aimé vous l'amener moi-même pour jouir de toutes les belles choses en musique qu'on vous prépare pour cet hiver, et partout [par-dessus tout] de la grande commémoration annuelle de Haendel mon idole [le festival Haendel prévu à Londres et auquel Haydn devait assister cinq mois plus tard], mais je dois encore rester enchaîné à ma galère [la présidence de la commission pour l'Éducation et la Censure] et ramer sans cesse contre vents et marée » (14 décembre).

Haydn et Mozart prennent congé l'un de l'autre

Écrivant en novembre 1805 dans son style fleuri habituel, Dies raconte que Mozart fut de ceux qui tentèrent de dissuader Haydn d'accomplir son voyage : « Le prince Anton donna son autorisation immédiate, mais ce furent les amis de Haydn qui, après l'avoir si souvent poussé à quitter Vienne, élevèrent des objections. Pour le faire revenir sur sa décision, ils mirent en avant ses soixante [cinquante-huit] ans, les fatigues d'un long voyage, et bien d'autres choses encore – mais en vain ! Mozart en particulier ne ménagea pas ses efforts et dit "Papa (c'est ainsi qu'il l'appelait habituellement), vous connaissez si peu le grand monde et parler si peu de langues. – Oh, répliqua Haydn, la langue que je parle est comprise dans le monde entier." Ces déclarations de nos deux musiciens ne sont pas sans pertinence, et en les entendant ainsi dire de leur plein gré la vérité, certains lecteurs estimeront que très consciemment, ils se raillaient et s'offensaient l'un l'autre. Si en effet les choses avaient suivi leur cours habituel deux artistes tels que H. et M. auraient dû se haïr et se persécuter mutuellement. Il est sûr que s'ils avaient été des hommes ordinaires, ils se seraient dressés en furie l'un contre l'autre. Mais il plut à la nature d'utiliser en quelque sorte jusqu'à épuisement l'étoffe harmonieuse dont étaient faites ces deux créatures d'exception, raison pour laquelle l'estime et l'amitié sincères qui les unissaient n'ont pour moi rien de miraculeux. »

La tradition veut que Mozart et Haydn se soient fréquemment rencontrés durant les cinq semaines séparant le retour d'Allemagne du premier et le départ pour Londres du second. On ne sait cependant rien de précis. En 1829, soit une quarantaine d'années plus tard, les Novello devaient rapporter ainsi certaines paroles de l'abbé Stadler : « Haydn et Mozart étaient comme des frères. […] Haydn n'était pas un grand interprète au pianoforte (son meilleur instrument le violon), mais il adorait entendre Mozart jouer du pianoforte. […] Mozart et Haydn ont souvent joué avec Stadler les quintettes de Mozart, il [Stadler] a particulièrement mentionné le 5ᵉ en *ré* majeur, chantant la partie de basse [incipit de KV 593, terminé par Mozart en décembre 1790], celui en *ut* majeur [KV 515 d'avril 1787] et plus encore celui en *sol* mineur [KV 516 de mai 1787] ». Faut-il prendre ces paroles à la lettre ? Peut-être Haydn eut-il juste le temps, avant son départ, de déchiffrer avec Mozart le quintette en *ré* majeur. Mais l'insistance de Stadler sur celui en *sol* mineur n'est-elle pas le reflet, plutôt que de la réalité, d'une sensibilité « début XIXᵉ » ?

Griesinger : « Mozart dit à Haydn lors d'un repas amical avec Salomon : "Tu n'y résisteras pas longtemps, et reviendras certainement bientôt, car tu n'es plus jeune. – Je suis encore très vaillant, et n'ai rien perdu de mes forces", répliqua Haydn. Il avait alors bientôt cinquante-neuf ans, mais n'avait aucun besoin de se ménager. Si Mozart n'était pas mort le 5 décembre 1791, il aurait remplacé Haydn aux concerts de Salomon en 1794.» Dies : «[Haydn partit] en compagnie de Salomon le 15 décembre 1790. Mozart ce jour-là ne quitta pas son ami Haydn. Il prit son repas chez lui et lui dit au moment de la séparation : "Nous nous faisons sans doute nos derniers adieux dans cette vie." Des larmes coulèrent de leurs yeux. Haydn était très ému, car il appliquait les paroles de Mozart à lui-même, étant tout à fait incapable d'imaginer la possibilité, pour l'inexorable Parque, de trancher dès l'année suivante le fil de la vie de Mozart.»

AU COURS DE SON PREMIER GRAND VOYAGE, HAYDN RENCONTRE LE JEUNE BEETHOVEN

C'est à peu près dans les conditions décrites par ses deux biographes que Haydn âgé de cinquante-huit ans prit congé de Mozart pour toujours et entreprit en compagnie de Salomon son premier long voyage. Ils ne s'attardèrent pas en route, mais rendirent néanmoins visite, à Munich, à Christian Cannabich. L'étape suivante fut le château de Wallerstein, où selon le prince Krafft-Ernst lui-même, ils ne firent que passer. Haydn trouva cependant le temps de diriger devant Oettingen-Wallerstein la symphonie en *sol* majeur n° 92, dite *Oxford*, une des trois qu'il lui avait envoyées l'année précédente. À Bonn, où ils arrivèrent le samedi 25 décembre, jour de Noël, le prince électeur Maximilian Franz le présenta à son orchestre, puis l'invita à sa table. «Cette invitation inattendue jeta Haydn dans un profond embarras, car il avait déjà organisé avec Salomon un petit dîner dans leur logis. Il était déjà trop tard pour changer de dispositions. Haydn n'eut donc qu'à s'excuser du mieux qu'il put, ce que le prince électeur accepta. Haydn prit congé et se dirigea vers son logis, où il fut surpris par une preuve inattendue de la bienveillance du prince électeur. Le prince électeur avait en effet ordonné de transformer son petit dîner en un grand dîner de douze personnes, et y avait fait convier les plus habiles de ses musiciens» (Griesinger).

On a peine à imaginer Haydn refusant une invitation à dîner reçue de Maximilian Franz, frère cadet des empereurs Joseph II et Leopold II, et si tel fut le cas, on se demande ce qu'en pensa Beethoven, âgé de vingt ans et altiste dans l'orchestre de Bonn, sa ville natale. On ne sait si Beethoven soumit à Haydn dès cette époque, ou seulement en juillet 1792, lors du second passage de ce dernier à Bonn, sa *Cantate sur la mort de l'empereur Joseph II*, composée au mois de mars précédent. Il est en revanche certain que l'idée d'un nouveau voyage de Beethoven à Vienne pour y étudier avec Haydn ne naquit dans l'esprit de ses protecteurs et dans le sien propre qu'en juillet 1792. Non moins avéré est le fait que Haydn et Beethoven se trouvèrent d'une façon quelconque en présence l'un de l'autre dès décembre 1790. Sans doute suscitée par Salomon, natif de Bonn et qui connaissait la famille Beethoven, cette rencontre fut sûrement fugitive et sans signification spéciale sinon pour Beethoven, du moins pour Haydn. Mais à nous, il n'est pas indifférent qu'elle ait eu lieu une dizaine de jours seulement après l'ultime rencontre de Haydn et Mozart. Des trois compositeurs, Haydn est le seul à avoir régulièrement fréquenté les deux autres. Qu'il ait croisé Beethoven juste après avoir quitté Mozart apparaît hautement symbolique.

Après leur séjour à Bonn, Haydn et Salomon se dirigèrent vers Bruxelles, qu'ils ne firent que traverser, puis arrivèrent à Calais le dernier jour de l'année. Là, Haydn trouva enfin le temps d'écrire à madame von Genzinger : « Le mauvais temps et des pluies continuelles ont fait que je viens seulement (au moment où j'écris cette lettre) d'arriver ce soir à Calais, et demain matin à sept heures je m'embarque pour Londres. [...] Je me porte bien, Dieu merci, j'ai simplement un peu maigri à cause de la fatigue, du manque de sommeil et d'une trop grande variété dans la nourriture et les boissons. Dans quelques jours, je rendrai compte de mon voyage à Votre Grâce avec plus de détails, pour aujourd'hui je vous prie de m'excuser. » Le lendemain, samedi 1er janvier 1791, Haydn et Salomon prirent le bateau pour Douvres, d'où ils gagnèrent Londres le dimanche 2. Leur voyage avait duré dix-neuf jours.

CHAPITRE XIII

L'année 1791

Haydn à Londres, Mozart à Vienne

LUNDI 3 JANVIER « Hier est arrivé chez Mr. Bland, à Holborn, le célèbre Mr. Haydn, accompagné par Salomon, et nous croyons savoir que c'est essentiellement à Mr. Bland que le public est redevable de la venue de Mr. Haydn en Angleterre », put-on lire dans le *Morning Chronicle*. C'est effectivement chez l'éditeur reçu à Eszterháza en novembre 1789 que Haydn passa ses premières journées à Londres, avant de s'installer chez Salomon au 18 Great Pulteney Street, en face du magasin du célèbre facteur de pianos John Broadwood. « Bland [...] le retint quelque temps chez lui, ce qui attira d'innombrables visiteurs vers sa boutique et contribua grandement à promouvoir ses intérêts » (*Concert Room and Orchestra: Anecdotes of Music and Musicians, Ancient and Modern* de Thomas Busby, 1825).

MERCREDI 5 JANVIER Mozart termine son dernier concerto pour piano, commencé en 1788 : le n° 27 en *si* bémol majeur KV 595. Il est de tradition d'affirmer qu'il fut créé le 4 mars lors d'un concert donné par le clarinettiste Joseph Beer, mais rien n'indique que c'est ce concerto que Mozart joua ce jour-là. Il terminait d'ordinaire ses œuvres dans la perspective d'une exécution prochaine, et c'est vraisemblablement dès janvier que fut entendu KV 595 : soit le 12 lors d'une réception avec concert et bal à l'ambassade de Naples pour l'anniversaire de Ferdinand IV, soit le 17 chez le prince Adam von Auersperg en présence de Leopold II et de Ferdinand IV, soit plus probablement dès le 9, également chez Auersperg et toujours en présence de Ferdinand IV : «Aujourd'hui les Maj. Nap. sont chez le P^ce Adam Auersperg, le roi chantera, et Mlle Ployer [à qui Mozart avait destiné les concertos KV 449 et KV 453] jouera du clavessin», (Zinzendorf).

SAMEDI 8 JANVIER Haydn écrit à Marianna von Genzinger une longue lettre racontant sa traversée et ses premières impressions. Il s'est embarqué le 1er janvier à 7 h 30 du matin et est arrivé à Dower [Douvres] à 5 heures de l'après midi. «Je suis resté sur le pont pendant toute la traversée pour pouvoir contempler à loisir ce monstre effrayant, l'océan. Tant que tout est resté calme je n'ai pas eu peur, mais vers la fin, comme [...] je voyais d'énormes vagues se précipiter vers moi, j'ai été saisi d'une légère appréhension et aussi d'une légère indisposition. [...] La plupart des passagers étaient malades et avaient l'air de fantômes. [...] Mon arrivée a causé une grande sensation par toute la ville, et pendant 3 jours mon nom a été dans tous les journaux : tout le monde désire me connaître. [...] Hier j'ai été invité à un grand concert d'amateurs, [...] on m'a conduit aux bras de l'organisateur et sous les applaudissements de tous jusqu'aux premiers rangs devant l'orchestre, et là on m'a dévisagé comme une bête curieuse et adressé de nombreux compliments en anglais. [...] Tout cela, ma chère dame, est très flatteur pour moi, mais il m'arrive de souhaiter pouvoir voler quelque temps jusqu'à Vienne pour travailler dans le calme, car le bruit des marchands dans les rues est absolument intolérable.» Du même jour est datée une lettre beaucoup plus courte au prince Anton Esterházy : «Je vous informe respectueusement que malgré le mauvais temps et des routes déplorables tout au long du voyage, je suis arrivé à Londres le 2 de ce mois heureux et en bonne santé. [...] J'ai vu chez moi les deux ambassadeurs, le prince Castelcicala de Naples et M. le baron von Stadion. [...] Le nouveau livret d'opéra que je dois mettre en musique est intitulé *Orfeo*, [...] on le dit tout à fait différent de celui de Gluck.»

Ces deux lettres donnent une idée de ce que fut pour Haydn, après des années de demi-solitude, la vie à Londres : une suite ininterrompue de réceptions, d'invitations et de concerts publics ou privés, un contact permanent avec des foules anonymes dont la conquête était toujours à refaire. Vers 1790, Vienne comptait environ 200 000 habitants, tandis que Londres, ville cosmopolite où, en raison notamment de l'absence de tout grand compositeur national, s'étaient installés un grand nombre de musiciens venus de tous les horizons, en abritait environ quatre fois plus. La Révolution française, en provoquant l'exil vers la capitale britannique de nombreuses personnes, accentua ce caractère cosmopolite. En Angleterre, l'opinion publique jouait en outre un rôle plus important qu'en Autriche, y compris en matière artistique, et les organisations de concerts, contrairement à ce qui avait été le cas à Paris dans les dernières années de l'Ancien Régime, pouvaient se développer librement, quoique à leurs risques et périls au plan financier. Ajoutons qu'on était encore en période de paix et de prospérité économique, ce qui favorisait les entreprises comme celles de Salomon, et pouvait rendre les activités artistiques fort lucratives. À Londres, les concerts publics se multiplièrent dans la première moitié des années 1790, pour culminer en 1792. Haydn arriva donc au bon moment.

MARDI 18 JANVIER Haydn assiste au palais de St. James au bal de la cour pour l'anniversaire de la reine Charlotte. « Le prince de Galles [futur George IV], l'ayant aperçu, s'est incliné devant lui, toute la compagnie a donc porté ses regards sur Haydn, chacun lui présentant ses respects » (*Daily Advertiser* du 20).

MERCREDI 19 JANVIER Haydn assiste avec Salomon et de nombreux musiciens à un concert chez le prince de Galles.

DIMANCHE 23 JANVIER Mozart termine en tant que *Kammerkomponist* les six menuets KV 599. D'autres musiques de danse suivront jusqu'en mars. Leur grand nombre est vraisemblablement dû à la présence de Ferdinand IV de Naples, qui prolonge son séjour à Vienne durant presque tout le carnaval et en l'honneur duquel ont lieu d'innombrables bals (à la cour et ailleurs), réceptions et représentations d'opéras : six allemandes KV 600

(29 janvier), quatre menuets KV 601, quatre allemandes KV 602 et deux contredanses KV 603 (5 février), deux menuets KV 604 et trois allemandes KV 605 (12 février), six allemandes KV 606 et contredanse *Il trionfo delle donne* KV 607 (18 février), allemande *Les Filles malicieuses* ou *Die Leierer* (Les joueurs d'orgue de barbarie) KV 611 (6 mars). Peut-être l'appellation *Die Leierer* est-elle une référence à la *lira organizzata*, l'instrument qu'affectionnait Ferdinand IV et pour lequel Haydn et d'autres avaient composé plusieurs œuvres.

SAMEDI 5 FÉVRIER « Le miracle Haydn commence à s'émousser. On l'a exhibé [ici et là] à la grande stupéfaction de John Bull, qui s'attendait à entendre un autre Cramer ou un autre Clementi. En vérité, ce grand compositeur est un très médiocre interprète, il a peut-être les qualités requises pour présider au clavecin, mais nous ne l'avons jamais entendu célébrer comme premier violon d'un concert. Son élève Pleyel [...] est plus populaire comme compositeur », écrit *The Gazeteer* dans le cadre d'une campagne anti-Haydn lancée par le Professional Concert, mécontent de s'être fait « doubler » par Salomon.

LUNDI 7 FÉVRIER Haydn assiste au premier concert de la saison du Professional Concert, où figurent notamment un de ses quatuors et une de ses symphonies. Il y rencontre Charles Burney et le remercie pour des livres qu'il lui a envoyés et pour des vers qu'il a écrits en son honneur (*Verses on the Arrival in England of the Great Musician Haydn*). Il reçoit une petite plaquette ronde en ivoire ornée d'un ruban bleu lui permettant d'entrer librement dans tous les théâtres de Londres, « faveur dont à Vienne il ne bénéficia jamais » (Griesinger).

MERCREDI 16 FÉVRIER « J'ai eu ici chez moi le grand Haydn, à mon avis aussi bonne créature que grand musicien » (Burney à son beau-frère le grand agronome Arthur Young).

VENDREDI 18 FÉVRIER Haydn participe à un Ladies' Concert où il tient la partie de piano de sa cantate *Arianna a Naxos*, chantée par le castrat Gaetano Pacchierotti.

JEUDI 24 FÉVRIER Haydn participe à un concert du New Musical Fund dirigé par Wilhelm Cramer et au cours duquel sont donnés une de ses symphonies et un quatuor de l'opus 64 avec Salomon comme premier violon. Pacchierotti rechante *Arianna*. « Jamais, même dans sa période la plus brillante, Pacchierotti n'a remporté pareil succès » (*Morning Chronicle* du 26).

VENDREDI 4 MARS Concert à Vienne du clarinettiste Joseph Beer, avec la participation d'Aloysia Lange. Mozart y joue un concerto pour piano, probablement celui en *si* bémol majeur n° 27 KV 595 : c'est sa dernière apparition publique en concert.

VENDREDI 11 MARS Premier concert Haydn-Salomon à Hanover Square Rooms : œuvres de divers compositeurs, airs chantés par Nancy Storace, symphonie en *sol* majeur n° 92, dite *Oxford*. « Il est normal que pour les âmes sensibles à la musique Haydn soit un objet d'hommage, voire d'idolâtrie, car comme notre Shakespeare, il enflamme et gouverne les passions à volonté. [...] Nous avons constaté avec plaisir que pour cette première soirée, la salle était pleine, et espérons donc que la chaleur de notre accueil conduira le premier génie musical de l'époque à s'établir définitivement en Angleterre » (*Morning Chronicle* du 12). La construction de Hanover Square Rooms remontait à 1774. Sa salle de concert de huit cents places – où après Haydn triomphèrent notamment Mendelssohn et Liszt – avait été inaugurée l'année suivante avec un concert Bach-Abel, et le bâtiment appartenait depuis 1776 en pleine propriété à Gallini. Il abritait d'autres salles de concert, des salles de réunion et des bureaux, dont un occupé par Salomon. Les douze concerts Haydn-Salomon de la saison 1791 y auront lieu tous les vendredis du 11 mars au 3 juin, à l'exception du vendredi saint 22 avril.

LUNDI 14 MARS Lettre de Haydn à Luigia Polzelli : « Au premier concert de Mr. Salomon, j'ai fait fureur avec une nouvelle symphonie, et on a dû bisser l'Adagio, ce qui ne s'était jamais vu à Londres auparavant. Tu imagines ce qu'on peut ressentir en se l'entendant dire de la bouche d'un Anglais ! »

VENDREDI 18 MARS Deuxième concert Haydn-Salomon, avec notamment une ouverture de « Mazant » (Mozart ?), un air et un duo par Nancy Storace, un quatuor de l'opus 64 et l'*Oxford*. « Le prince de Galles [est] arrivé juste à temps pour participer au triomphe de Haydn. On a redonné [la symphonie] qui avait produit tant d'effet le premier soir, et l'effet a été le même. C'est une composition sublime par sa variété et par son ampleur. Chaque instrument est respecté par sa muse, il [Haydn] permet à chacun de produire son effet, il n'en met pas un seul en avant, ni ne réduit les autres à un simple accompagnement, mais fait passer avec la plus grande maîtrise le sujet de l'un à l'autre, et chaque interprète trouve de quoi déployer son talent » (*Morning Chronicle* du 19).

Vendredi 25 mars Troisième concert Haydn-Salomon : symphonie de Haydn déjà connue en Angleterre, concerto pour piano de Jan Ladislav Dussek (1760-1812), symphonie de Muzio Clementi, œuvre orchestrale de Pleyel, et toujours Nancy Storace.

Vendredi 1er avril Quatrième concert Haydn-Salomon : nouvelle symphonie de Haydn, soit (en première audition) celle en *ré* majeur n° 96, soit (plus probablement) celle en *ut* majeur n° 90, qui remontait à 1788.

Vendredi 8 avril Cinquième concert Haydn-Salomon – Reprise de la symphonie n° 90 (ou 96), débuts en Angleterre de la cantatrice Theresa Negri, sœur de Luigia Polzelli.

Vendredi 15 avril Sixième concert Haydn-Salomon : quatuor de l'opus 64 et pour la troisième fois l'*Oxford*. « Le monde musical se réjouira d'apprendre que le célèbre Haydn a décidé de fixer dans cette métropole le siège de son empire. Le grand succès des concerts de Salomon sous les auspices de Haydn, et l'accueil dont il a bénéficié partout dans les cercles privés, lui ont donné une haute opinion du goût et de la générosité de la nation anglaise. [...] On a entendu pour la troisième fois la grande [symphonie] qui avait suscité tant d'admiration, chaque fois on l'entend avec un plaisir nouveau » (*Gazeteer* du 18).

Mars Mozart compose les huit variations en *fa* majeur KV 613 sur *Ein Weib ist das herrlichste Ding* (Une femme est la chose la plus merveilleuse), sa dernière œuvre pour piano. Le thème provient d'un air de basse du singspiel *Der dumme Gärtner aus dem Gebirge, oder die zween Anton* (Le stupide jardinier des montagnes, ou Les deux Anton), livret de Schikaneder, musique de Benedikt Schack (le premier Tamino) et Franz Xaver Gerl (le premier Sarastro), créé à Vienne par la troupe de Schikaneder en 1789. La vertu des femmes est évoquée dans cet air en termes assez crus et violents. Plus tard, des strophes célébrant Coburg et Laudon furent ajoutées au texte original. On les entendit en public le 14 octobre 1789 accompagnées d'une symphonie de Haydn, sûrement celle en *ut* majeur n° 69, baptisée *Laudon* par Artaria en 1783. Un document d'époque précise: «On exécuta la grande symphonie composée par le célèbre Kapellmeister Haydn en l'honneur du maréchal Laudon. Peu avant avait retenti de la bouche de tous les habitants de Vienne, du plus grand au plus petit: Vive Joseph [l'empereur, pas Haydn!] et les héros Laudon et Coburg!» Mozart composa-t-il les variations KV 613 à la fois en hommage à Schikaneder et à deux des futurs interprètes de *La Flûte enchantée* et pour des raisons patriotiques?

PRINTEMPS Mozart (musique) et Emanuel Schikaneder (livret), frères en maçonnerie, commencent en mars à travailler à *Die Zauberflöte* (La flûte enchantée) KV 620. Depuis juin 1789, Schikaneder est à la tête d'un théâtre «populaire» situé dans les faubourgs de Vienne: le Freyhaustheater (ou Theater auf der Wieden), au répertoire essentiellement composé de pièces de théâtre et de singspiels. Il y restera jusqu'en 1801. Premier grand opéra allemand de Mozart depuis *L'Enlèvement au sérail* (1782), *La flûte enchantée* est la seule grande œuvre lyrique sortie de sa plume à s'écarter de la catégorie «opéra de cour». L'affirmation selon laquelle Mozart aurait composé *La Flûte* pour presque rien, afin de venir en aide à un Schikaneder tombé dans le besoin, relève de la légende. Ce dernier lui versa sûrement des honoraires décents.

MARDI 12 AVRIL Mozart inscrit dans son catalogue le quintette à cordes en *mi* bémol majeur KV 614. Il commence ensuite à composer *La Flûte enchantée*.

SAMEDI 16 ET DIMANCHE 17 AVRIL Salieri dirige à la *Tonkünstler-Societät* une «nouvelle grande symphonie» de Mozart, très vraisemblablement celle en *sol* mineur n° 40 KV 550 dans sa version avec clarinettes. On entend aussi, avec notamment Aloysia Lange, des extraits de l'opéra *Fedra* de Paisiello.

ENTRE LE JEUDI 21 ET LE MERCREDI 27 AVRIL Mozart annonce
à Puchberg qu'il va participer à une séance de quatuors à cordes
chez le conseiller Franz Sales von Greiner : « Vous y êtes très
cordialement invité, par lui et par moi-même. »

AVRIL Première édition, à Vienne chez Leopold Kozeluh
et dans l'ordre de numérotation devenu traditionnel, avec
L'Alouette comme n° 5, des quatuors opus 64 de Haydn. L'édition est dédiée à Johann Tost, mais en toute vraisemblance, ce
dernier se dédia cet opus lui-même : il s'agit d'une autodédicace !

SAMEDI 23 AVRIL Burney à son ami le révérend Thomas Twi-
ning (1735-1804) : « J'ai [passé] la journée d'hier avec le cher, le
grand, le bon Haydn, que j'aime toujours plus chaque fois que
je le vois et l'entends. Des membres de ma famille se trouvaient
surtout rassemblés, et nous l'avons persuadé de tenir le premier
violon dans sa Passion instrumentale [*Les Sept Paroles du
Christ*] ; il l'a exécutée admirablement, avec délicatesse et sentiment. Pour plusieurs de ses quatuors, il s'est contenté de la partie de second violon. »

LUNDI 25 AVRIL Le maître de chapelle de la cathédrale Saint-
Étienne, Leopold Hofmann, étant tout juste guéri de maladie,
mais restant de santé fragile, Mozart pose auprès de la ville de
Vienne sa candidature au poste de vice-maître de chapelle, non
sans insister sur sa renommée à l'étranger et sur ses compétences
en musique religieuse. De fait, de nombreux fragments
d'œuvres d'église existent pour les deux ou trois années précédentes, période qui en toute probabilité a vu naître le Kyrie en *ré*
mineur KV 341, jadis dit « de Munich » parce que censé avoir été
composé dans cette ville en 1781.

VENDREDI 29 AVRIL Septième concert Haydn-Salomon : nouvelle symphonie de Haydn, presque certainement celle en *ré*
majeur n° 96, dite *Le Miracle* (manuscrit autographe daté de
1791).

SAMEDI 30 AVRIL Haydn participe au King's Theatre à l'un des
« concerts récréatifs » organisés par Gallini : deux symphonies,
un air et un duo de lui, plusieurs morceaux de divers auteurs
dont Paisiello, et pour finir un grand divertissement dansé. Le
King's Theatre avait rouvert le 23 février précédent, mais Gallini

n'avait pas réussi à obtenir du Lord Chamberlain, pour la saison 1791, la licence (renouvelable en principe chaque année) lui permettant d'y donner des opéras italiens. Ce répertoire, on l'a vu, était passé au Pantheon Theatre, ce qui pour les autorités suffisait largement. Le King's Theatre organisa finalement du 26 mars au 9 juillet une série de « concerts récréatifs de musique sérieuse et comique avec ballets », mais il ne fut plus question d'opéra italien : d'où la non-représentation de l'*Orfeo ed Euridice* de Haydn, dont la première scénique ne devait avoir lieu qu'en 1951 au Mai musical florentin avec Maria Callas !

Vendredi 6 mai Le Huitième concert Haydn-Salomon affiche un quatuor de l'opus 64 et la reprise de la symphonie n° 96, tandis que le concert de Wilhelm Cramer donné à son propre bénéfice présente une symphonie et l'air *Ah, come il core mi palpita* – tiré de *La fedeltà premiata* – de Haydn et une nouvelle symphonie de Clementi.

Vendredi 13 mai Neuvième concert Haydn-Salomon au cours duquel sont donnés un quatuor de l'opus 64, une symphonie de Haydn déjà connue à Londres, peut-être une des *Parisiennes*, une nouvelle symphonie de Clementi. Des symphonies de Haydn et de Clementi avaient déjà été programmées ensemble au troisième concert Haydn-Salomon (25 mars) et au Professional Concert les 11 avril et 2 mai. La présence de Haydn à Londres, tant en 1791-1792 qu'en 1794-1795, nuisit indiscutablement à la carrière de Clementi comme compositeur de symphonies et comme interprète lors de concerts publics. En 1793 et en 1796, années où Haydn n'était pas à Londres, Clementi fut au contraire très demandé.

Lundi 9 mai Mozart est nommé (sans solde) vice-maître de chapelle à Saint-Étienne de Vienne, ce qui lui assure la succession du maître de chapelle Leopold Hofmann. Le salaire annuel de ce dernier s'élève à 2000 florins. Maître de chapelle depuis 1772, date à laquelle il a succédé à Reutter, Hofmann ne mourra cependant que le 17 mars 1793, quinze mois après Mozart.

Lundi 16 mai Haydn donne à Hanover Square le concert à son propre bénéfice (concert-bénéfice) auquel son contrat avec Salomon lui donne droit : pour la quatrième fois la symphonie

Oxford, et pour la première fois sans doute celle en *ut* mineur n° 95 (manuscrit autographe daté de 1791). Nancy Storace chante du Cimarosa, et Pacchierotti *Ah, come il core mi palpita*. « Mr. Haydn, très flatté de l'accueil reçu dans un pays que depuis longtemps il avait souhaité visiter, et touché par les encouragements dont l'ont honoré ses généreux habitants, s'estimerait coupable de la plus noire ingratitude s'il laissait passer cette première occasion de manifester envers le public anglais en général et envers ses amis en particulier sa profonde reconnaissance pour leur empressement à son concert » (*Morning Chronicle* du 18).

VENDREDI 20 MAI Dixième concert Haydn-Salomon : symphonie non identifiée.

LUNDI 23 MAI Premier des quatre concerts (les autres suivront les 26 ET 28 MAI puis le 1er JUIN) d'un grand festival à Westminster Abbey à la mémoire de Haendel. Le 23 mai, on donne *Israël en Egypte*, *Zadok the Priest*, des extraits d'*Esther*, de *Saul*, de *Judas Maccabée* et de *Deborah*, ainsi qu'un concerto pour orgue ; le 26, des extraits d'oratorios, un concerto pour hautbois et un pour orgue ; le 28, de nouveau *Israël en Égypte* et d'autres extraits d'oratorios ; le 1er juin, *Le Messie*. Ces manifestations font sur Haydn – observé à la jumelle durant l'une des quatre par le négociant mélomane William Gardiner (1770-1853), de Leicester – une profonde impression. Il avait déjà entendu en partie cette musique à Vienne chez Swieten, mais certainement pas dans les mêmes conditions ni avec les mêmes effectifs qu'à Londres : plus d'un millier d'exécutants avec une grande quantité d'instruments à vent, d'énormes contrebasses et des timbales une octave plus bas que de coutume. « Haydn m'avouait que, ayant entendu à Londres la musique de Haendel, il en fut si frappé qu'il se remit à l'étude comme s'il n'eût rien su jusqu'à ce moment [*sic*]. Il médita chaque note. [...] Haydn quitta Londres et ses brouillards la tête pleine de Haendel et la bourse bien garnie de guinées », peut-on lire chez Giuseppe Carpani (1752-1825), un des premiers « biographes » de Haydn.

VENDREDI 27 MAI Onzième concert Haydn-Salomon : nouvelle symphonie, peut-être celle en *ut* mineur n° 95, quatuor de l'opus 64, air de la mort d'Euridice du 2ᵉ acte d'*Orfeo* par Nancy Storace.

VENDREDI 3 JUIN Douzième concert Haydn-Salomon : même symphonie qu'au concert précédent, concerto pour piano de Dussek, concerto pour violon de Salomon. Ainsi prend fin la première saison des concerts Haydn-Salomon. En trois mois ont été donnés, de Haydn, diverses pages vocales, trois quatuors de l'opus 64, un des nocturnes et un des concertos pour le roi de Naples, trois symphonies déjà connues à Londres et quatre nouvelles aux oreilles anglaises, à savoir deux apportées de Vienne (n° 90 et n° 92) et deux composées dans la capitale britannique (n° 96 et n° 95). Salomon annonce immédiatement que Haydn sera toujours là en 1792, et la presse tire quelques conclusions : « Le choix des morceaux témoignait de la part de cette entreprise d'un goût sans doute supérieur à celui de toutes ses rivales » (*Oracle* du 8 juin).

SAMEDI 4 JUIN Constance Mozart se rend avec son fils Carl Thomas âgé de sept ans (1784-1858) en cure à Baden près de Vienne. Mozart lui rendra visite le 8 JUIN, vers le 15 JUIN et le 9 JUILLET.

MERCREDI 8, LUNDI 13 ET MERCREDI 15 JUIN Haydn prête son concours à trois concerts-bénéfice donnés par divers artistes. Celui du 13 l'est par l'enfant prodige Franz Clement (1780-1842), qui s'est produit en public à Vienne dès avril 1788 et qui en 1806 y créera le concerto pour violon de Beethoven. Ce concert est en trois parties : la première débute par une symphonie de Haydn, la deuxième est entièrement consacrée à la création londonienne de la version originale pour orchestre des *Sept Paroles du Christ*. Une semaine plus tard, Haydn porte sur l'album de Franz Clement l'incipit de la sixième parole (« Consumatum est ») et signe : « Londres, le 22 juin 1791. Joseph Haydn, ton véritable ami. »

SAMEDI 11 JUIN Mozart assiste au Théâtre de la Leopoldstadt à une représentation du singspiel *Kaspar der Fagottist oder die Zauberzither* (Gaspard le bassoniste ou la Cithare enchantée) du compositeur Wenzel Müller (1767-1835). La source littéraire de cette œuvre était la même que celle de *La Flûte enchantée* (le *Dschinnistan* de Wieland). Mozart estima que *Kaspar der Fagottist* n'était pas à la hauteur de sa réputation («Beaucoup de bruit pour rien»), et contrairement à ce que veut la légende, ne modifia en rien, après l'avoir vu et entendu, l'intrigue de *La Flûte*. – Dans une lettre à Constance, il écrit: «Aujourd'hui j'ai dîné chez Puchberg – je t'embrasse mille fois et dis, en pensées avec toi: *Tod und Verzweiflung war sein Lohn!* [Mort et désespoir, tel fut son lot].» Il s'agit des paroles par lesquelles les deux prêtres, dans leur duo de l'acte II de *La Flûte enchantée*, évoquent le destin tragique de ceux qui se sont laissé tromper par les femmes. Mozart visait-il Puchberg?

SAMEDI 18 JUIN Mozart inscrit dans son catalogue l'*Ave verum* KV 618, terminé la veille. L'ouvrage est destiné au maître d'école et chef de chœur Anton Stoll (1747-1805), de Baden, qui a trouvé un logement pour Constance et chez qui, le 20 mars 1800, mourra la femme de Haydn.

MERCREDI 29 JUIN Se manifeste pour la première fois par écrit une dame qui jouera dans la vie de Haydn un rôle considérable mais assez mystérieux: «Mrs. Schroeter présente ses compliments à M. Haydn, et l'informe qu'elle vient de revenir en ville, et qu'elle sera heureuse de le voir dès qu'il aura le temps de lui donner une leçon. James Str. Buckingham Gate.» Cette lettre au ton encore assez neutre est la première des vingt-deux qu'en un an exactement, jusqu'à son premier départ d'Angleterre, Haydn recevra de Mrs. Rebecca Schroeter (1751-1825), veuve du compositeur Johann Samuel Schroeter (1752-1788). Installé à Londres en 1772, Schroeter y était devenu, comme pianiste, un rival assez sérieux de Johann Christian Bach, avant de lui succéder, à sa mort, comme maître de musique de la reine Charlotte. À son départ de Londres, Haydn dut restituer ces vingt-deux lettres, devenues de plus en plus tendres et dont les dix dernières sont du seul mois de juin 1792, mais non sans avoir pris soin de les copier (dans l'anglais original) sur ses carnets. Ainsi Dies put-il les voir en 1806: «Haydn me montra un autre carnet avec des notes de lui. Je l'ouvris, et y trouvai deux douzaines de lettres en anglais. Haydn sourit et dit: "Lettres d'une veuve anglaise à Londres qui m'aimait; elle avait déjà soixante ans [en réalité quarante], mais c'était une femme belle et aimable que j'aurais facilement épousée si j'avais été célibataire." […] Haydn passa en compagnie de cette veuve des moments très agréables. S'il n'était pas invité ailleurs, il dînait en général chez elle. »

MERCREDI 6, JEUDI 7 ET VENDREDI 8 JUILLET Journées marquées par la célèbre cérémonie au cours de laquelle Haydn reçoit de l'université d'Oxford le grade de docteur en musique et devient, pour les Anglais, le Dr. Haydn. Trois concerts dirigés par Wilhelm Cramer eurent lieu à Oxford le 6, le 7 et le 8, et Haydn reçut son diplôme le 8 au matin. Pour ouvrir la seconde partie de celui du 6, on avait prévu une « nouvelle symphonie » de Haydn : l'*Oxford*, décidément le plus grand succès de sa première saison anglaise. Haydn n'étant pas arrivé à temps, l'*Oxford* fut remplacée par une symphonie plus ancienne. On l'entendit le lendemain : d'où son surnom. À ces deux premiers concerts participa une fois de plus Nancy Storace, et au second Franz Clement, qui joua « un concerto pour violon d'une façon telle que ceux qui l'entendirent n'en crurent pas leurs oreilles (*Morning Herald* du 9). À propos de l'*Oxford*, le même journal écrivit que « jamais on n'avait entendu œuvre plus merveilleuse. Haydn, qui dirigeait lui-même cet admirable produit de son génie, a été applaudi avec enthousiasme, mais les mérites de l'ouvrage, de l'avis de tous les musiciens présents, étaient au-dessus de tout éloge ».

Comme les trois concerts, la cérémonie du 8 au matin eut lieu au Sheldonian Theatre. « Les docteurs font leur entrée en procession, et demandent aux candidats s'ils désirent être admis, etc. Haydn répondit ce que lui avait dicté son ami Salomon. […] L'orateur vanta les mérites de Haydn, énuméra ses œuvres, et quand il demanda si Haydn devait être admis, un cri général d'assentiment s'éleva. Les docteurs revêtent une petite robe et une frange au col, et se montrent trois jours durant dans cet accoutrement. "J'aurais bien voulu que mes connaissances viennoises me vissent dans cet habit." La Storace et d'autres amis musiciens lui faisaient signe de l'orchestre » (Griesinger). Chez Dies, on peut lire : « Il [Haydn] grimpa jusqu'à l'orgue, se tourna vers l'assemblée, où tout le monde avait les yeux fixés sur lui, empoigna des deux mains son manteau de docteur, l'ouvrit, le referma, et d'une voix aussi forte et distincte que possible, il dit : *I thank you*. L'assemblée comprit fort bien cette mimique inattendue [...] et répondit : *You speak very good english*. "Je me sentais passablement ridicule dans ce manteau, et le pire est que j'ai dû me montrer trois jours dans les rues sous ce déguisement. N'importe, ce grade de docteur m'a valu en Angleterre bien des avantages [...]." Haydn parlait avec sa simplicité naturelle, et je n'arrivais pas à comprendre comment un tel génie pouvait ainsi sous-estimer sa propre puissance, tout attribuer à un chapeau de docteur et rien du tout à son art. »

Au concert final, le 8 l'après-midi, on entendit « une belle cantate de Haydn qu'il a dirigée lui-même en robe [...] Une nouvelle [symphonie] de Pleyel a ouvert la deuxième partie. [...] La troisième partie a débuté avec une [symphonie] de Haydn, très belle mais déjà connue » (*Morning Herald* du 11). Haydn lui-même nota, en esprit pratique, sur la face *a* de la page 20 du deuxième de ses quatre Carnets de Londres (*CL 2/20a*) : « J'ai dû payer une guinée pour que les cloches sonnent à Oxforth à l'occasion de mon grade de docteur, et une demi-guinée pour la robe. Le voyage m'a coûté six guinées ».

Sur ces quatre Carnets, Haydn nota pêle-mêle, durant ses deux séjours à Londres, un certain nombre d'événements, d'impressions, d'anecdotes, etc. Les deux premiers ont trait au premier séjour (1791-1792), les deux derniers au second séjour (1794-1795), mais ils furent remplis par Haydn dans le plus grand désordre : les événements relatés s'y succèdent au fil des pages (dont certaines sont vides) sans aucune chronologie. Les deux premiers Carnets, font par exemple l'un et l'autre référence à des événements de 1791 et de 1792. Le troisième fut après la mort de Haydn en possession du fils cadet de Mozart, Franz Xaver. Le quatrième a disparu : on n'en connaît que les extraits cités par Griesinger, à qui Haydn le montra. Ces Carnets ne traitent pas que de musique. Ils témoignent de la part de Haydn d'un vaste éventail d'intérêts, et constituent une très intéressante documentation sur Londres à la fin du XVIIIe siècle. Ils témoignent de la « conscience de classe » du compositeur, et montrent

que contrairement à Mozart, il sut se comporter en touriste. Haydn y apparaît comme un homme curieux de tout, à l'esprit très pratique, intéressé par les bonnes histoires, et toujours fasciné par les chiffres. Certaines de ses observations sont datées et/ou peuvent être rapportées à des événements particuliers, d'autres ne sont que des notes prises à la hâte et parfois conçues comme de simples aide-mémoire, d'autres enfin constituent de véritables reportages. Quelques aspects bien précis de la vie en Angleterre semblent avoir à la fois importuné et amusé Haydn, tels le bruit infernal qui régnait à Londres, le goût des Anglais pour la boisson, et d'une façon générale les traits de société illustrés trois ou quatre décennies auparavant par les gravures de William Hogarth (1697-1764). Ci-dessous, quelques spécimens:
« La ville de Londres entretient pour nettoyer les rues 4 000 charrettes, dont 2 000 travaillent chaque jour » (*CL 2/21a*). « Si une femme assassine son mari, elle est brûlée vive, mais si c'est le mari, on le pend. – Dès l'énoncé de la sentence, un assassin voit son châtiment aggravé par le fait que son corps sera disséqué après sa mort » (*CL 1/14b*). « Anectod, comme le directeur d'un grand concert se préparait à attaquer le premier morceau, le timbalier lui cria d'attendre un moment qu'il ait fini d'accorder ses 2 timbales. Le chef ne voulait ni ne pouvait attendre, et lui dit qu'il n'avait qu'à transposer en attendant » (*CL 1/19a*). « En France vertueuses comme filles et p... comme femmes, en Hollande p... comme filles et vertueuses comme femmes, en Angleterre p... toute leur vie » (*CL 1/8a*). « Alors que Mr. Fox [l'homme politique chef du parti wigh Charles Fox, 1749-1806] faisait la chasse aux voix pour se faire élire au Parlement, un citoyen lui dit qu'au lieu de sa voix il lui donnerait une corde pour se pendre. Fox lui répondit qu'il s'agissait sûrement d'un bien de famille et qu'il ne voulait pas l'en priver » (*CL 1/20a*). « En général, un apprenti travaille toute l'année de 6 heures du matin à 6 heures du soir, et dans l'intervalle ne dispose que d'une heure et demie de temps libre. Il touche une guinée par semaine, mais doit se débrouiller pour sa nourriture. Beaucoup travaillent à la pièce, et chaque quart d'heure d'absence est décompté » (*CL 1/23a*).

VENDREDI 8 JUILLET Domenico Guardasoni, tout juste de retour à Prague après deux années à Varsovie, signe avec les États de Bohême un contrat pour la production éventuelle, lors du couronnement de Leopold II comme roi de Bohême le 6 septembre, d'un « grand *opera seria* ». L'article 2 spécifie : « Je [moi, Guardasoni] ferai écrire un livret sur l'un des deux sujets qui me sera transmis par [les États], et le ferai mettre en musique par un maître renommé. Mais au cas où, étant donné le peu de temps qui reste, cela se révélerait impossible, je fournirai un nouvel opéra avec comme sujet le *Tito* de Métastase. »

MILIEU JUILLET Mozart ramène Constance et leur fils Carl Thomas à Vienne. Il termine à peu de choses près *La Flûte enchantée* et l'inscrit dans son catalogue. – Après s'être adressé à Salieri et avoir essuyé un refus, Guardasoni commande à Mozart, lors d'un séjour à Vienne et apparemment de son propre chef, *La clemenza di Tito* (La clémence de Titus) KV 621. La principale préoccupation des États de Bohême est l'engagement non de tel ou tel compositeur, mais de chanteurs italiens célèbres. Mozart commence à travailler à l'ouvrage avec Caterino Mazzolà, librettiste de la cour de Dresde mais alors employé à Vienne comme remplaçant de Da Ponte. Vraisemblablement en collaboration avec le compositeur, Mazzolà réalise une version abrégée (d'environ un tiers) et améliorée (en particulier par l'insertion d'un quintette avec chœur à la fin de l'acte I) de l'original de Métastase, écrit en 1734 pour Antonio Caldara et mis en musique depuis par de très nombreux compositeurs, dont Hasse (1735) et Gluck (1752). Mozart suggère d'incorporer dans l'opéra la version révisée d'une scène de concert composée plus tôt et sans doute interprétée par Josepha Duschek à Prague le 26 avril précédent : il en résultera l'air en rondo avec solo de cor de basset *Non, più di fiori*, chanté à la fin de l'acte II par Vitellia. – Le comte Franz von Walsegg-Stuppach (1763-1827) commande sous un strict anonymat à Mozart, par l'intermédiaire d'un émissaire, un *Requiem* à la mémoire de sa femme, morte le 14 février précédent à l'âge de vingt et un ans. Mozart exige 50 ducats (225 florins) : il en reçoit la moitié, l'autre moitié lui sera versée dès réception de l'ouvrage.

DIMANCHE 24 JUILLET Mort à Vienne d'Ignaz von Born, modèle du personnage de Sarastro de *La Flûte enchantée*.

MARDI 26 JUILLET Naissance à Vienne du dernier enfant de Mozart et Constance, Franz Xaver Wolfgang (mort en 1844).

JEUDI 4 AOÛT Lettre de Haydn à Luigia Polzelli, qui vient de lui annoncer la mort de son mari : « J'espère que tu as bien reçu [...] les cent florins que je t'ai transférés. Je voudrais faire plus, mais pour le moment c'est impossible. Quant à ton mari, je te dis que la Providence a bien fait de te libérer de cette lourde charge, et pour lui également, mieux vaut habiter un autre monde que rester inutile dans le nôtre. Le pauvre homme a assez souffert. Chère Polzelli, peut-être, peut-être le temps viendra, que nous avons si souvent espéré tous les deux, où quatre yeux seront fermés. Deux sont fermés, mais les deux autres – suffit, ce sera selon la volonté de Dieu. En attendant, veille à ta santé. Je t'en prie, écris-moi bientôt, car depuis quelque temps il m'est arrivé de rester déprimé pendant des jours sans savoir pourquoi, et tes lettres me font plaisir, même quand elles sont tristes. » Le même jour, pour se reposer, Haydn quitte la capitale pour plus d'un mois : « Le 4 août, je suis allé à la campagne à 12 milles de Londres, chez le banquier Mr. Brassy [Nathaniel Brassey], et j'y suis resté 5 semaines. J'ai été très bien reçu. N.B. Un jour, Mr. Brassy s'est mis à jurer en disant qu'en ce monde, tout allait trop bien pour lui » (*CL 2/7a*). – Leopold II met fin à la guerre contre les Turcs, après avoir signé un armistice dès septembre 1790.

VENDREDI 19 AOÛT Concert au Théâtre de la Porte de Carinthie de l'artiste aveugle Maria Anna Kirchgässner (1769-1808), célèbre joueuse d'harmonica de verre. Elle interprète notamment le quintette en *ut* mineur (Adagio) et majeur (Rondo) pour flûte, hautbois, alto, violoncelle et harmonica de verre composé pour elle par Mozart en mai précédent (dernière œuvre de chambre du compositeur).

DIMANCHE 21 AOÛT D'Eisenstadt, le prince Anton Esterházy écrit à Haydn : « C'est avec plaisir que je lis dans votre lettre du 20 juillet à quel point vos talents sont appréciés à Londres, croyez que cela m'intéresse. Mais je ne saurais vous cacher que votre absence déjà si longue me gêne beaucoup et surtout me coûte beaucoup ; j'ai en effet dû m'adresser, pour les fêtes qui ont lieu ce mois-ci à Esterhaz, à des gens étrangers à ma maison. Vous ne m'en voudrez donc pas de ne pas vous accorder le congé supplémentaire d'un an que vous me demandez, et d'attendre au contraire que vous m'indiquiez rapidement la date de votre retour. » Haydn n'obtempéra pas, mais craignit les conséquences. Du 3 au 6 août avaient eu lieu à Eszterháza de grandes festivités (les dernières jamais organisées en cet endroit) pour l'installation du prince Anton à la tête du comitat (comté) d'Oedenburg (Sopron). Elles coûtèrent 300 000 florins, et Joseph Weigl junior – à qui Anton s'était adressé pour remplacer Haydn absent – composa pour l'occasion, sur un livret de Casti proposé par Salieri, la cantate *Venere ed Adonis*. Ce qui provoqua une curieuse réaction en chaîne. Dans une lettre au prince de la fin 1791, Salieri précisa en effet que pour permettre à Weigl de terminer à temps sa cantate, il avait assumé pendant deux mois ses tâches à l'Opéra, et dû, devant ce surcroît de travail, renoncer « sans regrets » à écrire l'opéra prévu pour le couronnement de Leopold II comme roi de Bohême à Prague le 6 septembre. À la place de Salieri, Guardasoni s'adressa à Mozart, et c'est donc indirectement à cause du séjour de Haydn à Londres que Mozart composa *La clemenza di Tito*. La précision « sans regrets » de Salieri est significative : connaissant les goûts de Leopold II, et sachant que ce dernier, comme sa mère Marie Thérèse, voyait en lui un compositeur « viennois », non italien, et encore moins napolitain, il ne tenait sans doute pas, craignant un échec, à composer lui-même l'opéra du couronnement.

JEUDI 25 AOÛT En compagnie de Constance et de son élève Franz Xaver Süssmayr (1766-1803), Mozart quitte Vienne pour Prague (son quatrième et dernier séjour dans cette ville). Ils y arrivent le dimanche 28.

LUNDI 29 AOÛT Arrivée de Leopold II à Prague. Parmi les membres de sa suite, Salieri et divers musiciens de cour. La troupe de Guardasoni donne *Pirro*, opéra sérieux de Paisiello.

VENDREDI 2 SEPTEMBRE Représentation à Prague de *Don Giovanni* en présence de Leopold II. Occupé par son nouvel opéra, Mozart ne dirige probablement pas, mais semble avoir assisté à la représentation. Durant son absence de Vienne, les répétitions de *La Flûte enchantée* sont assurées par Johann Baptist Henneberg (1768-1822), maître de chapelle et « compositeur en résidence » de la troupe de Schikaneder.

DIMANCHE 4 SEPTEMBRE Début des cérémonies du couronnement.

LUNDI 5 SEPTEMBRE Mozart inscrit *La clemenza di Tito* sur son catalogue.

MARDI 6 SEPTEMBRE À Prague, Salieri dirige à la cathédrale durant la cérémonie religieuse officielle une messe de Mozart, probablement celle dite *du Couronnement* KV 317. Il a emporté de Vienne deux autres messes de Mozart (KV 258 et KV 337). Le soir, Mozart dirige devant un auditoire exclusivement composé de hauts dignitaires la création de *La clemenza di Tito*, son dernier opéra composé et l'avant-dernier représenté. Parmi les musiciens de l'orchestre, Anton Stadler, qui interprète le solo de clarinette de basset en *si* bémol de l'air *Parto, parto, ma tu ben mio* de Sesto et celui de cor de basset en *fa* de l'air en rondo *Non, più di fiori* de Vitellia. Ce rôle-clé est chanté par la soprano Maria Marchetti, et à en croire Zinzendorf, Leopold II se déclare enchanté de sa prestation. Quant à l'impératrice Maria Luisa, née princesse napolitaine, elle aurait qualifié l'œuvre de *porcheria tedesca* (cochonnerie à l'allemande). L'expression est peut-être apocryphe, mais on sait qu'elle écrivit dans une lettre : « La musique très mauvaise, nous nous sommes presque tous endormis. Le couronnement s'est merveilleusement passé. » – Sous la supervision de Mozart, les *recitativos seccos* de l'ouvrage avaient probablement été composés par Süssmayr. *Tito* peut être compris comme une allégorie politique à la gloire d'un monarque « juste et fort », en l'occurrence Leopold II. La première entrée du personnage de Tito (l'empereur romain Titus) au son d'une marche et d'un chœur est plus spectaculaire et digne que dans les opéras précédents sur le même sujet : ordre féodal et sentiment national allemand se rejoignent, et d'aucuns, contrairement à l'impératrice Maria Luisa, trouvèrent l'ouvrage « pas assez allemand ». Leopold II, on l'a vu, appréciait l'*opera seria*, alors que du temps de Joseph II, le genre n'avait pas été pratiqué à Vienne. Il avait cependant continué à fleurir ailleurs, aussi bien en Italie qu'à Londres, Dresde ou Saint-Pétersbourg, parallèlement à l'*opera buffa*, en s'interpénétrant avec lui et en s'enrichissant d'éléments venus de la tragédie lyrique. De ce renouveau, dont devait profiter un Rossini, avaient témoigné chez Sarti *Giulio Sabino* (1781), chez Cimarosa *Olimpiade* (1784), chez Paisiello *Antigono* (1785), *Pirro* (1787), ou encore *Fedra* (1788). Par beaucoup d'aspects, dont ses scènes de foule et ses deux airs en rondo, *La clemenza di Tito* apparaît proche de tels ouvrages. Avec *La clemenza di Tito*, contrairement à une idée reçue, Mozart ne se tourna pas vers un genre moribond, mais composa son opéra sans doute le plus « à la mode », celui qui, avant de tomber dans un profond discrédit, devait rencontrer le plus de succès dans les dernières années du XVIIIe siècle et les premières du XIXe. C'est celui que, devenue veuve, Constance fit le plus souvent exécuter à Vienne ou en tournée pour son propre bénéfice et celui de ses enfants.

SAMEDI 10 SEPTEMBRE Mozart visite à Prague la loge maçonnique *Zur Wahrheit und Einigkeit* (de la Vérité et de l'Unité), où est exécutée sa cantate *Die Maurerfreude* KV 471 de 1785.

MILIEU SEPTEMBRE Mozart, Constance et Süssmayr quittent Prague pour Vienne. Début du travail sur le *Requiem*.

JEUDI 15 SEPTEMBRE Le comte (plus tard prince) Razoumovsky (1752-1836) écrit de Vienne en français au prince Potemkine (1739-1791) en Russie en lui proposant de lui « expédier le premier claveciniste et un des plus habiles compositeurs d'Allemagne le nommé Mozart, qui, ayant quelque mécontentement ici, serait disposé d'entreprendre ce voyage. Il est en Bohême maintenant, mais il sera bientôt de retour. Si votre Altesse veut m'autoriser alors à l'engager, non pour un long terme, mais simplement à se rendre auprès d'elle pour l'entendre et l'attacher à son service ensuite, si elle le juge à propos... »

SAMEDI 17 SEPTEMBRE Haydn évoque dans une lettre à Marianne von Genzinger son séjour chez le banquier Brassey, « chez qui l'atmosphère familiale ressemble beaucoup à celle de la famille Genzinger ; j'y vis comme dans un cloître, me trouve

Dieu merci en bonne santé, exception faite de mes habituels rhumatismes. Je travaille beaucoup [aux symphonies en *ré* majeur n° 93 et en *sol* majeur n° 94, dite *La Surprise*], et chaque jour tôt le matin je me promène dans les bois avec ma grammaire anglaise». Il évoque aussi ses différends avec le prince Anton et non sans ambiguïté, sa liberté enfin conquise : « Le destin veut que je reste à Londres encore 8 ou 10 mois. Chère gracieuse dame, il est bien doux de jouir d'une certaine liberté, j'avais un bon prince [Nicolas le Magnifique], mais dépendais parfois d'âmes plutôt viles, j'aspirais souvent à la délivrance, maintenant je l'ai dans une certaine mesure, et j'en apprécie les bons côtés malgré un surcroît de travail. Réaliser que je ne suis plus un serviteur attaché à autrui compense largement toutes mes peines, mais autant j'apprécie cette liberté, autant j'espère me retrouver à mon retour au service des princes Esterházy, ne serait-ce que pour ma pauvre famille [Haydn entendait par là ses neveux et nièces, enfants de ses deux sœurs, ainsi que leur descendance], mais je doute que cela me soit accordé, car mon prince dans sa lettre se plaint de ma si longue absence, et exige que je revienne bientôt, ce qui est impossible à cause du nouveau contrat que j'ai signé ici ; j'attends donc malheureusement mon renvoi, tout en espérant que Dieu me permettra de compenser tant soit peu cette perte par mon travail. » Le prince Anton n'osa évidemment pas congédier Haydn, et n'y songea vraisemblablement jamais. Selon Dies, il lui déclara à son retour en 1792 : « Haydn, vous auriez pu me faire économiser 40 000 florins. »

MERCREDI 28 SEPTEMBRE Mozart inscrit sur son catalogue deux des derniers morceaux composés de *La Flûte enchantée* (la marche des prêtres du début de l'acte II et l'ouverture) ainsi que le concerto pour clarinette en *la* majeur KV 622, troisième grande œuvre destinée à Anton Stadler. Trois autres morceaux de l'acte II de *La Flûte* ne sont terminés qu'à la fin de septembre : le trio des trois garçons « Seid uns zum zweitenmal willkommen », le chœur des prêtres « O, Isis und Osiris » et le trio Pamina-Sarastro-Tamino « Soll ich dir, Teuer, nicht mehr sehn ? »

VENDREDI 30 SEPTEMBRE Dernière représentation de *La clemenza di Tito* à Prague. « Le plus extraordinaire est que le soir même où mon nouvel opéra [*La Flûte enchantée*] a été donné pour la première fois avec tant d'applaudissements, on a joué *Tito* pour la dernière fois à Prague avec un succès énorme, tous les morceaux ont été applaudis, Bedini [rôle de Sesto] a chanté mieux que jamais, le duetto en *la* majeur des deux jeunes filles [celui de Servilia et Annio à la gloire de l'amitié] a été bissé», écrira Mozart à Constance le 7 octobre, lui transmettant des informations envoyées de Prague par Anton Stadler. – Création de *La Flûte enchantée* au Freyhaustheater de Vienne. Mozart dirige du clavier cette première représentation, puis la deuxième le lendemain 1er octobre (Süssmayr lui tourne les pages). Le rôle de la Reine de la Nuit est interprété par Josepha Hofer (v.1759-1819), belle-sœur du compositeur, celui de Papageno par Schikaneder. Par-delà leur opposition de surface, *Tito* et *La Flûte* sont unis par des liens profonds et étroits, a noté Daniel Heartz. La tonalité principale de *Tito* est *ut* majeur, avec à l'acte I un finale en *mi* bémol majeur. Dans *La Flûte*, c'est l'inverse, et on a là deux tonalités «maçonniques». Y compris musicalement, le personnage de Sarastro est à rapprocher de celui de Tito (deux bons souverains), celui de la Reine de la Nuit de celui de Vitellia (deux conspiratrices), et celui de Tamino de celui de Sesto (deux jeunes gens d'abord menés par une conspiratrice puis dégagés de son influence). Reste qu'au sein de ces deux trios de personnages, les relations ne sont pas identiques, d'autant qu'entrent en jeu Papageno et surtout Pamina, la plus sublime figure de femme de tous les opéras de Mozart. *La Flûte enchantée* juxtapose et synthétise hauteur et noblesse de sentiments d'une part, comédie et même farce populaires d'autre part, comme à l'époque on ne savait le faire qu'à Vienne. Il fallait tenir compte du public d'un théâtre de faubourg, mais aussi de la haute «culture musicale» ambiante, personnifiée en l'occurrence par un Salieri, qui – Mozart lui-même *dixit* – couvrit l'ouvrage d'éloges. Sous une apparence de simplicité, *La Flûte enchantée* est un opéra aussi complexe que les trois «Da Ponte». Bien davantage que dans *Tito*, il y a dans *La Flûte enchantée* métamorphose et renversement de situation, transfert d'un plan à un autre, bien supérieur. Au début, on ne le soupçonne en rien. Le miracle est qu'au fur et à mesure que cette métamorphose et ce transfert se produisent, rien n'est abandonné : le duo Papageno-Papagena a tout à fait sa place à la fin de l'ouvrage, avant la chute de la Reine de la Nuit dans les ténèbres et le triomphe de la lumière et du soleil. Le livret, création originale de Schikaneder, témoigne d'une excellente connaissance des rites d'initiation et des symboles de la maçonnerie. Ses aspects maçonniques proviennent largement de *Sethos* de l'abbé Tarrason (Paris 1731), ses aspects féeriques du conte oriental *Lulu, oder die Zauberflöte* (Lulu, ou la Flûte enchantée), imprimé en 1789 dans le *Dschinnistan* de Christoph Martin Wieland (1733-1813). Au sens le plus authentique et le plus profond, *La Flûte enchantée* « s'adresse à tous » : d'où son succès immédiat et durable.

VENDREDI 7 OCTOBRE Accompagnée de sa sœur Sophie (future épouse Haibel) et de son fils Franz Xaver âgé de trois mois, Constance retourne en cure à Baden. – Mozart assiste le soir à une représentation de *La Flûte enchantée* dirigée par Johann Baptist Henneberg. Il écrit à Constance avoir surtout apprécié les *applaudissements silencieux* [c'est Mozart qui souligne] ayant salué l'ouvrage, et aussi avoir presque terminé l'instrumentation du finale du concerto pour clarinette. Il assiste en moins d'une semaine à trois autres représentations de *La Flûte* : le SAMEDI 8 avec le corniste Joseph Leutgeb (il actionne lui-même en coulisses les clochettes de Papageno et traite de Bavarois et de Papageno un spectateur applaudissant à tort et à travers), le DIMANCHE 9 avec sa belle-mère Caecilia Weber (il estime qu'elle verra l'opéra mais ne l'entendra pas), et le JEUDI 13 avec sa belle-mère, son fils Carl, Salieri et la chanteuse Caterina Cavalieri, élève (et sans doute maîtresse) de ce dernier. « Tu n'imagines pas à quel point tous deux [Salieri et la Cavalieri] se sont montrés aimables, à quel point ils ont apprécié non seulement ma musique, mais le livret et tout le reste. Ils ont dit qu'il s'agissait d'un opéra digne d'être représenté dans les plus grandes festivités devant les plus grands monarques. [...] Carl était absolument ravi d'avoir été emmené à l'Opéra » (à Constance, 14 octobre).

MILIEU OCTOBRE Mozart se consacre assidûment au *Requiem*, et reprend à l'intention de Leutgeb son quatrième concerto pour cor dans l'ordre chronologique : n° 1 en *ré* majeur KV 412/514, entrepris puis abandonné vers 1787-1788, laissé inachevé en 1791 et « terminé » par Süssmayr le 6 avril 1792. Une comparaison de la version Süsmayr du concerto avec les esquisses laissées par Mozart permet de se faire une certaine idée du travail accompli par Süssmayr sur le *Requiem*.

JEUDI 13 OCTOBRE Nouvelle lettre de Haydn à Marianne von Genzinger : « Je vous prie d'avancer pour quelque temps 150 florins à ma moitié [ma femme], mais à condition que Votre Grâce n'aille pas imaginer que depuis mon départ je ne sais plus organiser mes affaires. [...] Il m'arrive bien souvent de souhaiter pouvoir être ne serait-ce qu'un quart d'heure au piano avec Votre Grâce, et ensuite déguster une bonne soupe à l'allemande, mais on ne peut tout avoir en ce monde. Que Dieu m'accorde tout simplement la santé, je l'ai eue jusqu'ici. [...] Ma moitié m'écrit, mais je n'arrive pas à y croire, que Mozart médit fort de moi. Je lui pardonne. Il est sûr qu'à Londres aussi je suis entouré de jaloux, je les connais presque tous, la plupart sont italiens, mais ils ne peuvent rien contre moi, car depuis plusieurs années déjà mon crédit est grand auprès du peuple. Votre Grâce peut être sûre que si je n'avais pas eu le succès escompté, je serais retourné à Vienne depuis longtemps, à l'exception de ces professeurs [le Professional Concert], tout le monde m'estime et m'aime. Pour savoir ce que j'ai gagné, que Mozart aille se renseigner chez le comte Fries et chez mon prince, auprès desquels j'ai déposé respectivement 500 livres et 1 000 florins, soit en tout presque 6 000 florins. » Peut-être est-ce pour faire enrager son mari que madame Haydn lui avait écrit que Mozart « médisait » de lui. Significatif est que Haydn ne l'ait pas exclu. Mais sa réaction fut typique : « Je lui pardonne. » Sans doute Mozart n'avait-il fait qu'émettre quelques doutes sur le succès financier du voyage de Haydn, ce à quoi madame Haydn aurait ajouté quelques commentaires désobligeants. L'affaire et les commentaires de Haydn semblent indiquer qu'à l'automne 1791, Mozart pesait toujours le pour et le contre d'un voyage en Angleterre.

DIMANCHE 16 OCTOBRE Mozart se rend avec Carl à Baden pour en ramener Constance et Franz Xaver. Ils regagnent Vienne le lendemain. – Probable première exécution, à Prague par Anton Stadler, du concerto pour clarinette KV 622. Telle qu'elle est jouée le plus souvent, l'œuvre ne correspond pas exactement à ce qu'écrivit Mozart. Il commença – peut-être dès 1789, mais plus probablement en 1791 – par les cent quatre-vingt-dix-neuf premières mesures d'un concerto en *sol* majeur pour cor de basset (vingt mesures avant la fin, la tonalité devient *la* majeur). Mozart reprit ensuite cette esquisse, la transposa en *la* majeur et acheva l'ouvrage, mais en le destinant à une clarinette de basset, instrument non inventé par Stadler mais pratiqué par lui, et plus étendu d'une tierce vers le grave que la clarinette « habituelle ». C'est cette version – perdue mais dont une reconstitution fut publiée en 1977 – que Stadler interpréta à Prague en 1791, puis ailleurs. Lorsque le concerto KV 622 fut publié en 1801, ce fut dans un arrangement pour clarinette « habituelle », avec notamment certaines notes (les plus graves) de l'original transposées à l'octave supérieure. Des problèmes du même ordre se posent au demeurant pour le quintette KV 581 de 1789, publié quant à lui en 1802. Le concerto KV 622 mit du temps à s'imposer. C'est aujourd'hui une des œuvres les plus admirées de Mozart. Colin Lawson remarque qu'une grande part de sa séduction, de ses ambiguïtés et de son mystère provient des relations différentes qu'entretiennent avec la tonalité de *la* majeur l'orchestre d'une part, le soliste d'autre part. À l'orchestre, *la* majeur est vif et brillant, alors que la clarinette en *la* est plutôt (ou du moins était considérée à l'époque comme) aimable et mélancolique : cela par opposition à la puissance et à l'éclat de la clarinette *si* bémol, priviligiée dans nombre de partitions orchestrales du temps et utilisée par un Carl Stamitz dans la quasi-totalité de ses concertos.

SAMEDI 5 NOVEMBRE Haydn est invité à une grande réception célébrant la prise de fonction du nouveau lord-maire de Londres : « À la première table n° 1 ont mangé le nouveau Lord Mayor et sa femme, puis le Lord Canceler [Chancelor], les deux Scherifs, le duc de Lids [Leeds], le ministre Pitt [William Pitt, 1759-1806, plus tard un des principaux adversaires de Napoléon] et les autres juges de premier rang. À [la table] n° 2 j'ai mangé moi-même avec Mr. Silvester, le plus grand avocat de

Londres et premier conseiller municipal, il y avait dans cette salle appelée Geld Hall [Guild Hall] 16 tables, et d'autres encore dans les salles voisines, en tout ont mangé environ 1 200 personnes en grande pompe. Les mets étaient très bons et bien cuits, vins de plusieurs sortes en abondance, on s'est mis à table à 6 heures et levé à 8. [Après le dîner, bal, mais je n'ai pu rester] qu'un quart d'heure, premièrement à cause de la chaleur que dégageait une telle foule dans un espace si réduit, et deuxièmement à cause d'une musique de danse tout à fait misérable, l'orchestre ne comprenant en tout et pour tout que deux violons et un violoncelle, [...] de là je suis allé dans une autre salle qui ressemblait plutôt à une caverne souterraine, on y dansait à l'anglaise, la musique était un peu meilleure, car un tambour jouait aussi et noyait la misère des violons. J'ai continué jusqu'à la grande salle où nous avions mangé, là l'orchestre était plus fourni et un peu plus supportable. On y danse à l'anglaise, mais seulement sur l'estrade où le Lord Mayor et les quatre premiers numéros avaient mangé. Les autres tables étaient de nouveau occupés par des hommes qui comme d'habitude ont bu énormément toute la nuit. Mais le plus extraordinaire est qu'une partie de la compagnie danse sans entendre la moindre note de musique, car d'une table à l'autre on hurle des chansons et on porte des toasts en criant à tue-tête Hurrey, H[urrey], H[urrey] et en brandissant son verre [...]» (*CL 1/3a, 3b, 4a*).

DIMANCHE 6 NOVEMBRE Zinzendorf assiste à une représentation de *La Flûte enchantée* : « La musique et les décorations sont jolies, le reste une farce incroyable. »

MERCREDI 9 NOVEMBRE La cour de justice de Basse-Autriche porte à l'attention de la trésorerie un jugement habilitant le prince Carl Lichnowsky à se faire rembourser par Mozart, si besoin par saisie de ses biens et de la moitié de son salaire annuel, une dette de 1 435 florins (plus 24 florins de frais de justice). On ne sait quand ni dans quelles circonstances cette dette avait été contractée par Mozart, et on ignore aussi tout de la prodédure ayant conduit au jugement évoqué par la cour de Basse-Autriche. Apparemment, ce jugement ne fut jamais exécuté.

MARDI 15 NOVEMBRE Mozart achève sa dernière œuvre, la « petite cantate maçonnique » *Laut verkünde unsre Freude* (Que notre joie proclame bien haut) KV 623, sur un texte de Schikaneder. Il la dirige le JEUDI 17 pour l'inauguration du nouveau temple de la loge *Zur neugekrönten Hoffnung* (de la Nouvelle Espérance couronnée). Il n'a aucun pressentiment de sa mort prochaine. L'année 1791, au plan professionnel en tout cas, lui a été beaucoup plus favorable que 1790. La « lettre à Da Ponte de septembre 1791 » contenant entre autres phrases « L'heure est arrivée, je suis sur le point d'expirer, j'en ai fini avant d'avoir pu jouir de mon talent, la vie était si belle, la carrière s'ouvrait sous de si merveilleux auspices, mais on ne peut rien changer à son propre destin, [...] je vais donc terminer mon chant funèbre [le *Requiem*], je ne dois pas le laisser inachevé » est un faux. Aucun document émanant de Mozart lui-même ne fait mention du *Requiem*.

JEUDI 17 NOVEMBRE Haydn joint à une lettre à Marianne von Genzinger des copies manuscrites – destinées au riche amateur viennois Franz Bernhard von Kees (1720-1795) – des symphonies n° 96 et n° 95 : « Je prie respectueusement M. von Kees de faire répéter les deux symphonies, car elles sont très délicates, et particulièrement le dernier mouvement en *ré* [le finale de la 96ᵉ], pour lequel je recommande la nuance la plus *piano* et un tempo très rapide. » Un orchestre pouvait effectivement, à l'époque, exécuter une symphonie sans répétition préalable ! Envoyant en octobre 1789 les trois symphonies n° 90, n° 91 et n° 92 à l'agent viennois d'Oettingen-Wallerstein, Haydn avait écrit : « Maintenant je vous prie humblement de dire au Capellmeister princier là-bas qu'il faut absolument, avant de les donner en public et à cause de leurs nombreuses particularités, répéter ces trois symphonies au moins une fois et avec toute l'attention nécessaire. »

DIMANCHE 20 NOVEMBRE Mozart malade se met au lit, d'où il ne sortira plus, et interrompt tout travail sur le *Requiem* : contrairement à ce que veut la légende, les huit mesures initiales du Lacrimosa ne sont pas la dernière partie composée de l'ouvrage. Il sera soigné par le docteur Thomas Franz Closset (1754-1813), qui compte parmi ses patients de grands aristocrates comme le prince Kaunitz et qui en l'occurrence appellera en consultation son collègue Matthias von Sallaba (v. 1764-1797).

LUNDI 21 NOVEMBRE Haydn peut lire dans le *Morning Chronicle* un compte rendu des cérémonies du couronnement de Leopold II à Prague : ni Mozart ni *La clemenza di Tito* n'y sont mentionnés.

JEUDI 24 NOVEMBRE Haydn est invité chez le duc d'York (1763-1827), deuxième fils de George III et commandant en 1793 de l'armée britannique des Flandres. Le duc avait épousé la veille la fille aînée de Frédéric Guillaume II de Prusse : la princesse Frederike Charlotte Ulrike, laquelle ne pensait sûrement plus aux six sonates « faciles » que deux ans auparavant, elle avait été censée recevoir de Mozart ! « Le 24 novembre j'ai été invité par le prince von Wallis [de Galles] à Eatland [Oatlands] chez son frère le duc d'York. J'y suis resté 2 jours, et y ai reçu de nombreuses marques de faveur et d'honneur, aussi bien du prince Wallis que de la duchesse, fille du roi de Prusse. Le petit château à 18 milles de Londres est sur une hauteur, la vue magnifique, parmi ses multiples beautés, une grotte qui a coûté 25 000 livres sterling, on y a travaillé 11 ans, elle est très grande avec de nombreuses déviations et de l'eau qui coule de divers côtés, un magnifique jardin à l'anglaise avec plusieurs entrées et sorties, et un bain charmant. Le duc a acheté ce domaine pour 47 000 livres sterling. Le 3ᵉ jour, le duc m'a fait conduire dans son carrosse et avec ses chevaux 12 milles en direction de Londres. Le prince Wallis a souhaité avoir mon portrait. Les 2 jours, nous avons fait de la musique le soir pendant 4 heures, de 10 heures à 2 heures du matin, puis nous avons soupé et sommes allés nous coucher à 3 heures » (*CL 2/13a*). Peint par John Hoppner, le portrait commandé par le prince de Galles – un des plus célèbres de Haydn, représenté avec un habit rouge foncé – est depuis lors propriété des souverains britanniques.

LUNDI 28 NOVEMBRE Les deux médecins de Mozart tiennent conseil, du moins à en croire les souvenirs posthumes (publiés en 1856 pour le centenaire de Mozart) de l'aubergiste Joseph Deiner (mort en 1823). Sophie Weber, plus tard épouse Haibel (v.1763-1846), belle-sœur de Mozart, va rester à ses côtés jusqu'au bout, et le 7 avril 1825 enverra à Constance et Nissen une longue lettre ayant trait à la dernière maladie et à la fin du compositeur.

MERCREDI 30 NOVEMBRE Haydn quitte à nouveau la capitale britannique. « Le 30 [novembre] j'ai passé 3 jours à la campagne à 100 milles de Londres chez Sir Patrick Blak[e], j'ai d'abord traversé la petite ville de Cambridge, y ai visité les universités, construites très commodément en rang les unes derrière les autres, mais séparées, chaque université possède par derrière un beau et grand jardin et un joli pont de pierre pour traverser le fleuve tout autour – la chapelle royale est très célèbre par son plafond de stuc, elle est tout en pierre, mais si fine qu'on ne pourrait rien faire de plus beau en bois, elle se dresse là depuis déjà 400 ans, et tout le monde croit qu'elle n'en a pas plus de 10 car les pierres sont très solides et d'un blanc tout particulier. Les étudiants se conduisent comme ceux d'Oxford, mais on dit qu'ils ont de meilleurs professeurs, il y a en tout 800 étudiants » (*CL 2/14a*).

SAMEDI 3 DÉCEMBRE Vers 2 heures de l'après-midi, exécution au chevet de Mozart de quelques extraits du *Requiem*. Benedikt Schack (1758-1826), le premier Tamino, chante la partie de soprano, le violoniste Franz de Paula Hofer (1755-1796), beau-frère du compositeur, celle de ténor, Mozart celle d'alto et Franz Xaver Gerl (1764-1827), le premier Sarastro, celle de basse. C'est du moins ce qu'on put lire en 1827 dans un article nécrologique sur Schack.

DIMANCHE 4 DÉCEMBRE Ce jour-là (ou le 3), Salieri se rend peut-être au chevet de Mozart. – « On a cherché longtemps le docteur Glosett [Closset], on l'a trouvé au théâtre, mais il devait attendre la fin de la pièce, il est venu et a ordonné une compresse froide sur sa tête brûlante, ce qui l'a tant secoué qu'il a perdu conscience et n'est plus jamais revenu à lui, son dernier mouvement a été une tentative d'imiter, de la bouche, les passages avec timbales du *Requiem*, je l'entends encore » (Sophie Haibel à Constance et Nissen, 7 avril 1825).

LUNDI 5 DÉCEMBRE Mort de Mozart à une heure moins cinq du matin, non pas empoisonné mais de maladie. La nature de cette maladie reste aujourd'hui encore objet de controverses : infection streptococcique, syndrome de Schönlein-Henoch, insuffisance rénale, saignées, bronco-pneumonie terminale. Hypothèse la plus récente : consommation d'une viande de porc avariée ! L'acte de décès porte (diagnostic le plus plausible) : « Fièvre miliaire aiguë ». En 1829, Sophie Haibel déclarera aux Novello que lors du décès n'étaient présents qu'elle-même, Constance et le docteur Closset, ajoutant que Mozart était mort dans ses bras. « Tem[p]s doux. Troi[s] ou quatre brouillards par jour depuis quelque tem[p]s » (Zinzendorf). – Van Swieten est révoqué de son poste de président de la commission pour l'Éducation et la Censure. – À Londres, Haydn note dans ses carnets : « Le 5 décembre, le brouillard était si épais qu'on aurait pu l'étaler sur du pain. Pour pouvoir écrire, j'ai dû allumer la lumière à onze heures » (*CL 2/39b*). Il aura vent de la nouvelle de la mort de Mozart avant le 20, mais refusera d'abord d'y croire.

MARDI 6 DÉCEMBRE À trois heures de l'après-midi, service funèbre de Mozart à la cathédrale Saint-Étienne, puis enterrement au cimetière Saint-Marx, dans un faubourg. Le convoi a coûté 56 kreutzer (un peu moins d'un florin) et la voiture mortuaire 3 florins. Il s'agit cependant d'un enterrement non pas « du pauvre », mais de « troisième classe », selon les normes fixées par Joseph II. « Tem[p]s doux. Eu brouillard fréquent » (Zinzendorf). Il n'y eut pas de violent orage, contrairement à ce que veut la légende née avec les souvenirs posthumes de Deiner : « La nuit de la mort de Mozart était sombre et orageuse, et durant son service funèbre se déchaînèrent la tempête et le vent, comme si la nature voulait gronder avec les contemporains du grand compositeur, dont très peu avaient assisté à son enterrement. [...] Ces rares personnes entouraient la bière munies de leurs parapluies. »

SAMEDI 10 DÉCEMBRE Service funèbre à la mémoire de Mozart à l'église Saint-Michel de Vienne, avec exécution du *Requiem* fragmentaire. Les frais ont été en partie couverts par Schikaneder. – Haydn assiste à Covent Garden à une représentation de l'opéra *The Woodman* (L'homme des bois) de William Shield (1748-1829). Il donne son avis sur les chanteurs, et poursuit : « Le théâtre est très sombre et très sale, et presque aussi grand que le Hoftheater [Burgtheater] à Vienne. Dans tous les théâtres, le peuple des galeries est très impertinent, c'est lui qui en s'agitant donne le ton, ce sont ses cris qui décident si tel passage sera bissé ou non. Le parterre et les loges doivent parfois applaudir beaucoup pour obtenir que quelque chose de bien soit bissé, c'est ce qui s'est produit ce soir avec le duo du 3ᵉ acte, qui était très beau, les *pro* et les *contra* ont lutté près d'un quart d'heure, jusqu'à ce que le parterre et les loges l'emportent enfin et qu'on reprenne le duo. Les deux chanteurs sont restés sur scène terrifiés, tantôt reculant, tantôt revenant en avant. L'orchestre a tendance à s'endormir » (*CL 2/16a, 16b*).

DIMANCHE 11 DÉCEMBRE Dans une pétition à Leopold II, Constance demande pour elle-même et ses deux fils une pension annuelle. Elle obtiendra en mars 1792 de son fils et successeur François II le tiers du salaire de Wolfgang comme Kammerkomponist, soit 266 florins 40 kreutzer.

MARDI 13 DÉCEMBRE Haydn répond à une nouvelle demande d'argent de Luigia Polzelli, maintenant retournée à Bologne avec ses deux fils.

MARDI 20 DÉCEMBRE Longue lettre de Haydn à Marianne von Genzinger. Il lui rend compte de son séjour chez le duc d'York les 24 et 25 novembre, précisant que la princesse, « fille du roi de Prusse, [...] joue du piano et chante très bien, [...] elle est restée à mes côtés de 10 heures du soir, début du concert, à 2 heures du matin, on n'a joué que du Haydn, j'ai dirigé les symphonies du pianoforte, la chère petite était assise à ma gauche et fredonnait tous les airs pour les avoir entendus à Berlin, le prince v. Wallis [de Galles] était à ma droite et m'accompagnait assez bien au violoncelle. [J'ai aussi dû chanter. Le prince v. Wallis est le plus bel homme du monde, il aime énormément la musique, il a beaucoup de sentiment, mais peu d'argent : N.B. Cela entre nous. Mais je préfère sa bienveillance au profit que je pourrrais en tirer. [...] Je ne hais pas Londres, mais je serais incapable d'y passer le reste de mes jours, même si je devais y gagner des millions, je vous dirai pourquoi de vive voix, je me réjouis comme un enfant à l'idée de rentrer chez moi et de pouvoir embrasser mes bons amis, je regrette seulement de ne pas retrouver parmi eux le grand Mozart, s'il est vrai, ce qu'à Dieu ne plaise, qu'il est mort. La postérité ne reverra pas un tel talent d'ici 100 ans. [...] En espérant, etc. » Haydn devra bientôt se rendre à l'évidence, et portera sur ses carnets la seule inscription sans rapport direct avec ses séjours à Londres : « Mozard [*sic*] est mort le 5 décembre 1791 » (*CL 2/17b*).

MERCREDI 21 DÉCEMBRE Joseph Eybler certifie avoir reçu de « la veuve Konstantie Mozart la messe des morts commencée par feu son mari », se déclare prêt à la « terminer d'ici le milieu du prochain carême », c'est-à-dire février 1792, et s'engage à faire en sorte qu'elle ne soit « ni copiée ni remise en des mains autres que celles de la veuve ». Constance s'était d'abord adressée à un autre élève de Mozart, Franz Jacob Freystädler (1761-1841). Ce dernier ayant vite renoncé, elle se tourna vers Eybler. Lui aussi renonça pour des raisons inconnues, après avoir instrumenté cinq mouvements de la séquence (Dies irae, Tuba mirum, Rex tremendae, Recordare et Confutatis). Peut-être l'abbé Stadler se mit-il lui aussi à la tâche. L'essentiel du travail fut finalement accompli par Franz Xaver Süssmayr, en deux mois environ : Constance avait un délai à respecter, et un besoin urgent de la seconde moitié des honoraires dus. Walsegg-Stuppach – dont il n'est pas exclu que Mozart ait connu l'identité – reçut « son » Requiem au plus tard fin février. Le 4 mars 1792 en effet, avec l'autorisation de ce dernier, mais sans doute en ignorant son identité, Constance vendit pour 100 ducats une copie de l'ouvrage à Constantin Jacobi, baron von Klöst, ambassadeur de Prusse à Vienne. Jacobi ne se limita pas au *Requiem* : il acheta alors à Constance, au nom de Frédéric Guillaume II et pour 3600 florins, un total de huit œuvres de Mozart. Organisée par Gottfried van Swieten au bénéfice de Constance et de ses enfants, la première exécution du *Requiem* eut lieu à Vienne en concert le 2 janvier 1793. En le faisant passer pour sien, Walsegg-Stuppach le dirigea le 14 février 1793 dans l'église cistercienne et paroissiale de Wiener-Neustadt, puis le 14 février 1794 dans sa propre église patronale de Maria-Schutz zur Semmering, lors de services liturgiques pour les deuxième et troisième anniversaires de la mort de sa femme. Ultérieurement, il n'utilisa plus l'œuvre, mais la transcrivit pour quintette à cordes.

Samedi 23 décembre Arrivée à Londres d'Ignaz Pleyel venant de Strasbourg. Dimanche 24 décembre Haydn dîne chez Pleyel. On le sait grâce aux fameux carnets : « Le 23 décembre, Pleyel est arrivé à Londres. Le 24, j'ai dîné chez lui » (*CL 2/18a*).

Dimanche 31 décembre Haydn et Pleyel vont ensemble au théâtre. « Le 31 décembre, j'ai été avec Pleyel au Pantheon Theatre. On donnait *La pastorella nobile* de Guglielmi. Mde Massentini tenait le premier rôle et Lazarini était primo uomo ; la maigre Calvesi l'ultima parte. L'opéra n'a pas plu, et le ballet pas davantage, bien que la grande Hillisberg ait dansé » (*CL 1/25b*).

CHAPITRE XIV

À l'heure anglaise

Haydn de janvier 1792 à août 1795

Londres janvier-juin 1792

La première réaction de Haydn à la certitude de la mort de Mozart est à notre connaissance sa fameuse lettre à Puchberg de janvier 1792. On n'en possède qu'un extrait, publié pour la première fois par le musicologue Gustav Nottebohm (1817-1882) dans ses *Mozartiana* (1880): «... J'ai été longtemps hors de moi à la nouvelle de la mort de Mozart, et ne pouvais croire que la Providence ait si vite rappelé dans l'autre monde un homme aussi irremplaçable, et regrette qu'auparavant, il n'ait pas réussi à convaincre les Anglais, qui à cet égard marchent encore dans l'obscurité [allusion maçonnique?] la plus complète, de ce que pour ma part je leur prêche quotidiennement. Ayez la bonté, cher ami, de m'envoyer le catalogue de ses œuvres encore inconnues ici, et je ferai tout pour les diffuser au bénéfice de sa veuve; j'ai écrit moi-même à la pauvre femme il y a trois semaines en lui disant que quand son cher fils [Carl Thomas] aura l'âge, je lui enseignerai gratuitement et de toutes mes forces la composition, pour remplacer tant soit peu le père... »

La lettre de Haydn à Constance a disparu, mais ses sermons aux Anglais sur la grandeur de Mozart s'incrusteront dans bien des mémoires, dans celle de Burney par exemple: «Quand en notre présence Broderip [l'éditeur Francis Fane Broderip, de la firme Longman & Broderip] demanda à Haydn dans son magasin de musique si Mozart avait laissé en manuscrit des œuvres qu'il valait la peine d'acheter, étant donné que sa veuve avait offert pour un prix élevé des papiers inédits aux principaux éditeurs de musique dans toute l'Europe, Haydn répondit vivement: "Achetez-les à n'importe quel prix. C'était vraiment un grand musicien. Mes amis m'ont souvent flatté en me disant que j'avais quelque génie, mais il m'était de loin supérieur." Cette déclaration était plus modeste que vraie, mais si le génie de Mozart avait disposé pour se développer d'autant d'années que celui de Haydn, elle se serait peut-être réalisée en bien des points.» Le compositeur Richard John Samuel Stevens (1757-1837), entré chez Broderip juste au moment où Haydn en sortait, écrira quant à lui: «Il [Haydn] se rendit chez Broderip à Haymarket et le pressa d'acheter *toutes les œuvres de Mozart* [c'est Stevens qui souligne]. Il n'avait jamais connu un génie comparable au sien. *J'ai vu Haydn* quitter la boutique de Broderip après lui avoir fait cette déclaration. Mr. Broderip m'a répété les paroles de Haydn.» Sans doute Haydn n'ignorait-il pas que depuis la fin de 1788, le nombre d'œuvres de Mozart parvenus à Londres par l'intermédiaire de Longman & Broderip après avoir été publiées à Vienne par Artaria avait fortement décliné.

Comme autre témoignage «londonien» on connaît celui du compositeur tyrolien Giacomo Gotifredo Ferrari (1759-1842), arrivé dans la capitale britannique en avril 1792 fuyant le Paris révolutionnaire: « Sachant que Haydn était à Londres et logeait près de chez moi, je m'empressai de lui rendre visite. [...] Je lui demandai ce qu'il pensait de Pleyel, Kozeluch et Mozart. Les deux premiers, dit-il, sont des compositeurs élégants, mais quant à l'autre... ah (dit-il avec une grande émotion), Mozart est vraiment un auteur éminent» (Mémoires, 1830).

Quant à Pleyel, il avait été appelé à Londres par les dirigeants du Professional Concert, qui pour faire prospérer leur entreprise comptaient durant la saison 1792 l'opposer à Haydn. Le scandale escompté n'eut toutefois pas lieu. Le lendemain de son arrivée, on l'a vu, Pleyel invita Haydn chez lui pour la nuit de Noël, et pour le nouvel an, le maître et l'ancien élève allèrent ensemble à l'Opéra. Mais les journaux ne manquèrent pas de monter en épingle l'événement: «Haydn et Pleyel vont être *dressés* l'un contre l'autre cette saison; ils ont chacun comme défenseurs de violents partisans. Ces deux compositeurs étant des talents de premier ordre, on ose espérer que ne déteindra pas sur eux la mesquinerie de leurs admirateurs respectifs» (*Public Advertiser* du 5 janvier 1792). Ces retrouvailles eurent leurs agréments, mais elles valurent à Haydn un surcroît de travail et de soucis. Il tenait en outre à ce qu'on oublie quels avaient été ses rapports avec Pleyel. Un certain John Taylor raconte dans ses Mémoires avoir été invité à dîner par Salomon en compagnie de Haydn et de l'écrivain satirique John Wolcot, dit Peter Pindar: «On mentionna le nom de Pleyel, et le Dr. Wolcot, enclin à la maladresse, se lança dans un éloge frénétique de cet objet d'admiration qu'était alors la [symphonie] concertante de ce compositeur, ainsi que de son goût et de son génie comme musicien. Le docteur, oubliant qu'avec nous se trouvait un si grand génie musical, fit tant de zèle que Haydn en fin de compte, tout en reconnaissant volontiers les mérites de Pleyel, ne put s'empêcher d'ajouter en s'échauffant quelque peu: "Mais j'espère qu'on se rappellera qu'il a été mon élève." Le docteur perçut cette remarque comme un reproche, et tenta de s'excuser en bredouillant. »

La saison 1792 des concerts Haydn-Salomon se déroula en gros comme la précédente. Le premier eut lieu le vendredi 17 février, le douzième et dernier le vendredi 18 mai. Comme œuvres nouvelles, Haydn présenta le 24 février son chœur (qualifié de « madrigal ») *The Storm* (L'Orage), sa première composition sur paroles anglaises (de Peter Pindar), sa symphonie concertante en *si* bémol majeur pour hautbois, basson, violon, violoncelle et orchestre Hob.I.105 (9 mars), et quatre symphonies: en *ré* majeur n° 93 (17 février), en *si* bémol majeur n° 98 (2 mars), en *sol* majeur n° 94, dite *La Surprise* (23 mars) et en *ut* majeur n° 97 (3 mai). Les concerts auxquels il participa furent en réalité bien plus nombreux, et ses nouvelles symphonies furent entendues non pas une seule fois, mais plusieurs.

À cette vie harassante vinrent se mêler des nouvelles plus ou moins agréables venues de Vienne, et dont on trouve quelques échos dans les lettres de Haydn. La première de l'année 1792 fut adressée à Luigia Polzelli, tout juste engagée au théâtre de Piacenza en Italie : « Je vais plutôt bien, mais suis presque toujours d'humeur anglaise, c'est-à-dire déprimé, et il se peut que je ne retrouve jamais la bonne humeur qui était la mienne quand j'étais avec toi. [...] J'espère que tu ne m'oublieras pas, et que je serai le premier prévenu si jamais tu te remariais, je voudrais connaître le nom de celui qui sera assez heureux pour te posséder. Je devrais être en colère contre toi, car plusieurs personnes m'ont écrit de Vienne pour me dire que tu parlais très mal de moi, mais Dieu te bénisse, je te pardonne tout, car je sais que c'était par amour. [...] Ma femme, cette *bestia infernale*, m'a écrit tant de choses que j'ai dû lui répondre que je ne rentrerai jamais, dès lors elle s'est montrée plus raisonnable » (14 janvier).

Deux autres suivirent rapidement, destinées à Marianna von Genzinger. « Maintenant je suis complètement épuisé, me reposer à mon retour me fera du bien. Je travaille en ce moment pour le Concert de Salomon, et fais tous les efforts possibles, car nos rivaux les Professional ont appelé de Strasbourg mon élève Pleyel pour diriger leurs concerts. Une guerre harmonieuse et sanglante va donc éclater entre maître et élève, tous les journaux en sont déjà pleins, mais je pense qu'il y aura bientôt un armistice, car mon crédit ici est trop fort. À son arrivée, Pleyel s'est comporté envers moi de façon si modeste qu'il a regagné mon affection, nous sommes souvent ensemble, ce qui est tout à son honneur, il sait rendre justice à son père. Nous partagerons nos lauriers, et chacun retournera chez soi heureux et content » (17 janvier). « Mes fatigues ont augmenté du fait de l'arrivée de mon élève Pleyel, que Messrs. les Professionnels ont fait venir ici pour leur Concert. Il est arrivé avec une masse d'œuvres nouvelles, mais composées il y a longtemps ; il a donc promis de donner chaque soir une nouvelle pièce. Après m'en être rendu compte, et avoir réalisé que de nombreuses personnes se retournaient contre moi, j'ai fait annoncer publiquement que moi aussi, je donnerais 12 nouvelles pièces, et pour tenir parole et ne pas laisser tomber ce pauvre Salomon, j'ai dû me sacrifier et travailler sans arrêt, mais je m'en ressens vraiment, ce sont mes yeux qui souffrent le plus, et j'ai passé plusieurs nuits blanches. Mais avec l'aide de Dieu j'arriverai à tout surmonter, ceux du Professional ont essayé de me mettre des bâtons dans les roues pour ne pas être passé chez eux avec armes et bagages, mais le public a le sens de la justice. J'ai été très applaudi l'an dernier, mais cette année encore plus, on critique violemment Pleyel pour sa présomption, mais je l'aime quand même, je vais à chacun de ses concerts et suis le premier à l'applaudir » (2 mars).

La symphonie concertante de Haydn créée le 9 mars – son unique incursion dans le genre – fut effectivement composée en réponse à celle que venait de donner Pleyel. Parallèlement, les Carnets continuèrent à se remplir : « Lord Clermont [Claremont] a donné récemment un grand Soupé, et comme on buvait à la santé du roi, il a ordonné à l'ensemble d'instruments à vent de jouer le célèbre *God Save the King* dans la rue, en pleine tempête de neige, cela s'est produit le 19 février 1792. C'est ainsi, de façon insensée, qu'on boit en Angleterre » (*CL 2/27b*). « Le 17 mars 1792, on m'a saigné à Londres » (*CL 2/21b*)

Luigia Polzelli annonça son arrivée, mais Haydn l'en dissuada en l'assurant que les Anglais n'aimaient pas l'opéra italien. Il tenait d'autant moins à la voir débarquer – et ses lettres se firent d'autant plus distantes – que ses relations avec Rebecca Schroeter s'intensifiaient. Il recevait régulièrement de cette dernière par porteur des missives de plus en plus passionnées. « Je désire beaucoup savoir *comment vous allez* aujourd'hui. Je suis triste d'avoir dû renoncer au plaisir de vous voir ce matin, mais espère que vous trouverez le temps de venir demain. Je vous en prie *My D[ear]*, prenez bien soin de votre santé et ne vous surmenez pas trop » (8 février). « J'ai vivement regretté d'avoir dû vous quitter si brusquement hier soir, notre conversation était fort intéressante et j'avais mille choses affectueuses à vous dire, mon cœur *débordait* et déborde encore de tendresse envers vous, mais aucun mot ne peut exprimer *la moitié* de *l'amour* et de *l'affection* que je ressens pour vous, chaque jour de ma vie vous me devenez *plus cher*. Je regrette d'avoir été si ennuyeuse et si stupide hier soir, mais en vérité *très cher*, ma *stupidité* s'explique aisément, j'avais pris froid» (7 mars). Excuse classique, et on se demande si Haydn n'avait pas tout simplement manifesté le désir de passer la nuit chez Mrs. Schroeter. «J'espère avoir le plaisir de vous recevoir à dîner samedi. Mes pensées et ma plus tendre affection vous accompagnent toujours» (4 avril). «Veuillez trouver ci-joint le savon, mille pardons pour ne pas l'avoir envoyé plus tôt. [...] Veuillez m'envoyer douze billets pour votre concert, que le succès vous accompagne, mon C[her] H[aydn], ce soir et toujours» (8 avril). «Je vous ai trouvé mal à l'aise ce matin, et aimerais pouvoir vous décharger du moindre souci» (12 avril). «J'en suis presque réduite à trembler pour votre santé, croyez-moi mon bien-aimé H[aydn], ne restez pas si longtemps dans votre cabinet de travail» (19 avril). Haydn utilisa Mrs. Schroeter comme copiste: «Le porteur vous remettra également la marche, je regrette infiniment de ne pas l'avoir pu l'écrire plus tôt, ni mieux, tout en espérant *my D[ear]* que vous me pardonnerez, si cela ne va pas, je vous enverrai directement le *précieux* original. Si *my H[aydn]* m'employait plus souvent à écrire de la musique, je ferais sans doute des progrès, et je sais que j'apprécierais énormément une telle occupation. Maintenant, *my D[ear] L[ove]*, je vous en conjure, prenez grand soin de votre *santé*, j'espère vous voir vendredi au concert et samedi à dîner» (24 avril). L'œuvre copiée par Rebecca Schroeter était sans doute la *Marche pour le prince de Galles* (Hob. VIII.3), soit dans sa version originale pour vents et percussion, soit dans sa version avec cordes intitulée *March for the Royal Society of Musicians* (Hob. VIII.3 bis).

Le 10 avril, Haydn écrivit au prince Anton Esterházy pour lui annoncer son prochain retour, et le 24 à Marianne von Genzinger: «Malgré une forte opposition et les nombreux rivaux qui se sont dressés contre moi, et qui avec mon élève Pleyel ont tout fait pour m'abattre, en particulier cet hiver, j'ai eu (Dieu merci) le dessus. Reste qu'avec tout ce travail, je suis fatigué et complètement épuisé, et attends avec impatience le repos que je pourrai bientôt prendre. [...] Suivant en cela les conseils de Votre Grâce, je n'irai pas à Paris pour le moment, également pour d'autres raisons dont je vous ferai part de vive voix, j'attends de mon prince à qui j'ai écrit récemment l'ordre qui me dira où aller, il est possible qu'il me convoque à Francfort [pour le couronnement de l'empereur François II], sinon j'irai (entre nous) par la Hollande à Berlin chez le roi de Prusse, et de là à Leipzig, Dresde, Prague et enfin Vienne, pour embrasser tous mes amis. » Les raisons pour lesquelles Haydn renonça à connaître Paris sont claires : en raison des événements révolutionnaires, déjà inquiétants en soi, il n'y avait pratiquement plus dans cette ville de concerts d'orchestre. En outre, l'Assemblée législative venait de déclarer la guerre au « roi de Bohême et de Hongrie », c'est-à-dire à l'Autriche. Que Haydn ait au contraire voulu se montrer à la cour de Frédéric Guillaume II, père de la jeune princesse d'York et un de ses admirateurs de longue date, se comprend. Éprouvait-il aussi le besoin de visiter les lieux où Mozart s'était rendu trois ans auparavant, de retrouver les traces de son ami en quelque sorte ? On ne le saura jamais.

Il y eut encore de nouvelles réceptions, en particulier au sein de la famille royale, un dîner chez Stephen Storace en compagnie de Nancy (3 juin), et d'ultimes excursions qui menèrent Haydn à Windsor, dont il trouva la chapelle « très vieille mais admirablement construite », aux courses d'Ascot, qu'il décrivit longuement et de façon très pittoresque dans ses Carnets, et chez l'astronome William Herschel (1738-1822), dont il admira le « grand télescope ». Le 23 juin la duchesse d'York donna une garden-party, et sans doute est-ce là que Haydn put goûter, et éventuellement apprécier, une des savoureuses recettes du prince de Galles : « Le punch du Pr. Wallis. 1 bouteille de champagne, 1 bouteille de bourgogne, 1 bouteille de rhum, 10 citrons, 2 oranges, 1 livre 1/2 de sucre » (CL 2/3a). Trois jours après lui parvint l'ultime lettre de Mrs. Schroeter. Il quitta Londres et l'Angleterre vers le 1er juillet 1792 en promettant d'y revenir pour la saison 1793.

VIENNE JUILLET 1792 – JANVIER 1794

Sur la route de Londres à Francfort, il s'arrêta pour la seconde fois à Bonn et à Godesberg. Maximilian Franz était déjà parti pour le couronnement de Francfort. C'est alors que Haydn accepta de prendre comme élève Beethoven. Il fut donc décidé qu'à la fin de l'année, ce dernier le rejoindrait à Vienne, étant bien entendu qu'à la fin des leçons, il reviendrait occuper son poste à Bonn. Dans cette perspective, le comte Ferdinand von Waldstein (1762-1823), un des protecteurs de Beethoven, écrivit sur son carnet la célèbre phrase : « Recevez des mains de Haydn l'esprit de Mozart. » François II fut couronné le 14 juillet, date fort mal choisie, estima son oncle Maximilian Franz, car elle correspondait au troisième anniversaire de la prise de la Bastille ! Et de fait, cette cérémonie devait être la dernière du genre, et François II le dernier empereur romain germanique. Haydn arriva le 24 à Vienne dans la suite de son prince. Un de ses premiers soins fut de remettre à divers amis les objets qu'il avait rapportés pour eux de Londres, marque d'amitié à laquelle nous devons son avant-dernier message à Marianne von Genzinger (4 août). L'opinion publique, préoccupée par les nouvelles de France, où Louis XVI était sur le point de perdre son trône, n'accorda que peu d'attention à son retour. Deux brèves notices fantaisistes parurent néanmoins : « Le Kapellmeister Haydn, de retour ici, travaille à la seconde partie de l'opéra favori *Die Zauberflöte* du défunt Mozart » (2 novembre). Et : « Un nouvel opéra de Haydn sera donné à la cour pour la fête de l'impératrice » (15 octobre).

Haydn hébergea comme prévu Pietro Polzelli, âgé de quinze ans et arrivé de Bologne en ce même mois d'octobre. Le 22, Pietro expédia à Luigia une lettre largement consacrée aux questions d'argent. Post-scriptum de Haydn : « Chère Polzelli, ton fils a été très bien reçu par ma femme, j'espère que cela va durer. [...] Je suis mortifié de ne pouvoir t'envoyer pour l'instant que ces 26 florins, mais j'ai beaucoup de dépenses. Vis heureuse. » Madame Haydn, malgré les défauts qu'on lui prête, était apparemment assez large d'esprit pour accueillir chez elle le fils de l'ancienne maîtresse de son mari. Il faut dire qu'elle aussi avait été regarder ailleurs. En 1799, Haydn devait lui-même déclarer à Griesinger qu'elle avait eu comme amant le peintre Ludwig Guttenbrunn. L'occasion s'était sans doute présentée vers 1770-1772, lorsqu'à Eszterháza Guttenbrunn avait réalisé un célèbre portrait montrant Haydn en train de composer au clavecin !

Le 13 novembre, Haydn rédigea sa dernière lettre à Marianne von Genzinger : « Tout en vous souhaitant le bonjour, je prie Votre Grâce de remettre au porteur le grand air en *fa mineur* de mon opéra [l'air d'Orfeo « In un mar d'acerbe pene » de l'acte II d'*Orfeo ed Euridice*], car je dois le faire copier pour ma princesse. Je vous le rapporterai moi-même dans deux jours au plus tard. Pour aujourd'hui, je prends la liberté de m'inviter à midi, ce qui me permettra de m'acquitter en baisant les mains de Votre Grâce. » Deux mois plus tard, le 26 janvier 1793, Marianne von Genzinger mourait subitement, peu avant son 43ᵉ anniversaire : cette disparition, survenue à peine plus d'un an après celle de Mozart, accrut encore la solitude de Haydn.

Le 25 novembre, la grande salle de la Redoute, dans la Hofburg, servit de cadre au premier bal masqué organisé par la *Gesellschaft Bildender Künstler* (Société des sculpteurs et artistes peintres). Haydn avait composé pour cette manifestation vingt-quatre danses magnifiques : les douze menuets Hob. IX.11 et les douze allemandes Hob. IX.12. En Angleterre, on l'attendait toujours pour le début de 1793, et Salomon ne manqua pas de faire passer en janvier puis en février des annonces en ce sens. Dès décembre 1792 cependant, Haydn décida de remettre d'un an son second voyage : « Dear Sir ! [...] Avec mon prince je suis plus ou moins réconcilié, mais plusieurs autres circonstances m'empêchent de [vous] voir dès cette année, mon pauvre nez m'a en effet mis dans un tel état que je vais être obligé de me faire opérer [Haydn souffrit toute sa vie d'un polype nasal hérité de sa mère], cela me fend le cœur, vous pouvez imaginer ce que j'y perds » (à un ami anglais, peut-être le banquier Brassey). On ignore si l'opération eut lieu, mais sa maladie de nez ne fut pas, et de loin, la seule raison du report par Haydn de son voyage en Angleterre. Entrèrent en considération les difficultés de circulation et les tensions dues à la guerre contre la France révolutionnaire, le besoin de repos qu'il continuait à éprouver et le fait qu'il ne disposait pas encore d'œuvres nouvelles pour Londres.

Le 15 mars 1793, Haydn dirigea dans la petite salle de la Redoute trois des quatre symphonies créées à Londres en 1792, parmi lesquelles *La Surprise* (n° 94). Peut-être est-ce alors que naquit un de ses plus célèbres ouvrages pour piano : les *Variations en fa mineur* Hob. XVII.6 (titres authentiques « Sonata » et « Un piccolo divertimento »), destinées à Babette Ployer (manuscrit autographe daté de 1793). Probablement le 19 juin, il partit avec Pietro Polzelli – et Beethoven ? – pour Eisenstadt, d'où dès le lendemain 20 juin il écrivit à Luigia – qu'au demeurant il ne devait plus revoir – sa dernière lettre intégralement connue. Il y est une fois de plus question d'argent, puis : « Je suis en ce moment seul avec ton fils à Eisenstadt, et y resterai quelque temps pour prendre l'air et me reposer un peu ; tu recevras avec cette lettre une lettre de ton fils, il va bien et te baise les mains pour la montre [que tu lui as envoyée] ; je resterai à Vienne jusqu'à la fin septembre, puis compte faire un voyage avec ton fils, et peut-être – peut-être – retourner en Angleterre pour un an ; mais pour cela, il faudrait que le théâtre de la guerre change, sinon j'irai ailleurs, et peut-être – peut-être – te verrai-je à Naples ; comme d'habitude, ma femme est toujours malade, et toujours de mauvaise humeur, mais cela ne me fait plus rien, après tout, cela finira bien un jour. »

Dies raconte qu'à Londres, Haydn avait reçu de sa femme une lettre où elle lui disait avoir découvert dans le faubourg de Gumpendorf, à la sortie ouest de Vienne, « une jolie petite maison qu'on pouvait avoir à bon prix et qui lui avait bien plu. Elle lui demandait donc de bien vouloir lui envoyer 2 000 florins avec lesquels elle achèterait la maison pour pouvoir l'habiter plus tard durant son veuvage ». Haydn n'envoya pas l'argent, mais visita lui-même la maison en 1793. « Son calme et sa tranquillité me plurent », déclara-t-il à Dies en 1806, « je l'achetai, et fis construire un étage durant mon second voyage à Londres, [et maintenant] c'est moi qui l'habite en tant que veuf ». Haydn s'installa dans cette maison au printemps de 1797, pour y vivre jusqu'à sa mort. Elle abrite depuis 1904 le musée Haydn de la ville de Vienne.

L'année 1793 vit également l'érection par le comte Karl Leonhard von Harrach (1765-1831), seigneur de Rohrau et petit-fils du comte Karl Anton, d'un monument de forme pyramidale en l'honneur du compositeur. Haydn fut donc statufié de son vivant ! Harrach fit installer le monument dans son parc, sur une petite île au milieu de la Leitha, en un endroit où la rivière dessinait une courbe. « J'ai pensé que l'érection d'un monument au célèbre J. Haydn dans les dépendances du château de son village natal [...] ferait honneur à mon parc », déclara Harrach à Dies en 1810. Zinzendorf admira ce monument le 21 septembre 1800 : « Une Isle, où nous passerons en barque pour voir le monument étagé à la mémoire de Haydn natif de Rohrau. [...] Sur le rivage opposé des beaux Saules de Babylone. » Haydn lui-même vint le contempler à son second retour de Londres. Sa maison natale appartenait alors à un certain Michael Hoffmann dont le fils Martin (1785-1873) devait raconter à Pohl avoir aperçu à l'âge de dix ans Haydn s'agenouiller dans l'ancienne chambre paternelle et baiser le seuil qu'il avait si souvent franchi dans son enfance. Le monument resta dans l'île jusqu'en 1887, date à laquelle il fut transporté ailleurs dans le parc des Harrach. Depuis 1951, il se dresse sur la place principale de Rohrau, près de l'église et du cimetière.

Mais l'année 1793 reste essentiellement celle des leçons de Haydn à Beethoven, arrivé à Vienne – qu'il ne devait plus quitter – vers le 10 novembre 1792. Haydn mit entre les mains de Beethoven, comme il l'avait déjà fait et devait encore le faire avec de nombreux autres élèves, le *Gradus ad Parnassum* de Fux, non sans avoir fait passer ce traité vieux de près de trois quarts de siècle au crible de sa propre personnalité. On accuse souvent Haydn de s'être montré négligent envers Beethoven, et de ne pas avoir corrigé avec soin tous ses exercices de contrepoint. C'est vrai, mais sur certaines questions précises, son enseignement fut très méthodique, comparable à celui dispensé sept ans auparavant par Mozart à Atwood. Beethoven, qui désirait connaître à fond les « règles », se tourna, plus ou moins à l'insu de Haydn, vers le compositeur et théoricien Johann Schenk (1753-1836), beaucoup plus apte à le satisfaire sur ce point. À son second départ pour Londres, en janvier 1794, Haydn le confia à Albrechtsberger. Reste que Beethoven trouva chez Haydn ce qu'aucun Schenk ni aucun Albrechtsberger ne pouvaient lui apporter : un enseignement certes, mais aussi et surtout des œuvres. Pour la seule fois de sa vie, Beethoven put observer de près un génie créateur en action : Haydn travaillait alors à sa symphonie en *mi* bémol majeur n° 99 et à ses six quatuors à cordes opus 71/74, œuvres destinées à son second séjour à Londres. Plus tard, Beethoven copiera deux fois l'épisode fugué du finale de la symphonie n° 99 : vers 1806-1807, sur un feuillet contenant également des esquisses pour sa propre *Cinquième*, et en 1817, juste avant la *Sonate Hammerklavier*, alors que les problèmes de la fugue le préoccupaient tout particulièrement.

Beethoven apprit de Haydn, comme nul autre (pas même Mozart) avant lui, « les principes de l'organisation formelle, la nature du style sonate, le traitement des forces tonales, comment créer des contrastes dynamiques ou émotionnels sans sacrifier pour autant l'unité artistique, le développement thématique, la structuration harmonique – bref, tout l'éventail des idées et des techniques musicales du "classicisme" à son apogée. Rien ne dit que Haydn lui ait enseigné formellement ces matières ; de toute façon, ce n'était pas nécessaire, car Beethoven fit de Haydn son modèle musical : sa présence et son exemple valaient toutes les leçons du monde ». C'est ce qu'affirme avec raison Maynard Salomon. Il importe à ce propos de mentionner une lettre longtemps ignorée de Haydn à Maximilian Franz, à l'époque toujours employeur de Beethoven, en date du 23 novembre 1793. Après s'être déclaré persuadé que Beethoven était « appelé à devenir un jour l'un des premiers compositeurs européens », Haydn ajouta : « Je serai fier alors de me présenter comme son maître. » Des difficultés devaient surgir plus tard entre les deux hommes, mais il s'agit d'une autre histoire, ou plutôt d'un des prolongements prévisibles de celle qui vient de nous occuper.

Les 22 et 23 décembre, Haydn dirigea à nouveau – à la *Tonkünstler-Societät* cette fois – trois de ses récentes *Londoniennes* dont *La Surprise*. On imagine Beethoven méditant ces œuvres et se jurant d'en écrire un jour de semblables. Au même programme, un chœur d'*Il ritorno di Tobia* et le chœur *L'Orage* avec des paroles allemandes de Van Swieten (*Der*

Sturm). « S'il existe un musicien dont la patrie puisse à tout point de vue être fière, c'est bien Haydn. [...] Le défunt Mozart n'avait pas d'ami plus fidèle ni d'admirateur plus ardent que lui. Il n'existe qu'un seul artiste sur lequel Haydn se refuse à tout jugement équitable : lui-même », put-on lire après ces concerts dans l'*Oesterreichische Monatsschrift*. Le 19 janvier 1794, date indiquée par Dies, Haydn repartit pour Londres dans une voiture confortable mise à sa disposition par Van Swieten, peut-être après avoir parlé de Beethoven avec Maximilian Franz, arrivé à Vienne pour un court séjour, et non sans avoir dû surmonter des difficultés de dernière heure provoquées par Anton Esterházy. « Le prince ne lui demandait aucun service, mais il appréciait sa présence, et pensait que Haydn, ayant récolté assez d'honneurs, pouvait s'estimer satisfait. [...] Haydn cependant [...] préférait une vie active à la quasi-retraite à laquelle l'avait condamné le prince, [et] savait également que le public anglais conservait envers sa muse d'excellentes dispositions. En outre, il s'était engagé envers Salomon [et] avait signé avec divers éditeurs d'avantageux contrats. Ces points et d'autres le poussèrent à ignorer les désirs du prince, dont finalement la volonté céda devant les intérêts de Haydn, et qui autorisa le voyage. Le départ eut lieu le 19 janvier 1794 » (Dies). Anton Esterházy mourut subitement trois jours plus tard, le 22 janvier 1794 à Vienne, à l'âge de cinquante-six ans et après seulement quarante mois de règne. Il eut comme successeur son fils Nicolas II (1765-1833), au service duquel Haydn se retrouva à son retour définitif de Londres en septembre 1795.

LONDRES FÉVRIER 1794 – AOÛT 1795

En route, Haydn entendit à Passau, dans un arrangement du maître de chapelle local Joseph Frieberth (1724-1799), frère aîné de l'ancien ténor des Esterházy, une version vocale de ses *Sept Paroles*. « Je crois que j'aurais mieux réalisé les parties vocales moi-même », aurait-il déclaré. Il arriva à Londres le 4 février, un an exactement après l'entrée en guerre de l'Angleterre contre la

France révolutionnaire. On ne possède malheureusement pour ce second séjour, et pour cause, aucune lettre de Haydn à Marianne von Genzinger, ni d'ailleurs à Luigia Polzelli. Il n'y en a pas non plus de Rebecca Schroeter à Haydn, sans doute parce que ce dernier prit un logement près du sien. Le Professional Concert ayant cessé ses activités en 1793, il n'était plus question ni de la concurrence de cette organisation, ni d'un quelconque Pleyel. Les douze concerts Haydn-Salomon de la saison 1794, passés du vendredi au lundi, eurent lieu du 10 février au 12 mai. Comme symphonies nouvelles de Haydn, on y entendit celles en *mi* bémol majeur n° 99 (10 février), en *ré* majeur n° 101, dite *L'Horloge* (3 mars), et en *sol* majeur n° 100, dite *Militaire* (31 mars). La première des trois avait été entièrement composée en Autriche en 1793, les deux autres partiellement. La symphonie n° 100, avec sa percussion *alla turca*, valut à Haydn un triomphe dépassant tout ce qu'il avait connu auparavant : « Encore ! Encore ! entendait-on de chaque siège. Les dames elles-mêmes ne pouvaient se retenir. C'est le départ pour la bataille, et la marche des soldats, la sonnerie pour la charge, le tonnerre de l'assaut, le heurt des armes, le gémissement des blessés, et ce qu'on peut bien appeler le rugissement infernal de la guerre se gonfle et culmine en mêlant l'horrible et le sublime ! Tout ceci, d'autres peuvent le concevoir, mais lui seul peut le réaliser, lui seul du moins a jusqu'ici accompli de tels prodiges » (*Morning Chronicle* du 9 avril). Le *Morning Chronicle*, journal d'opposition, s'était avant février 1793 opposé à l'entrée en guerre contre la France. D'où sans doute ce compte rendu quelque peu différent suite à une réaudition de la *Militaire* le 2 mai : « Nous ne pouvons nous empêcher de faire remarquer que les cymbales du mouvement militaire, quoique d'un bel effet, sont en soi discordantes, blessantes, et qu'elles écorchent les oreilles ; on n'aurait dû les utiliser ni là, ni dans le dernier mouvement de la même ouverture [symphonie]. Si elles produisent tant d'effet dans le mouvement militaire, c'est qu'elles scandent et racontent l'histoire : elles nous disent qu'une armée marche à la bataille, et en évoquant les sentiments de terreur d'une telle scène la transforment en réalité. Des sons discordants en deviennent sublimes, car rien n'est plus discordant pour le cœur que des milliers d'hommes marchant les uns vers les autres pour s'entre-tuer » (5 mai). Dans l'Angleterre de 1794, la *Militaire* de Haydn fut prise très au sérieux.

Haydn retrouva à Londres d'anciennes connaissances, dont Lorenzo Da Ponte. Installé depuis peu en Angleterre, ce dernier présenta le 17 mai au King's Theatre un de ses anciens succès viennois, *Il burbero di buon cuore* de Martin y Soler, mais en y ajoutant divers morceaux parmi lesquels, après l'avoir doté de nouvelles paroles, le duo « Quel tuo visetto amabile » d'*Orlando Paladino* de Haydn. « De la musique surnageait, grâce à ses hautes qualités stylistiques, un duo entre [la basse] Morelli et [la soprano] Morichelli dû à la plume de l'excellent Haydn » (*Oracle* du 18 mai).

Durant l'été, il explora à nouveau les provinces anglaises. Il visita Hampton Court, dont il compara les jardins avec ceux d'Eszterháza; Portsmouth, dont il parcourut les fortifications mais non les docks (« Étant étranger, je n'ai pu y pénétrer »), et où il monta sur un vaisseau de ligne français récemment capturé par Lord Howe, premier lord de l'Amirauté (« Les boulets l'ont réduit en un piteux état, l'un d'eux a traversé la cabine du capitaine et tué à lui seul 14 matelots »); l'île de Wight, où il fut l'hôte du gouverneur Thomas Orde, qui « a de sa maison de campagne une vue magnifique sur la mer »; Bath, où il rendit visite au castrat Rauzzini; Bristol, « ville très peuplée mais plutôt sale, ruelles très étroites »; et Waverley Abbey, où « l'on voit les restes d'un monastère vieux de 600 ans. Je dois avouer qu'en contemplant ces ruines magnifiques, mon cœur s'est serré à l'idée que tout cela s'était trouvé jadis dans la mouvance de ma religion ». Le 13 octobre, on le vit à Londres à une représentation d'*Hamlet*.

Les difficultés dues à la guerre obligèrent Salomon à annuler sa saison de 1795. Il participa cependant comme premier violon, et Haydn comme *conductor*, à neuf Opera Concerts donnés au King's Theatre du mardi 2 février au mardi 18 mai avec un orchestre de soixante exécutants et sous la direction du célèbre violoniste-compositeur Giovanni Battista Viotti (1755-1824).

On y entendit comme de coutume des reprises des saisons précédentes, en particulier la *Militaire* (23 février), et comme nouvelles symphonies de Haydn celles en *si* bémol majeur n° 102 (2 février), en *mi* bémol majeur n° 103, dite *Roulement de timbales* (2 mars), et en *ré* majeur n° 104, dite *Londres* (au concert donné par Haydn à son propre bénéfice le mardi 4 mai). Parallèlement, Haydn suivit les péripéties assez scandaleuses du mariage du prince de Galles, et participa comme les années précédentes à de nombreux autres concerts. À celui du 25 mai, au bénéfice d'un certain Mr. Lee, un enfant de treize ans désigné comme « Master Field » joua du piano. Il s'agissait de John Field (1782-1837), principal élève de Clementi, futur prédécesseur de Chopin dans le domaine du nocturne pour piano. Des mérites de cet enfant prodige, Haydn se montra tout à fait convaincu, et en prit note en anglais : « Field a young boy, which plays the pianoforte extremely well » [Field un jeune garçon, qui joue extrêmement bien du piano] (*CL 3/21a*).

Le concert du 4 mai 1795 marqua fortement les esprits. Comme œuvres de Haydn autres que la 104ᵉ, on entendit la *Militaire*, le duo « Quel tuo visetto amabile » d'*Orlando Paladino* avec ses paroles originales et, comme la 104ᵉ en première audition, un grand air de concert destiné à la soprano Brigida Banti (1756-1806) : *Berenice che fai ?* (ou *Scena di Berenice*). Haydn nota : « La salle était pleine et l'auditoire distingué. [...] L'auditoire était très satisfait, et moi aussi. Cette soirée m'a rapporté 4 000 florins. Une telle chose n'est possible qu'en Angleterre » (*CL 4*).

Dans le *Morning Chronicle* du 6, on put lire : « Il [Haydn] a répondu aux bonnes dispositions de ses amis en écrivant pour l'occasion une nouvelle ouverture [symphonie] dont certains estiment que par l'ampleur, la richesse et la majesté de tous ses mouvements, elle surclasse toutes ses autres œuvres. Un gentleman célèbre pour ses connaissances, son goût et son sens critique en matière de musique a déclaré que telle était son opinion, ajoutant que durant les cinquante prochaines années, les compositeurs se borneraient à peu de choses près à imiter Haydn et à arroser ses lauriers. Nous espérons que cette prophétie ne se réalisera pas, mais tout semble indiquer qu'elle se verra confirmée par les faits. » Le gentleman en question était sans doute Charles Burney. Présent au concert du 4 mai, il adressa le 8 à sa fille Fanny une lettre débordant d'enthousiasme : « Aucun mortel n'a encore rien produit de pareil ; de ce qu'Apollon et les Muses composent ou exécutent, nous ne pouvons nous faire une idée qu'à partir de productions comme celles-là. » Haydn et ses amis ne se doutaient probablement pas qu'avec la 104ᵉ, il avait mis un terme à sa carrière de symphoniste.

Avant son départ, Haydn nota dans son 4ᵉ Carnet, en anglais, la liste des œuvres composées par lui en Angleterre et pour l'Angleterre du 2 janvier 1791 à août 1795, liste incluant en fait toutes celles écrites en Autriche entre les deux voyages : plus de 1 500 pages de papier à musique, dont le tiers environ pour les douze *Symphonies londoniennes*. Malgré la famille royale, qui le pressait de rester définitivement (on ne sait s'il y songea jamais sérieusement), et non sans avoir conclu le 13 avec Salomon un contrat sur les droits des six premières *Londoniennes*, Haydn quitta pour toujours l'Angleterre le 15 août 1795. Il passa par Hambourg (où il rendit visite à la fille de Carl Philipp Emanuel Bach) et Dresde, et arriva à Vienne dans les premiers jours de septembre. « Haydn comptait les jours passés en Angleterre parmi les plus heureux de sa vie. Il y était unanimement admiré, un monde nouveau s'ouvrait à lui, et des bénéfices importants lui permirent enfin de se dégager de la situation pénible dans laquelle il avait grisonné, car en 1790, son capital dépassait à peine 2 000 florins. [...] Il gagna en Angleterre environ 24 000 florins, dont à peu près 9 000 couvrirent ses frais de voyage, d'entretien, etc. [...] Haydn répétait souvent que sa célébrité en Allemagne avait résulté de celle qu'il avait acquise en Angleterre. Ses œuvres étaient auparavant reconnues à leur juste valeur, mais les hommages officiels dont jouit d'ordinaire un talent hors du commun n'intervinrent que sur le tard » (Griesinger).

Symphonies londoniennes

Les douze *Symphonies londoniennes* restent un des plus grands titres de gloire de Haydn. On les considère à tort ou à raison comme formant en la matière, avec les dernières de Mozart et les huit premières de Beethoven, l'apogée du « style classique viennois ». Douze symphonies de ce niveau en cinq ans, cela ne s'était jamais vu ni ne devait se revoir ! Pour le mélomane d'aujourd'hui, leur importance relative est toutefois moins grande que pour le public d'il y a cent ans. De nos jours en effet, on connaît infiniment mieux et on pratique bien davantage l'ensemble de la production de Haydn, ce qui permet de placer les *Londoniennes* dans une perspective plus juste. Les six symphonies du premier groupe sont toutes pour 2 flûtes, 2 hautbois, 2 bassons, 2 cors, 2 trompettes, timbales et cordes à l'exception des 95e et 98e, qui n'emploient qu'une seule flûte. Trompettes et timbales interviennent dans les quarante-huit mouvements, sauf dans les mouvements lents des 95e et 98e. La 102e reprend l'orchestration des 93e, 94e, 96e et 97e, les cinq autres symphonies du second groupe y ajoutent 2 clarinettes et utilisent donc, comme la *Paris* et la *Haffner* de Mozart, l'orchestre « classique » au grand complet. Toutes les douze possèdent une introduction lente sauf la 95e, la seule en mineur.

Quand Haydn atteignit à Londres l'âge de soixante ans (mars 1792), Mozart venait de mourir, et son influence internationale était encore à venir. Or par beaucoup d'aspects, notamment par leurs sonorités, les *Londoniennes* s'éloignent davantage de Mozart que certaines partitions haydniennes des années 1788-1790. Elles confirment qu'en général, l'orchestration de Haydn est moins charnue que celle de Mozart, avec des lignes de basse très nerveuses et des plans qui, loin de se fondre de façon compacte, restent bien distincts. Beaucoup d'œuvres de la fin des années 1780, comme la symphonie *Oxford*, la sonate *Genzinger* ou le quatuor *L'Alouette*, avaient constitué un aboutissement harmonieux, parfois empreint de nostalgie. Les *Londoniennes* – les seules symphonies que Haydn produisit en personne devant un auditoire anonyme « de concert » – ont recours à des gestes plus spectaculaires rappelant la jeunesse du compositeur. Les échos directs d'époques antérieures – participation d'instruments solistes au discours symphonique, par exemple – y sont plus nets. Elles évoluent globalement vers un nouvel équilibre, et réalisent une synthèse de plus en plus réussie d'éléments et de sentiments extrêmes : virtuosité orchestrale, profondeur, liberté souveraine de la forme, cohérence et esprit d'aventure à tous les niveaux.

L'esprit d'aventure se manifeste en particulier dans l'Allegro initial de la 96e en *ré* majeur, dite à tort *Le Miracle*, où est évitée toute répétition textuelle, et dans la 93e tout entière. Moins connue que d'autres, en raison de son absence de surnom, la 93e en *ré* majeur est animée d'une forte volonté de puissance confinant parfois à la brutalité. C'est vrai aussi des deux dernières symphonies du premier séjour, celles en *si* bémol majeur n° 98, ouvrage grandiose et sérieux dont le manuscrit autographe fut en possession de Beethoven, et en *ut* majeur n° 97, dotée en son Menuet d'un agressif solo de timbales. Haydn écrivit ces trois symphonies après avoir tiré les leçons de sa première saison anglaise : elles sont encore plus spectaculaires, mais aussi plus homogènes, que les deux entendues en 1791 (n° 96 et n° 95). Sir Donald Tovey a qualifié le déchirant Andante de la 98e de « Requiem pour Mozart » : cette page cite à la fois le *God Save the King* et le mouvement correspondant de la *Jupiter*.

L'autre symphonie entendue en 1792, celle en *sol* majeur n° 94, dite *La Surprise*, la plus virtuose du premier groupe de six, a fait couler beaucoup d'encre, en raison du fameux coup de timbales de la mesure 16 de son Andante à variations. Elle fut créée le 23 mars, et le terme « Surprise » apparut dès le lendemain dans l'*Oracle*. De multiples versions de l'origine du coup de timbales circulèrent du vivant de Haydn, et Griesinger ne manqua pas de le questionner à ce sujet : « J'ai demandé un jour à Haydn s'il avait vraiment écrit l'Andante du coup de timbales pour réveiller le public anglais endormi à son concert. Non, répondit-il, j'ai plutôt voulu surprendre par quelque chose de nouveau et commencer brillamment pour ne pas être supplanté par mon élève Pleyel, alors engagé par un orchestre dont les concerts avaient commencé huit jours avant les miens. Le premier Allegro de ma symphonie fut accueilli par d'innombrables bravos, mais l'enthousiasme parvint à son comble avec l'Andante du coup de timbales. Les cris "Ancora, Ancora" surgirent de toute part, et Pleyel lui-même me félicita de mon idée. » On ignore si Pleyel joua vraiment un rôle dans cette affaire, mais en examinant l'autographe, on constate qu'à l'origine, c'est-à-dire en 1791, date de composition de la *Surprise*, le coup de timbales *fortissimo* et prétendument destiné à « réveiller les dames » n'était pas prévu. Haydn l'ajouta ultérieurement, sans doute au dernier moment.

Les six dernières *Londoniennes* font chacune la conquête de nouveaux territoires. Dans celle en *mi* bémol majeur n° 99, les relations tonales entre mouvements sont plus distantes que dans n'importe quelle autre symphonie composée jusque-là y compris chez Mozart : sublime Adagio en *sol* majeur, trio du menuet en *ut* majeur, « excentricités » préparées l'une et l'autre dès l'introduction lente. Dans le Vivace assai de cette même œuvre, le « thème secondaire » au parfum populaire énoncé discrètement à l'extrême fin de l'exposition prend ultérieurement, au détriment du « premier thème », de plus en plus d'importance, tant en nombre de mesures qu'en intensité : interprétant cette structure en termes politiques, George Edwards voit là « une transmission de pouvoir de l'aristocratie à la bourgeoisie par des moyens pacifiques » ! La même démarche est accomplie plus violemment dans le mouvement correspondant de la *Militaire* (n° 100 en *sol* majeur).

La symphonie en *ré* majeur n° 101, dite *L'Horloge*, tire son surnom du rythme de balancier parcourant son deuxième mouvement. Ce rythme subsiste en tant que tel d'un bout à l'autre ou presque, mais habillé de façons si diverses quant aux timbres et aux intensités qu'il en devient élément structurel primordial. Au début, il soutient doucement le thème principal, puis – après l'épisode dramatique en mineur – l'encadre délicatement aux flûtes dans l'aigu et aux bassons dans le grave : merveille d'esprit et d'humour, rendue possible par l'orchestration classique. Dans l'épisode en mineur et à la fin, il se transforme en mécanique

implacable transperçant tout l'orchestre. Le menuet de *L'Horloge*, avec ses quatre-vingts mesures, est sans doute le plus long
écrit par qui que ce soit. Composée en 1794 mais créée en 1795,
la symphonie en *si* bémol majeur n° 102 est la plus abstraite et
une des plus concentrées des douze. C'est elle qui devrait s'appeler *Le Miracle*, car c'est à sa première audition, non à celle de la
96ᵉ, qu'un chandelier tomba du plafond sans blesser personne.
L'introduction lente annonce le prélude de *La Création*, et le
Vivace qui suit se déroule dans une tension et un dramatisme
extrêmes, au sens « beethovenien » de ces termes, est-on tenté
d'ajouter.

La symphonie en *mi* bémol majeur n° 103, dite *Roulement de
timbales*, tire cette appellation de la toute première mesure de
son Adagio introductif : un solo de timbales sur la note *mi*
bémol dont Haydn ne précisa pas le mode d'interprétation. Sur
l'autographe, il n'écrivit que « Solo » et « Intrada », sans la
moindre indication de nuance mais en surmontant le *mi* bémol
d'un point d'orgue. Certains exécutent ce solo uniquement
piano, d'autres de *fortissimo* à *pianissimo*, d'autre de *piano* à
piano en passant par *forte*. En 1987, Nikolaus Harnoncourt a
inauguré une nouvelle manière : asséner de grands coups espacés
se transformant peu à peu en roulement. Ce qui est sûr, comme
l'a écrit Charles Rosen, c'est que le solo doit être « de longue
durée et efficace dramatiquement ». La suite est encore plus
étrange : une ligne sombre dans le grave (bassons, violoncelles,
contrebasses) énonçant une sorte de Dies Irae. Cette quasi-cita-
tion réapparaît accélérée et presque camouflée dans l'Allegro
con spirito qui suit : le Dies Irae se transforme alors en mélodie
populaire. L'introduction, cas unique chez Haydn, revient brièvement à la fin de l'Allegro con spirito, juste avant ses mesures
conclusives. Le Dies Irae et sa transformation en mélodie populaire sont ici entendus non pas à plusieurs dizaines de mesures
d'intervalle, mais juxtaposés en un contraste saisissant.

La symphonie en *ré* majeur n° 104 est traditionnellement
baptisée *Londres*, mais ce pourrait être le cas de n'importe
laquelle des onze autres. Particulièrement remarquables sont les
relations unissant, d'un mouvement à l'autre, les différents

thèmes de l'ouvrage : beaucoup font se succéder – dans n'importe quel ordre et dans une direction soit ascendante soit descendante – un intervalle de tierce et un intervalle de seconde, le total formant une quarte. Le thème du premier mouvement (Allegro) annonce en outre successivement ceux des deux mouvements suivants (Andante et Menuet). L'œuvre s'attarde souvent, comme si Haydn, dans cette ultime symphonie, répugnait à prendre congé. C'est net dans le dernier volet de l'Andante, où le discours s'engage en de véritables détours et prolongements empreints de tristesse et de mélancolie (l'un va jusqu'à se perdre dans la région lointaine de *fa* dièse majeur), et aussi dans le finale (Spiritoso), avec ses épisodes en valeurs longues et ses ritardandos (ralentissements) si subtils.

Autres œuvres de Londres

Lors de son premier séjour, Haydn ne composa pour l'essentiel que les six symphonies n° 93-98, la *Concertante* Hob.I.105 de 1792, l'opéra *Orfeo ed Euridice* de 1791 et le madrigal *The Storm* de 1792. Lors du second, sa production fut bien plus nombreuse et variée, surtout dans le domaine instrumental. Les six quatuors opus 71/74 naquirent à Vienne en 1793, mais avec comme destination expresse les concerts Salomon : d'où un côté public se manifestant notamment par l'apparition, pour la première fois dans des quatuors de Haydn, de la notion d'introduction. On ne relève cependant qu'une seule introduction lente à la manière des symphonies : dans l'opus 71 n° 2 en *ré* majeur. Les cinq autres quatuors s'ouvrent au contraire par un geste péremptoire mettant en relief les premières mesures, les distinguant des suivantes non sans parfois – opus 74 n° 3 en *sol* mineur, dit *Le Cavalier* – les relier subtilement à elles, tout cela sans changement de tempo. Parus en 1795 avec une dédicace au comte Anton Georg von Apponyi (1751-1817), les six quatuors opus 71/74 surclassent en vigueur masculine tous les précédents du compositeur. L'ordre traditionnel, voulu par Haydn, se trouve dans toutes les éditions d'époque, ce qui n'avait été le cas d'aucune des séries précédentes.

À Londres en 1794-1795, Haydn composa ses trois dernières sonates pour piano : n° 60 en *ut* majeur, n° 61 en *ré* majeur et n° 62 en *mi* bémol majeur (Hob. XVI.50-52). On ignore toutefois dans quel ordre. Un seul autographe existe : celui de la sonate en *mi* bémol, daté de 1794. Cette sonate – une des plus jouées de Haydn – et celle en *ut* furent destinées à une des plus célèbres élèves de Clementi : Thérèse Jansen (v.1770-1843), qui le 16 mai 1795, avec Haydn comme témoin, épousa le graveur Gaetano Bartolozzi. À en juger par les œuvres composées pour elle par Haydn et par d'autres, sa technique était considérable, et l'on comprend qu'elle ait demandé, pour un temps, l'exclusivité des deux sonates n° 60 et n° 62. Plus modeste d'aspect, presque une miniature, mais tout aussi avancée d'écriture, la sonate en *ré* majeur – en deux mouvements seulement – fut apparemment écrite pour la femme, prénommée Maria Hester, du graveur londonien Thomas Park (1759-1834). Haydn l'envoya à Thomas Park « for the Mistris Parck » [pour Mme Parck] le 22 octobre 1794.

Les trois sonates n°s 60-62 portent la trace de la découverte et de l'utilisation par Haydn des pianoforte anglais, plus lourds et plus puissants que ceux dont il avait eu l'habitude à Vienne. C'est vrai aussi des splendides trios avec piano de l'époque. Quatre groupes de trois parurent à Londres, les deux premiers pendant le second séjour de Haydn dans cette ville, les deux derniers après son départ. 1) Trios n°s 32-34 (Hob. XV.18-20) en *la* majeur, *sol* mineur et *si* bémol majeur, parus en novembre 1794 chez Longman & Broderip avec une dédicace à la princesse Maria Anna Esterházy, veuve du prince Anton. 2) Trios n°s 35-37 (Hob. XV.21-23) en *ut* majeur, *mi* bémol majeur et *ré* mineur, parus en mai 1795 chez Preston avec une dédicace à la princesse Maria Hermenegild Esterházy, épouse du nouveau prince Nicolas II. 3). Trios n°s 38-40 (Hob. XV.24-26) en *ré* majeur, *sol* majeur et *fa* dièse mineur, parus en octobre 1795 chez Longman & Broderip avec une dédicace à Rebecca Schroeter. 4) Trios n°s 43-45 (Hob. XV.27-29) en *ut* majeur, *mi* majeur et *mi* bémol majeur, parus en avril 1797 chez Longman & Broderip avec une dédicace à Thérèse Jansen-Bartolozzi. À ces douze trios s'ajoute un ouvrage isolé : n° 41 (Hob. XV.31) en *mi* bémol mineur, composé en 1794-1795 à Londres mais paru seulement en 1803 chez Traeg à Vienne.

Dans la musique de chambre de Haydn, les quarante-cinq trios pour clavier, violon et violoncelle – dont trente-neuf seulement sont authentiques et disponibles – ne le cèdent en importance qu'aux quatuors à cordes, tout en atteignant le plus souvent les mêmes hauteurs qu'eux. Ils offrent une musique de piano des plus avancées, mais aussi – en grande quantité – certaines des confidences les plus intimes du compositeur, et plusieurs de ses conceptions formelles et tonales les plus audacieuses et les plus insolites. Un tiers environ du total se situe dans sa jeunesse, un tiers (après une interruption d'une quinzaine d'années) de 1784 à 1790, et un tiers de 1793 à 1796. Ils relèvent donc dans leur majorité de la haute maturité de Haydn. La demande d'ouvrages de ce genre était alors très forte, celle du public entraînant celle des éditeurs et vice versa. Le plus connu est celui en *sol* majeur n° 39 (Hob. XV.25), en raison de son stupéfiant « Rondo all' Ongarese » (rondo à la hongroise) terminal, page qui lui valut de porter, dans les anciennes éditions, le n° 1, mais les autres recèlent comme lui de véritables trésors. L'Adagio en *fa* dièse majeur du n° 40 (Hob. XV.26) est une version primitive de celui de la symphonie n° 102. Des quatre séries de trois, la plus difficile techniquement est évidemment celle destinée à la pianiste professionnelle qu'était Thérèse Jansen-Bartolozzi. On y trouve notamment un des mouvements les plus étranges de tout le répertoire : l'Allegretto central en *mi* mineur du trio en *mi* majeur n° 44 (Hob. XV.27), page à la fois baroque par son contrepoint strict, son rythme persistant et la présence à la basse d'un ostinato de croches, classique par son articulation, et romantique par sa tension culminant avec l'accord final ainsi que par le fait même de revoir des procédés baroques à la lumière du classicisme, sans aucun archaïsme.

Les quatre trios « de Londres » (Hob. IV.1-4) pour 2 flûtes et violoncelle sont des ouvrages de circonstance, mais du plus haut niveau. Les deux premiers furent destinés à deux flûtistes amateurs, Lord Aston (n° 1) et Lord Abingdon (n° 2). De ce dernier mécène, il a déjà été question. Sans doute les jouèrent-ils ensemble avec Haydn au violoncelle.

Orfeo ed Euridice, du genre *seria*, se distingue des opéras d'Eszterháza par de nombreux points, le plus spectaculaire étant l'usage du chœur, et de ceux composés auparavant sur le même sujet par Monteverdi ou Gluck par sa conclusion tragique : à la fin de l'acte IV, après avoir perdu un seconde fois Euridice, Orfeo manque d'être déchiré par des Bacchantes, et ses restes sont portés par les eaux jusqu'à l'île de Lesbos. À signaler, parmi les autres œuvres vocales, cent cinquante arrangements de chansons écossaises, le fragment d'oratorio *Mare Clausum* (Hob. VVIV.9), sur un livret invraisemblable combattant le principe de la libre navigation en haute mer, et plusieurs airs de concert malheureusement perdus. Outre *Orfeo*, se détachent dans la catégorie « œuvres vocales » la *Scena di Berenice* de 1795 et les quatorze canzonets pour voix et piano sur paroles anglaises de 1794-1795.

Déjà mis en musique par Gluck et d'autres, le texte de *Berenice che fai ?* (ou *Scena di Berenice*) Hob. XXIVa.10 est tiré de l'*Antigono* de Métastase (acte III scène 7) : Berenice, abandonnée par son amant Demetrio et en proie au délire, donne libre cours à son désespoir, puis à sa rage. La structure de la scène de concert de Haydn est traditionnelle (récitatif, air lent, récitatif, air vif), mais sa hardiesse de conception tout à fait exceptionnelle, en particulier quant aux relations tonales. Dans l'air lent, avec solo de flûte, Berenice supplie Demetrio absent de ne pas la quitter. Dans le dramatique air vif, deux clarinettes apparaissent pour la première fois. Par ses dimensions, cet épisode final s'oppose à lui seul à tout ce qui l'a précédé. Les dernières mesures exploitent le registre grave de la voix. En 1803, Haydn fit chanter *Berenice, che fai ?* à Vienne par la jeune Anna Milder (1785-1838), créatrice du rôle de Leonore dans les trois versions (1805, 1806 et 1814) du *Fidelio* de Beethoven.

Une décennie environ sépare les vingt-quatre lieder allemands publiés par Artaria en 1781 et 1784 des quatorze canzonets anglaises : la différence entre les deux séries est considérable. Neuf au moins des quatorze poèmes sont d'Ann

Hunter, épouse d'un chirurgien londonien très apprécié. Trois sont d'auteur inconnu, un de Shakespeare, et le poème restant une version anglaise d'un original allemand. Les quatorze canzonets se divisent en deux séries de six (Hob. XXVIa.25-30 et 31-36), parues respectivement à Londres en juin 1794 et en octobre 1795, et en deux ouvrages isolés (Hob. XXVIa.41 et 42) publiés bien plus tard (1801 et 1806). Contrairement aux lieder allemands de 1781 et 1784, les canzonets anglaises comptent parmi les plus grandes et les plus originales réussites de Haydn. Les deux groupes sont en gros agencés de la même façon. Ils commencent chacun par un morceau de caractère populaire – *The Mermaid's Song* (Le chant de la sirène) et *Sailor's Song* (Chant de marin) – et comprennent en troisième et cinquième position des pièces de caractère pastoral. Les autres canzonets sont dans chaque cas des morceaux de tempo lent, romantiques de climat et aux harmonies recherchées. Certaines, comme *Fidelity* Hob. XXIVa.30, *The Wanderer* (Le voyageur) Hob. XXIVa.32 ou *The Spirit's Song* (Le chant de l'Esprit) Hob. XXIVa.41 font plus qu'entrevoir le monde de Schubert. L'extraordinaire *She Never Told Her Love* (Jamais elle n'a parlé de son amour) Hob. XXIVa.34, sur un poème dit par le personnage de Viola à l'acte II scène 4 de *La Nuit des Rois* de Shakespeare, est un chef-d'œuvre de concision et d'intensité expressive.

CHAPITRE XV

« Soir » de gloire

Haydn de septembre 1795 à décembre 1803

Haydn trouva à son retour d'Angleterre un quatrième prince Esterházy, Nicolas II (1765-1833). Ce dernier avait décidé de reconstituer la chapelle de son grand-père Nicolas le Magnifique, agissant quelque peu à contre-courant, car les chapelles princières ou *Hauskapellen* avaient commencé à décliner : pour des raisons d'économies, mais aussi parce qu'elles étaient moins que jadis source de prestige social. En fondant officiellement le 1er janvier 1797, alors qu'il atteignait sa majorité, sa chapelle musicale privée, le prince Maximilian Lobkowitz (1772-1816) agit lui aussi à contre-courant : mais c'est cette chapelle qui vers le 9 juin 1804 eut l'honneur de créer la *Symphonie héroïque* de Beethoven ! Haydn reprit la direction de celle des Esterházy, mais avec des obligations beaucoup plus légères que par le passé. Passionné de théâtre et de peinture, Nicolas II ne s'intéressait vraiment, en musique, qu'au domaine religieux. Il ne commanda à Haydn, en tout et pour tout, qu'une messe chaque année pour la fête de sa femme, la princesse Maria Hermenegild (1768-1845), en septembre. Haydn en composa ainsi six de 1796 à 1802, dont deux en 1796 et aucune en 1797 et en 1800. D'autres compositeurs furent mis à contribution. Au grand soulagement de Haydn, Nicolas II délaissa complètement Eszterháza et refit d'Eisenstadt sa résidence principale hors de Vienne, mais en n'y passant en gros que les mois d'été et en séjournant le reste du temps dans la capitale. Jusqu'en 1803 compris, il en fut de même pour Haydn : habiter principalement Vienne ne lui était pas arrivé depuis 1761 ! À partir de 1804, son état de santé lui interdisant toute activité, il ne quitta plus la capitale, voire sa maison de Gumpendorf.

Le prince Nicolas II était assez arrogant, et au début, ses relations avec Haydn s'avérèrent quelque peu tendues. On ne l'ignorait ni à Vienne ni à Eisenstadt, mais on évitait d'en parler. Dans les années 1860 cependant, un certain Franz Lorenz délia les langues de certains anciens membres encore vivants de la chapelle de Nicolas II : « Une anecdote circulant encore à Eisenstadt, et que tout récemment j'ai entendue d'une source digne de foi, suffira à témoigner [de l'inimitié entre Haydn et son patron]. Le prince, assistant à une répétition générale, émit quelques réserves. Haydn, piqué au vif, répliqua : "Altesse, en ce domaine, c'est à moi de décider." Sur quoi le prince se leva et, non sans avoir jeté sur son maître de chapelle un regard furieux, quitta la salle, au grand effroi des musiciens, tous attachés à Haydn par l'enthousiasme et par l'affection. » Heureusement, la princesse Maria Hermenegild s'efforça toujours d'arrondir les angles. C'est notamment grâce à elle que le prince comprit qu'un docteur d'Oxford était en droit d'exiger certains égards : il appela dorénavant son maître de chapelle *Herr von Haydn*.

VIENNE ET HAYDN DANS LA SECONDE MOITIÉ DES ANNÉES 1790

Durant toutes ces années, Haydn fut un membre éminent de la société viennoise. Après avoir quitté Vienne en décembre 1790 en compositeur célèbre dans toute l'Europe, il y revint quatre ans et demi plus tard en véritable « héros culturel », pour citer James Webster. Se profilait à l'horizon le monde de 1800, monde fort différent de celui de 1790. On avait besoin de héros, y compris en musique. Beethoven n'en était pas encore devenu un, mais Bach et Mozart – ce dernier en pleine ascension depuis sa disparition en 1791 – commençaient à en prendre la stature, ce

qui devait se concrétiser pour l'un par la biographie de Niemtschek (1798), pour l'autre par celle de Forkel (1802). Il s'agissait
toutefois de héros morts. En la personne de Haydn, on tenait un
héros toujours bien vivant, et qui une fois de plus, par ses
œuvres et par leur impact, devait se révéler à la hauteur de la
situation. Beaucoup d'ouvrages de son ultime période, en particulier les deux grands oratorios, naquirent en collaboration avec
l'élite politico-culturelle viennoise du moment, et leur importance fut d'ordre idéologique et social tout autant que strictement musical. Les structures féodales viennoises surent se
réformer et s'adapter. Au lieu d'entretenir des *Hauskapellen*, les
grands aristocrates se mirent à subventionner chez eux ou
ailleurs des manifestations privées, semi-publiques ou même
publiques, ce dont le jeune Beethoven et le dernier Haydn profitèrent énormément. À Vienne, la culture musicale aristocratique reposait sur une tradition plus solide qu'à Paris et à
Londres, et subsista plus longtemps. En revanche, contrairement à Londres et à Paris, Vienne ne possédait encore aucune
salle, aucune formation ni aucune organisation spécialisées dans
les concerts d'orchestre publics et payants, donc aucune tradition en la matière. Aucun personnage n'y jouait le même rôle
qu'à Londres un Johann Peter Salomon. On tient sans doute là
une des raisons pour lesquelles Haydn n'écrivit aucune symphonie après 1795, et Beethoven deux seulement jusqu'en 1803.
Reste que sous l'impulsion de Van Swieten, qui joua à cette
époque un triple rôle artistique, financier et idéologique, se
développa à Vienne dans les années 1790 une nouvelle conception de la musique, un nouveau discours sur la musique. S'im-
posèrent alors progressivement les notions, si importantes pour
le XIXe siècle, de sublime, de grandes œuvres, de grands maîtres,
de grande tradition à honorer et à poursuivre, de répertoire à
faire connaître et à préserver pour les générations futures. La trinité Haydn-Mozart-Beethoven entra dans les consciences, avec
comme grands ancêtres Bach et Haendel. Vers 1800, la musico-
graphie allemande commença à voir en eux cinq héros au sens
romain, et dans la mesure où elle se mit à les citer d'un seul
souffle, elle se situa sur un plan moins strictement musical que

national, voire nationaliste. Mais c'était dans l'air du temps, et
c'est pourquoi, après avoir célébré les œuvres de Haydn, on se
mit aussi à vénérer sa personne.

Haydn écrivit désormais relativement peu d'œuvres instrumentales, à l'exception notable de ses derniers quatuors à cordes
(opus 76 et 77), et se consacra pour l'essentiel à la musique
vocale sacrée. Il dirigea souvent ses œuvres en public ou en
privé, et Beethoven participa fréquemment aux mêmes concerts
que lui. C'est également pour cette période qu'on possède à son
sujet les témoignages les plus nombreux et les plus fidèles : outre
ceux de Griesinger (à partir de 1799) et de Dies (à partir de
1805), ceux du diplomate suédois Fredrik Samuel Silverstolpe
(1769-1851), en poste à Vienne de 1796 à 1803 et qui expédia à sa
famille de très nombreuses lettres ; de Joseph Carl Rosenbaum
(1770-1829), fonctionnaire de Nicolas II et qui comme Zinzendorf tint régulièrement son journal ; et du compositeur Sigismund Neukomm (1778-1858), élève de Haydn de 1797 à 1804
après avoir étudié avec son frère Michael à Salzbourg, sa ville
natale. Nous leur devons notamment d'intéressantes descriptions de l'aspect physique du compositeur. « Haydn était petit
de stature, mais trapu et à l'ossature solide ; son front était large
et bien bombé, sa peau brune, ses yeux vifs, son regard perçant,
ses autres traits de visage accusés, bien marqués, sa physionomie
et son comportement reflétaient en général une calme gravité »
(Griesinger). « Je découvris chez Haydn pour ainsi dire deux
physionomies. L'une, quand il parlait de choses élevées, était
pénétrante et sérieuse, le mot *sublime* suffisait alors à mettre en
branle ses sentiments de façon fort visible. L'instant d'après, cet
état d'esprit était vite chassé par son humeur quotidienne, et il
retombait dans le jovial avec une satisfaction qui se peignait littéralement sur ses traits et débouchait dans la facétie. Cette physionomie était la plus courante, l'autre devait être stimulée »
(Silverstolpe dans des *Notes* parues en 1838 puis en 1841).

Le 21 septembre 1795, Zinzendorf entendit au Burgtheater
la « Symphonie de Haiden de Londres avec les tambours » : la
103e ou plus vraisemblablement la 94e. Le 16 décembre, Haydn
dirigea dans la petite salle de la Redoute trois récentes

Londoniennes. Au même concert, Beethoven joua un de ses concertos, sans doute la version originale de celui en *ut* majeur n° 1 opus 15. « L'Adagio de la première Symphonie, l'air chanté par [Domenico] Mombelli et la Simphonie militaire me plurent » (Zinzendorf). Haydn et Beethoven se retrouvèrent le 8 janvier 1796, paraissant ensemble à un concert au bénéfice de la chanteuse Maria Bolla. Beethoven rejoua sans doute la version originale d'un des deux premiers concertos, et Haydn dirigea plusieurs *Londoniennes* dont *La Surprise*, ce dernier renseignement provenant de l'inévitable Zinzendorf : « Haydn nous intéressa avec ses Sinfonies, entr'autres celle du coup de tonnerre destinée à réveiller les dormeurs au Concert anglais. »

L'ANNÉE 1796

Une des premières tâches qu'entreprit Haydn après son retour d'Angleterre fut la réalisation d'une version oratorio des *Sept Paroles du Christ*. Van Swieten ayant adapté à la version orchestrale de 1786-1787 le texte utilisé par Joseph Frieberth à Passau, Haydn le répartit entre chœur et solistes tout en ajoutant à l'orchestration originale des parties de clarinettes et de trombones et en enrichissant celles de flûtes et de bassons. En outre, il fit précéder chaque Parole (sauf la cinquième) d'une brève déclamation homophone du chœur *a cappella*, et surtout composa, pour être intercalé entre les quatrième et cinquième Paroles, un étonnant interlude pour douze instruments à vent dans la tonalité – rare chez lui – de *la* mineur. Les premières auditions eurent lieu les 26 et 27 mars 1796 chez le prince Schwarzenberg. Zinzendorf était présent les deux fois. Le 30, il réentendit *La Surprise*, qu'il qualifia cette fois de « Symfonie du coup de Canon ».

Le dimanche 11 septembre sans doute, Haydn dirigea à Eisenstadt la première de ses six messes pour Nicolas II, ou plutôt pour la fête de sa femme : la *Missa Sancti Bernardi de Offida* ou *Heiligmesse* en *si* bémol majeur Hob. XXII.10. Le frère convers capucin Bernard de Offida (1604-1694) venait d'être béatifié par Pie VI. Quant à l'autre titre de l'œuvre, apparu vers 1840 seulement, il est dû à l'utilisation, caché dans les voix médianes au début du Sanctus, de l'ancien chant d'église «Heilig, Heilig, Heilig!» (Saint, Saint, Saint!). Parmi les autres œuvres vocales de 1796, on retiendra les quatre trios et les neuf quatuors vocaux Hob. XXVb.1-4 et XXVc.1-9, sur des textes proches de ceux des lieder de 1781 et 1784, mais d'un traitement musical fort différent. Ils couvrent un éventail expressif beaucoup plus large, et témoignent à la fois de la plus grande spontanéité et de la plus grande science. L'émouvant quatuor *Der Greis* (le Vieillard) Hob. XXVc.5 est fondé sur un poème de Johann Wilhelm Ludwig Gleim (1719-1803) que plus tard, Haydn devait appliquer à lui-même et faire graver sur sa carte de visite : « Toutes mes forces s'en sont allées, je suis vieux et faible. »

De 1796 est également daté le populaire concerto pour trompette en *mi* bémol majeur Hob. VIIe.1, destiné à Anton Weidinger (1767-1852), trompettiste dans l'orchestre de la cour de Vienne, qui ne devait l'exécuter pour la première fois en public que le 28 mars 1800. Weidinger venait d'inventer une trompette à clés augmentant les possibilités de l'instrument. Depuis longtemps, interprètes et facteurs avaient tenté d'améliorer la trompette naturelle (sans clés ni pistons), capable de ne jouer de véritables mélodies que dans son registre aigu (*Clarinregister*). Dans les faits, elle avait même abandonné peu à peu ce registre pour se limiter à un rôle de soutien harmonique et rythmique dans l'orchestre, perdant ainsi toute qualité de soliste. La trompette mise au point par Weidinger possédait (comme par exemple la flûte) des trous et des clés permettant d'élever le son d'un demi-ton, et donc de produire, « avec la plus grande pureté et la plus grande précision, sur une étendue de deux octaves, tous les demi-tons ». Elle avait, paraît-il, une sonorité de puissant hautbois. Haydn ne fut pas le seul à l'époque à écrire pour Weidinger. Avant même de créer le concerto en *mi* bémol, ce dernier joua les 22 et 23 décembre 1798 à la *Tonkünstler-Societät*, lors d'un concert qui vit aussi Haydn diriger la *Militaire*, la partie de trompette d'une symphonie concertante de Kozeluh pour un curieux assemblage de solistes : pianoforte, mandoline, trompette et contrebasse! Après avoir apporté en 1801 de nouveaux perfectionnements à sa trompette à clés et à trous latéraux, Weidinger se produisit le 1er janvier 1804 dans le concerto en *mi* majeur de Hummel. À noter cependant que seule la trompette à pistons de Blühmel, apparue vers 1813, donna naissance à notre instrument moderne.

LA GUERRE DE 1796-1797

Le 9 novembre 1796, Haydn envoya à Breitkopf & Härtel un nouveau et remarquable trio avec clavier: celui en *mi* bémol majeur n° 42 (Hob. XV.30). Le 14 décembre, il vit mourir à l'âge de dix-neuf ans, de pneumonie, Pietro Polzelli, alors second violon chez Schikaneder au Theater-auf-der-Wieden. On ignore comment il annonça la nouvelle à Luigia. Mais en cette fin d'année, Vienne retentissait de rumeurs de guerre autant que d'harmonies musicales, et un vent de patriotisme soufflait. Depuis le printemps, un général de vingt-sept ans nommé Napoléon Bonaparte avait remporté en Italie sur diverses armées autrichiennes une série de victoires, et maintenant il menaçait Vienne par le sud. Pour lui résister, du moins symboliquement, la musique fut mise à contribution. Süssmayr composa par exemple la cantate *Der Retter in Gefahr* (Le sauveur dans le danger), entendue quatre fois en septembre-novembre accompagnée chaque fois de la « célèbre et partout populaire *Symphonie mit dem Paukenschlag* [n° 94 *La Surprise*] du célèbre Hrn. Kapellmeister Hayden » (*Wiener Zeitung* du 12 octobre). Le 15 novembre, avant-veille du combat du pont d'Arcole, parut l'édition originale de la cantate patriotique *Abschiedsgesang an Wiens Bürger beim Auszug der Fanen-Division der Wiener Freiwilliger* (Chant d'adieu aux citoyens de Vienne pour le départ de la division des volontaires viennois), texte d'un certain Friedelberg, musique de Beethoven (WoO 121).

Les œuvres musicales de loin les plus importantes et les plus durables évoquant ce contexte guerrier sont la *Missa in tempore belli* (Messe pour un temps de guerre) en *ut* majeur Hob.

XXII.9 et l'hymne *Gott erhalte Franz den Kaiser* (Dieu protège l'empereur François) de Haydn, créés à Vienne respectivement dans l'église des Piaristes le 26 décembre 1796 et au Burgtheater le 12 février 1797. La *Missa tempore belli* reflète cette atmosphère d'insécurité par son titre, par les éclats guerriers de sa tonalité d'*ut* majeur et surtout par les inquiétants solos de timbales de son Agnus Dei, « comme si l'on entendait déjà l'ennemi venir au loin » (Griesinger) : d'où son autre surnom de *Paukenmesse* (Messe des timbales). Au début du Dona nobis pacem surgissent des fanfares de vents (hautbois, clarinettes, bassons, trompettes) dont Beethoven se souviendra dans l'épisode correspondant de sa *Missa solemnis*. On réentendit l'ouvrage à Eisenstadt le 29 septembre 1797.

L'HYMNE IMPÉRIAL *GOTT ERHALTE FRANZ DEN KAISER* (1797)

Composé sur un poème en quatre strophes de Lorenz Leopold Haschka (1749-1827), le *Gott erhalte* fut chanté pour la première fois dans les théâtres de Vienne et des principales villes de l'empire le 12 février 1797, pour l'anniversaire de l'empereur François II, lui-même présent au Burgtheater. Il s'agissait de doter l'Autriche d'un hymne capable de jouer le même rôle rassembleur qu'en Angleterre le *God Save the King*, et aussi d'une anti-*Marseillaise*. Cette œuvre fut officiellement commandée par le gouvernement de Vienne, par l'intermédiaire du comte Franz Joseph von Saurau (1760-1832), principale personnalité en charge de la sécurité publique. Haydn y mit le point final en janvier 1797. Alors intitulé *Volkslied* (Chant populaire), le *Gott erhalte* fut envoyé dans les provinces sous forme d'une partition à quatre voix et avec accompagnement de piano, chaque maître de chapelle local étant censé réaliser lui-même sa propre orchestration. Haydn lui aussi effectua la sienne : une partition d'orchestre en *sol* majeur avec une portée pour le chant et faisant appel à une flûte, 2 hautbois, 2 bassons, 2 cors, 2 trompettes, timbales et cordes. On y trouve, avant l'hymne proprement dit, un accord de *sol* majeur à propos duquel Haydn nota de sa propre main : « NB. La toute première note ne doit être jouée qu'au début [sans être reprise avant chaque strophe], pour indiquer la bonne hauteur au peuple. » Le *Gott erhalte*, dont dès 1797 les paroles furent traduites en italien, latin, polonais, serbe, tchèque et hongrois, allait connaître une histoire agitée, comparable à celle de son antipode la *Marseillaise*. Le *God Save the King* et le *Gott erhalte* revêtent un caractère hymnique, la *Marseillaise* celui d'une marche militaire. En 1799, Salieri fit usage du *Gott erhalte* dans sa cantate *Der Tyroler Landsturm*, en l'honneur de la population du Tyrol et du Voralberg qui venait de repousser une invasion française. Sa consécration définitive comme hymne national ne lui vint qu'en 1813, juste après la bataille de Leipzig, lors d'une grande cérémonie au Burgtheater en présence de l'empereur : « On entonna l'hymne national, ce qui déclencha un tonnerre d'applaudissements et des cris d'enthousiasme » (Caroline Pichler). En 1826, il fut officiellement introduit dans l'armée, et jusqu'en 1946, le texte variant plus ou moins selon les circonstances, il devait rester étroitement lié à l'histoire de l'Autriche. La mélodie est aujourd'hui, sous le nom de *Deutschlandslied*, l'hymne de la République fédérale allemande. Dès 1797, Haydn en fit usage, sous forme de thème et variations, dans son quatuor à cordes en *ut* majeur opus 76 n° 3, dit pour cette raison *L'Empereur*.

Quatuors à cordes *Erdödy* opus 76 (1797)

Composés en 1797, les six quatuors opus 76 parurent en 1799 avec une dédicace au comte Joseph Erdödy (1754-1824), membre de la branche cadette de cette famille. Contemporains de *La Création*, ils ont été justement définis par Rosemary Hughes comme autant de « chants d'expérience », observation que l'on peut rapprocher de ce passage du journal de Delacroix : « Quatuors d'Haydn, des derniers qu'il ait faits. Chopin me dit que l'expérience y a donné cette perfection que nous y admirons » (21 février 1847). Spirituellement et techniquement, ce sont des sommets insurpassés reflétant à la fois le travail et les enseignements de toute une vie et la permanence chez Haydn, alors âgé de soixante-cinq ans, d'un extraordinaire esprit pionnier. L'ordre tradidionnel est celui voulu par lui. Les quatuors n° 1 en *sol* et n° 3 en *ut*, bien qu'en majeur, ont un finale en mineur, et celui en *sol* majeur n° 1, comme déjà l'opus 74 n° 1 en *ut* majeur, possède en guise de troisième mouvement non plus un menuet, mais un véritable scherzo « à la Beethoven ». Le finale en *sol* mineur du n° 1, avec ses farouches triolets du type Voyageur « à la Schubert », fait basculer l'ouvrage dans le romantisme. Le deuxième mouvement du quatuor en *si* bémol majeur n° 4, dit *Lever de soleil*, et celui du n° 5 en *ré* majeur, se déroulent avec une lenteur annonçant le dernier Beethoven. Le *Largo e mesto* en *fa* dièse majeur du n° 5 faisait pleurer d'émotion le père de Mendelssohn, et c'est à une telle page que songeait le grand violoniste Joseph Joachim (1831-1907) lorsqu'en 1898, il écrivit à un neveu à propos de Haydn : « Même Bach et Beethoven n'ont sûrement pas inventé d'Adagios plus religieux, plus fantastiques que la plupart des siens lorsqu'il est d'humeur sérieuse. »

Le plus connu des six quatuors est celui en *ré* mineur n° 2, dit *Les Quintes* : doté d'un farouche menuet en canon, il tire son surnom du thème principal de son Allegro initial, fait de deux chutes de quintes successives (intervalle destiné à jouer dans tout l'ouvrage un rôle de premier plan). Le plus injustement négligé est celui en *mi* bémol majeur n° 6, œuvre concentrée et expérimentale dotée notamment d'un extraordinaire Adagio en *si* majeur sous-titré Fantasia : les modulations y sont si spectaculaires que Haydn, comme de nombreux compositeurs à partir du début du XXᵉ siècle, se garda d'indiquer la moindre armature à la clé. Hans Keller (1919-1985) évoque à propos de cette « déclaration de guerre à la notion de tonalité principale » le *Ich fühle Luft von anderem Planeten* (Je respire l'air d'une autre planète) du quatuor à cordes n° 2 opus 10 de Schönberg. Les rapports du n° 3 en *ut* majeur avec le *Gott erhalte* ne se limitent pas au deuxième mouvement, où d'une variation à l'autre l'hymne reste intact, quoique dans un environnement harmonique et polyphonique toujours plus riche et complexe. L'Allegro initial débute en effet par les cinq notes *sol-mi-fa-ré-do*, ce qui donne en notation allemande *G*(ott) *E*(rhalte) *F*(ranz) *D*(en) *C/K*(aiser)!

FREDRIK SAMUEL SILVERSTOLPE

En juin 1797, Silverstolpe rendit compte à ses parents à Stockholm de diverses visites chez Haydn. « Il m'a joué au piano des quatuors [ceux de l'opus 76] qu'un certain comte Erdödi lui a commandés pour cent ducats et qui ne seront édités que dans quelques années. Leur maîtrise dépasse l'imagination, ils débordent d'idées nouvelles. Pendant qu'il jouait, il m'a installé à ses côtés et fait observer comment il avait réparti les voix sur la partition. [...] Il m'a raconté comment il s'y prend pour composer, ce que je rapporterai en détail dans mes Notes » (à son père, 14 juin). « Ma chère mère a bien raison de me féliciter d'avoir fait la connaissance de Haydn. Je suis en sa compagnie aussi souvent que possible, et il me fait toujours entendre de la musique, car j'invite toujours quatre musiciens pour jouer des quatuors, ce à quoi, comme il le dit lui-même, son appartement [dans la maison de Gumpendorf] se prête bien. Selon la coutume locale, les murs en sont peints, l'écho est donc satisfaisant, et je compte bien que la musique de Haydn, jouée comme il faut, fera plaisir à son auteur. Je trouve maintenant que pour la symphonie, il est le plus grand, et qu'il dépasse même Mozart, bien que celui-ci l'ait surclassé quant au génie. Kraus [le compositeur Joseph Martin Kraus, 1756-1792, à partir de 1781 maître de chapelle de Gustave III à Stockholm] est le plus sublime des trois, mais il a moins d'imagination. »

Dans les *Notes* de Silverstolpe, on peut lire notamment : « [La maison de Gumpendorf] se trouve aux limites de la ville, non loin de la ligne que l'on passe pour aller à Schönbrunn. En entrant dans la salle on entendait un perroquet [rapporté de Londres] crier "Papa Haydn". Dans une des chambres, on voyait souvent le grand homme à la stature insignifiante se lever et quitter son travail, ou au contraire rester assis et continuer à travailler jusqu'à ce que le visiteur soit très près. [...] Durant les mois d'hiver, j'organisais souvent pour Haydn des séances de quatuors. Elles avaient lieu en soirée, et en outre, j'essayais de l'avoir de temps en temps à déjeuner. Il s'exprimait alors volontiers. [...] Ses deux voyages en Angleterre lui offraient une matière toute particulière. [...] Jamais on ne l'entendit critiquer quelqu'un par pure méchanceté. Face à la médiocrité, il ne disait mot, mais rien ne le réjouissait plus que de pouvoir révéler au monde la naissance d'un vrai talent. [...] Il ne faisait jamais la moindre difficulté à me jouer ou à me chanter ses œuvres. Parfois c'était un petit air, parfois un quatuor à cordes ; et je me rappelle l'avoir vu un jour raturer et mettre au panier le finale d'une telle œuvre et en commencer un autre : "Le précédent, déclarat-il, n'était qu'un *travail*, il ne coulait pas de source." En 1800 Haydn commença la musique des *Saisons*. »

L'année 1798 : *La Création*

La plus ancienne mention de *Die Schöpfung* (La Création) est une lettre d'Albrechtsberger à son ancien élève Beethoven : « Haydn est venu me voir hier, il a en tête un grand oratorio qu'il compte appeler *La Création* et qu'il espère finir bientôt. Il m'en a joué quelques extraits et je pense que ce sera très bien » (15 décembre 1796). Haydn avait rapporté de Londres un livret en anglais d'auteur inconnu, inspiré à la fois de la Bible (Genèse et Psaumes) et du *Paradis perdu* de Milton et qui, un demi-siècle plus tôt, avait peut-être été destiné à Haendel. Van Swieten adapta ce livret en allemand et finança l'opération par l'intermédiaire de la *Gesellschaft der Associerten* (Société des Associés), formée de membres de la plus haute aristocratie et que lui-même avait fondée en 1780 pour pouvoir donner à Vienne des oratorios de Haendel. Pour mettre Haendel au goût du jour, Swieten s'était alors adressé à Joseph Starzer, puis, après la mort de ce dernier en 1787, à Mozart, qui avait arrangé *Acis et Galatée* en 1788, *Le Messie* en 1789, puis l'*Ode à sainte Cécile* et *La Fête d'Alexandre* en 1790. Après la mort de Mozart, Swieten et la Société des Associés avaient donné de 1793 à 1795 l'*Ode à sainte Cécile*, *Judas Maccabée*, *Athalie* et *Le Messie*. Haydn avait suivi

HAYDN ET MOZART

en 1796 avec la version vocale des *Sept Paroles du Christ*. L'oratorio *La Création* s'inscrivait donc, au plan social tout au moins, dans une continuité certaine. Haydn trouva en la personne de Swieten un librettiste, mais aussi un mécène soutenu par une organisation dont la puissance et l'efficacité n'avaient pas d'équivalent à Vienne. Il aurait pu avoir dans la capitale un autre librettiste, mais pas de meilleure caution. Les membres de la Société des Associés versaient chacun dans ses caisses 50 ducats (225 florins) par an, et Swieten garantit à Haydn 500 ducats sur la recette de la première de *La Création*.

Les 1er et 2 avril 1798, Haydn dirigea à la *Tonkünstler-Societät* la première publique de la version vocale des *Sept Paroles*, Beethoven tenant de son côté, au concert du 2, la partie de piano de son quintette pour piano et vents en *mi* bémol majeur opus 16. La répétition générale de *La Création* eut lieu au palais Schwarzenberg le dimanche 29 avril, et la première audition proprement dite au même endroit, donc en privé, le lendemain 30 avril, Haydn dirigeant et Salieri étant au pianoforte. Une foule considérable s'était rassemblée pour voir arriver les invités, et il fallut, pour maintenir l'ordre, dix-huit policiers à cheval et douze à pied. Les marchands du Mehlmarkt durent démonter leurs installations et enlever leurs sacs de farine et de légumes secs, en compensation de quoi l'administration Schwarzenberg versa à chacun une indemnité de 10 florins 20 kreutzer ! Silverstolpe était là : « Personne, pas même le baron Van Swieten, n'avait vu la page de la partition dépeignant la naissance de la lumière. C'était le seul endroit de son travail que Haydn avait tenu caché. Je crois voir encore son visage au moment où ce trait sortit de l'orchestre. Haydn avait la mine de quelqu'un prêt à se mordre les lèvres, soit pour réprimer sa confusion, soit pour dissimuler un secret. Et à l'instant précis où pour la première fois cette lumière éclata, tout se passa comme si ses rayons avaient été lancés des yeux brûlants de l'artiste. La réaction des Viennois, électrisés, fut telle que pendant quelques minutes l'orchestre ne put continuer. »

Deux autres exécutions suivirent, toujours chez Schwarzenberg, les 7 et 10 mai. La carrrière de Haydn connut avec ces

quatre concerts un nouveau sommet qui ne devait être dépassé
qu'avec les premières exécutions publiques un an plus tard.
Avec *La Création* (puis en 1801 avec *Les Saisons*), il signa, du
moins à terme, l'acte de décès de l'oratorio italien à Vienne et
donna à l'oratorio allemand moderne (postbaroque) ses lettres
de noblesse et ses plus beaux spécimens. Il revitalisa les anciens
modèles grâce à l'exemple (plus qu'à l'influence) de Haendel, et
surtout grâce à son propre style symphonique de maturité et à la
connaissance qu'il avait des grands opéras de Mozart. Les
hommes du temps furent touchés par une musique géniale, mais
aussi par la proclamation d'une humanité à l'image de Dieu,
conception issue des Lumières et à l'opposé de celle émanant de
beaucoup de cantates de Bach, où face à Dieu, pour avoir péché,
l'homme n'est rien. Ils furent aussi touchés par des préoccupations fraternelles et maçonniques encore à l'ordre du jour et déjà
énoncées, sept ans auparavant, dans *La Flûte enchantée* de
Mozart. Cela en attendant, sept ans plus tard (1805), *Fidelio* de
Beethoven. C'était une époque où non seulement l'on procla-
mait – comme encore plus tard (1824), dans un dernier geste de
défi, la *Neuvième Symphonie* de Beethoven – mais où l'on
croyait encore que tous les hommes étaient frères. Martin Stern
voit dans le livret de Swieten – où Dieu est qualifié d'ouvrier et
les anges de *citoyens* du ciel – une des plus fortes illustrations de
la « thèse centrale de l'*Aufklärung* (des Lumières) selon laquelle
le "Fiat lux" (Que la lumière soit) constitue un acte irréversible
de la raison divine. [...] En réduisant pour toujours à néant, par
la création de la lumière, la troupe des esprits de l'enfer, et en la
bannissant du monde ayant pris forme, l'œuvre s'émancipe non
seulement de Milton, mais aussi du texte original de la Bible ».
Le péché originel est certes évoqué dans le livret, mais uniquement comme une éventualité dont on est averti et à laquelle il est
par conséquent possible d'échapper. Dans la troisième partie,
c'est un ange qui chante la gloire d'Adam et Ève, et non l'inverse, et dans les deux premières, avant même l'apparition de
l'homme, le monde en train d'être créé est déjà à son service,
conçu comme un objet de jouissance. Comme *La Flûte enchantée* de Mozart et *Fidelio* de Beethoven, *La Création* chante

l'amour conjugal, sans rupture de ban avec l'ordre divin, ni même, du moins Haydn l'espérait-il, avec celui de l'Église. Œuvre glorifiant le Créateur, *La Création* contribua objectivement à la sécularisation de l'art et à la déification de l'artiste.

Silverstolpe rapporte qu'après lui avoir joué au piano l'extraordinaire *Représentation du Chaos* servant d'introduction, Haydn déclara : « Vous avez certainement remarqué que j'ai évité les résolutions auxquelles on s'attend le plus. C'est que rien encore n'a pris forme. » Cette page visionnaire débute en un mystérieux *ut* mineur, et n'acquiert sa pleine signification qu'avec l'éclatant *ut* majeur de *Und es ward Licht* (Et la lumière fut). Les trois parties de l'ouvrage sont consacrées respectivement aux éléments, aux animaux et à l'homme, au paradis terrestre. Les solistes personnifient les archanges Gabriel (soprano), Uriel (ténor) et Raphaël (basse), puis dans la troisième partie Adam (basse) et Ève (soprano). On entend plusieurs fois, mais jamais de la même façon, la succession suivante : récit biblique (récitatif accompagné ou non), commentaire et-ou épisode lyrique (récitatif accompagné, air ou ensemble vocal avec chœur ou non), chant de louange (grand chœur). Il n'y a en tout que cinq airs, et les différents numéros se regroupent par grands blocs, l'impression d'ensemble étant celle d'une vaste symphonie remarquablement construite. Les épisodes descriptifs relèvent soit de la peinture musicale (ou *Tonmalerei*), soit plus souvent du symbolisme musical. On remarquera que pour une même image, la musique précède toujours les paroles, et non l'inverse. Elle n'illustre pas des paroles déjà prononcées, ce sont les paroles qui après coup viennent en quelque sorte commenter la musique, dont ainsi les aptitudes à surprendre restent intactes.

L'année 1798 : la *Missa in angustiis* ou *Nelsonmesse*

Première œuvre de Haydn postérieure à *La Création*, elle fut commencée à Eisenstadt le 10 juillet, terminée le 31 août et créée le 23 septembre. Haydn appela cette messe en *ré* mineur et majeur Hob. XXII.11 *Missa in angustiis* (Messe pour un temps d'angoisses). Les « angoisses » de l'été 1798 venaient non plus d'Italie mais d'Égypte, pays vers lequel, pour sa fameuse expédition, Bonaparte s'était embarqué à Toulon le 19 mai. Le 1ᵉʳ août, alors que Haydn travaillait à sa messe, l'amiral Nelson remporta sur la flotte française la victoire navale d'Aboukir. Mais Haydn, comme tout le monde en Autriche, n'en ayant rien su avant plusieurs semaines, la *Missa in angustiis* ne peut être associée à cette victoire anglaise. C'est seulement le 15 septembre que Zinzendorf nota : « Thugut [ministre autrichien de la Guerre] a fait assurer à Saurau que l'*admiral* Nelson a brûlé la flotte de Buonap dans le port d'Alexandrie. » Et le 16 : « La bataille a été à Aboukir. » Selon la tradition, Haydn dirigea l'ouvrage en présence de Nelson et de Lady Hamilton à Eisenstadt en septembre 1800 : d'où son second surnom, qui toutefois n'apparut qu'en 1809.

Au début de 1798, pour faire des économies, Nicolas II avait licencié son ensemble d'instruments à vent, qu'il ne devait renouveler qu'en 1800. La version originale de la *Nelsonmesse* (celle de l'autographe) prévoit donc un orchestre fait uniquement de trois trompettes (la troisième uniquement dans les deux morceaux en *ré* mineur, à savoir le Kyrie et le Benedictus), timbales, cordes, basse et orgue concertant. Or pour son édition de 1803, réalisée à partir d'une copie contenant de nombreuses erreurs, Breitkopf & Härtel non seulement fit recomposer par un musicien de Leipzig des parties de vent (flûte, 2 hautbois, 2 bassons, 2 cors) en leur attribuant ce que Haydn avait dévolu à l'orgue concertant, mais bouleversa complètement celles de trompettes et de timbales : jusqu'au milieu du XXᵉ siècle, la *Nelsonmesse* ne fut connue que dans cette édition dépourvue de toute authenticité, alors que les sonorités acides et austères de l'original sont de loin préférables !

Un souffle dramatique intense anime de bout en bout la *Nelsonmesse*, produisant un effet très direct. Haydn y mit une fois de plus son génie de symphoniste au service de l'inspiration religieuse, l'épisode le plus célèbre se situant à la fin du Benedictus : de puissants triolets martelés aux trompettes, puis aussi aux timbales, soutiennent l'ultime « Benedictus qui venit in nomine Domini » clamé par le chœur. Ce passage anthologique –

pendant chez Haydn de sa scène du Commandeur du *Don Giovanni* de Mozart – s'étend sur douze mesures, débouchant sur
une puissante cadence de *ré* mineur portant la tension à son
comble. Que la *Nelsonmesse* soit la plus populaire des quatorze
messes de Haydn n'a donc rien d'étonnant. Les cinq autres
messes de 1796-1802 sont cependant tout aussi remarquables.
Six messes – dont quatre en *si* bémol majeur, la note *si* bémol
étant en principe la plus aiguë pour les sopranos d'un chœur
– d'un tel niveau en un si court laps de temps, cela ne s'était pas
vu depuis longtemps. On songe néanmoins aux cinq de l'ultime
période de Jan Dismas Zelenka (1678-1745). Comme les deux
grands oratorios, les dernières messes de Haydn réussissent un
parfait équilibre entre l'orchestre et les voix et, au sein de ces
dernières, entre le chœur et le quatuor vocal, qui s'opposent ou
se mêlent de façon saisissante. Les rapports entre musique et
paroles y sont les mêmes que dans les opéras de Mozart : d'où
leur efficacité dramatique et leur élévation spirituelle. Elles se
situent au moment où en Autriche, la musique religieuse releva
pleinement du style « classique ». Elles plongent leurs racines
loin dans le passé viennois, mais on n'a jamais, en les écoutant,
une impression d'archaïsme, d'imitation de style ancien « à la
manière de », ce qui est parfois le cas, glorieusement il est vrai,
de la messe en *ut* mineur et du *Requiem* de Mozart. « Chez
aucun grand compositeur de l'époque, la connaissance des
messes n'est aussi indispensable pour un jugement d'ensemble
que chez Haydn », a écrit Alfred Schnerich (1859-1944), un des
principaux artisans de la renaissance de ce répertoire à la fin du
XIXe siècle et au début du XXe. Le type de « messe symphonique »
créé par Haydn devait exercer sur Beethoven, Schubert et
Bruckner, ainsi que sur Hummel et Cherubini, une influence
déterminante.

À Vienne en octobre, Haydn revit pour la première fois depuis
vingt-sept ans son frère Michael. Ce dernier, peut-être accompagné par Joseph, assista les 27 octobre et 5 novembre au Theater-
auf-der Wieden, c'est-à-dire chez Schikaneder, à deux concerts
au bénéfice de la basse Johann Ludwig Fischer (1745-1825),

créateur en 1782 du rôle d'Osmin dans *L'Enlèvement au sérail* de Mozart. Le 27, Fischer chanta l'air de Sarastro «*In diesen heil'gen Hallen*» de *La Flûte enchantée*, et on entendit en outre «M. van Beethoven jouer au pianoforte un concerto de sa propre composition». On imagine avec plaisir les frères Haydn écoutant ensemble Beethoven dans un de ses concertos! Les deux concerts se terminèrent par la «toujours populaire symphonie» de Haydn, vraisemblablement *La Surprise*. Un an plus tard, Michael rapportera dans une lettre à Neukomm, après avoir reçu de lui un morceau de musique pour sa fête, un épisode amusant relatif à ce séjour: «Très cher cousin! Votre *Hochgesang* m'a fait grand plaisir. [...] J'ai pensé immédiatement à mon très cher frère (veuillez lui transmettre, ainsi qu'à sa femme, mes compliments respectueux). Quand j'ai déjeuné chez lui, il m'a agréablement surpris avec des pièces pour instruments à vent que je ne connaissais pas, et même son perroquet, en les entendant, s'est écrié *Was ist das?* [C'est quoi?] (23 novembre 1799).

L'ANNÉE 1799: PREMIÈRE PUBLIQUE DE *LA CRÉATION*

Mars 1799 fut un mois très chargé. Haydn dirigea deux nouvelles exécutions de *La Création* chez Schwarzenberg le 2 et et le 4 mars, deux exécutions des *Sept Paroles* à la *Tonkünstler-Societät* les 17 et 18 au soir, la répétition générale publique de *La Création* le 18 à midi, et la première publique le mardi 19. Cette dernière date n'avait pas été choisie par hasard: c'était la Saint-Joseph. Dès quatre heures de l'après-midi, une foule énorme se pressait devant le Burgtheater. «Jamais depuis sa construction on n'y avait vu une bousculade aussi terrible et aussi dangereuse» (Rosenbaum). Parmi les auditeurs, la fille de Louis XVI, Marie Thérèse Charlotte (1778-1851): cousine germaine de l'empereur François, elle vivait à Vienne depuis sa sortie de la prison du Temple. La recette dépassa 4 000 florins, pulvérisant tous les records des théâtres viennois. Le même jour, des troupes russes traversèrent Vienne: commandées par le maréchal Souvorov, elles se dirigeaient vers l'Italie pour y combattre les armées du Directoire, mais devaient être arrêtées et contraintes à la retraite à Zurich par le général Masséna.

Au début de mars étaient arrivés à Vienne le marchand de musique suédois Georg Johann Berwald et son fils Johan Fredrik (1787-1861), respectivement oncle et cousin du compositeur Franz Berwald (1796-1868). Johan Fredrik devait laisser d'intéressants souvenirs permettant d'observer Haydn de près, ainsi que, pour une fois, sa femme: « Dès 4 heures de l'après-midi [le 19 mars], notre serviteur nous a priés de nous hâter, car le théâtre, malgré un début annoncé pour 7 heures, était déjà assiégé par une foule immense. À notre entrée dans la salle, nous vîmes que la scène avait été disposée en amphithéâtre. En bas, assis au pianoforte, le maître de chapelle Weigl, entouré des solistes vocaux, du chœur, d'un violoncelle et d'une contrebasse. À un niveau plus élevé, Haydn lui-même avec son bâton de chef d'orchestre. Encore plus haut, d'un côté les premiers violons conduits par Paul Wranitzky, et de l'autre côté les seconds violons conduits par son frère Anton Wranitzky. Au centre, les altos et les basses; aux niveaux les plus élevés, les instruments à vent, avec au sommet les trompettes, les timbales et les trombones. [...] Entre les parties des applaudissements frénétiques, mais durant chaque partie un silence de mort. À la fin, on s'est mis à crier "Vater Haydn! Vater Haydn!" Enfin le vieillard est apparu, et avec des applaudissements frénétiques et aux cris de "Vive Vater Haydn! Vive la musique!" la fête a pris fin. Toute la famille impériale était là et s'est mêlée aux applaudissements. [...] Le lendemain nous sommes allés chez lui dans les faubourgs, où il avait une belle maison avec un jardin. Quand nous eûmes demandé si le docteur Haydn était là, un serviteur répondit qu'il était absent, mais que la Doctorin [Mme Haydn] était dans le jardin, dont il nous montra le chemin. Sur un banc était assise une vieille femme entourée de chiens et de chats, et quand mon père lui eut dit avoir appris que le docteur n'était pas là, elle répondit en dialecte viennois: "Il n'est pas là, mais il va revenir bientôt." Mon père lui ayant demandé si elle avait participé au voyage en Angleterre dont il venait de rentrer, elle répondit: "Non, mon mari a eu assez de mal à me traîner dans les faubourgs, jamais je ne quitterai ma Vienne bien-aimée." Nous en vînmes à parler de l'œuvre extraordinaire, *La Création*, que nous avions entendue la veille, et elle dit : "On prétend que c'est très bien, moi je n'y comprends rien." Des discours de la vieille, nous déduisîmes qu'elle n'était ni cultivée ni portée vers la musique. [...] Haydn parut, et la femme s'éloigna avec ses chiens et ses chats. » Le 5 avril, les Berwald retrouvèrent Haydn lors d'un concert chez le comte Fries : « Il pria mon père de me confier à lui, car il n'avait pas d'enfants, ajouta-t-il en soupirant, mais mon père répondit qu'il n'avait qu'un fils, ajoutant qu'évidemment, sous la houlette du docteur Haydn, ce fils serait bien mieux loti qu'il ne l'était actuellement. »

Le concert du 19 mars 1799 marqua l'apogée de la carrière de Haydn, et le point de départ de la nouvelle et ultime vague de popularité que de son vivant il connut à travers l'Europe. Matériellement, cela se traduira par la publication – par souscription et en deux langues (allemand et anglais) – de *La Création*, effective le 28 février 1800, et par l'exécution de l'ouvrage dans d'innombrables villes allemandes, et aussi de Londres à Stockolm et de Paris à Saint-Pétersbourg et à Moscou : « événement de culture » tel qu'on n'en avait jamais vu en musique, le premier du XIXe siècle mais en même temps couronnement du XVIIIe. En quelques mois, dans un continent déchiré par la guerre, *La Création* fit vibrer à l'unisson ou presque l'Autriche catholique, l'Allemagne du Nord protestante, l'Angleterre de William Pitt, malgré la gloire des oratorios de Haendel dans ce pays, et la France de Bonaparte. *La Création* fut entendue à Londres au Covent Garden le 28 mars 1800, puis au King's Theatre sous la direction de Salomon moins d'un mois plus tard, le 21 avril, et c'est en se rendant à la première parisienne le 24 décembre de la même année que Bonaparte faillit être victime de l'attentat de la rue Saint-Nicaise. La Hollande, le Danemark, la Suède et la Russie suivirent en 1801. Dans la seule année 1800, Michael Haydn dirigea cinq fois *La Création* à Salzbourg, la première fois le 19 août.

Georg August Griesinger

En avril 1799 arriva à Vienne, venant de Leipzig comme précepteur du fils aîné de l'ambassadeur de Saxe, le comte von Schönfeld, un homme qui pendant dix ans jouera dans la vie de Haydn un rôle de tout premier plan : Georg August Griesinger (1769-1845), alors âgé de trente ans. La famille Schönfeld possédait une résidence d'été près de Leipzig, à Störmthal. Griesinger l'y accompagna souvent. Personne durant la décennie 1799-1809 ne fréquenta Haydn aussi régulièrement ni ne l'observa d'aussi près et avec autant de lucidité que Griesinger : d'où l'intérêt de ses *Notices biographiques*, parues en 1810 chez Breitkopf & Härtel. Avant de quitter Leipzig, Griesinger s'était vu demander par Gottfried Christoph Härtel (1763-1827), à partir de 1800 seul propriétaire de la maison d'édition Breitkopf & Härtel, de prendre contact avec Haydn et de servir dorénavant d'intermédiaire dans leurs relations d'affaires : d'où les lettres de Griesinger à Härtel, nombreuses et précieuses par les renseignements qu'elles contiennent sur Haydn et sur la vie musicale à Vienne en général, y compris sur Beethoven. Les *Notices biographiques* de Griesinger et ses lettres à Härtel se complètent et se recoupent fort bien. Les quatre premières lettres se succédèrent en moins d'un mois. « Vous m'offrez l'occasion de faire la connaissance d'un des plus grands compositeurs et de vous rendre un service modeste et facile. J'irai voir Haydn demain, et vous rendrai compte fidèlement de notre entretien » (18 mai). « Après m'être rendu en vain plusieurs fois chez M. Haydn dans les faubourgs, je l'ai enfin trouvé ce matin. […] Il approuve entièrement votre projet d'édition de ses œuvres pour piano. […] Il ne peut vous promettre trois nouvelles sonates, étant surchargé de travail et devant encore satisfaire d'anciennes commandes de l'impératrice, de la princesse Esterházy et d'autres riches Viennois. […] Votre édition des œuvres de Mozart lui a beaucoup plu, et il m'a chargé de vous remercier pour les exemplaires que vous lui avez envoyés » (25 mai). « Il vous demande de ne pas publier sa biographie sans qu'il l'ait vue lui-même. Il lui est arrivé dans sa vie bien des choses dont seules de rares personnes sont au courant. Pour le reste, le projet n'a pas semblé lui déplaire » (12 juin). « Il a contemplé plusieurs fois les cahiers [des œuvres de Mozart] en disant *Très bien, moi et Mozart nous nous estimions beaucoup, et il m'appelait son Papa* » (19 juin). Le 12 juin, Haydn avait rédigé lui-même une assez longue lettre à Härtel : « Le monde me complimente beaucoup tous les jours sur le feu de mes nouvelles productions, mais personne ne réalise la peine et les efforts qu'il m'en coûte pour les mener à bien, certains jours mes trous de mémoire et mes nerfs malades m'abattent à un point tel que j'en suis tout déprimé et donc incapable de trouver la moindre idée, jusqu'à ce que la Providence me ressuscite et me permette de me rasseoir à mon piano et de recommencer à gratter. [...] J'espère que MM. les critiques ne se montreront pas trop sévères envers ma Création [que Breitkopf & Härtel s'apprêtait à publier], on s'offusquera peut-être ici ou là de quelques solécismes ou ailleurs de légères bagatelles, mais les vrais connaisseurs en verront la raison aussi bien que moi et ne s'indigneront pas pour si peu. Nulla Regola S[enza] E[ccezione]. »

THERESIENMESSE (1799)

Le 9 juillet, Haydn partit à Eisenstadt pour le premier de ses trois séjours de la saison 1799. Dans le journal de Rosenbaum, on peut lire : « Dimanche 8 septembre, fête de la princesse. Vers 3 heures, table dressée dans la grande salle. Nombreux toasts, tous accompagnés par les trompettes et timbales, et devant le château par le tonnerre des canons. Le prince a bu aussi à la santé de Haydn. [...] Le repas a duré jusqu'à cinq heures, mais l'ambiance n'était pas très gaie, malgré 80 plats et les vins les plus recherchés. » Rosenbaum ne dit mot de la *Theresienmesse* en *si* bémol majeur Hob. XXII.12, mais le toast porté par Nicolas II à Haydn semble indiquer qu'on l'avait entendue le matin même. Sa dénomination, qui signifie « Messe pour Thérèse » et non « Messe de sainte Thérèse », repose sur la légende voulant qu'elle ait été composée pour l'impératrice Marie Thérèse (1772-1807), deuxième des quatre épouses de l'empereur François II. Admiratrice de Joseph et de Michael Haydn, Marie Thérèse était assez bonne musicienne pour chanter elle-même, en mai 1801, les parties de soprano de *La Création* et des *Saisons*. Reste que comme les cinq autres, la *Theresienmesse* fut composée pour la fête de Maria Hermenegild Esterházy. L'orchestre ne comprend, outre les cordes et la basse (orgue et basson), que 2 clarinettes, 2 trompettes et les timbales. Elle resta inédite du vivant de Haydn. C'est la seule des six dernières que Breitkopf & Härtel ne publia pas. C'est aussi celle mêlant le plus étroitement le savant et le populaire, le sacré et le profane. La partition d'orchestre ne parut pour la première fois qu'en 1924, mais il s'agissait d'une des premières éditions modernes d'une messe de Haydn, ce qui fit de la *Theresienmesse*, dans les années qui suivirent, une des plus connues.

Quatuors à cordes « Lobkowitz » opus 77 (1799)

Les quatuors à cordes opus 77 auraient dû être comme d'habitude au nombre de six, ou au moins trois, mais ils ne sont que deux, composés l'un et l'autre en 1799 : n° 1 en *sol* majeur et n° 2 en *fa* majeur, les derniers ouvrages du genre achevés par Haydn. Ils résultèrent d'une commande du prince Lobkowitz, et leurs autographes sont les seuls de ses propres quatuors que Haydn possédait encore à sa mort. Il espéra toujours en achever un troisième, mais en fut empêché d'abord par son travail sur les *Saisons*, puis par ses ennuis de santé. « Haydn travaille en ce moment à six quatuors pour le prince Lobkowitz », écrivit Griesinger à Härtel le 4 juillet 1801. Le 24, il précisa que quatre étaient terminés, ce qui ne correspondait pas à la réalité, et le 4 novembre, plus prosaïquement, qu'ils n'étaient pas tous achevés. Le 20 janvier 1802, il transmit une information exacte : deux quatuors seulement étaient terminés, et Haydn avait consenti à leur publication. Le 20 mars, il annonça cependant que la publication n'interviendrait pas « avant que Haydn en ait composé un

troisième, tâche à laquelle il se consacre actuellement », et le
3 avril, qu'il avait entendu dans un salon les deux existant déjà.
Les deux quatuors parurent finalement chez Artaria en septembre 1802, dans l'ordre passé à la postérité et avec une dédicace à Lobkowitz. Quant au troisième, c'était le futur opus 103,
destiné à demeurer inachevé. Au même moment, plus précisément de l'été ou de l'automne 1798 à l'été 1800, Beethoven composa ses premiers quatuors : les six de l'opus 18, parus en 1801
avec une dédicace au même mécène, le prince Lobkowitz. Rien
cependant n'indique que telle fut la raison pour laquelle Haydn
cessa d'écrire lui-même des quatuors. Le travail qu'en 1802-
1803 il accomplit sur l'opus 103 indique nettement le contraire.
    Les autographes de l'opus 77 ont été publiés en fac-similé à
Budapest (1972, rééd. 1980) avec une importante préface du
musicologue Laszlo Somfai. « Ils ne montrent », observe Somfai, « aucune trace d'épuisement intellectuel ou physique. La
notation, comparée à celle des manuscrits des dix années précédentes, apparaît tout naturellement plus réfléchie, très méticu-
leuse, comme le résultat d'un processus plus lent. Son écriture
est plus petite, la plume a été plus souvent trempée dans l'en-
crier. Sa main, obligée de s'appuyer pour écrire, est plus raide, et
quand il faut tracer une longue ligne, une courbe de legato, il
préfère de petits traits les uns à côté des autres. […] On décèle
sur ces autographes plusieurs améliorations intéressantes, mais
aussi des modifications, et bien que l'on sache que Haydn, lorsqu'il les écrivit, ne faisait pour l'essentiel que copier, mettre au
propre, on peut en déduire qu'à ce stade également, il avait une
activité créatrice. » Le papier et la disposition des autographes
ont conduit Somfai à estimer qu'ils avaient dû être écrits dans
l'ordre suivant : premier mouvement du n° 1 tout d'abord, puis
n° 2 en entier, et enfin trois derniers mouvements du n° 1. Mais
ajoute-t-il, on ne saurait voir là un ordre de composition, d'autant qu'on ne possède, pour ces œuvres, aucune esquisse ni
aucun premier jet.
    Le quatuor en *sol* majeur opus 77 n° 1, le plus mélodique des
deux, s'ouvre par un Allegro moderato dont le rythme de
marche annonce curieusement le début de la *Sixième Symphonie*

de Mahler (1904) : accord initial marqué *forte*, soubassement rythmique bien scandé, thème aux rythmes pointés. L'Adagio, forme sonate monothématique sans reprises, est en *mi* bémol majeur, mais son thème énoncé à l'unisson des quatre instruments pourrait aussi bien annoncer *ut* mineur. Bien que marqué Menuetto, le troisième mouvement est un des plus extraordinaires scherzos jamais écrits. Le tempo est Presto, et il faut absolument s'y tenir. Le premier violon se livre à des sauts vertigineux, et c'est par une cadence rompue que le discours plonge dans le *mi* bémol majeur et les martèlements de noires du trio. Haydn explore ici à fond, mais à sa manière, le même terrain que Beethoven. Il faut absolument éviter la moindre chute de tension, et une légère accélération apparaît tout à fait concevable. Le finale (Presto) évoque fortement le kolo, sorte de ronde au parfum croate.

Plus polyphonique, d'une écriture souvent linéaire, le quatuor en *fa* majeur opus 77 n° 2 n'en contient pas moins des idées d'une belle chaleur expressive. C'est vrai du thème principal de son Allegro moderato initial, que Cecil Gray a rapproché du début de la seconde moitié (« Nella bionda egli ha l'usanza ») de l'air du catalogue de *Don Giovanni*. Le Menuetto est en deuxième position, ce qui ne s'était plus vu depuis les quatuors opus 64 n° 1 et n° 4 de 1790. Il a de nouveau tout d'un scherzo, et sa flexibilité rythmique est extrême : pulsations ternaire et binaire alternent (ou plutôt se mêlent) sans cesse, le binaire occupant en général le devant de la scène et le ternaire assurant l'arrière-plan. Contraste total avec le trio en *ré* bémol majeur, marqué *pianissimo*, tourné vers l'intérieur, et pour lequel un tempo plus retenu semble de mise. Suit un sublime Andante en *ré* majeur, tonalité à mettre en rapport avec *fa* majeur, tonique de l'ouvrage, mais aussi avec le *ré* bémol majeur du trio, qui agit a posteriori comme une sorte de sensible de *ré*. Cet extraordinaire mouvement relève à la fois de la variation, du rondo et de la forme sonate. Il est fondé sur une de ces marches lentes dont Haydn avait le secret : thème à la fois circulaire et répétitif, passant sans cesse d'un instrument à l'autre, pas toujours à la tonique, et interrompu chaque fois un peu plus tôt dans son déroulement. Haydn conçut ici une page dynamique, comme toujours chez lui, mais abolissant le cours du temps aussi complètement que n'importe quoi chez Schubert. La conclusion est d'une sérénité bienfaisante à nulle autre pareille, et l'on songe au pianiste, chef d'orchestre et compositeur Ferdinand Hiller (1811-1885), ami de Mendelssohn, écrivant dans une lettre à propos de Haydn : « Quelle bénédiction que ce compositeur ! Si tout le monde savait lire la musique, il serait l'un des plus grands bienfaiteurs de l'humanité. » L'accord isolé de tonique (*fa* majeur) ouvrant le finale (Vivace assai) ramène sur terre. Comme déjà le finale du trio en *la* majeur n° 32 (Hob. XV.18), ce mouvement est une brillante « polonaise à la hongroise ». Il se projette en avant avec une constante énergie et une prodigieuse rapidité de pensée, comme le mouvement correspondant de l'opus 76 n° 6, et annonce le xxᵉ siècle plus encore que le xixᵉ. La plus grande complexité y va de pair avec un ton très enjoué, combinaison que, selon Hans Keller, on ne devait retrouver au même degré que chez Beethoven et Schönberg.

Les 22 et 23 décembre 1799, la *Tonkünstler-Societät* programma pour ses concerts de l'avent *La Création*, donnée pour la première fois en public depuis le 19 mars. Griesinger envoya à l'*Allgemeine Musikalische Zeitung* un compte rendu faisant apparaître Haydn comme un chef d'orchestre moderne : « Salieri était au pianoforte, et Haydn lui-même dirigeait l'ensemble. Des plus intéressantes m'est apparue sa mimique. Il s'en servait pour insuffler à tous les musiciens l'esprit dans lequel il avait composé son œuvre et voulait qu'elle fût exécutée. Dans tous ses gestes, rien moins qu'exagérés, on pouvait lire clairement ce qu'à chaque épisode il avait pensé et ressenti lui-même. Espérons que jamais ne sera défigurée par une exécution maladroite ou médiocre une œuvre par laquelle Haydn a tant fait honneur à la patrie allemande. »

L'année 1800

L'année 1800 fut pour Haydn celle d'un travail épuisant sur *Les Saisons* ainsi que celle de la mort de sa femme. Cet événement survint le 20 mars, chez Anton Stoll à Baden. Son testament fut ouvert le 22, jour de son enterrement, en présence de Haydn (légataire universel) et d'Anton Stoll. La défunte avait laissé 2 746 florins 50 kreutzer, et Haydn, devenu seul propriétaire de la maison de Gumpendorf, toucha finalement 980 florins 4,75 kreutzer, déjà investis dans la maison. Thérèse (Josepha) Keller, l'amour de jeunesse de Haydn, était mentionnée aux articles 8 (legs de 200 florins) et 13 du testament (20 florins à distribuer aux pauvres), ainsi qu'au paragraphe 4 du codicille : « Je lègue à Antonia Stoll ma robe de mousseline des Indes, et à ma sœur l'ex-nonne, toujours en vie, ma robe de satin à rayures jaunes. » Ainsi prit fin un mariage qui avait duré quarante ans. La perte de sa femme aurait eu pour Haydn une signification différente si elle s'était produite quinze ans plus tôt, alors qu'il côtoyait tous les jours Luigia Polzelli à Eszterháza, ou même cinq ans plus tôt, à son retour de Londres. En 1800 cependant, à soixante-huit ans, il n'éprouvait aucune envie de contracter un second mariage. Il rédigea néanmoins le papier suivant : « Je soussigné promets à la signora Loisa Polzelli (au cas où je songerais à me remarier) de ne prendre aucune autre épouse que ladite Loisia Polzelli, et si je reste veuf, je promets à ladite Polzelli de lui laisser, après ma mort, une pension à vie de trois cents florins (en chiffres 300 fl.) en monnaie viennoise. [...] Vienne 23 mai 1800. » Comme Haydn l'avait prévu, Luigia épousa rapidement quelqu'un d'autre : un chanteur nommé Luigi Franchi, avec qui elle s'installa à Crémone. Haydn tira les conséquences, et dans son testament de 1801 réduisit sa pension annuelle de 300 à 150 florins. Luigia resta en Italie jusqu'en 1820.

Méritée ou non, la seule oraison funèbre connue de Mme Haydn se trouve dans une lettre de Silverstolpe du 5 avril 1800 au compositeur Pehr Frigel (1750-1841), secrétaire de l'Académie de musique de Suède : « Comme nouveautés musicales, une seule chose, Haydn écrit un nouvel oratorio appelé *Les Saisons*. Le texte, comme celui de *La Création*, est du savant baron van Swieten. Le Printemps est déjà terminé, et Haydn travaille avec d'autant plus d'ardeur qu'il vient d'avoir la chance de perdre sa méchante femme. Elle a suivi Mme Gluck, morte elle aussi récemment, Mais leurs caractères étaient très différents. »

C'est l'énorme succès remporté par *La Création* qui poussèrent Haydn et Swieten à tenter l'expérience d'un second grand oratorio allemand. La plus ancienne mention des *Saisons* est du 24 mars 1799. Ce jour-là, un de ses correspondants à Vienne – sans doute Swieten en personne – écrivit l'*Allgemeine Musikalische Zeitung* que Haydn travaillait à un ouvrage de ce nom et avait déjà terminé la première partie, le Printemps. Haydn mentionna quant à lui l'ouvrage pour la première fois dans une lettre du 23 septembre 1799 à Ernst Ludwig Gerber. Y sont abordés deux points essentiels : le côté « profane » des *Saisons* par opposition au côté « sacré » de *La Création* et les grandes difficultés que causèrent l'œuvre au compositeur, âgé de 67 ans en 1799 et que commençait à atteindre l'artériosclérose cérébrale qui après 1803 devait mettre un terme à sa vie active. « Comme ce sujet ne saurait être aussi sublime que celui de *La Création*, on trouvera entre les deux des différences notables. Mais avec l'aide de Dieu j'y consacrerai toutes mes forces, et quand j'aurai fini, je me retirerai à cause de mes nerfs malades. »

Les premiers jours du printemps 1800 virent se dérouler à Vienne, en moins de deux semaines, sept manifestations musicales importantes : première audition du concerto pour trompette de Haydn (28 mars), premier concert donné à son propre bénéfice par Beethoven, avec notamment la création de sa *Symphonie n° 1*, et enfin cinq auditions de *La Création* (sans compter les répétitions générales publiques) : le 4 avril chez le comte Moritz von Fries (1777-1826) dans un arrangement (pour quintette ou pour sextuor) de Paul Wranitzky, les 6 et 7 à la *Tonkünstler-Societät* et les 12 et 13 chez le prince Schwarzenberg. Haydn, malade, ne put diriger chez Schwarzenberg, où il fut remplacé par son filleul Joseph Weigl. Le 26, Griesinger annonça à Härtel que Haydn pouvait de nouveau sortir, quoique encore incapable de travailler normalement, et le 1er juillet, le compositeur prit lui-même la plume : « Je regrette de ne pouvoir pour l'instant vous envoyer une nouvelle sonate pour piano. [...] Les difficultés que j'éprouve à composer *Les Saisons* et ma faiblesse actuelle m'empêchent de travailler à deux choses à la fois. »

Un mois plus tard, Vienne reçut des hôtes de marque : venant de Palerme et en route vers l'Angleterre, Nelson et le couple Hamilton y arrivèrent le 18 août. C'est essentiellement grâce à l'amiral et à l'énergie de la reine Marie Caroline qu'après l'épisode de la République parthénopéenne, notre ancienne connaissance Ferdinand IV avait été rétabli sur le trône de Naples. Le 23, Lady Hamilton reçut en cadeau une partition de *La Création*, et du 6 au 9 septembre le trio séjourna à Eisenstadt, ce qui coïncida avec la fête de la princesse le 8. Haydn avait été prévenu. Le 3, il écrivit à Artaria : « Ma princesse, tout juste revenue de Vienne, me dit que Mylady Hammelton viendra à Eisenstadt le 6 et qu'elle souhaite y chanter ma cantate *Ariadne a Naxos*, mais je n'en ai aucun exemplaire et vous prie de vous en procurer un très vite et de me l'envoyer. » Lady Hamilton exerça ses talents de chanteuse sur *Ariadne*, mais aussi sur la canzonet anglaise *The Spirit's Song* et sur une œuvre composée par Haydn spécialement pour l'occasion : la cantate pour soprano et piano *Lines from the Battle of the Nile* (Vers tirés de la Bataille du Nil) Hob. XXVIb.4. Le texte – des vers de mirliton mettant en relief le nom de Nelson – était tiré d'une ode en l'honneur d'Aboukir et de Nelson écrite à Naples en 1798 par Ellis Cornelia Knight, fille d'amiral et demoiselle de compagnie de Lady Hamilton. Dans ses Mémoires, Miss Knight évoquera son séjour en Autriche : « Nous faisions souvent de la musique, et les meilleurs compositeurs et interprètes étaient heureux d'être présentés à Sir William et à Lady Hamilton. J'ai beaucoup apprécié Haydn. Il a dîné avec nous, et sa conversation était modeste et pleine de bon sens. Il a mis en musique quelques vers anglais, dont en partie une ode écrite par moi après la bataille du Nil et décrivant les convulsions de l'Orient. Haydn accompagnait Lady Hamilton au piano quand elle chantait cette pièce, et l'effet était grand. [...] J'ai constaté qu'à Vienne, la nation anglaise n'était pas populaire du tout. Les gens s'opposaient pour la plupart à la guerre contre la France, qui pour eux s'était révélée si désastreuse. » Selon Griesinger, Nelson pria Haydn de lui offrir une plume lui ayant servi à composer, et lui offrit sa montre en échange.

Une facture de copiste indique que le second *Te Deum* de Haydn (Hob. XXIIIc.2), écrit pour l'impératrice en 1799 ou 1800, fut donné à Eisenstadt en 1800 : sans doute le 8 septembre (fête de la princesse) en présence de Nelson. Contrairement à celui de 1763-1764, il renonce aux solistes vocaux : à un orchestre important ne s'oppose qu'un chœur à quatre voix. D'une durée de dix à douze minutes, il se termine par une puissante double fugue. Ce magnifique *Te Deum* est le seul ancêtre véritable de celui de Bruckner, qu'en plusieurs passages il annonce très concrètement.

La guerre de 1800

En Italie, la situation militaire continuait à se détériorer pour l'Autriche. En Allemagne également, où le 3 décembre le général Moreau infligea aux Autrichiens la défaite décisive à Hohenlinden. À Vienne, on se prépara à une occupation française. Le 10, après avoir fait verser à ses divers employés, dont Michael Haydn, trois mois de salaire, Colloredo s'enfuit de Salzbourg pour toujours. Le 14, les Français entrèrent dans la ville, et la maison de Michael fut pillée. Il perdit tout, y compris ses trois mois de salaire, mais le général Moreau fit exécuter *La Création* sous sa direction. De Vienne, Joseph lui envoya une montre en argent et une tabatière en or, et promit de l'argent. Comme l'année précédente, la *Tonkünstler-Societät* avait prévu pour ses concerts de Noël les 22 et 23 décembre *La Création*. Haydn demanda à Paul Wranitzky de diriger à sa place : le chef habituel des concerts de la Société, Joseph Scheidl, en fut si outré qu'il cessa immédiatement toute collaboration avec elle. Nos témoins habituels nous apprennent que *La Création* fut donnée cette

fois dans une véritable atmosphère de panique. « Seul dans ma
loge, l'Électeur de Cologne [Maximilian Franz] dans la loge de
la cour m'appela pour me dire que l'Emp. ait fait avertir toute la
famille excepté lui de partir de Vienne » (Zinzendorf). « À la
cour Albert, Maximilian, les princes, tout le monde fait ses
bagages. [...] Tous ceux qui ne sont pas nés à Vienne et toutes les
bouches inutiles doivent quitter Vienne sous trois jours »
(Rosenbaum). Ces tribulations n'empêchèrent pas la célébration
en grande pompe, le jeudi 25 à Saint-Étienne, du millénaire de la
fondation de l'empire d'Occident par Charlemagne ! Haydn y
était. Le même jour, un armistice fut signé, et comme en 1797,
Vienne échappa à l'occupation.

Au moment précis où à Vienne on fuyait devant les Français,
Paris entendit pour la première fois *La Création* ! Cet événement eut lieu le 24 décembre, et on avait espéré que Haydn dirigerait lui-même l'exécution. Il ne se rendit toutefois à Paris ni en
1800, ni plus tard, et c'est Jean-Baptiste Rey, chef d'orchestre
habituel de Grand Opéra, encore appelé Théâtre des Arts et de
la République, qui prit sa place. L'ouvrage avait été annoncé
comme « parodié et mis en vers français par le citoyen Ségur
jeune, traduit de l'allemand et la musique arrangée par D[aniel]
Steibelt [1765-1823] ». C'est en se rendant au concert, on l'a
vu, que Bonaparte faillit être victime de l'attentat de la rue
Saint-Nicaise.

L'ANNÉE 1801 : *LES SAISONS*
SCHÖPFUNGSMESSE (MESSE DE LA CRÉATION)

Le 16 janvier, Haydn dirigea *La Création* au bénéfice des
blessés des dernières batailles « avec une ardeur toute juvénile »
(Griesinger). « L'impératrice a donné 1 000 florins, la reine de
Naples 1 000 florins, Maximilian 1 000 florins, Albert 100 florins, la recette a atteint 6 183 florins auxquels le grand-duc de
Toscane a ajouté 500 florins, la faisant passer à 7 183 florins »
(Rosenbaum). Le moine Beda Plank, de l'abbaye de Krems-
münster, qui était présent, nota que dans les airs et les fugues, les
tempos pris par Haydn étaient « plutôt modérés, pas aussi

rapides que chez nous ». Un autre concert au bénéfice des blessés suivit le 30 janvier. Haydn dirigea deux de ses symphonies, et
Beethoven joua avec le corniste Stich-Punto sa sonate pour cor
et piano en *fa* majeur opus 17. « Le cor de chasse de Punto n'a pu
attendre le fond de la Sale » (Zinzendorf). « La recette a atteint
9 464 florins, soit 2 281 de plus qu'il y a quinze jours » (Beda
Plank). Ce fut le dernier concert auquel Haydn et Beethoven
participèrent ensemble.

Le 28 mars eut lieu au Burgtheater la première représentation
du ballet *Les Créatures de Prométhée*, chorégraphie de Salva-
tore Vigano (1769-1821), musique de Beethoven. Haydn de son
côté dirigea le 29 et le 30 la version vocale des *Sept Paroles* à la
Tonkünstler-Societät, le 21 avril la générale publique des *Saisons*
et le 24 la première privée chez Schwarzenberg. *La Création* fut
donnée à la cour le 24 mai, et *Les Saisons* le 25. « L'impératrice a
chanté [...] sous la direction de Haydn, mais en présence de sa
seule famille. Elle a selon Haydn beaucoup de goût et d'expression, mais un organe assez faible » (Griesinger). Suivit le 29 mai,
toujours sous la direction de Haydn, la première publique de
Die Jahreszeiten (Les Saisons) dans la grande salle de la
Redoute.

LES SAISONS (1801)

Pour son livret des *Saisons*, van Swieten s'inspira du poète
écossais James Thomson (1700-1748). Ce dernier avait publié la
version définitive de ses *Saisons* (plus de deux cents pages impri-
mées) en 1745, et la même année avait paru à Hambourg une traduction mot à mot en allemand dont Swieten se servit pour son
adaptation. Il s'agissait d'un des premiers poèmes en langue
anglaise – et d'un des plus longs – à prendre comme thème la
nature. Pour le transformer en livret, Swieten dut y pratiquer
d'énormes coupures, remédier à son désordre et y ajouter des
épisodes de son propre cru, ainsi que d'autres empruntés aux
poètes contemporains Christian Felix Weisse (pour l'épisode
des fileuses de l'Hiver) et Gottfried August Bürger (pour la
chanson de Hanne de l'Hiver). Le canevas n'était pas donné

d'avance, comme celui de la Genèse pour *La Création*, et Swieten n'utilisa que rarement les paroles mêmes de Thomson, avec lesquelles la musique de Haydn n'entretient donc pas les mêmes rapports que celle de *La Création* avec le livret original en anglais.

Comme dans *La Création*, trois solistes vocaux s'ajoutent au chœur : Simon, un fermier (basse), sa fille Hanne (soprano) et Lucas, un jeune paysan (ténor). À noter l'opposition fréquente d'un chœur d'hommes et d'un chœur de femmes ainsi que l'utilisation, dans le dernier morceau, d'un double chœur. Chaque saison – dans l'ordre Printemps, Été, Automne, Hiver – est précédée d'une introduction orchestrale. La première (celle ouvrant l'œuvre dans son ensemble et représentant le « passage de l'Hiver au Printemps » est un Vivace très concentré en *sol* mineur, mais dès le chœur qui suit (saluant l'arrivée du Printemps), on s'aperçoit que le rythme de déroulement n'est pas le même – ou plutôt ne sera pas toujours le même – que dans *La Création*. *Les Saisons* s'abandonnent parfois au temps, par exemple au milieu de l'Été, au lieu de le dominer : trait typiquement romantique. La synthèse à grande échelle du sublime et du populaire sous le signe de l'écriture la plus savante caractérise *Les Saisons* comme dix ans plus tôt *La Flûte enchantée*. La chanson de Hanne transfère dans l'oratorio le style et l'esprit du singspiel, et l'air du laboureur du Printemps est de ceux qu'on sifflait dans les rues : c'est à la fois le « Non più andrai » et (avec son piccolo) le « Der Vogelfänger bin ich ja » de Haydn.

Le livret de Swieten fut à l'époque violemment critiqué, y compris par Haydn lui-même, pour ses épisodes descriptifs et pour ce que l'on considérait comme ses naïvetés. Mais ces épisodes posent peu de problèmes à l'auditeur du début du XXIe siècle. En outre, il est sûr que le sujet des *Saisons* fit résonner une corde sensible chez ce fils de la campagne qu'était Haydn. *Les Saisons* font figure de première grande partition du XIXe siècle musical, notamment par leurs tableaux de nature et leurs évocations de la vie paysanne, et dressent le bilan de toute la carrière de Haydn, bilan aussi bien musical et technique que spirituel et humain. Le chœur d'orage de l'Été s'ouvre par le trait de flûte utilisé quarante ans auparavant (1761) dans le finale (décrivant une tempête) de la symphonie n° 8 *Le Soir*, et l'air du laboureur du Printemps fait usage du célèbre thème varié de la symphonie n° 94 *La Surprise*, alors très en vogue à Vienne. Le voyageur perdu dans les brouillards de l'air de ténor de l'Hiver a tous les accents du « Wanderer » schubertien, l'introduction de l'Hiver montre Haydn sous ses aspects les plus audacieux, et l'on sait que c'est en songeant à lui-même que Haydn composa l'air de basse de l'Hiver citant le mouvement lent de la symphonie en *sol* mineur n° 40 de Mozart et montrant l'homme au soir de sa vie dressant le bilan de son existence. En témoigne Sigismund Neukomm : « Lorsque je fis part à Haydn de mon admiration enthousiaste pour le grand air de basse (de l'Hiver des Saisons) *Erblicke hier, bethörter Mensch, erblicke deines Lebens Bild* [Regarde ici, homme insensé, regarde l'image de ta vie], il me répondit : *Cet air se rapporte à moi-même !* Et de fait, il a dans cet extraordinaire chef-d'œuvre exprimé son être le plus profond avec une intensité telle qu'il en est tombé sérieusement malade, et qu'il faut sans doute voir là le tournant décisif où le Seigneur qui donne et reprend tout mit un terme à la glorieuse carrière de Haydn et lui montra *l'image de sa vie et son tombeau ouvert.* »

À ces épisodes s'opposent l'éclat, la verve, la vigueur des grandes fresques chorales : Lever de Soleil et Orage dans l'Été, Chasse et Vendanges (« Un tapage incroyable », nota à leur sujet Zinzendorf) de l'Automne. Les chœurs fugués terminant le Printemps et l'Hiver, ainsi que l'« Hymne au travail » de l'Automne, inscrivent au contraire *Les Saisons* dans la tradition de l'oratorio religieux. La conclusion de l'Hiver, et donc de l'ouvrage dans son ensemble, a toujours frappé les esprits par sa monumentalité. *La Création* avait commencé par Dieu pour déboucher sur l'Homme. *Les Saisons* accomplissent en quelque sorte le chemin inverse. Elles partent d'un homme encore plus humain pour retrouver Dieu, le Dieu non pas de la fin de *La Création*, appréhendé dès la fin du Printemps, mais le Dieu « immense » de son début. La structure tonale de *La Création*, d'*ut* mineur à *si* bémol majeur, et celle des *Saisons*, de *sol* mineur (relatif de *si* bémol majeur) à *ut* majeur, confirment cette manière de voir. Dans l'idéal, les deux oratorios de Haydn devraient êtres entendus à la suite l'un de l'autre, comme les deux parties d'une vaste symphonie sacrée.

LE TESTAMENT DE 1801

Que Haydn ait entrepris la rédaction de son premier testament le 5 mai 1801, entre la première privée et la première publique des *Saisons*, est significatif : ayant enfin derrière lui cet ouvrage épuisant, il estima le temps venu de mettre ses affaires en ordre, sans considérer pour autant sa carrière comme terminée. Il mit le point final à ce testament le 6 décembre. On a là un émouvant document en 63 articles en vertu duquel Haydn laissa 4 000 florins à chacun de ses deux frères Michael et Johann, 2 000 florins à leur sœur encore en vie à Rohrau, Anna Maria, 500 florins à divers neveux et nièces, 2 500 florins à son factotum Johann Elssler (1769-1843), qui depuis 1787 lui avait servi de copiste personnel et qu'il avait emmené à Londres en 1794-1795, 1 000 florins, un an de salaire et plusieurs meubles à sa « servante actuelle » Anna Kremnitz, etc. Sont également mentionnés « la sœur de [sa] défunte femme, l'ex-nonne » (50 florins) « Nanet, fille de [son] voisin » (50 florins), le curé et le maître d'école de Rohrau, Anton[io] Polzelli (199 florins), « Adam, pauvre aveugle à Eisenstadt » (24 florins), le fossoyeur (1 florin), etc. Haydn prit soin de n'oublier personne. À l'article 56, un des derniers rédigés, on peut lire : « À mon très gracieux prince, la médaille commémorative en or de Paris et la lettre qui l'accompagnait, en demandant humblement qu'elles trouvent une petite place dans le trésor à Forchtenstein [un château-forteresse des Esterházy au sud d'Eisenstadt]. »

C'est durant l'été, sans doute à Eisenstadt, que Haydn reçut la médaille en question, frappée en son honneur à Paris et commémorant l'exécution de *La Création* dans la capitale française. La lettre l'accompagnant parut dans *Le Moniteur* le 26 juillet (4 thermidor an IX), puis dans le français original dans l'*Allgemeine Musikalische Zeitung* le 16 septembre. La réponse de Haydn,

datée du 10 août, parut dans *Le Moniteur* le 6 septembre
(16 fructidor an IX) et en traduction allemande dans l'*Allgemeine Musikalische Zeitung* le 23. Depuis le 9 février, la France
et l'Autriche étaient de nouveau en paix (traité de Lunéville), ce
qui avait permis ces civilités, mais la guerre entre les deux pays
devait reprendre en octobre 1805.

LA *SCHÖPFUNGSMESSE* (1801)

Le 28 juillet, Haydn commença à Eisenstadt sa *Schöpfungsmesse* (Messe de la Création). Le 28 août, il partit pour un bref
séjour dans la capitale afin d'y rencontrer son frère Michael.
Ayant reçu de l'impératrice la commande d'un *Te Deum* et
d'une messe, Michael avait terminé à Salzbourg la *Missa di Santa
Teresia* en *ré* majeur MH 796 le 3 août et le *Te Deum* en *ré*
majeur MH 800 le 21, et fait entendre les deux ouvrages le
25 dans l'église Saint-Pierre. Pour les remettre en mains propres
à leur destinataire, il accomplit un nouveau voyage à Vienne,
accompagné cette fois de son ami Rettensteiner. Reçu en
audience par l'impératrice le 9 septembre, il dirigea la messe le
4 octobre à Laxenburg, résidence d'été de la cour. À en croire
Rettensteiner, l'impératrice l'accueillit à l'audience par ces mots :
« Vous n'avez pas fait la partie de soprano trop difficile ? Je la
chanterai moi-même. » La tradition veut que Michael, emmené
par Joseph à Eisenstadt, ait assisté le 13 septembre à la première
audition de la *Schöpfungsmesse* en *si* bémol majeur Hob.
XXII.13, ainsi nommée parce que le Qui tollis du Gloria cite le
duo « Der thauende Morgen, o wie ermuntert er » de l'oratorio.
Le séjour de Michael à Eisenstadt eut bien lieu, mais on ne sait
exactement quand. Toujours est-il que pour la première fois
depuis quarante ans, les trois frères se trouvèrent réunis : Joseph,
de taille moyenne mais solide d'aspect, Michael, grand et large
d'épaules, et Johann, maigre et chétif. Pohl raconte que Michael,
passant durant son séjour à Vienne devant Saint-Étienne avec
des amis, fit halte et leur dit : « Dans cette maison, j'ai reçu des
années durant au moins une raclée par semaine. »

Michael retourna à Salzbourg vers la mi-octobre, et Joseph ne termina sa saison à Eisenstadt qu'entre le 21 et le 27 du même mois. Ils ne devaient plus se revoir. Ils auraient pu au contraire se rapprocher définitivement, car le voyage de Michael faillit avoir pour lui d'importantes conséquences. Nicolas II, qui l'appréciait fort, non seulement lui commanda de la musique, mais lui offrit le poste de vice-maître de chapelle à Eisenstadt pour permettre à Joseph de respirer davantage. Michael fut sur le point d'accepter, échangea à ce sujet plusieurs lettres avec son frère, mais finalement, contre toute attente, ne put se résoudre à quitter Salzbourg et ne donna pas suite à cette proposition.

Les 22 et 23 décembre, Haydn dirigea *Les Saisons* à la *Tonkünstler-Societät*. Le 27, l'Institut de France lui annonça son élection comme membre associé étranger, et le même jour il dirigea *La Création* au bénéfice des pauvres du quartier Saint-Marx. Ce concert du 27, que la *Wiener Zeitung* avait annoncé en précisant qu'il serait dirigé par le « célèbre auteur de l'ouvrage, aussi grand philanthrope que grand compositeur », rapporta 6 088 florins. C'était la première fois que les deux oratorios étaient entendus à Vienne à la suite l'un de l'autre. Griesinger en tira d'intéressantes conclusions, typiques de l'époque : « Sans doute n'est-il pas superflu d'évoquer en passant l'influence que peuvent avoir de telles œuvres sur l'éducation artistique et morale d'une nation. Jamais aucun prédicateur ne retrouvera dans ses descriptions de la grandeur du Créateur, de Ses ouvrages et de Ses bienfaits, ni dans ses efforts pour remplir nos âmes de gratitude et de respect, la force persuasive de l'effet combiné de la poésie et de la musique dans *La Création* et *Les Saisons*. [...] C'est pourquoi ces deux œuvres se prêtent si bien à des exécutions au bénéfice d'organisations charitables. [...] Un art qui pour beaucoup se réduit à un simple chatouillement d'oreille sera ainsi ressenti par les générations futures comme une véritable bénédiction. »

L'année 1802 : la *Harmoniemesse*

Le 25 mars, au Theater-an-der-Wien, où Schikaneder s'était installé en 1801 après avoir quitté le Theater-auf-der-Wieden, Haydn dirigea *La Création* au bénéfice d'un hôpital pour enfants. Six jours plus tard, sans qu'il en soit fait mention officiellement, il célébra son 70ᵉ anniversaire. À Salzbourg, Michael dirigea *La Création* le 5 avril et les *Sept Paroles* le 9. Les 11 et 12 avril, Joseph dirigea *Les Saisons* à la *Tonkünstler-Societät*. Haydn, qui songeait alors à un troisième grand oratorio sur le thème du Jugement dernier, échangea de mars à juin une vaste correspondance avec Nicolas II sur les problèmes de la vie musicale à Eisenstadt. « N'ayant toujours pas de nouvelles de votre frère, je vous prie de me faire savoir s'il viendra de Salzbourg, et si oui, quand », écrivit le 21 juin le prince à son maître de chapelle. Le 30, Haydn s'adressa à Anton Stoll à Baden : « J'ai eu hier le plaisir d'accueillir mon prince dans ma hutte [la maison de Gumpendorf]. Il m'a demandé d'aller à Eisenstadt la semaine prochaine et d'y faire répéter sous ma direction divers nouveaux morceaux, dont deux vêpres et une messe d'Albrechtsberger et des vêpres de Fuchs [Johann Nepomuk Fuchs, 1766-1839, violoniste chez les Esterházy depuis 1788]. À mon grand regret, je ne puis donc venir à Baden. J'attends en outre l'installation d'un vice-maître de chapelle à la place de mon frère, j'ignore toujours qui ce sera. [...] Herr Albrechtsberger a reçu pour ses œuvres une récompense princière, ce qui m'a fait bien plaisir. »

Le 14 août, Nicolas II informa Haydn par lettre de son intention de nommer Fuchs vice-maître de chapelle de sa musique instrumentale et d'église, ajoutant : « Je porte ce fait à votre attention et vous demande de présenter le vice-maître de chapelle nouvellement nommé à tout le personnel musical ; à l'exception de Luigi Tomasini, tous lui devront les marques de subordination qui conviennent. De même que dorénavant ledit vice-maître de chapelle aura en votre absence la direction de l'orchestre et de la musique d'église, ledit premier violon Luigi

Tomasini aura celle de la musique de chambre; tous deux devront en outre, avec vous, veiller à ce que le personnel musical témoigne de l'obéissance qui convient. [...] Sous peine des sanctions les plus sévères, personne ne devra copier ni faire imprimer le matériel ou les morceaux de musique qu'on trouve dans notre collection et nulle part ailleurs; une pièce spéciale sera aménagée à cet effet. Pour le reste, j'ai observé non sans déplaisir chez de nombreux membres du personnel musical des marques de négligence évidentes, une amende d'un florin sera dans de tels cas infligée aux coupables, en particulier à ceux qui s'absentent du service sans motifs sérieux; aux supérieurs de ramasser ces amendes, et de me faire un rapport de temps en temps.» On se demande quelle fut la réaction de Haydn, qui avait d'autres soucis, à la réception de cette missive qu'on aurait pu croire d'un autre âge.

Le 27 août, son unique sœur encore en vie, Anna Maria, mourut à Rohrau à l'âge de soixante-trois ans. À cette nouvelle, il porta d'une main tremblante, en face du nom de la disparue à l'article 9 de son testament de 1801, une croix et les paroles: « Que Dieu ait son âme. »

Parmi les invités de Nicolas II se trouvait en septembre le prince Ludwig Stahrenberg, flûtiste amateur, depuis longtemps grand admirateur de Mozart et alors ambassadeur d'Autriche à Londres. Lui aussi tenait un journal rédigé en français. «Mercredi 8 septembre. C'était le jour de la fête de la Princesse, en conséquence de 10 heures nous allâmes chez elle dans le grand uniforme d'Eisenstadt, puis en grand cortège de beaucoup de voitures à la Messe. – Messe superbe, nouvelle musique excellente du fameux Haydn et dirigée par lui (il est toujours au service du Prince). – Rien de plus beau et de mieux exécuté; après la messe retour au château et cour plénière des souverains pour leurs nombreux sujets, qui vinrent les complimenter. (C'est réellement comme à St. James.) Ensuite dîner immense et magnifique, aussi excellent que nombreux, musique pendant le repas. Santé de la Princesse portée par le Prince, et répondue par les fanfares et canons, plusieurs ensuite, telle que la mienne, et celle de Haydn dînant avec nous et proposée par moi. Après le dîner on se mit en frac pour le bal, qui fut réellement superbe, comme un bal de Cour, la princesse Marie l'ouvrit par un menuet à quatre avec sa fille. On ne fit ensuite que valser. [...] Jeudi 9 septembre. On partit à 9 heures pour la chasse après avoir [été] réveillé par les cors [...] nous eûmes ensuite un concert superbe dirigé par Haydn et composé des plus beaux morceaux de la messe de la veille. »

Le fils du charron de Rohrau, engagé quarante ans auparavant comme vice-maître de chapelle, dînait maintenant à la table du prince, où l'on buvait à sa santé. Ce n'était sûrement pas la première fois. Était-ce Beethoven qui lui avait donné l'exemple, ou l'inverse ? La messe entendue le 8 septembre 1802 était la *Harmoniemesse* en *si* bémol majeur Hob. XXII.14, ainsi nommée depuis le milieu du XIXe siècle en raison du rôle important qu'y jouent les instruments à vent. C'est la plus monumentale des messes de Haydn, et malgré les instruments à vent, elle allie à cette monumentalité une certaine rudesse, tant au plan sonore qu'harmonique. Ses assises sont à la fois solides et instables. L'œuvre qui en descend le plus directement est certainement la messe en *mi* bémol de Schubert (juin-juillet 1828). Peut-être aurait-elle inauguré dans la carrière de Haydn, s'il avait continué à composer, une nouvelle étape. Son Kyrie est un immense mouvement lent, totalement neuf chez lui, et ce sont des fanfares « à la Verdi » qui relient l'Agnus Dei au Dona nobis pacem.

Le prince Esterházy et ses invités ne soupçonnaient pas qu'ils avaient assisté, le 8 septembre, à l'ultime création d'une grande œuvre de Haydn. Le compositeur songeait toujours au *Jugement dernier*, et en octobre-novembre écrivit encore, à Vienne, une petite marche pour vents (Hob. VIII.4), mais sans doute fit-il comprendre à Nicolas II qu'il ne fallait pas trop compter sur une autre messe de lui pour 1803. Mais par une extraordinaire coïncidence, c'est moins d'un mois après la création de la *Harmoniemesse* que l'occasion lui fut offerte d'expliquer ce qui, des années durant, l'avait poussé au travail. Dans la petite ville de Bergen, sur l'île de Rügen dans la Baltique, une société musicale avait exécuté *La Création* puis envoyé à Haydn une lettre exprimant les sentiments de tous. La réponse du compositeur, écrite à Vienne, est du 22 septembre 1802 : « Vous m'assurez, ce qui à mon âge avancé est la plus douce des consolations, que je suis parfois la source enviable à laquelle vous-mêmes et d'autres familles sensibles aux belles choses puisez dans la tranquillité de vos foyers votre plaisir et votre satisfaction. Quel réconfort c'est pour moi ! Souvent, quand j'avais à lutter contre les obstacles en tous genres qui freinaient mes travaux, quand mes forces physiques et mentales me faisaient défaut, quand j'avais de la peine à persévérer dans la voie sur laquelle je m'étais engagé, quelque chose en moi murmurait : Si peu de gens ici-bas sont heureux et contents, inquiétude et soucis sont le lot de chacun, peut-être ton travail deviendra-t-il un jour pour l'homme accablé et surmené une source où il pourra puiser pour quelques instants repos et réconfort. Cette pensée m'obligeait à repartir de l'avant, c'est aussi la raison pour laquelle, aujourd'hui encore, je peux contempler avec sérénité les travaux que, durant tant d'années et par un effort sans relâche, j'ai consacrés à cet art. »

Le 27 novembre, Griesinger écrivit à Härtel : « Vous me demandez ce que Haydn est en train d'écrire. Je vous réponds qu'il travaille à un quatuor qu'il destine avec quelques autres au comte Fries ou au prince Lobkowitz. [...] Il se plaint d'ailleurs que depuis quelque temps, quand il s'assied au piano, il attrape des bourdonnements dans la tête qui l'obligent à s'arrêter aussitôt. » Ces troubles de santé croissants n'empêchèrent pas Haydn de diriger comme l'année précédente les 22 et 23 décembre *Les Saisons* aux concerts de Noël de la *Tonkünstler-Societät* et le 26 *La Création* au bénéfice des habitants du quartier Saint-Marx.

L'ANNÉE 1803 : DERNIER SÉJOUR À EISENSTADT

Le 29 mars, Gottfried van Swieten mourut dans sa soixante-dixième année. Avec lui disparurent mystérieusement les manuscrits autographes de *La Création* et des *Saisons*, et peut-être aussi celui de la *Première Symphonie* de Beethoven, dont en 1801 il avait reçu la dédicace. « Je ne puis vous dire à quel point m'a peiné le séjour dans les appartements déserts de Swieten.

C'était quand même un homme aux qualités estimables ! »
(Griesinger à Härtel, 7 mai). Le 5 avril, Beethoven dirigea à son
propre bénéfice au Theater-an-der-Wien sa *Première Symphonie* ainsi que, en premières auditions, la *Deuxième*, l'oratorio *Le
Christ au Mont des Oliviers* dans sa version originale et sans
doute le *Concerto pour piano n° 3*. Il ne put disposer des
meilleurs musiciens de Vienne, car le même jour, à la demande
du baron Braun, directeur des théâtres de la cour et au bénéfice
des pauvres de ces théâtres, *La Création* fut donnée au Burgtheater. Le 10 mai, en reconnaissance de ses mérites et en particulier pour avoir mis « des sommes substantielles à la
disposition des pauvres de St. Marx », la municipalité de Vienne
décerna à Haydn une médaille d'or. Un an plus tard, le 1er avril
1804, elle le fit citoyen d'honneur de la ville.

« Ton ami de longue date, mais malheureusement plus bon à
rien » : c'est ainsi que, le 18 mai 1803, Haydn termina une lettre
à Johann Nepomuk Fuchs à Eisenstadt. Depuis la fin de 1802,
Nicolas II se trouvait à Paris, où il avait remis au Concert des
Amateurs de la rue de Cléry trois autographes de Haydn, dont
celui de la *Schöpfungsmesse*, et assisté le 15 janvier 1803 à un
concert de cette organisation : au programme, deux *Symphonies
londoniennes*. Auditeurs, interprètes et le prince lui-même
avaient pu en outre contempler un portrait de Haydn placé dans
la salle. De Paris, Nicolas II demanda à Haydn d'envoyer une
œuvre pour piano à la femme du général Moreau, pianiste répu-
tée. « Haydn a répondu que son état de santé lui interdisait de
composer quelque chose de nouveau » (Griesinger, 16 mars).
Pour célébrer le retour du prince, Fuchs composa une cantate
sur un texte en italien de Rosenbaum. Le 20 août, Haydn quitta
pour la dernière fois Vienne pour Eisenstadt. Nicolas II y arriva
le 27. « La réception du prince a été solennelle. À l'auberge
Trauben, les citoyens de la ville l'ont accueilli avec trompettes et
timbales. Les Juifs paradaient le long des rues. [...] À gauche sur
la place des citoyens [...] en armes, à droite les grenadiers. Sur
l'escalier l'ont accueilli les fonctionnaires, [...] dans la petite
salle la musique, à sa tête Haydn en uniforme. Le prince est
arrivé à 11h30, il s'est montré très gracieux et très galant envers

tout le monde, Haydn et Fuchs lui ont parlé de l'exécution de la cantate, prévue pour aujourd'hui» (Rosenbaum). Le 28, fut donnée une messe de Haydn, peut-être la *Harmoniemesse* de l'année précédente. Il n'en avait pas composé d'autre, et à titre de nouveauté, on entendit pour la fête de la princesse une version réorchestrée par Neukomm de son *Stabat Mater* de 1767.

Peu après son retour à Vienne fin octobre, Haydn répondit enfin à la demande de son prince en envoyant à la femme du général Moreau une lettre accompagnée non d'un ouvrage nouveau, mais d'une version piano-violon du trio en *mi* bémol mineur n°41 (Hob. XV.31), tout juste publié par Traeg. Le 18 décembre, il fit parvenir à l'éditeur écossais George Thomson (1757-1851) treize nouvelles adaptations de chansons écossaises : il s'était livré pour Thomson à ce genre de travail depuis la fin de 1799. Puis il se prépara à ce qui devait être sa dernière apparition en tant que chef d'orchestre.

Cet événement eut lieu le 26 décembre, une fois de plus au bénéfice des pauvres du quartier Saint-Marx. Haydn dirigea la version oratorio des *Sept Paroles*. Rosenbaum était présent : «Énormément de monde. L'empereur a donné 1 000 florins.» La *Wiener Zeitung* du 7 janvier 1804 précisa que l'empereur et toute la cour avaient assisté au concert, ajoutant : « J. Haydn, qui malgré son grand âge et sa santé défaillante avait eu la bonté de proposer de lui-même de diriger le tout, a prouvé une fois de plus qu'il était aussi grand philanthrope que grand musicien, l'administration de l'hôpital public lui adresse donc publiquement ainsi qu'aux excellents chanteurs [...] ses remerciements les plus chaleureux.» C'est ainsi qu'à soixante et onze ans et neuf mois, alors que prenait fin une année qui l'avait vu se livrer à son dernier travail de composition, Joseph Haydn mit un terme à sa vie active.

Le quatuor à cordes inachevé opus 103 se limite à deux mouvements qui pour autant que l'on sache se succèdent dans l'ordre inverse de celui de composition : un Andante grazioso en *si* bémol majeur composé en 1803 et empreint d'une infinie tristesse, par-delà sa sérénité de surface, et un Menuetto ma non troppo Presto en *ré* mineur composé au début de 1802, avant la *Harmoniemesse*. Les relations tonales entre les diverses parties de l'Andante sont inédites chez Haydn : elles annoncent Schubert et le Beethoven tardif. « J'aimerais, déclara un jour Haydn à Griesinger, que quelqu'un essaie de composer un menuet vraiment neuf. » C'est ce que lui-même réussit dans l'opus 103, œuvre dont la tonalité principale aurait été *ré* mineur : jamais il n'avait écrit de menuet aussi violent et aussi instable. La nervosité de cette page, sa tension presque portée au point de rupture et sa rageuse envolée terminale offrent une image très concrète du vieux Haydn songeant amèrement aux autres mouvements de ce quatuor, qu'il n'arrivait à coucher sur le papier et qui, il n'en doutait pas, lui auraient permis de montrer une fois de plus que son art était sans limites.

CHAPITRE XVI

Symphonie « funèbre »

Haydn de janvier 1804 à mai 1809

Depuis 1799-1800, Haydn ne souffrait pas que de vieillesse, mais surtout d'une maladie dont ses propres déclarations et celles de ses visiteurs montrent les nets symptômes : l'artériosclérose, avec tendance marquée à la cérébrosclérose. Les descriptions du vieux Haydn font état de jambes enflées, de visage rougi, de ton larmoyant, de perte de mémoire, ou encore d'incapacité à se concentrer, que ce soit pour mener une conversation, écrire une lettre ou faire de la musique. Il ne s'agissait pas uniquement de faiblesses dues à l'âge, ni à proprement parler de retombées en enfance, car Haydn resta toujours très conscient de son état et du spectacle qu'il offrait à autrui, comme de ce qu'il aurait encore pu réaliser sans ce coup du sort. En témoignent notamment ses fameuses déclarations à Dies et à Griesinger. « Je souffre énormément quand la mémoire me fait défaut. [...] Il me faut de l'occupation. D'habitude, les idées musicales me poursuivent jusqu'au martyre, je n'arrive pas à m'en débarrasser, elles sont là devant moi comme un mur. Si c'est un Allegro qui me poursuit, mon pouls s'accélère, et je n'arrive pas à dormir, si c'est un Adagio je le sens ralentir. Mon imagination joue avec moi comme avec un clavier. [...] Je suis vraiment un clavier vivant » (à Dies, 19 février 1806). « Jamais je n'aurais cru qu'un homme pouvait s'effondrer comme je sens que cela

m'arrive ; ma mémoire n'existe plus, quand je suis au piano j'ai
encore de temps en temps de bonnes idées, mais je pleurerais
presque, car je ne suis en état ni de les répéter ni de les noter » (à
Griesinger, 3 septembre 1807).

RÉORGANISATION À EISENSTADT

Haydn conserva son titre de maître de chapelle des Esterházy
jusqu'à sa mort, mais au tournant de 1803 et de 1804, le prince,
ayant compris qu'il ne le reverrait plus à Eisenstadt, répartit sa
charge entre trois hommes : le vice-maître de chapelle Johann
Nepomuk Fuchs pour le chœur et la musique d'église, Luigi
Tomasini pour la musique de chambre, et Johann Nepomuk
Hummel, engagé le 12 janvier 1804 sur la recommandation de
Haydn, pour le reste. Hummel fut nommé *Concertmeister* (chef
d'orchestre) avec un salaire annuel de 1 200 florins et logement
gratuit à Eisenstadt. Contrairement aux injonctions reçues, il
devait se quereller fréquemment avec Fuchs, et faire montre
en général d'un esprit d'indiscipline assez marqué, et même
d'irrespect et d'indélicatesse envers son maître, occasionnant
son renvoi en 1811. Une des raisons de son engagement avait
été la décision de Nicolas II de donner dorénavant à Eisenstadt
de grandes œuvres vocales, en particulier des opéras. Dès 1804,
Fuchs y dirigea *La Flûte enchantée* (10 août) et Hummel *La
Création* (30 septembre). Hummel avait demandé à Haydn
de venir diriger lui-même, mais la réponse de ce dernier avait
été négative : « Je regrette de ne pas avoir le plaisir de diriger
une dernière fois mon œuvrette, cependant je suis sûr que
tous sans exception feront ce qu'il faut pour soutenir leur vieux
papa, d'autant qu'ils auront comme guide le digne Hummel »
(28 septembre). Le 8 octobre, Hummel remercia Haydn en lui
dédiant la première de ses cinq sonates pour piano de maturité,
celle en *mi* bémol majeur opus 13. Haydn toutefois ne se coupa
jamais entièrement de la chapelle Esterházy. En mai 1806
encore, il se fit auprès du prince l'avocat du corniste Martin
Rupp, qui demandait à ce que son fils soit admis dans le chœur
de garçons.

La *Tonkünstler-Societät* continua évidemment à cultiver les deux oratorios, qui lui rapportaient tant : en 1804, on y entendit *La Création* pour les concerts de Pâques, probablement sous la direction de Paul Wranitzky, et *Les Saisons* pour ceux de Noël. Au plan politique, l'empereur électif romain germanique François II se proclama le 11 août empereur héréditaire d'Autriche sous le nom de François Ier. Il devait porter les deux titres pendant deux ans.

Dans son numéro du 15 décembre 1804, le journal parisien *Correspondance des professeurs et amateurs de musique* fit savoir sans commentaires : « Le célèbre Haydn vient de mourir. » Dans son numéro suivant fut annoncé un concert commémoratif pour le 26 janvier 1805. Cherubini composa une cantate funèbre. Quant à Haydn, il aurait déclaré : « Les braves gens ! Si j'avais été informé de cette cérémonie, je me serais rendu là-bas pour diriger la messe en personne » (Griesinger, 26 janvier). Sa santé était cependant moins brillante que jamais. « Il se prépare à la mort. [...] Travailler lui est devenu impossible. Récemment, j'ai dû lui jouer quelque chose. Au début, il se tenait assis près du pianoforte, mais très vite, il a transporté son fauteuil à l'autre bout de la pièce, ne pouvant plus supporter le bruit du pianoforte. Mais là, il est resté longtemps sans bouger, disant que cela lui faisait plaisir d'écouter. » C'est ce qu'écrivit le 22 décembre 1804 à Silverstolpe, retourné à Stockholm, le compositeur germano-suédois Paul Struck (1776-1820).

Premier concert de Franz Xaver Mozart (1805)

Le 7 avril 1805, Vienne entendit pour la première fois en public l'*Eroica* de Beethoven. Le lendemain, Franz Xaver Mozart âgé de treize ans donna son premier concert. « Il a composé pour l'anniversaire de Haydn une cantate qui (entre nous), à l'exception du premier chœur, est de moi. [...] Haydn a été ému aux larmes quand nous lui avons fait part de notre projet. Pour rendre encore plus solennels les débuts de ce jeune homme si prometteur, son oncle l'acteur [Joseph] Lang[e] adressera un petit discours au public. Haydn aurait dû selon nos plans le présenter au public en le tenant par la main. Cette scène aurait déclenché un enthousiasme indescriptible ; malheureusement, elle ne pourra avoir lieu, car Haydn risquerait de s'en trouver tout secoué » (Griesinger à Härtel, 16 mars). Le concert de Mozart fils se déroula effectivement le 8 avril en l'absence de Haydn. Pour ne heurter ni Lange ni Schikaneder, qui s'y étaient déclarés prêts l'un et l'autre, il fut présenté au public par Constance. De Mozart père, on entendit la symphonie en *sol* mineur KV 550 ainsi que, joué par le fils, le concerto en *ut* majeur KV 503. Mozart fils avait également composé pour l'occasion des variations sur le menuet de *Don Giovanni*.

ALBERT CHRISTOPH DIES

Une semaine plus tard, le 15 avril 1805, Albert Christoph Dies (1755-1822) effectua sa première visite chez Haydn. Jusqu'au 8 août 1808, Dies – de profession peintre de paysages – rendit ainsi à Haydn trente visites d'où sortirent finalement ses *Informations biographiques*, parues à Vienne en 1810 avec une dédicace à Nicolas II Esterházy : volume organisé en autant de chapitres datés relatant aussi bien des épisodes passés de la vie de Haydn que des événements ou incidents survenus le jour même ou depuis la visite précédente. Les *Informations biographiques* de Dies sont plus longues que les *Notices biographiques* de Griesinger, en raison surtout de leurs parenthèses moralisatrices et d'une certaine verbosité, mais d'intéressants détails ne se trouvent que chez lui. Le 10 mai, Johann Haydn mourut à Eisenstadt à l'âge de soixante-deux ans. Le lendemain, Dies rendit à Joseph sa 5e visite : « J'y étais à dix heures, et appris que la princesse Esterházy s'était fait annoncer chez Haydn avec la princesse sa fille. » Le début du récit de la 6e visite (17 mai) donne une idée du style et de la méthode de Dies : « Haydn avait reçu la nouvelle de la mort de son frère Johann à Eisenstadt et en avait été douloureusement éprouvé. Mes lecteurs seront bien aises d'apprendre que la princesse Esterházy et sa fille, dont il a été question lors de ma dernière visite, avaient voulu informer elles-mêmes Haydn de cette mort. Dans leur délicatesse, elles avaient craint avec raison que, venue d'une autre bouche, la nouvelle n'ébranlât son esprit affaibli. En l'annonçant elles-mêmes, elles ont pu en adoucir les effets, et par leur comportement si humain, elles ont peut-être prolongé les jours du digne Haydn. » Il faut dire que Dies avait tout intérêt à ménager la famille Esterházy : il venait en effet de recevoir de Nicolas II la commande d'une série de tableaux représentant le jardin à l'anglaise d'Eisenstadt, en cours d'aménagement. De 1806 à 1812, il en peignit six, non sans effectuer parallèlement pour le prince divers travaux de restauration.

UNE NUÉE DE VISITEURS

Haydn reçut en 1805 plusieurs visiteurs illustres, et tout d'abord la jeune pianiste Marie Bigot (1786-1820). De son nom de jeune fille Kiene, elle était native de Colmar. Après l'avoir entendue jouer une de ses œuvres, Haydn écrivit sur la couverture de la partition : « Le 20 février 1805, Joseph Haydn a été heureux. » En juin-juillet, accompagné de son fils Camille, Pleyel séjourna à Vienne. Lui et Haydn ne s'étaient pas revus depuis leurs concerts londoniens de 1792, mais dans l'intervalle, Pleyel avait publié à Paris, avec une dédicace « au Premier Consul Bonaparte », la première collection complète des quatuors de son ancien maître. Venant lui aussi de Paris, Cherubini arriva à Vienne avec sa femme et sa fille cadette le 27 juillet, pour y rester jusqu'en avril 1806. « À peine arrivé ici, Cherubini a rendu visite au Vater Haydn. "C'est un beau brin d'homme, très distingué", a dit Haydn de lui » (Griesinger, 21 août). Cherubini remit à Haydn un diplôme du Conservatoire de Paris, et peut-être une lettre de l'Institut de France. Au début de l'automne arriva de Paris un quatrième visiteur : le violoniste Pierre Baillot (1771-1842). « Baillot lui ayant demandé s'il composait encore, Haydn lui répondit en secouant tristement la tête : "Ce ne sont pas les idées qui me manquent, c'est la force de les mettre en ordre." Lorsque Baillot se retira, Haydn, affaibli déjà, voulut l'accompagner pour lui faire honneur. En traversant un corridor, il l'arrêta tout à coup [devant] un portrait de femme [et] lui

dit de sa voix frêle : *E la mia moglie ; m'ha ben fatta arrabbiare*
[C'est ma femme, elle m'a bien fait enrager]» (Souvenirs de
Baillot rapportés par son fils).

À la fin de l'année 1805 séjourna à son tour à Vienne le landrat
Carl Bertuch (1777-1815), depuis 1804 rédacteur en chef du
Journal des Luxus und der Moden de Weimar. Du 13 octobre au
20 décembre, Bertuch ne rendit pas moins de douze visites à
Haydn, la première en compagnie de Griesinger et de Franz
Xaver Mozart. « La visite du jeune Mozart, qu'il n'avait pas vu
depuis longtemps, a fait très plaisir au digne vieillard. Avec la
gentillesse d'un confrère et ami, il a parlé avec Wolfgang [c'est
ainsi que se faisait appeler Franz Xaver] de ses études musicales
et célébré la mémoire de son grand homme de père, que pendant
ses séjours à Vienne il voyait pour ainsi dire quotidiennement et
avec lequel il a toujours vécu en parfaite harmonie. Nous avons
dû malheureusement interrompre la conversation au bout d'une
demi-heure, car Haydn se fatiguait visiblement» (Bertuch).

La guerre de 1805 : première occupation de Vienne

Mais dans le même temps, la guerre avait repris entre la
France et l'Autriche, qui s'était jointe à la troisième coalition. Le
20 octobre, la capitulation dans Ulm du général autrichien Mack
ouvrit la route de Vienne aux Français, qui contrairement à ce
qui s'était passé en 1800, firent leur entrée dans la ville le 13 novembre. De sa maison de Gumpendorf, tout près de l'axe par
lequel on pénètre à Vienne en venant de l'ouest, Haydn entendit
les tambours et les clairons des troupes françaises victorieuses. Il
se sentit isolé, et peut-être est-ce la raison qui le poussa à écrire
à une amie non identifiée un court billet indiquant néanmoins
qu'il n'avait nullement songé à se réfugier en ville : « Comment ?
Est-ce possible ? Pouvez-vous laisser si longtemps votre bon
ami et serviteur soupirer après votre noble présence ? Vous voir
un seul quart d'heure suffira à me rendre heureux. Jos. Haydn
mpria dans sa 74e année, le 6 novembre 1805. De chez lui à
Gumpendorf, Kleine Steingasse n° 73. »

Des événements dans leur ensemble, qui pourtant l'affectèrent beaucoup, ne parvint jusqu'à lui qu'un écho affaibli. Selon Griesinger, « les sieurs Maret, Soult et plusieurs officiers français [...] vinrent lui rendre visite, et Haydn leur demanda d'inscrire leurs noms dans un livre ». Le 21 novembre, la 11ᵉ visite de Dies dura plus longtemps que prévu, « à cause des événements des derniers jours, [qui] offraient ample matière à conversation. Nous n'avons parlé ni de la situation politique ni de la présence des troupes françaises, mais plus tard, à l'évocation de ces temps de guerre, Haydn devait se rappeler avoir reçu la visite de deux virtuoses des troupes impériales françaises ». Le 16 novembre fut créée au Theater-an-der-Wien la première version du *Fidelio* de Beethoven avec l'ouverture dite *Léonore II*. Un témoin anglais était là : « Beethoven [...] est un homme de petite taille, sombre, à l'air jeune, il porte des lunettes. Peu de monde, à cause de la situation actuelle. » Rosenbaum également : « La salle était vide. »

Après Austerlitz (2 décembre), Napoléon s'installa jusqu'au 28 décembre à Schönbrunn, et y fit organiser quelques concerts par Cherubini. Le 24, *La Création* fut donnée à la Redoute, et le 25 *Les Saisons*. « Salieri est venu, il a parlé du concert d'hier à Schönbrunn, disant qu'il n'a pas plu du tout à Napoléon, qui était très sombre et n'a même pas attendu la fin » (Rosenbaum). Le 26, la paix fut signée à Presbourg. Elle consacra la disparition du Saint Empire romain germanique, clause devenue effective le 6 août 1806, l'ex-empereur électif François II restant bien entendu l'empereur héréditaire François Iᵉʳ d'Autriche. Le 31 décembre 1805, Zinzendorf tira la leçon des récentes péripéties : « La manie de s'aggrandir par les conquêtes enlève aux chefs des grands États jusqu'à la volonté de rendre leurs peuples heureux. »

L'ANNÉE 1806

Le 24 février 1806, veille de la création à Vienne de son nouvel opéra *Faniska*, Cherubini retourna à Gumpendorf et, « en apercevant Haydn, versa un torrent de larmes » (Griesinger, 12 mars). Il reçut en cadeau le manuscrit autographe de la symphonie n° 103, dite *Roulement de timbales*, sur lequel on peut toujours lire d'une part *di me giuseppe Haydn mp 795 Londra*, et d'autre part *Padre del celebre Cherubini ai 24tro di Febr. 806*. Malgré sa faiblesse, Haydn n'avait pas cessé de mener par l'intermédiaire de Griesinger de nombreuses transactions avec Breitkopf & Härtel, certaines concernant des œuvres très anciennes toujours inédites. Le 2 avril, Griesinger envoya à Härtel le quatuor opus 103 : « Veuillez trouver ci-joint, cher ami, le chant du cygne de Haydn, son 83ᵉ quatuor [selon la numérotation erronée de Pleyel] en partition originale. [...] Haydn n'a pas perdu tout espoir de pouvoir ajouter en un moment favorable un petit rondo. Souhaitons-le, mais il y a peu de chances que puisse être maintenant complété ce que Haydn n'a pu mener à bien depuis 1803. [...] Son domaine, m'a-t-il dit, est sans limites, ce qui est encore possible en musique dépasse de loin ce qu'on y a déjà réalisé. Il a souvent des idées grâce auxquelles son art pourrait être mené bien plus loin, mais ses forces physiques ne lui permettent plus de les mettre à exécution. » Le 1ᵉʳ avril, on donna au Burgtheater les *Sept Paroles*. À en croire Pohl, Haydn assista au concert. L'opus 103 parut chez Breitkopf & Härtel en octobre avec une dédicace au comte Moritz von Fries. « C'est mon dernier né, mais il me ressemble encore », avait déclaré Haydn à Griesinger en lui remettant l'ouvrage.

C'est alors que le fils aîné de Mozart, Carl Thomas, qui depuis 1797 se préparait à Livourne à une carrière commerciale, décida à l'âge de vingt-deux ans de se consacrer à la musique et d'étudier à Milan avec le compositeur Bonaifazio Asioli (1769-1832). D'abord réticente, Constance finit par donner son accord, et sans doute est-ce à sa demande que le 23 avril 1806, Haydn prit la peine d'écrire en italien à Asioli : « Mon cher collègue, j'aimerais que Carl Mozart ait l'honneur de devenir votre élève, je ne pourrais que le féliciter d'avoir un maître tel que vous, dont j'admire beaucoup les œuvres et le talent. Permettez-moi de vous recommander ce jeune homme comme le fils de mon défunt ami et comme l'héritier d'un nom qui est cher à tous les connaisseurs et à tous les amis de l'art. Je suis sûr que Carlo Mozart se montrera digne de notre bonté et de vos soins, il fera ainsi honneur à son maître et à son père. Je vous prie de me pardonner, mais accablé par les infirmités dues à l'âge, je me borne à exprimer ici l'honneur que j'éprouve à me considérer, avec toute mon estime et ma considération, etc. » Carl Thomas étudia avec Asioli jusqu'en 1810, date à laquelle il abandonna la musique et embrassa une carrière de fonctionnaire à Milan.

Le 10 août, peu avant onze heures du soir Michael Haydn mourut à Salzbourg en laissant inachevé son troisième *Requiem* (MH 838). Apparemment, Joseph ne sut rien de cette mort avant quelque temps, car le 2 octobre, un ami du défunt écrivit que « Joseph Haydn a récemment envoyé 50 fl. à son frère malade, ajoutant qu'il avait eu le désagrément d'entendre dire par des tiers que son frère était mort, et qu'il demandait ce qu'il en était, car dans ce cas il devait modifier son testament, ayant fait de lui son légataire universel etc. Deux lettres successives ne sont donc pas parvenues à Joseph Haydn. » Le 25 novembre seulement, Joseph – devenu l'unique survivant des enfants de Mathias – déclara officiellement aux autorités de la ville de Vienne qu'il ne s'opposait pas à ce que l'héritage de Michael aille pour l'essentiel à sa veuve.

L'ANNÉE 1807

En 1807, c'est une messe de Beethoven qui fut donnée à Eisenstadt le 13 septembre pour la fête de la princesse Esterházy : celle en *ut* majeur opus 86. Au Burgtheater, on entendit cette année-là *La Création* le 24 mars au bénéfice des pauvres des théâtres, puis *Les Saisons* le 17 mai lors d'un concert de charité. Les 22 et 23 décembre, la *Tonkünstler-Societät* donna à ses concerts de Noël *La Création*. Le 30, à Paris, la Société académique des enfants d'Apollon nomma membres associés Haydn et Paisiello, et le même jour, Haydn reçut chez lui Constance Mozart et le compositeur Johann Baptist Gänsbacher (1778-1844). Comme bien d'autres, Gänsbacher devait laisser des Mémoires : « L'avant-veille du nouvel an de 1808, je suis allé avec la veuve Mozart et un autre artiste rendre visite à Joseph Haydn dans sa maison de Gumpendorf. Nous l'avons trouvé très bien habillé, avec une perruque frisée de neuf, assis à une table sur laquelle étaient posés son tricorne et sa canne, comme s'il s'apprêtait à sortir. Dans toute la chambre étaient suspendus de petits tableaux encadrés de noir. Ayant remarqué que nous les avions vus, et que nous nous apprêtions à les examiner de près, il nous assura qu'il ne s'agissait pas de gravures ; c'étaient en effet des canons et quelques lieder manuscrits de sa propre composition. Il s'est plaint amèrement d'être devenu trop faible pour composer, ajoutant que pourtant les idées ne lui manquaient pas. Il a parlé de Mozart avec la plus grande vénération.»

C'est au cours de cette conversation que Haydn prononça une parole devenue célèbre : «Pardonnez-moi, mais je ne puis m'empêcher de pleurer en entendant prononcer le nom de Mozart.» Cette déclaration fit immédiatement le tour de Vienne, et dans son numéro du 13 avril 1808, la *Zeitung für Theater, Musik und Poesie* s'en empara pour dénoncer en termes offensants le culte exagéré dont à son avis l'auteur de *Don Giovanni* était l'objet : «*Comment Haydn entend-il et prononce-t-il le nom de Mozart ?* Étrange question ! Comme tous ceux qui physiologiquement possèdent un organe auditif et un organe de la parole en état normal (triste réponse). Se lève-t-il de son siège, ôte-t-il son chapeau, va-t-il jusqu'à s'incliner ? Dieu l'en garde ! Lisez ceci, et ressentez puissamment les paroles de cet immortel, il les a prononcées en fondant en larmes (le 30 décembre 1807 devant quelques amis musiciens venus lui rendre visite pour le nouvel an et alors que la conversation se portait sur Mozart) : *Pardonnez-moi – je ne puis – m'empêcher de pleurer – quand j'entends prononcer le nom de mon Mozart.* – Compte rendu (même rubrique). Un des plus grands admirateurs de Mozart [sans doute Niemtschek], non content d'avoir dans un livre récent étalé ses sentiments en exagérant énormément, en vient maintenant à nous importuner en demandant son avis à tout un chacun. J'estime quant à moi que Haydn pleure tout simplement comme le premier vieillard venu, et j'aimerais voir Herr… adopter vis-à-vis de Mozart une attitude normale tant au plan physiologique que psychologique.»

Certains n'hésitaient donc pas à mettre la vénération de Haydn pour Mozart au compte de son « gâtisme », et l'on espère que l'article ci-dessus ne tomba jamais entre les mains de Haydn. C'est probable, car d'aucuns y veillèrent, mais il est sûr que la rencontre du 30 décembre 1807 et d'autres du même genre marquèrent profondément Mozart fils (Franz Xaver). Après un entretien avec lui à Salzbourg en juillet 1829, Mary Novello nota dans son journal : « Il parle avec enthousiasme de son père, bien qu'âgé seulement de cinq mois lorsqu'il mourut. [...] Il pense que le plus grand admirateur de son père était Haydn, qu'il dit ne jamais avoir rencontré étant enfant sans qu'il se mette à pleurer. » Et Vincent Novello : « A fait grand cas de Haydn [...] ne l'a jamais vu sans qu'il se mette à pleurer. »

Le 19 mars 1808, jour de la Saint-Joseph, Haydn reçut les vœux de toute la chapelle Esterházy par l'intermédiaire d'Antonio Polzelli, à qui dès le lendemain il exprima sa gratitude et son émotion : « Je vous remercie, toi et tous les autres, de tout cœur, et te prie de dire en mon nom à tous les membres que je les considère comme mes enfants, [...] et que mon vœu le plus cher est de pouvoir rassembler les forces qui me permettraient de jouir encore une fois des douceurs de l'harmonie en compagnie de ces hommes respectables. »

LE CONCERT DU 27 MARS 1808 : HAYDN APPARAÎT POUR LA DERNIÈRE FOIS EN PUBLIC

Une semaine plus tard, le dimanche 27 mars 1808, à l'occasion d'un mémorable concert, Haydn apparut pour la dernière fois en public, événement qui marqua beaucoup l'imagination des contemporains. En 1807 s'était constituée à Vienne une société de concerts par abonnement, les Liebhaber Concerte (Concerts des Amateurs). Faute d'argent, ses activités – dans la grande salle de l'Université – se limitèrent à une seule saison, le dernier concert consistant en une exécution de *La Création* dans la version italienne de Carpani et sous la direction de Salieri. On réussit à persuader Haydn de s'y rendre. Cette manifestation s'inscrivait d'ailleurs assez nettement dans la stratégie du responsable des relations extérieures de l'Autriche depuis

Austerlitz et la paix de Presbourg, le comte Stadion, ancien ambassadeur à Londres. Il avait soigneusement tenu l'Autriche à l'écart de la quatrième coalition, qui avait opposé la France à la Prusse et à la Russie. Il songeait à la revanche, mais s'attachait pour le moment d'une part à ménager à la fois la France et la Russie, deux pays qui s'étaient quelque peu rapprochés (entrevues de Tilsit puis d'Erfurt entre Napoléon et le tsar Alexandre Ier), et d'autre part à renforcer la cohésion interne de l'Autriche et son prestige à l'extérieur. Or le concert du 27 mars 1808 pouvait contribuer à la réalisation de tels objectifs. L'auteur du *Gott erhalte* était à l'étranger le plus célèbre représentant de l'Autriche culturelle, il avait reçu de France de hautes distinctions et la Russie s'apprêtait à lui en décerner à son tour. Les ambassadeurs à Vienne des deux pays ne manquèrent pas d'assister au concert, comme d'ailleurs de nombreux musiciens parmi lesquels Hummel et Beethoven, dont les concerts précédents avaient notamment fait entendre les quatre symphonies déjà composées. Chanter *La Création* en italien pouvait en outre symboliser l'unité entre l'Autriche et les provinces perdues par elle dans la péninsule en 1797 et en 1805. Enfin, en honorant Haydn comme aucun compositeur ne l'avait été ni ne devait l'être, l'aristocratie autrichienne s'autocélébrait en quelque sorte, car Haydn était le dernier grand représentant vivant d'une culture qu'elle-même avait tant fait pour promouvoir. On peut même voir dans le concert du 27 mars 1808 la dernière grande manifestation de la culture musicale aristocratique viennoise.

« Le prince Esterházy était ce jour-là à la cour, mais envoya son carrosse chez Haydn, et c'est dans ce carrosse que, lentement, Haydn se dirigea vers la salle. Dès sa descente de voiture, il fut accueilli par des membres de la haute noblesse. La foule était telle qu'une garde militaire se révéla nécessaire pour maintenir l'ordre. Haydn assis dans son fauteuil fut soulevé, et au son des trompettes et des timbales transporté dans la salle. [...] Il prit place aux côtés de la princesse Esterházy. [...] L'ambassadeur de France remarqua avec plaisir que Haydn portait à sa boutonnière la médaille d'or qui lui avait été attribuée par le

Concert des Amateurs de Paris à cause de *La Création* [peut-
être le port de cette médaille avait-il été habilement suggéré à
Haydn pour des raisons politiques]. Haydn crut ressentir un
courant d'air. [...] La princesse Esterházy ôta son châle et l'en
enveloppa. Plusieurs dames suivirent cet exemple, et en un instant Haydn fut recouvert de châles» (Dies). «Au passage [...]
"Et la lumière fut!" éclatèrent comme d'habitude de bruyants
applaudissements. D'un geste de la main, Haydn montra le ciel
et dit: "Cela vient de là-haut." De peur que ces émotions fortes
ne viennent à la longue ébranler la santé du vieillard, on l'em-
porta sur son fauteuil à la fin de la première partie. Il prit congé
les larmes aux yeux, et d'un geste de bénédiction étendit la main
vers l'orchestre» (Griesinger).

La description la plus poignante des adieux de Haydn est celle
de Rosenbaum: «Après la première partie, c'était trop pour lui,
il a pris très ému congé pour toujours, et béni tout le monde.
Silence de mort, sur quoi il s'est fait emporter, de nouveau sous
les applaudissements les plus bruyants. – Haydn aura quand
même reçu quelques honneurs de son vivant.» On imagine aisément, après ces violentes impressions, les sentiments de Haydn
retournant à sa solitude de Gumpendorf. Rentrant lui aussi du
concert, le comte Chotek, ministre d'État, se livra de son côté à
quelques réflexions montrant bien l'importance qu'on attribuait
à l'événement en haut lieu. Elles l'amenèrent à écrire dès le lendemain à l'empereur François Ier une lettre commençant ainsi:
«Je reviens à l'instant de la salle de l'Université, du triomphe de
Haydn de la *Création*, célébré dans une atmosphère solennelle
et de sainte émotion *en sa présence* et sous les applaudissements
irrésistibles d'une assemblée composée des plus hauts dignitaires de votre empire.» Chotek termina en déclarant avoir
«entendu s'exprimer discrètement le vœu que cet homme
estimé de tous et toujours symbole de droiture, auteur de tant
d'œuvres disposant à faire le bien, j'ose dire empreintes de sain-
teté, puisse encore avant sa mort voir ses mérites couronnés en
recevant de son gracieux monarque l'ordre de Leopold».
Haydn eut écho de la proposition du ministre et se prépara à
être reçu dans l'ordre de Leopold. Mais la lettre de Chotek mit

plus de six ans à atteindre François Ier. On était en 1814, Haydn était mort depuis cinq ans, et l'empereur classa le dossier en déclarant que l'ordre de Leopold ne pouvait récompenser que des services éminents rendus à l'État au plan religieux, civil, militaire ou patriotique, et que par conséquent il n'aurait pu être question de l'attribuer à un artiste, fût-il l'auteur de *La Création*. Et du *Gott erhalte* ? À la fin du siècle, un autre compositeur devait néanmoins en être honoré : Brahms.

Haydn vécut encore quatorze mois. Les 10 et 11 avril 1808, la *Tonkünstler-Societät* programma pour ses concerts de Pâques *Les Saisons*, et le 17, *La Création* fut donnée au Theater-an-der-Wien dans les mêmes conditions que le 27 mars : en italien et sous la direction de Salieri. Les 22 et 29 mai, la chapelle Esterházy tout entière – soixante-trois personnes parties d'Eisenstadt en un cortège de dix voitures tirées chacune par quatre chevaux – se produisit au couvent des Ursulines avec la messe en *ré* majeur de Hummel et des vêpres de Fuchs. Ses membres en profitèrent pour aller par petits groupes présenter leurs respects à Haydn. Durant l'été, Haydn compta au nombre de ses visiteurs le compositeur tchèque Jan Krtitel Tomaschek (1774-1850) et l'acteur et écrivain August Wilhelm Iffland (1759-1814). En septembre ou octobre, il revit son élève Neukomm, qui venait de passer quatre ans en Russie, où il avait dirigé, non sans les adapter au goût du jour, des chœurs d'*Il ritorno di Tobia*. « Il [Haydn] est très faible, et on doit le tenir par le bras pour qu'il puisse faire quelques pas dans sa chambre ; il joue malgré tout trois ou quatre fois par jour son toujours beau *Gott erhalte den Kaiser*, il lui arrive parfois de trouver pour ce lied une nouvelle basse, parfois aussi le vieillard n'arrive à rien, ce qui l'impatiente, et il dit se rendre compte que rien ne va plus » (Neukomm à l'éditeur Kühnel, 15 novembre). Le 24 novembre, c'est Johann Friedrich Reichardt qui arriva à Vienne, et en décembre Muzio Clementi. Le 15 décembre, Nicolas II accepta de prendre en charge les frais de médecin et d'apothicaire de Haydn, non seulement pour l'année écoulée, soit 1 027 florins, mais aussi pour l'avenir. La lettre de remerciements de Haydn, datée du 22, est la dernière que nous possédions de lui. Le même jour étaient entendus pour la première fois, au Theater-an-der-Wien, le *Quatrième Concerto* et deux symphonies de Beethoven, la *Cinquième* et la *Sixième*.

Depuis la rédaction de son premier testament, Haydn avait perdu ses deux frères et sa sœur. D'où un second testament, daté du 7 février 1809. Le légataire universel de Haydn fut dès lors le fils survivant de sa sœur Anna Maria, Mathias Fröhlich (1769-1845), forgeron à Rohrau. Reichardt, qui avait rendu visite à Haydn à la fin de 1808, ne parvenait pas, malgré ses efforts, à retourner à Gumpendorf. « Ses gens nous font répondre qu'il est très faible, et ne peut voir personne. Clementi lui aussi souhaite ardemment le revoir, mais depuis son arrivée il n'y est pas encore parvenu. [...] Bien que depuis un an déjà il soit moralement mort pour le monde, on ne peut se défendre d'une certaine angoisse à l'idée de l'extinction définitive de la lumière extraordinaire et céleste qui un demi-siècle durant nous a si merveilleusement éclairés » (Reichardt, 25 février).

La guerre de 1809 : seconde occupation de Vienne
Mort de Haydn

À Vienne, une faction favorable à la reprise des hostilités contre la France s'était développée. La guerre fut déclarée le 9 avril, mais l'Autriche se retrouva seule, malgré la neutralité bienveillante de la Russie, car la Prusse était hors jeu. Dès le 23 avril, suite à une série de victoires en Bavière, Napoléon vit une nouvelle fois s'ouvrir devant lui la route de Vienne. Griesinger resta dans la capitale jusqu'au début de mai, date à laquelle il dut partir pour Störmthal avec son patron l'ambassadeur de Saxe. « Sans être vraiment malade », peut-on lire dans ses *Notices biographiques*, « Haydn ressentait tous les jours davantage que la vieillesse est en soi une maladie. Des événements tels que ceux qui fondirent sur l'Autriche du fait de la guerre de 1809 ne pouvaient donc avoir sur lui que des conséquences funestes. [...] "Cette malheureuse guerre m'abat complètement", répétait-il souvent les larmes aux yeux, et il devenait très difficile de le tranquilliser tant soit peu. C'est dans cet état d'esprit que j'ai trouvé Haydn le 3 mai, alors qu'appelé loin de Vienne, je venais prendre congé de lui. » Ce devait être l'ultime entrevue de Haydn et de Griesinger, lequel, avant de partir, demanda expressément à Johann Elssler et au pianiste et homme d'affaires Andreas Streicher (1761-1833) de le tenir informé de tout ce qui arriverait au compositeur.

Dies : « Il [Haydn] aurait sans doute atteint un âge plus avancé si [...] l'entrée des troupes françaises dans les faubourgs de Vienne et les événements qui en découlèrent n'avaient décidé du destin de cet homme inoubliable. Ces événements le vouèrent à une mort prochaine. La maison de Haydn était proche de la ligne extérieure du faubourg de Gumpendorf. Le 10 mai vers 7 heures du matin, un coup de canon tomba sur cette ligne, si soudainement et avec un tel fracas que Haydn en fut tout effrayé, et que sans ses gens qui se précipitèrent pour l'aider, il serait tombé par terre. Il se mit à trembler de tout son corps. [...] Mais le vieillard rassembla tous ses esprits et, forçant sa voix, s'écria : "Enfants, n'ayez pas peur ! Là où est Haydn, rien ne peut vous arriver !" Ses gens le mirent au lit et appelèrent un médecin qui sut apaiser le mal, de sorte que Haydn put se relever le jour même, et reprendre sa vie habituelle. Même dans la terrible nuit du 11 au 12, quand la ville fut bombardée au mortier, il resta plutôt calme. [...] Tous les jours vers midi il s'asseyait [au pianoforte] et jouait son lied favori *Gott erhalte Franz den Kaiser*. Il reçut la visite de plusieurs officiers français. »

Le 30 juin, un mois après la mort de Haydn, Johann Elssler rédigea à l'intention de Griesinger, comme il en avait été prié, une lettre riche de nombreux détails : « Le jour où vous, Monsieur, avez pris congé de notre bon Papa en disant "Peut-être ne nous reverrons-nous pas avant longtemps, ou peut-être nous reverrons-nous bientôt", juste après votre départ notre bon Papa a dit "En vérité, nous ne nous reverrons pas avant longtemps", puis il s'est mis à pleurer et a dit "Mon cher Johann, je ne reverrai jamais plus Herr v. Griesinger, cette guerre m'abat complètement". Nous avons eu beaucoup de mal à chasser ces idées de l'esprit de notre bon Papa, [...] la seule chose qui le préoccupait était l'évolution de la guerre.» Dans sa lettre, Elssler parle ensuite d'explosions ayant fait trembler les fenêtres et ouvert la porte de la chambre à coucher de Haydn, de frissons et de maux de tête. Il poursuit : « Le *Kayser Lied* était toujours joué trois fois par jour, le 26 mai à midi il l'a joué pour la dernière fois et même trois fois de suite. [...] Le samedi 27, il a demandé à se lever et à s'habiller comme d'habitude, mais il n'avait plus la force, et notre bon Papa n'a donc plus quitté son lit. [...] 4 heures avant sa mort notre bon Papa parlait toujours puis nous n'avons plus entendu le moindre son, [...] il nous a reconnus 10 minutes avant sa mort, car il a serré la main de Nannerl [la cuisinière], et tôt le matin le [mercredi] 31 mai, cinq minutes avant une heure moins le quart, notre bon Papa s'est endormi doucement et paisiblement, à sa mort n'étaient présents que moi-même, les domestiques et un voisin qui a signé le testament comme témoin. [...] Notre bon Papa aura vécu 77 ans et 61 jours. [...] NB : J'ai réalisé un moulage en plâtre [un masque mortuaire] de notre bon Papa. »

Sa lettre terminée, Elssler la porta à Streicher, qui le 2 juillet l'expédia à Griesinger avec une autre de sa propre plume. On y trouve en particulier ceci : « Le 24 mai, à deux heures de l'après-midi, alors que Haydn faisait sa sieste, un officier de hussards français est venu le voir. [...] Haydn l'a reçu, a parlé avec lui de musique et en particulier de la *Création*, et s'est montré si vif d'esprit que l'officier lui a chanté en italien l'air [de la création de l'Homme] "Mit Würde und Hoheit angethan". [...] Au bout d'une demi-heure, l'officier est remonté à cheval pour marcher contre l'ennemi. [...] Souhaitons que ce noble monsieur apprenne un jour que c'est lui qui a procuré à Haydn sa dernière joie musicale, car après, il n'a plus entendu la moindre note. »

Rosenbaum apprit la mort de Haydn le jour même, et le lendemain 1er juin se rendit à l'enterrement. « Il était étendu dans sa grande chambre habillé de noir, tout à fait reconnaissable, à ses pieds les sept médailles d'or de Paris, de Russie, de Suède, ainsi que la médaille de citoyenneté d'ici. [...] Johann Elssler a hérité de 6 000 florins et de ses plus vieux habits. [...] Peu après 5 heures, Haydn a été transporté dans un cercueil de chêne jusqu'à l'église de Gumpendorf, porté autour trois fois, béni, et conduit jusqu'au cimetière de la Hundsthurmer Linie. Pas un seul maître de chapelle de Vienne n'a suivi son corps. […] Vendredi 2 juin. […] À 9 heures 1/2 […] à l'église de Gumpendorf pour le requiem en l'honneur de Haydn. Exécution misérable d'un *Requiem* de Michael Haydn. […] Pas un maître de chapelle viennois ne s'est montré. » La cérémonie officielle, organisée en partie par l'armée française, eut lieu le 15 juin dans l'église des Écossais, avec exécution du *Requiem* de Mozart. Rosenbaum était de nouveau sur les lieux : « À l'entrée de l'église et dans l'église elle-même montait la garde le 2ᵉ régiment de grenadiers civils avec en son sein des Français. […] Le secrétaire d'État Maret, plusieurs généraux, des officiers d'état-major et des officiers supérieurs ainsi que beaucoup d'autres Français étaient présents. – Toute la haute société viennoise était là, la plupart des gens en deuil. – L'ensemble était très solennel et digne de Haydn. » Assistait également à la cérémonie un certain Henri Beyle, officier dans les troupes de Napoléon. Il n'avait pas encore pris le pseudonyme de Stendhal, ni plagié la « biographie » de Haydn par Carpani sous celui de Louis Alexandre César Bombet.

Dans sa lettre à Griesinger du 2 juillet, Andreas Streicher évoqua lui aussi la cérémonie du 15 juin à l'église des Écossais, non sans évoquer le contexte tragique dans lequel elle s'était déroulée. Ses commentaires montrent à quel point les hommes de 1809 s'étaient éloignés de l'époque de Mozart, en pensée et par leurs réactions : « Si les circonstances avaient été autres, les funérailles de Haydn seraient devenues une fête funèbre encore sans équivalent à Vienne. […] Nous avons depuis le 9 mai entendu des sons si profonds et si perçants que les sonorités habituelles de la musique ne nous font plus aucun effet. Plus difficile encore pour moi est de ne penser qu'à un seul (bien qu'il s'agisse du grand Haydn) à un moment où au lieu d'être assis au parterre ou dans une loge lointaine, nous sommes sur la scène elle-même, là où se décide le destin de 20 millions d'hommes, pour y jouer les figurants. [Moi et ma fille] n'avons souffert en rien, ni pendant le bombardement de la ville ni après. Nous avons bien eu

pendant plusieurs jours une vingtaine d'hommes en quartier
chez nous, ce qui est une très lourde charge, mais nous nous
sommes bien entendus avec eux, car nous les avons traités
en soldats et non en ennemis. [...] Si jamais vous revenez ici,
ne vous étonnez pas, je vous en prie d'avance, de retrouver vos
amis et connaissances vieillis d'autant d'années que vous aurez
passé de mois loin d'eux. Car si la dernière guerre [celle de 1805]
n'était qu'une plaisanterie, celle-ci est tout à fait sérieuse. Saluez
bien Härtel de ma part.» Post-scriptum du 12 juillet: «Les
deux batailles principales [Essling et Aspern] ayant eu lieu à
proximité de Vienne, nous avons tous les blessés ici. Je vous
assure que cela fend le cœur. [...] En de telles circonstances, on
comprend vraiment le sens des paroles *Dieu merci, Dieu vous
récompense* [en français dans la lettre de Streicher]. Je n'en dirai
pas plus.»

La vente aux enchères des effets de Haydn commença le
22 décembre 1809. S'en trouvèrent exclues ses médailles et sa
bibliothèque musicale, achetées comme prévu par Nicolas II
Esterházy. En 1820, ce dernier fit transporter à Eisenstadt le
corps de son ancien maître de chapelle. Depuis 1954, les restes
de Haydn reposent dans la Bergkirche d'Eisenstadt, dans un
mausolée construit en 1932, pour le bicentenaire de sa naissance,
par le prince Paul V Esterházy (1901-1989).

Postface

En 1800, les genres musicaux les plus prestigieux étaient – en dehors de l'opéra – la symphonie, le quatuor à cordes et l'oratorio, dominés par Haydn. Une œuvre de Mozart quelque peu apparentée à l'oratorio s'imposa cependant un peu partout, contribuant à la propagation du mythe : le *Requiem*. On l'entendit pour la première fois à Paris le 21 décembre 1804 à Saint-Germain-l'Auxerrois par l'orchestre des élèves du Conservatoire sous la direction de Cherubini. Le 18 janvier précédent, la revue *Correspondance des Professeurs et Amateurs de Musique* avait dévoilé à ses lecteurs la genèse mystérieuse de l'ouvrage, avant de lui consacrer une analyse détaillée répartie sur neuf numéros successifs. On commença alors à célébrer les funérailles des « grands hommes » aux accents du Requiem. Le premier à en bénéficier fut sans doute l'écrivain Friedrich Gottlieb Klopstock, à Hambourg en 1803. Ce fut aussi, on l'a vu, le cas de Haydn en 1809, tout comme de Beethoven en 1827, de Napoléon en 1840 et de Chopin en 1849.

C'est également dans cette revue parisienne que parut, le 7 mai 1803, une des premières notices faisant état de la trinité Haydn-Mozart-Beethoven et insistant sur sa stature exceptionnelle : « Ces trois auteurs offrent de grandes difficultés ; aussi rencontre-t-on quelquefois des amateurs qui croient les jouer.

Ceux qui ne portent pas si haut leurs prétentions et qui préfèrent le charme de la mélodie [...] continuent d'exécuter Boccherini, Pleyel et Pichl.» Peu après parurent dans l'*Allgemeine
Musikalische Zeitung* les écrits sur la «trinité» les plus significa-
tifs et les plus influents de l'époque : ceux de E. T. A. Hoffmann.
Ce dernier qualifia non seulement Beethoven, mais aussi Haydn
et Mozart de « romantiques », en raison de leur rôle dans
l'émancipation et l'essor de la musique instrumentale, seule
capable selon lui, par son abandon des paroles, d'exprimer l'in-
exprimable : « Que la musique instrumentale ait maintenant
atteint des sommets dont il n'y a pas longtemps on n'avait
aucune idée, qu'en outre la symphonie, grâce en particulier à
l'élan que lui ont insufflé Haydn et Mozart, soit ce qu'il y a de
plus haut en musique instrumentale, en quelque sorte *l'opéra*
des instruments, tous les amis de la musique le savent » (1809).
Avec sa célèbre et enthousiaste critique de la *Cinquième Symphonie* de Beethoven (1810), Hoffmann contribua toutefois fortement à l'éclosion d'une des idées-clé du XIXe siècle, qui
heureusement n'est plus de mise aujourd'hui. On peut schéma-
tiquement la résumer ainsi : Mozart = Haydn + quelque chose,
Beethoven = Haydn et Mozart + quelque chose. C'est ainsi que
dans la nouvelle de Wolfgang Robert Griepenkerl *Das Musik-
fest oder die Beethovener* (La fête musicale ou les Beethove-
niens), datée de 1838, l'un des personnages, le comte Adalbert,
ne craint pas d'affirmer au nom du progrès : «Vous évoquez
Haydn et Mozart ! Ils n'étaient pourtant que les précurseurs
du véritable Messie !» Griepenkerl ne fait pas sienne cette affirmation, et à la fin de la nouvelle précipite le comte Adalbert –
victime de sa passion pour Beethoven – dans la folie. Ultérieurement cependant, de nombreux acteurs de la vie musicale
devaient la reprendre à leur compte.

Au XIXe siècle, les œuvres ultimes de Haydn – quatuors, symphonies et oratorios – restèrent au répertoire, chaque catégorie à
des degrés divers selon les pays. On le respectait, son originalité
et son génie n'étaient pas mis en doute, mais pour l'opinion
dominante, son rôle avait surtout consisté à préparer le terrain
sur lequel Mozart puis surtout Beethoven s'étaient développés

et avaient atteint la plus haute perfection. Haydn devint l'ancêtre, le « précurseur » auquel on rendait volontiers visite avant de passer aux « choses sérieuses ». Cette image de Haydn, colportée en particulier par Schumann, prit naissance assez tôt dans le siècle romantique, puis ne bougea pour ainsi dire pas avant le milieu du XXe. Adversaires et partisans de la musique « à programme » le traitèrent de la même façon. Il se retrouva pétrifié par l'histoire, personnifiant les côtés du XVIIIe siècle que le XIXe comprenait le moins. Il était un énonciateur de « règles » dont après lui on s'était émancipé, ses oeuvres empreintes de « bonne humeur » et de « simplicité enfantine » avaient pour elles de s'être adressées au «peuple» autant qu'à l'aristocratie, mais leur importance était surtout historique, et elles étaient « faciles à comprendre » . D'origine modeste, il avait su tout en restant « naturel » s'élever dans la hiérarchie sociale, mais avait porté toute sa vie une livrée princière et ignoré aussi bien les tréfonds de l'âme que les problèmes fondamentaux de l'existence. Ces clichés étaient dus notamment à une mauvaise connaissance de sa biographie et de sa production, mais également au fait que pour l'imagerie romantique, avoir connu le succès de son vivant était suspect. Paradoxalement, son originalité joua elle aussi un mauvais tour à Haydn. À une époque marquée par le déterminisme historique, où l'on raisonnait à grands coups de « déjà » et de « pas encore », où ce qui était plus tardif avait de fortes chances d'être meilleur, il manquait d'un ou de plusieurs « précurseurs » reconnus qui auraient pu donner à sa musique un passé moins brillant que ce que lui-même avait accompli, et par là rehausser son prestige. Il appartint à Brahms de sauver l'honneur en déclarant en 1896 à son ami Richard Heuberger : « Les gens ne comprennent presque plus rien à Haydn. Un siècle exactement avant l'époque où nous vivons, Haydn créa notre propre musique, mettant au monde symphonie après symphonie, et personne n'y songe. Je célèbre quant à moi depuis des années ces événements ! »

Les controverses et les réflexions menées sur la musique au XIXe siècle puis au début du XXe, si elles laissèrent Haydn de côté, affectèrent au contraire Bach, Mozart et Beethoven, modifiant leur image dans un sens ou un autre. Au début, Mozart trouva assez aisément sa place dans la sensibilité romantique, grâce aux légendes qu'il suscita ainsi qu'à certaines œuvres comme *Don Giovanni* et le *Requiem*. Mais au fur et à mesure que grandissaient la renommée et déification de Beethoven, une barrière s'éleva, occultant ceux qui l'avaient immédiatement précédé. Mozart lui aussi en fut victime. Disons – en schématisant à nouveau – qu'il se trouva peu à peu relégué, comme Haydn, dans un «classicisme» jugé désuet, voire scolaire, avant d'être idéalisé. Il se transforma en «divin» Mozart. On l'enrôla alors sous diverses bannières, dont celle des campagnes anti-Wagner, et même anti-Beethoven, mais cela n'entraîna que rarement, vers 1900, une plus forte et plus diverse présence de sa musique instrumentale au répertoire des concerts. «Le dernier cri est ici "Retour à Mozart". Ceux qui connaissent le moins Mozart crient le plus fort», nota Jean Sibelius en janvier 1914 lors d'un séjour à Berlin.

La «renaissance» de Mozart et celle de Haydn au XXe siècle passèrent par plusieurs étapes. Elles furent lancées par deux dates anniversaires, 1906 (cent-cinquantenaire de la naissance de Mozart) et 1909 (centenaire de la mort de Haydn), mais la renaissance de Haydn fut alors éclipsée par celle de Mozart, et tourna court. Une deuxième renaissance de Haydn, quant à elle décisive, et dont l'acteur principal fut le musicologue américain H. C. Robbins Landon, eut lieu après 1945, marquée par les «premières exécutions modernes», au concert et au disque, de nombreuses œuvres. Mozart bénéficia d'un retournement de situation moins spectaculaire quoique comparable, en particulier dans le contexte du bicentenaire de sa naissance (1956). Depuis vingt-cinq à trente ans, le «répertoire» disponible étant en tant que tel enfin connu et pratiqué, on s'attache surtout à explorer ces deux géants dans toute leur complexité, dans toute leur profondeur et dans toute leur autonomie, sans se cacher qu'on ne saura jamais tout d'eux-mêmes et de leurs œuvres, ni chercher à établir entre eux une hiérarchie. C'est d'ailleurs dès la fin du XIXe siècle qu'une grande oeuvre proclama leur égalité foncière : le quintette pour clarinette et cordes en *si* mineur opus 115 de Brahms, composé en 1891. Il s'agit d'un hommage explicite aussi bien au Mozart du quintette avec clarinette KV 581 qu'au Haydn des quatuors à cordes, en particulier de l'opus 33 n° 1 et de l'opus 64 n° 2, également en *si* mineur. En son début, le quintette opus 115 traite en effet cette tonalité avec le même type d'ambiguïté que ces deux quatuors de Haydn. Fruit non pas du hasard, mais d'un héritage mûrement revendiqué, ce double parrainage sonne de façon admirablement prémonitoire.

Bibliographie récente sélective

Cette bibliographie se limite, outre à certains ouvrages et articles de base, à ceux parus récemment et dont il a été fait usage pour la rédaction de ce livre. Pour une bibliographie complète sur Haydn et son temps, se reporter aux deux livres de l'auteur : *Joseph Haydn* (1988, rééd. 2001) et *Joseph Haydn : Autobiographie et premières biographies* (1997). Pour Mozart, au livre de Jean et Brigitte Massin : *Wolfgang Amadeus Mozart* (1959, rééd. 1970 et 1990).

BOTSTEIN, Leon : « The Demise of Philosophical Listening : Haydn in the Nineteenth Century » (dans *Haydn and his World,* éd. Elaine Sisman, Princeton, 1997).

BOTSTEIN, Leon : « The Consequence of Presumed Innocence : The Nineteenth Century Reception of Joseph Haydn » (dans *Haydn Studies,* éd. W. Dean Sutcliffe, Cambridge, 1998).

BUCH, David J. : « On the Context of Mozart's Variations to the Aria "Ein Weib ist das herrlichste Ding auf der Welt" KV 613 » (*Mozart Jahrbuch 1999,* 2000).

CLIVE, Peter : *Mozart and his Circle : A Biographical Dictionary* (Londres, 1993).

DIES, Albert Christoph : *Biographische Nachrichten von Joseph Haydn* (Vienne, 1810, rééd. Berlin, 1959 ; trad. fr. Paris, 1997).

EDGE, Dexter · « Mozart's Reception in Vienna 1787-1791 » (dans *Wolfgang Amadè Mozart : Essays on his Life and Music,* éd. Stanley Sadie, Oxford, 1996).

EDWARDS, George : « Haydn and Temporal Dyslexia » (dans *Haydn Studies,* éd. W. Dean Sutcliffe, Cambridge, 1998).

EISEN, Cliff : *New Mozart Documents. A Supplement to O. E. Deutsch's Documentary Biography* (Londres, 1991).

EISEN, Cliff (éd.) : *Mozart Studies* (Oxford, 1991).

EISEN, Cliff : « The Salzburg Symphonies : A Biographical Interpretation » (dans *Wolfgang Amadè Mozart : Essays on his Life and Music,* éd. Stanley Sadie, Oxford, 1996).

EISEN, Cliff (éd.) : *Mozart Studies II* (Oxford, 1997).

GEFFRAY, Genevièvre (trad. et éd.) : *W. A. Mozart : Correspondance I-VII* (Paris, 1986-1999).

GRIESINGER, Georg August : *Biographische Notizen über Joseph Haydn* (Leipzig, 1810, rééd. Vienne, 1954 et Leipzig, 1982 ; trad. fr. Paris, 1997).

GRUBER Gernot : *Mozart und die Nachwelt* (Salzburg et Vienne, 1985).

HALLIWELL, Ruth : *The Mozart Family : Four Lives in a Social Context* (Oxford, 1998).

HEARTZ, Daniel, et BAUMAN, Thomas : *Mozart's Operas* (Berkeley, 1990).

HEARTZ, Daniel : *Haydn, Mozart and the Viennese School 1740-1780* (New York et Londres, 1995).

HOLLOWAY, Robin : « Haydn: The Musician's Musician » (dans *Haydn Studies,* éd. W. Dean Sutcliffe, Cambridge, 1998).

JAHN, Otto : *W. A. Mozart* (Leipzig, 1856 ; éd. révisée et augmentée par Hermann Abert, Leipzig, 1919-1921).

KÜSTER, Konrad : *Mozart. Eine musikalische Biographie* (Stuttgart, 1990).

LANDON, H. C. Robbins : *Haydn. Chronicle and Work I-V* (Londres, 1980, 1978, 1976, 1977, 1977).

LANDON, H. C. Robbins · *1791. La dernière année de Mozart* (Paris, 1988).

LANDON, H. C. Robbins : *Mozart en son âge d'or 1781-1791* (Paris, 1989, rééd. 1996).

LANDON, H. C. Robbins (éd.) : *Dictionnaire Mozart* (Paris, 1997).

MASSIN, Jean et Brigitte : *Wolfgang Amadeus Mozart* (Paris, 1959, rééd. 1970 et 1990).

MASSIN, Brigitte (éd.) : *Guide des opéras de Mozart* (Paris, 1991).

MEDICI DI MARIGNANO, Nerina : *A Mozart Pilgrimage : Being the Travel Diaries of Vincent & Mary Novello in the Year 1829* (Londres, 1955 rééd. 1975, éd. Rosemary Hughes).

MORRIS, James M. (éd.) : *On Mozart* (Cambridge, 1994).

MORROW, Mary Sue : *Concert Life in Haydn's Vienna. Aspects of a Developing Musical and Social Institution* (New York, 1989).

POHL (Carl Ferdinand) : *Joseph Haydn* I (Leipzig, 1875), II (Leipzig, 1882) et III (éd. Hugo Botstiber, Leipzig, 1927).

RICE, John A. : *Antonio Salieri and Viennese Opera* (Chicago et Londres, 1998).

SADIE, Stanley (éd.) : *Wolfgang Amadè Mozart : Essays on his Life and Music* (Oxford, 1996).

SCULL, Tony : *More Light on Haydn's "English Widow"* (Music and Letters 78/1, 1997).

SISMAN, Elaine (éd.) : *Haydn and his World* (Princeton, 1997).

SISMAN, Elaine : « Haydn, Shakespeare, and the Rules of Originality » (dans *Haydn and his World,* éd. Elaine Sisman, Princeton, 1997).

SOLOMON, Maynard : *Mozart. A Life* (New York, 1995).

STAFFORD, William : *The Mozart Myths : A Critical Reassessment* (Stanford, 1991).

STEPTOE, Andrew : *The Mozart-Da Ponte Operas. The Cultural and Musical Background to "Le Nozze di Figaro", "Don Giovanni" and "Cosi Fan Tutte"* (Oxford, 1988).

SUTCLIFFE, W. Dean (éd.) : *Haydn Studies* (Cambridge, 1998).

TILL, Nicholas : *Mozart and the Enlightenment : Truth, Virtue and Beauty in Mozart's Opéras* (Londres et Boston, 1991).

TOLLEY, Thomas : « Haydn, The Engraver Thomas Park, and Maria Hester Park's "Little Sonat" » (*Music and Letters* 82/3, 2001).

TYSON, Alan : *Mozart. Studies of the Autograph Scores* (Cambridge, 1987).

VIGNAL, Marc : *Joseph Haydn* (Paris, 1988, rééd. 2001).

VIGNAL, Marc (trad. et éd.) : *Joseph Haydn : Autobiographie et premières biographies* (Paris, 1997).

WEBSTER, James : « The Chronology of Haydn's String Quartets » (*Musical Quarterly* LXI/1, 1975).

WEBSTER, James : *Haydn's "Farewell" Symphony and the Idea of Classical Style* (Cambridge, 1991).

WEBSTER, James : « Haydn's Symphonies between "Sturm und Drang" and "Classical Style" : Art and Entertainment » (dans *Haydn Studies,* éd. W. Dean Sutcliffe, Cambridge, 1998).

WEBSTER James : « The Creation, Haydn's Late Vocal Music, and the Musical Sublime » (dans *Haydn and his World,* éd. Elaine Sisman, Princeton, 1997).

WHEELOCK, Gretchen A. : *Haydn's Ingenious Jesting with Art. Contexts of Musical Wit and Humor* (New York, 1992).

WIESE, Henrik : *Zur Entstehunggeschichte der Flötenkonzerte* (Mozart Jahrbuch 1997, 1997).

WOLFF, Christoph : *Mozarts Requiem. Geschichte, Musik, Dokumente, Partitur des Fragments* (Munich et Kassel, 1991).

WOODFIELD, Ian : « New Light on the Mozart's London Visit : A Private Concert with Manzuoli » (*Music and Letters* 76/2, 1995).

WOODFIELD, Ian : « John Bland : London Retailer of the Music of Haydn and Mozart » (*Music and Letters* 81/2, 2000).

WYN JONES, David : « Mozart's Music on Sale in London » (dans *Studies in Music History Presented to H. C. Robbins Landon,* éd. Otto Biba et David Wyn Jones, Londres, 1996).

WYN JONES, David (éd.) : Music in Eighteenth-Century Austria (Cambridge, 1996).

ZASLAW, Neal : *Mozart's Symphonies : Context, Performance Practice, Reception* (Oxford, 1989).

Index des noms de personnes

Table des matières

LIVRE COMPOSÉ EN GARAMOND
ET MIS EN PAGES PAR J.-L. PAUL

Achevé d'imprimer en décembre 2001
sur presse Cameron
dans les ateliers de
Bussière Camedan Imprimeries
à Saint-Amand-Montrond (Cher)
pour le compte de la librairie Arthème Fayard
75, rue des Saints-Pères - 75006 Paris

35-56-1310-01/8

ISBN 2-213-61110-6

Dépôt légal : décembre 2001.
N° d'édition : 18451. – N° d'impression : 015477/4.

Imprimé en France